Geschichte im Westen

Geschichte im Westen

Zeitschrift für Landes- und Zeitgeschichte

begründet von Walter Först (†),
herausgegeben im Auftrag des Brauweiler Kreises
für Landes- und Zeitgeschichte e. V.
von Sabine Mecking
in Verbindung mit
Alfons Kenkmann, Markus Köster,
Georg Mölich und Christoph Nonn

Schwerpunktthema: Energieland Nordrhein-Westfalen. Historische Entwicklungen und Perspektiven

Jahrgang 38
2023

KLARTEXT

Gedruckt mit Unterstützung
der Landschaftsverbände Rheinland und Westfalen-Lippe

Titelbild:
Ausschnitt des Covers der Broschüre: Rheinisch-Westfälisches Elektrizitätswerk AG, Hauptverwaltung, Abt. Anwendungstechnik (Hg.), Stromerzeugung mit Solarzellen in Partnerschaft mit der Natur. Ökologiekonzept für die RWE-Photovoltaik-Anlage in Kobern-Gondorf, Essen 1989 (Aufnahme Radkau)

„Geschichte im Westen" erscheint einmal im Jahr:

KLARTEXT

Jakob Funke Medien Beteiligungs GmbH & Co. KG
Jakob-Funke-Platz 1, 45127 Essen
info.klartext@funkemedien.de
www.klartext-verlag.de

Satz: Medienwerkstatt Kai Münschke, Essen
Umschlag: Volker Pecher, Essen
Druck: Medienhaus Plump GmbH,
Rolandsecker Weg 33, 53619 Rheinbreitbach

ISSN 0930-3286
ISBN 978-3-8375-2638-7

Zuschriften und Manuskripte an:
Prof. Dr. Sabine Mecking,
sabine.mecking@uni-marburg.de
Bezugsbedingungen:
Einzelheft 25,00 €, zzgl. Versandkosten
Bestellungen richten Sie bitte an Ihre Fachbuchhandlung
oder unmittelbar an den Verlag.

Inhalt

Freie Beiträge außerhalb des Schwerpunktes

Tagungsbericht

Editorial

Energie, ihre grundsätzliche Erforderlichkeit, ihr Vorhandensein, ihre Verfügbarkeit und ihre Nutzung machen sie zu einem zentralen und kontrovers diskutieren Thema in Politik, Wirtschaft und Gesellschaft. Sie steht in engem Zusammenhang mit Innovation, Wissenschaft, Technik, Infrastrukturentwicklung sowie überhaupt mit öffentlicher Daseinsvorsorge und ökonomischer Leistungsfähigkeit. Die Tatsache, dass die Versorgung mit Energie bzw. die Nicht-Versorgung auch als Waffe in politischen und militärische Auseinandersetzungen eingesetzt wurde und wird, ist nicht erst seit dem Krieg in der Ukraine bekannt. Deutschland ist ein „energiehungriges" Land. Insbesondere die Wirtschaft in Nordrhein-Westfalen ist sehr energie-intensiv ausgerichtet. Im letzten Jahr wurde dies besonders deutlich, als angesichts ausbleibender russischer Gaslieferungen und der daraus resultierenden drohenden Gasknappheit drastische wirtschaftliche und gesellschaftliche Szenarien skizziert wurden. Obwohl die Situation aufgrund des vergleichsweise milden Winters, kompensierender Energieeinkäufe und erfolgreicher Einsparbemühungen sich dann weniger dramatisch darstellte als befürchtet, kann dennoch nicht von einer vollständigen Entspannung gesprochen werden. Überraschende Löcher in Pipelines oder abgeschaltete Windräder bei stürmischem Wetter verdeutlichen die Sensibilität und Anfälligkeit des Energiesektors. Über- und Unterlastungen in den Stromnetzen und der Energieinfrastruktur stellen technische, ökonomische und politische Herausforderungen dar.

Der diesjährige Zeitschriftenband widmet sich dem Thema in historischer Perspektive und fokussiert dabei politische, wirtschaftliche und umweltrelevante Aspekte der Energiepolitik und -wirtschaft in Nordrhein-Westfalen und darüber hinaus. Der Anteil der einzelnen Energieträger hat sich in den letzten knapp dreihundert Jahren stark verschoben. In vorindustriellen Zeiten waren es vor allem die Ressourcen Wasser und Holz, die als Energiequellen fungierten. In der Industrialisierung deckte Kohle respektive Steinkohle den Energiebedarf. Gas diente zunächst vor allem Beleuchtungszwecken, erst später wurde es als Energieträger in der industriellen Produktion oder auch als Heizstoff eingesetzt. Mit der zunehmenden Motorisierung gewann Mineralöl stark an Bedeutung und es war zudem als Heizöl begehrt. Heute ist die hohe Relevanz der Stromerzeugung offensichtlich und unstrittig. Wie und wo dieser Strom produziert werden soll – etwa in Atomkraftwerken, durch fossile Energieträger oder regenerativ durch Wind und Sonne – führt jedoch zu sehr kontroversen und emotionalen Diskussionen.

Geschichte im Westen (GiW) 38 (2023), S. 7–8
 ISSN 0930-3286

Wie die zahlreichen, mit der Energiegewinnung und -versorgung verbundenen Fragen in Nordrhein-Westfalen diskutiert, gelöst oder verschoben wurden, nehmen exemplarisch die Beiträge des diesjährigen Themenschwerpunktes in den Blick. *Martin Schlemmer* beschreibt zunächst in einem Quellenbericht, wie sich die Landesregierungen in ihren Kabinettssitzungen in den ersten Wahlperioden der Energiefrage annahmen. *Christan Möller* widmet sich dann dem Braunkohletagebau im Rheinland und rückt dabei neben den Revierplanungen und -kontroversen vor allem die Umweltfolgen in den Mittelpunkt. *Henning Türk* analysiert den Steinkohlenbergbau vor dem Hintergrund der internationalen Energiepolitik während der Ölkrisen in den 1970er Jahren. Anschließend präsentieren *Juliane Czierpka* und *Jana Lena Jünger* die Pfadabhängigkeiten der Steinkohlenförderung im Ruhrgebiet. Sie weisen dabei auch auf drastische Auswirkungen auf die Umwelt hin. *Alexandra v. Künsberg* und *Philipp Wunderlich* erörtern historische Unwuchten in der Stromwirtschaft und untersuchen, wie die frühere Koexistenz der Energieriesen RWE und VEW auch noch die gegenwärtige Stromwirtschaft in Nordrhein-Westfalen prägen. Zum Schluss zeichnet *Joachim Radkau* zentrale Entwicklungslinien der Solarenergie nach und bezeichnet diese als „deutsches Drama".

Sabine Mecking

Martin Schlemmer

Die Energiefrage in den Kabinettsprotokollen der Landesregierung von Nordrhein-Westfalen in den ersten Wahlperioden (1946–1958)

Ein Quellenbericht

1. Einleitung

Während der Energiekrise im Spätherbst und Winter 2022/2023 waren nicht nur etwaige Versorgungsengpässe in aller Munde, sondern auch Vorzüge wie Nachteile einzelner Energieträger, nicht zuletzt vor dem Hintergrund der zeitgleich immer heftigere Auswirkungen zeitigenden Klimakrise. Alleine in einer Ausgabe einer überregionalen Zeitung konnte das Thema an verschiedenen Stellen in unterschiedlichen Kontexten zur Sprache gebracht werden,[1] während die Onlinemedien ohnedies zahllose Impulse, Beiträge und Berichte zum Thema ins Netz stellten. Die gesellschaftliche Aufmerksamkeit für das Thema „Energie" war also immens, ebbte aber mit Beginn der wärmeren Jahreszeit im Frühjahr 2023 allmählich ab.

Auch in der historischen Forschung erfährt das Thema „Energie" bis in die jüngste Gegenwart hinein große Aufmerksamkeit.[2] Dabei zeigt sich, dass der Energiesektor nie „unschuldig", „neutral" oder gar unpolitisch war und ist, wie

1 In der Frankfurter Allgemeinen Zeitung Nr. 294 (17.12.2022) erschienen alleine im Wirtschafts- und im Finanzteil die Artikel: „Flüssiggas ahoi" (S. 19), „Kohleverbrauch auf Rekordhoch" (ebd.), „Eiszeit für Heizmuffel" (S. 20), „Heizölpreise ziehen deutlich an" (S. 27), „Sondersteuer schreckt Ölförderer ab" (S. 28) und „Sonnenenergie für Unternehmen" (S. 31).

2 Vgl. etwa die Besprechung von Matthias Heymann (Aarhus Universitet), in: sehepunkte 22 (2022), Nr. 10 <www.sehepunkte.de/2022/10/36446.html>.

Geschichte im Westen (GiW) 38 (2023), S. 9–49
 ISSN 0930-3286

Beispiele des 20. und 21. Jahrhunderts illustrieren.[3] Im Rahmen der Jahrestagung des Brauweiler Kreises wurden zahlreiche Facetten des Themas beleuchtet und intensiv erörtert, sowohl was die einzelnen Energieträger anbelangt als auch hinsichtlich der verschiedenen Akteure wie Politik, Wirtschaft, Forschung und Gesamtgesellschaft.

Eine gewisse Leerstelle bildete ein systematischer Überblick über die Entwicklung, welche das Thema „Energie" in der Landesregierung von Nordrhein-Westfalen nahm. Diese Leerstelle aufzufangen, soll dieser Bericht aus den Quellen ein kleines Stückweit helfen. In erster Linie orientiert er sich an einer „Leitquelle"[4] des Landes Nordrhein-Westfalen, nämlich an den Kabinettsprotokollen, und zwar vornehmlich in den ersten Wahlperioden in Nordrhein-Westfalen, in der Regel bis 1958, doch wird gelegentlich durchaus Bezug auf den späteren Fortgang der Energiefrage genommen. Auch die Lemmata der infrage kommenden bisher erschienenen Doppelbände der Edition der Kabinettsprotokolle wurden hinsichtlich der Themen zur Energie ausgewertet.

Der vorliegende Text ist bemüht, zuvorderst die Quellen selbst zu Wort kommen zu lassen und somit den „Sound" der Kabinettprotokolle greifbar zu machen. Zu diesem Zwecke wurde die Kommentierung auf ein notwendiges Maß begrenzt. Auf die Biografien der einzelnen Protagonisten kann nicht weiter eingegangen werden, wenngleich dies durchaus wünschbar wäre. Hier empfehlen sich die Biogramme am Ende eines jeden Editionsbandes. Dieser Beitrag versteht sich als Einladung an Interessierte, selbst an verschiedenen Stellen zu unterschiedlichen Themen der Energiefrage einzusteigen, sich einen Überblick zu verschaffen und schließlich – gleichsam kaskadierend – von den Kabinettsakten ausgehend weitere einschlägige Quellen- und Archivbestände ausfindig zu machen und konsultieren.

3 Zur „kriegswichtigen" Bedeutung der Energieversorgung im Zweiten Weltkrieg und dem Einsatz von Zwangsarbeitern in diesem Kontext vgl. pars pro toto zuletzt Oliver Hilmes, Schattenzeit. Deutschland 1943: Alltag und Abgründe, München 2023, S. 26 am Beispiel der Wintershall AG; zur Kontroverse um die Atomenergie aus archivischer Sicht jüngst Ulrich Rode, Das Gorleben Archiv. Gedächtnis des Widerstandes gegen die Atomanlagen im Wendland, in: Archiv-Nachrichten Niedersachsen. Mitteilungen aus niedersächsischen Archiven 26 (2022), S. 17–19, der von der „längsten andauernde[n] Protestbewegung in der Geschichte Deutschlands" (S. 17) spricht.

4 Vgl. hierzu Martin Schlemmer, Kabinettsakten, in: Heckl, Jens (Hg.), Unbekannte Quellen: „Massenakten" des 20. Jahrhunderts. Untersuchungen seriellen Schriftguts aus normierten Verwaltungsverfahren, Bd. 2, Düsseldorf 2012, S. 30–55.

2. Einzelne Energieträger

2.1 Kohle

„Nie zuvor wurde weltweit so viel Kohle abgebaut wie heute". So heißt es in einem Ausstellungskatalog aus dem Jahr 2013.[5] Bedingt durch den asiatischen Kohlenbedarf steigerte sich die weltweite Kohlenförderung im Zeitraum von 2000 bis zum Erscheinen des Katalogs um annähernd das Doppelte. Somit deckte die Kohle fast die Hälfte des seit 2000 zu verzeichnenden weltweiten Zuwachses des Energieverbrauchs ab, was fast dem gemeinsamen Anteil von Erdöl, Erdgas, Atomenergie und erneuerbaren Energien entsprach.[6] Lange Jahre trug auch Nordrhein-Westfalen respektive trugen die Reviere im Raum des heutigen Bundeslandes einen guten Teil zur weltweiten Kohlenförderung bei. Dies bedeutete zugleich einen Beitrag zur Wohlstandsbildung und Wohlstandswahrung in Nordrhein-Westfalen wie in Deutschland generell.[7]

Die Steuerung des Kohlenbergbaus im neu gegründeten Bundesland fiel in den Zuständigkeitsbereich der britischen Militärregierung. Gouverneur William Asbury wies den Ministerpräsidenten Rudolf Amelunxen mit Schreiben vom 11. November 1946 darauf hin, dass eine intensivere Aufklärung über die lebenswichtige Bedeutung der Kohlenförderung angezeigt sei.[8] Da die Militärregierung jedoch nicht immer zügig und effizient genug arbeitete, sah sich die noch junge nordrhein-westfälische Landesregierung veranlasst, „ihre Kompetenzen zu überschreiten und in das Reservat der Briten vorzustoßen".[9] Schließlich mangelte es bis zur Währungsreform im Sommer 1948 neben Brotgetreide, Fett, Fleisch, Kartoffeln, Konsumgütern, Milch und Medikamenten eben auch in eklatantem Maße

5 Ulrike Stottrop/Stefan Siemer, Kohle. Global – Eine Reise in die Reviere der anderen, in: Ulrike Stottrop (Hg.), Kohle. Global. Eine Reise in die Reviere der anderen. Katalog zur Ausstellung im Ruhr Museum vom 15. April bis 24. November 2013, Essen 2013, S. 19–22, hier S. 19.

6 Vgl. Sandro Schmidt, Energierohstoff Kohle – Aktuelle Entwicklungen, Vorräte und Ausblick, in: Stottrop, Kohle. Global (wie Anm. 5), S. 29–33, hier S. 29.

7 Sehr verknappt, dafür mit globaler Perspektive: Christoph Schurian/Jens Scholten, Glück auf? Wohlstand durch Kohle, in: Stottrop, Kohle. Global (wie Anm. 5), S. 277–288.

8 Protokoll der 18. Kabinettssitzung am 17.12.1946, in: Michael Alfred Kanther (Bearb.), Die Kabinettsprotokolle der Landesregierung von Nordrhein-Westfalen 1946 bis 1950 (Ernennungsperiode und Erste Wahlperiode), Teil 1: Einleitung, Dokumente 1–207, Siegburg 1992, S. 218 Anm. 2.

9 Hier und im Folgenden Kanther, Kabinettsprotokolle Teil 1 (wie Anm. 8), S. 18.

an Hausbrandkohle. Die Frage nach „Treuhändern in der Kohlewirtschaft" brachte Wirtschaftsminister Erik Nölting (SPD) im April 1949 ins Kabinett ein.[10]

Der Kohlenbergbau begegnet in den frühen Kabinettsprotokollen zunächst als Gegenstand der Entnazifizierung. Im September 1947 diskutierte das Kabinett die „Politische Überprüfung der Beamten und Angestellten der Bergbehörden" im Zusammenhang mit der „Denazifizierung des Kohlenbergbaus in der britischen Zone" und deren etwaige Auswirkungen auf die „Sicherung der Kohlenförderung" und damit auf die Energieversorgung.[11] Etwa zeitgleich, im Jahr 1946 trat das Bergarbeiterwohnungsbauprogramm hinzu, „[u]m die erforderliche Steigerung der Förderungsleistung im Bergbau zu ermöglichen", den Arbeitskräftemangel auf diesem Sektor zu beheben oder wenigstens zu lindern.[12]

Das Problem der „Deckung des Kräftebedarfs im Steinkohlenbergbau" blieb dem Kabinett über die Zeit erhalten, sodass in Erwägung gezogen wurde, im Rahmen eines Notaufnahmeverfahrens alleinstehende Jugendliche ab dem vollendeten Lebensjahr für eine Tätigkeit im Bergbau zu gewinnen und diese dann von Berlin aus direkt der Bergbaustelle in Essen-Heisingen zuzuleiten, von wo sie aus auf die einzelnen Zechen zu verteilen seien.[13]

Im Februar 1947 konstatierte das Kabinett zwar einen „erfreulichen weiteren Anstieg der Kohlenförderung",[14] befürchtete jedoch gleichzeitig einen „weitere[n] Flüchtlingsstrom nach Westfalen", wohingegen „jeder noch verfügbare [Wohn-]Raum für den Zuzug der angeführten [Berg-]Arbeiter freigehalten" werden müsse. Immerhin erwartete das Kabinett den Zuzug weiterer 100.000 Bergarbeiter in das rheinisch-westfälische Industriegebiet im Laufe des Jahres 1947.[15] Auch

10 Protokoll der 135. Kabinettssitzung am 4.4.1949, in: Michael Alfred Kanther (Bearb.), Die Kabinettsprotokolle der Landesregierung von Nordrhein-Westfalen 1946 bis 1950 (Ernennungsperiode und Erste Wahlperiode), Teil 2: Dokumente 208–506, Verzeichnisse, Register, Siegburg 1992, S. 691.

11 Der Innenminister an den Ministerpräsidenten am 16.9.1947, in: Kanther, Kabinettsprotokolle 1 (wie Anm. 8), S. 392–394.

12 Kabinettsvorlage des Innenministers aus dem Jahr 1948 (undat.), in: Kanther, Kabinettsprotokolle 2 (wie Anm. 10), S. 563 f.

13 Vgl. Protokoll der 448. Kabinettssitzung am 6.12.1955, in: Volker Ackermann (Bearb.), Die Kabinettsprotokolle der Landesregierung Nordrhein-Westfalen 1954 bis 1958 (Dritte Wahlperiode), Teil 1: Einleitung, Dokumente 1–210, Siegburg 1997, S. 532 Anm. 6.

14 Hier und im Folgenden Protokoll der 24. Kabinettssitzung am 14.2.1947, in: Kanther, Kabinettsprotokolle 1 (wie Anm. 8), S. 265.

15 Siehe hierzu einen „Aufruf des Landtags und der Landesregierung zur freiwilligen Meldung zum Bergbau" im Januar 1947, in: Kanther, Kabinettsprotokolle 1 (wie Anm. 8), S. 262.

hier konfligierten verschiedene Politikfelder und die Verschränkung des Energiesektors mit anderen Aspekten wird transparent. Die Bergarbeiter erhielten als Vergünstigung eine bevorzugte Versorgung mit Bohnenkaffee, Branntwein, Speck, Tabakwaren, Textilien, Zucker und anderen Konsumgütern, die sich am sogenannten Bergarbeiter-Punktsystem orientierte, das im Januar 1947 aufgesetzt wurde und im September 1948 auslief.[16] Allerdings protestierten die etwa 300.000 Bergarbeiter des Ruhrreviers am 3. April 1947 annähernd geschlossen mittels eines 24-Stunden-Streiks „gegen die katastrophalen Lebensbedingungen".[17]

Die Bundesregierung ersuchte das Landeskabinett mit einer vom Wiederaufbauminister verfassten Entschließung vom 20. August 1951 dazu zu veranlassen, „zur Förderung des Bergarbeiterwohnungsbaues die in der Kabinettssitzung vom 19.12.1950 beschlossene Bereitstellung von 36 Mio. DM aus Bundeshaushaltsmitteln 1950 nunmehr durchzuführen und diesen Betrag den bergbautreibenden Ländern zur Verfügung zu stellen".[18] Ein Gesetz vom 23. Oktober 1951 legte eine Kohlenabgabe in Höhe von 2 DM je Tonne Steinkohle und 1 DM je Tonne Braunkohlenbrikett fest, um den Bergarbeiterwohnungsbau zu fördern. Mit Änderungsgesetz vom 29. Oktober 1954 wurde das Gesetz bis zum 31. Dezember 1957 verlängert und legte nun eine Abgabenhöhe von 1 DM je Tonne Steinkohle und 0,50 DM je Tonne Braunkohlenbrikett fest. Als der Bundesfinanzminister die Kohlenabgabe für den Steinkohlenbergbau am 1. Juli 1955 in Höhe von 90 Prozent stundete, sodass die Steinkohlenbergbauunternehmen nur noch 0,10 DM statt 1 DM je Tonne Steinkohle entrichten mussten, kritisierte dies der Minister für Wiederaufbau als „außerordentlich bedenklich" für den Wohnungsbau insgesamt in Nordrhein-Westfalen.[19]

Tatsächlich entfielen von den 543.000 zwischen 1953 und 1955 in Nordrhein-Westfalen gebauten Wohnungen etwa 250.000 auf den Bergarbeiterwohnungsbau. Letztere galten, so Gisela Fleckenstein, als „für eine kontinuierliche Arbeit

16 Vgl. Kanther, Kabinettsprotokolle 1, (wie Anm. 8), S. 19.
17 Kanther, Kabinettsprotokolle 1 (wie Anm. 8), S. 320 Anm. 2.
18 Protokoll der 247. Kabinettssitzung am 25.9.1951, in: Gisela Fleckenstein (Bearb.), Die Kabinettsprotokolle der Landesregierung Nordrhein-Westfalen 1950 bis 1954 (Zweite Wahlperiode), Teil 1: Einleitung, Dokumente 1–214, Siegburg 1995, S. 381 Anm. 13.
19 Protokoll der 461. Kabinettssitzung am 6.3.1956, in: Volker Ackermann (Bearb.), Die Kabinettsprotokolle der Landesregierung Nordrhein-Westfalen 1954 bis 1958 (Dritte Wahlperiode), Teil 2: Dokumente 211–370, Verzeichnisse, Register, Siegburg 1997, S. 610 Anm. 4.

im Kohlenbergbau unabdingbar".[20] Dies führt die Verschränkung von Bergbau und Wohnungsbaupolitik eindrücklich vor Augen.[21]

Im Juli 1952 skizzierte Finanzminister Adolf Flecken (CDU) die Bedeutung der Bergarbeiterwohnungsfrage für die Produktionssteigerung im Bergbau: „Der Bergarbeiterwohnungsbau ist das wirksamste Mittel, um der Gefahr der Abwanderung von Arbeitern – bei vielen Zechen halten sich zur Zeit die Zugänge und Abgänge die Waage – zu begegnen. Eine ähnliche Gefahr besteht in keinem anderen Wirtschaftszweig".[22] Zu diesem Zeitpunkt bestand offensichtlich noch ein großer Bedarf an qualifizierten Arbeitskräften im Bergbau. Von Zechenschließungen ist in den Kabinettsprotokollen noch keine Rede.

Intensiv setzte sich das Kabinett mit der Frage einer Vorfinanzierung von Arbeitgeberdarlehen im Bergarbeiterwohnungsbau aus Kassenmitteln des Landes auseinander.[23] Die Landesregierung gelangte zu dem Beschluss, „daß Kassenmittel des vorläufigen Treuhandkontos der Wohnungsbaumittel durch verzinsliche Festgeldanlagen zur Vorfinanzierung von Arbeitgeberdarlehen im Bergarbeiterwohnungsbau eingesetzt werden sollen und zwar vorerst bis 1954 einschließlich und beschränkt bis zu 10 Millionen DM".[24] Dass die Bergarbeiter eine bevorzugte Klientel der Landesregierungen waren, beweist nicht nur der Aspekt des Bergarbeiterwohnungsbaus, sondern auch Details wie der Einsatz des Kabinetts gegen den Bundesfinanzminister für eine Verbilligung des Kaufs von Milo-Korn zur Fütterung von Schweinen der Bergarbeiter.[25]

Ein weiteres Problem stellte der Transport der Kohle dar, sodass sich das Kabinett im August 1947 gezwungen sah, die Militärregierung „um Hilfe der Rhein-

20 Fleckenstein, Kabinettsprotokolle 1 (wie Anm. 18), S. 23.

21 Vgl. hierzu insbesondere die Kabinettsvorlage des Ministers für Wiederaufbau Fritz Kaßmann vom 18.1.1957 mit 4 Anlagen, darunter ein Schreiben des Bundesministers für Wohnungsbau Johannes Schornstein an den Minister für Wiederaufbau des Landes Nordrhein-Westfalen vom 14.10.1956, in: Ackermann, Kabinettsprotokolle 2 (wie Anm. 19), S. 865–874.

22 Gisela Fleckenstein (Bearb.), Die Kabinettsprotokolle der Landesregierung Nordrhein-Westfalen 1950 bis 1954 (Zweite Wahlperiode), Teil 2: Dokumente 215–411, Verzeichnisse, Register, Siegburg 1995, S. 672 Anm. 2.

23 Vgl. Kabinettsvorlage des Ministers für Wiederaufbau vom 31.10.1952, in: Fleckenstein, Kabinettsprotokolle 2 (wie Anm. 22), S. 752–756; Stellungnahme des Finanzministers (Abteilung I) zur Vorlage des Wiederaufbauministers (Kabinettsvorlage) vom 3.11.1952, in: ebd., S. 756 f.

24 Protokoll der 306. Kabinettssitzung am 11.11.1952, in: Fleckenstein, Kabinettsprotokolle 2 (wie Anm. 22), S. 750.

25 Vgl. Protokoll der 201. Kabinettssitzung am 2.10.1950, in: Fleckenstein, Kabinettsprotokolle 1 (wie Anm. 18), S. 131 Anm. 31.

armee durch Einsatz von Kraftfahrzeugen ohne einengende Bedingungen" zu bitten.[26]

Im Juli 1951 legte das Kabinett fest, dass „vorläufig bis zum 1.10.1951" Sonntagsschichten im Steinkohlenbergbau in der Regel „nur einmal im Monat gefahren werden"[27] sollten, wobei die einschränkenden Momente der „Soll-Bestimmung" sowie des Zusatzes „in der Regel" durchaus einen gewissen Spielraum bezüglich der Umsetzung dieses Beschlusses implizierten. Vorausgegangen war diesem Beschluss ein trotz kritischer Kohlenversorgungslage am 26. Juni 1951 ergangenes generelles Verbot der Sonntagsschichten im Bergbau aufgrund gestiegener Unfallzahlen und geringerer Fördermengen durch Wirtschaftsminister Artur Sträter (CDU). Daraufhin intervenierte der Generaldirektor der Deutschen Kohlenbergbauleitung (DKBL), Heinrich Kost, und bat den Ministerpräsidenten Karl Arnold um eine Ausnahmeregelung, welche dieser am 9. Juli 1951 zusicherte.[28]

Die beiden kommunistischen Minister Hugo Paul und Heinz Renner plädierten im Oktober 1947, im Einklang mit dem „Willen der großen Mehrheit der Bevölkerung" und den „einmütigen Beschlüsse[n] der Gewerkschaften", wie sie betonten, für die „Überführung des Bergbaues und der Schlüsselindustrien in das Eigentum des Landes Nordrhein-Westfalen", also für die Sozialisierung des Bergbaus.[29] Zuvor, im November 1946, hatte sich bereits das Kabinett dafür ausgesprochen, „daß die Betriebe des Kohlenbergbaues alsbald aus Privatbesitz in Gemeineigentum überführt werden".[30]

Über mehrere Jahre hinweg bewilligte die Landesregierung Vorschüsse zur Beschaffung von Kohlen. Im Oktober 1952 beschloss das Kabinett:

> „Die Vorschüsse für Kartoffeln und Kohlen entsprechend den Sonderregelungen in den Vorjahren (40 DM je Haushalt für 10 Zentner Kohlen [...]) werden in diesem Jahre noch einmal an alle Landesbediensteten einschließlich der

26 Protokoll der 51. Kabinettssitzung am 19.8.1947, in: Kanther, Kabinettsprotokolle 1 (wie Anm. 8), S. 371.

27 Protokoll der 242. Kabinettssitzung am 24.7.1951, in: Fleckenstein, Kabinettsprotokolle 1 (wie Anm. 18), S. 359.

28 Vgl. Protokoll der 241. Kabinettssitzung am 17.7.1951, in: ebd., S. 355 Anm. 11.

29 Stellungnahme der Minister Paul und Renner zur Demontagefrage, Kabinettsvorlage vom 27.10.1947, in: Kanther, Kabinettsprotokolle 1 (wie Anm. 8), S. 404–406, hier S. 406. Zu Sozialisierungsplänen im Bergbau vgl. auch Henning Türk, Treibstoff der Systeme. Kohle, Erdöl und Atomkraft im geteilten Deutschland, Sonderausgabe BpB, Bonn 2022, S. 29–35.

30 Protokoll der 13. Kabinettssitzung am 20.11.1946, in: Kanther, Kabinettsprotokolle 1 (wie Anm. 8), S. 199.

Polizei gezahlt. Die Betriebsmittel für diese Vorschüsse an die Polizei werden in *vollem* Umfang vom Lande Nordrhein-Westfalen zur Verfügung gestellt."[31]

Auch Anfang 1956 befasste sich das Kabinett – das einzige Mal in der Dritten Wahlperiode – noch einmal mit den Kohlen- und Kartoffelzuschüssen und erklärte sich „grundsätzlich damit einverstanden, daß unter Festsetzung einer Einkommensgrenze im kommenden Haushaltsjahr wiederum Vorschüsse für Kohlen und Kartoffeln gewährt werden".[32] Das Problem des Kohlenpreises markierte die Landesregierung auch gegenüber der Bundesregierung. Wirtschaftsminister Flecken forderte im Juli 1951:

„1. Der Bundesrat ersucht die Bundesregierung dafür zu sorgen, daß die deutschen Ausfuhrpreise für Kohle angemessen erhöht werden, und zwar mit Rücksicht darauf, daß die deutsche Wirtschaft gezwungen ist, alle Importgüter zu Weltmarktpreisen einzukaufen, [... und] daß inländische Verbraucher von Kohle sehr hohe Preise für amerikanische Kohle und für inländische Kohle, die mit einem Aufpreis von 35 DM angesetzt wird, bezahlen müssen. 2. Der Bundeswirtschaftsminister wird gebeten, soweit erforderlich, [...] sicherzustellen, daß der soziale Wohnungsbau durch Belastung der baustoffschaffenden Industrie mit Aufpreisen für Kohle nicht verteuert wird."[33]

Die Konkurrenz für die einheimische Kohle durch Kohle aus anderen Kohleexportstaaten sowie durch das allmählich an Bedeutung gewinnende Erdöl bekam auch das Kabinett zu spüren. Wirtschaftsminister Sträter klagte im Januar 1954:

„Unsere Ruhrkohle stößt zunehmend auf die wachsende Konkurrenz insbesondere der billigeren amerikanischen und britischen Kohle sowie des immer mehr vordringenden Erdöls. Eine Verbilligung unserer Kohlenproduktion muß daher unter allen Umständen angestrebt werden, und zwar durch weitere Maßnahmen der Rationalisierung und Mechanisierung sowie durch Errichtung moderner Großschachtanlagen. Diese Maßnahmen sind jedoch nur

31 Protokoll der 304. Kabinettssitzung am 28.10.1952, in: Fleckenstein, Kabinettsprotokolle 2 (wie Anm. 22), S. 732. Vgl. hierzu auch die Kabinettsvorlage des Innenministers vom 27.10.1952, in: ebd., S. 739 f.

32 Protokoll der 452. Kabinettssitzung am 9.1.1956, in: Ackermann, Kabinettsprotokolle 1 (wie Anm. 13), S. 564.

33 Kabinettsvorlage des Ministers für Wirtschaft und Verkehr vom 14.7.1951, in: Fleckenstein, Kabinettsprotokolle 1 (wie Anm. 18), S. 354 Anm. 9.

durchführbar, wenn zu diesem Zweck dem Bergbau weitere erhebliche Investitionsmittel zugeführt werden."[34]

Generell zeichnete sich das Problem der mangelnden Rentabilität der Kohlewirtschaft bereits in der zweiten Wahlperiode in den Beratungen des Kabinetts ab. Wirtschaftsminister Sträter konstatierte im Oktober 1953:

> „Der Preis der Kohle ist seit Jahren nicht der Kostenlage der Zechen entsprechend, sondern nach politischen Gesichtspunkten festgesetzt. Die dem Bergbau gewährte Investitionshilfe war bei weitem nicht ausreichend; ein Teil der Betriebe arbeitet heute noch mit Verlust. Nach Schätzungen der Bergbauleitung beträgt der Kapitalbedarf für dringend erforderliche betriebliche Investitionen in den nächsten Jahren allein etwa 3 Milliarden DM, die von dem Bergbau aus eigenen Mitteln nur zu einem geringen Teil aufgebracht werden können."[35]

Das Kabinett stimmte im November 1950 grundsätzlich einer Erhöhung des Kohlepreises zu, nachdem die Deutsche Kohlenbergbau-Leitung eine solche gefordert hatte, betonte jedoch zugleich, dass „aber die Bundesregierung nachdrücklichst darauf hingewiesen werden soll, daß dadurch keine Erhöhung der Verbrauchsgüterpreise eintreten dürfe. Die Bundesregierung müsse sich rechtzeitig die Auswirkungen einer solchen Kohlenpreiserhöhung klar machen".[36] Im Dezember 1950 beschloss die Landesregierung, „der von der Bundesregierung vorgeschlagenen Erhöhung der Kohlenpreise von 6 DM zuzustimmen mit der Maßgabe, daß von diesem Betrag 1,13 DM je Tonne für den sozialen Wohnungsbau abgezweigt werden".[37] Im Dezember 1950 verwarf das Kabinett Überlegungen, „den Dienstbetrieb zwischen Weihnachten und Neujahr einzustellen, […] stimmt[e] aber zu, daß der Kultusminister von Fall zu Fall wegen Kohlenmangel einzelne Schulen schließt".[38]

34 Der Minister für Wirtschaft und Verkehr an den Chef der Staatskanzlei (Kabinettsvorlage) am 12.1.1954, in: Fleckenstein, Kabinettsprotokolle 2 (wie Anm. 22), S. 1083 f.
35 Der Minister für Wirtschaft und Verkehr an den Chef der Staatskanzlei (Kabinettsvorlage) am 22.10.1953, in: Fleckenstein, Kabinettsprotokolle 2 (wie Anm. 22), S. 1029.
36 Protokoll der 209. Kabinettssitzung am 27.11.1950, in: Fleckenstein, Kabinettsprotokolle 1 (wie Anm. 18), S. 187 Anm. 2.
37 Protokoll der 210. Kabinettssitzung am 4.12.1950, in: Fleckenstein, Kabinettsprotokolle 1 (wie Anm. 18), S. 189.
38 Protokoll der 211. Kabinettssitzung am 11.12.1950, in: Fleckenstein, Kabinettsprotokolle 1 (wie Anm. 18), S. 196.

Internationale Implikationen konnten sich auch aus der geografischen Lage von zu erschließenden Steinkohlenfeldern in Grenznähe ergeben. Das Kabinett stimmte im Februar 1951 dem Verkauf von Bergwerkseigentum durch den Eschweiler Bergwerksverein respektive der Genehmigung des Antrages der holländischen Steinkohlenmine „Willem Sophia“ in Spekholzerheide (Holland) auf Erwerb von Bergwerkseigentum im Lande Nordrhein-Westfalen „vorbehaltlich des Zustandekommens eines Staatsvertrages“ zu.[39] Begründend führte Wirtschaftsminister Sträter aus:

> „Durch notariellen Vertrag vom 19.6.1950 hat der Eschweiler Bergwerksverein (EBV) in Kohlscheid bei Aachen von seinem Steinkohlenfelderbesitz an der deutsch-niederländischen Grenze zusammenhängende Felderteile an die Antragstellerin vorbehaltlich eines noch abzuschließenden und für beide Vertragsteile befriedigenden Staatsvertrages über die Durchführung des Kohlenabbaus zum Preise von 9,5 Millionen DM verkauft. Die Felder haben eine Größe von ca. 410 ha und enthalten ein auf 5–6 Millionen t geschätztes Anthrazitkohlenvorkommen. Sie markscheiden auf niederländischer Seite mit dem Felderbesitz der Antragstellerin, die die Absicht hat, die Kohlen unter Tage von der niederländischen Zeche aus abzubauen.“[40]

In der Bergbauverwaltung gab es ein Problem der Personalrekrutierung, das – unter anderen, allgemeineren Vorzeichen – an die Situation in der nordrhein-westfälischen Landesverwaltung des fortgeschrittenen 21. Jahrhunderts erinnert. Finanzminister Flecken wies im Februar 1952 darauf hin, dass die „Berghoheitsverwaltung des Landes Nordrhein-Westfalen [...] in den letzten Jahren ständig Schwierigkeiten“ bezüglich der Akquirierung geeigneten Personals gehabt habe:

> „1. Die Stellen der Bergaufsichtsbeamten des gehobenen Dienstes konnten nicht mehr mit qualifizierten Kräften besetzt werden. 2. Ein wesentlicher Teil der Stellen des höheren Dienstes konnte überhaupt nicht besetzt werden. Die jüngeren Nachwuchskräfte, besonders solche von Rang, sind nicht mehr zum Eintritt in den Staatsdienst zu bewegen. Die Verwaltung hat auf überalterte

39 Protokoll der 229. Kabinettssitzung am 16.4.1951 in Düsseldorf, Haus des Landtags, in: Fleckenstein, Kabinettsprotokolle 1 (wie Anm. 18), S. 281.

40 Kabinettsvorlage des Ministers für Wirtschaft und Verkehr vom 22.2.1951, in: Fleckenstein, Kabinettsprotokolle 1 (wie Anm. 18), S. 287 f.

> Amtsbewerber mit mäßiger Qualifikation aus anderen Ländern oder aus der Ostzone zurückgreifen müssen."[41]

Ein Phänomen, das bis in die späten 1950er Jahre beobachtet werden konnte, waren die Kleinstzechen. Das Kabinett beriet Anfang 1958 über die Bereitstellung von Landesmitteln zur Bergung eines verschütteten Hauers auf der Kleinstzeche Helene in Herzkamp bei Wuppertal. Das Oberbergamt in Dortmund hatte die Kosten für die Bergung des toten Familienvaters auf ca. 40.000 DM taxiert.[42]

Die Sicherheit im Kohlenbergbau beschäftigte das Kabinett im Zusammenhang mit der Frage nach der „Bildung einer Grubensicherheitskommission als beratendes Organ beim Minister für Wirtschaft und Verkehr als oberste [!] Landesbehörde". In einer Kabinettsvorlage des Wirtschaftsministers Friedrich Middelhauve (FDP) vom 25. September 1954 heißt es hierzu:

> „Die Zahl der Unfälle im Steinkohlenbergbau hat sich gegenüber der Vorkriegszeit etwa verdoppelt. Hinzu kommt, daß im Jahre 1936 nur 576 Bergleute, im Jahre 1952 aber 4.596 Bergleute [...] an Silikose erkrankten. Dabei ist die Zahl der Todesfälle durch Silikose mehr als doppelt so hoch wie die Zahl der tödlichen Unfälle im Bergbau. Es wird bei dieser durch die weitgehende Mechanisierung im Bergbau einerseits und den Einsatz der vielen bergfremden Arbeitskräfte andererseits ausgelösten Entwicklung für unerläßlich gehalten, der Frage der Unfallbekämpfung und des vorbeugenden Gesundheitsschutzes gerade in der Ministerialinstanz erheblich größere Aufmerksamkeit als bisher zu schenken."[43]

41 Kabinettsvorlage des Finanzministers vom 26.2.1952, in: Fleckenstein, Kabinettsprotokolle 1 (wie Anm. 18), S. 544.

42 Vgl. Protokoll der 537. Kabinettssitzung am 14.1.1958, in: Ackermann, Kabinettsprotokolle 2 (wie Anm. 19), S. 1099 Anm. 3. Die Landesregierung erklärte sich Ende Februar 1958 zur Übernahme dieser Kosten bereit. Vgl. Protokoll der 543. Kabinettssitzung am 25.2.1958, in: ebd., S. 1120.

43 Kabinettsvorlage des Ministers für Wirtschaft und Verkehr vom 25.9.1954, in: Ackermann, Kabinettsprotokolle 1 (wie Anm. 13), S. 142. Das Kabinett billigte schließlich am 7.12.1954 die Bildung einer Grubensicherheitskommission als beratender Ausschuss, nicht aber als beratendes Organ. Vgl. hierzu ebd. Einleitung, S. 24.

2.2 Braunkohle

Anders als der Steinkohlenbergbau erfuhr die Braunkohlenförderung während des Betrachtungszeitraums keine wesentliche Krise, geschweige denn einen Niedergang.[44] Der Abbau der Braunkohle ging bis 1954 recht geräuschlos von statten. Der linksrheinische Tieftagebau wanderte allmählich nach Norden, währenddessen vollzog sich unter den abbautreibenden Unternehmen ein Konzentrationsprozess, aus dem die Rheinische Braunkohlenwerke AG (Rheinbraun) – unter Kontrolle des RWE-Konzerns stehend – als größter Betrieb hervorging.[45] Er beschäftigte das Kabinett nur gelegentlich und auf undramatische Weise, etwa wenn die Rekultivierung thematisiert wurde[46] oder ein Enteignungsverfahren zugunsten der Braunkohlen- und Brikettwerke A. G. in Brühl und der Rheinischen A. G. für Braunkohlenbergbau und Brikettfabrikation in Köln beschlossen wurde.[47] In einem eigentlich ganz anderen Zusammenhang erkannte das Kabinett allerdings ausdrücklich an, dass „in den Kreisen Bergheim, Jülich und Düren [...] teilweise der Braunkohlenbergbau beträchtliche Auswirkungen für die Bevölkerung mit sich bringt".[48] Die mitunter dramatischen Auswirkungen insbesondere des Tagebaus[49] spielten also erst ansatzweise eine Rolle, wenigstens im Rahmen der Kabinettsberatungen.

Mit Gesetzentwürfen „über die Gesamtplanung im Rheinischen Braunkohlengebiet" sowie „zur Errichtung einer Gemeinschaftskasse im Rheinischen Braunkohlengebiet" bemühte sich das Kabinett um eine weitere Strukturierung und Ausgestaltung der Rahmenbedingungen der Braunkohlenförderung.[50] Die Beru-

44 Vgl. Türk, Treibstoff (wie Anm. 29), S. 148.

45 Ebd., S. 149.

46 Siehe weiter Protokoll der 275. Kabinettssitzung am 25.3.1952, in: Fleckenstein, Kabinettsprotokolle 1, (wie Anm. 18), S. 554; sowie Protokoll der 277. Kabinettssitzung am 8.4.1952, in: ebd., S. 567.

47 Vgl. Protokoll der 294. Kabinettssitzung am 22.7.1952, in: Fleckenstein, Kabinettsprotokolle 2 (wie Anm. 22), S. 666.

48 Kabinettsvorlage des Finanzministers vom 8.7.1954, Betreff „Anforderung eines Geländes für einen Bordwaffenschießplatz für die RAF", in: Fleckenstein, Kabinettsprotokolle 2 (wie Anm. 22), S. 1186 f.

49 Vgl. hierzu beispielsweise Carsten Berndt/Ulrike Stottrop, Berge versetzen – Auswirkungen des Kohleabbaus auf Natur und Landschaft, in: Ulrike Stottrop (Hg.), Kohle. Global. Eine Reise in die Reviere der anderen. Katalog zur Ausstellung im Ruhr Museum vom 15. April bis 24. November 2013, Essen 2013, S. 292–303; ferner Türk, Treibstoff (wie Anm. 29), S. 148–154.

50 Vgl. Protokoll der 148. Kabinettssitzung am 20.7.1949, TOP 12 und TOP 13, in: Kanther, Kabinettsprotokolle 2 (wie Anm. 10), 761–764, hier S. 763. Die Gesetzgebung über die Gesamtplanung im Rheinischen Braunkohlengebiet beschäftigte das Kabinett auch in den folgenden Wahlperioden (vgl. etwa die Protokolle der 520. Kabinettssitzung am

fung des Landesbeauftragten für Naturschutz und Landschaftspflege, eines Vertreters der Deutschen Reichsbahn sowie des Präsidenten des Landesarbeitsamtes in den entsprechenden Ausschuss zeugt von der Berücksichtigung verschiedener wichtiger Aspekte wie dem Naturschutz, der Verkehrsinfrastruktur sowie der Arbeitswelt im Kontext des Energieträgers Braunkohle. Verantwortlich für den Entwurf eines Rahmengesetzes für das Rheinische Braunkohlengebiet zeichnete Regierungspräsident Wilhelm Warsch.[51] Als Verfasser des Gesetzentwurfs wurde er im Januar 1949 vom Ministerpräsidenten als Landesplanungsbehörde zur Beratung der Angelegenheit zu einer Ressortbesprechung hinzugezogen, was die Bedeutung der Mittel- und Bündelungsbehörde Bezirksregierung in diesem Zusammenhang unterstreicht.

Wirtschaftsminister Nölting erhob Einspruch gegen den Gesetzentwurf und machte seine Einwände im Dezember 1948 in einer Kabinettsvorlage geltend:

> „Ich weise erneut darauf hin, daß der vorgelegte Gesetzentwurf […] ohne die Mitwirkung der zuständigen Sachbearbeiter des Wirtschaftsministeriums und der übrigen Wirtschaftsressorts der Landesregierung entstanden ist, obwohl durch die geplante Regelung nicht nur der Braunkohlenbergbau des Landes, sondern auch die zu einem wesentlichen Teil auf der Braunkohle beruhende Elektrizitätswirtschaft sowie weite Gebiete der Wasserwirtschaft, der Ernährungs- und Landwirtschaft, des Verkehrs und des Bauwesens in ihren lebenswichtigen Interessen berührt werden. […] Die in dem Entwurf vorgesehenen Maßnahmen gehen in ihrer finanziellen Auswirkung ausschließlich zu Lasten des Bergbaus. […] Die Preise für Kohle und für den auf der Braunkohle basierenden elektrischen Strom würden hierdurch in erheblichem Umfange beeinflußt werden. […] Die Zusammensetzung des in dem Entwurf vorgesehenen Braunkohlenausschusses kann […] nicht als glücklich bezeichnet werden, da von den 24 Mitgliedern allein 12 Mitglieder der allgemeinen Verwaltung angehören sollen. […] Außerdem sind eine Anzahl von wichtigen interessierten Behörden überhaupt nicht vertreten, z. B. die Forstverwaltung sowie Verkehr, Energie- und Wasserwirtschaft, Reichsbahn und Erftverband. […] Für den Bereich der Energiewirtschaft sei noch darauf hingewiesen, daß die Planung der Energiewirtschaft, die ja zum Teil auf der Planung der Braunkohle beruht, sogar über den Rahmen des Landes Nordrhein-Westfalen hinausgeht und im

23.7.1957 sowie der 522. Kabinettssitzung am 17.9.1957, in: Ackermann, Kabinettsprotokolle 2 (wie Anm. 19), S. 1000, 1013.

51 Vgl. TOP 1 der 123. Kabinettssitzung am 10.1.1949, in: Kanther, Kabinettsprotokolle 2 (wie Anm. 10), S. 639–642, hier S. 640.

wesentlichen eine Aufgabe der bizonalen Verwaltungsstellen darstellt. Schon aus diesem Grunde dürften Entscheidungen, die diese Planung berühren, nicht im Rahmen eines bezirklichen Ausschusses gefällt werden. [...] Berücksichtigt man zum Schluß, daß neben dem Bergbau und den großen Energieversorgungsunternehmen in dem Planungsgebiet zahlreiche wichtige Industrien zusammengedrängt sind und eine ständige Weiterung erfahren, so muß grundsätzlich die Notwendigkeit eines Rahmengesetzes für eine Gesamtplanung dieses Gebietes bejaht werden."[52]

Die Verflechtung des Energiesektors mit anderen gesamtgesellschaftlichen Aufgabenfeldern ist hier mit den Händen greifbar.

Allmählich kamen die Nachteile des Braunkohlenabbaus mehr und mehr zur Sprache, sodass sich auch das Kabinett mit den Wasser- und Bodenproblemen des linksrheinischen Braunkohlengebietes befassen musste. Der Minister für Ernährung, Landwirtschaft und Forsten Johannes Peters (CDU) machte Ende Oktober 1954 auf die Dimensionen der Folgen des Braunkohlentieftagesbaus aufmerksam. Zunächst skizziert er die Ausgangssituation:

„Der rheinische Braunkohlenbergbau soll nach den Plänen der Bergbauunternehmungen eine Entwicklung nehmen, die in technischer Hinsicht von der bisherigen Form der Kohlengewinnung wesentlich abweicht. Die meisten, bisher im Flachtagebau zu erschließenden Flöze gehen ihrer Erschöpfung entgegen. Auf der anderen Seite soll die Jahresförderung, die zur Zeit bei etwa 74 Millionen t liegt, zur Deckung des weiter ansteigenden Energiebedarfs bis zum Jahre 1960 auf etwa 100 Millionen t erhöht werden. Es ist daher beabsichtigt, nunmehr die tiefer liegenden Flöze bis zu 250 m unter Gelände abzubauen. Die dazu vorgesehenen Tieftagebaue selbst werden nach den vorliegenden Plänen im Verlaufe der nächsten 15 Jahre eine Gesamtfläche von etwa 90 bis 100 qkm umfassen."[53]

Dann kam der Minister auf die geradezu apokalyptischen Folgen des Tieftagebaus für Flora, Fauna und Mensch zu sprechen:

52 Kabinettsvorlage des Wirtschaftsministers vom 10.12.1948, in: Kanther, Kabinettsprotokolle 2 (wie Anm. 10), S. 643–645.

53 Kabinettsvorlage des Ministers für Ernährung, Landwirtschaft und Forsten vom 27.10.1954, in: Ackermann, Kabinettsprotokolle 1 (wie Anm. 13), S. 218.

> „Die Aufschließung dieser Tieftagebaue und ihr weiterer Betrieb werden Gemeinschäden verursachen, wie sie in dieser Art und in diesem Umfange bisher noch nicht zu verzeichnen waren. Durch das beabsichtigte Vordringen in das Erftbecken werden Böden betroffen, die unter intensiver Bewirtschaftung und bei günstiger Verkehrs- und Wirtschaftslage zu den ertragreichsten der Welt gehören. Es wird notwendig werden, ganze Ortschaften umzusiedeln, Bahnen, Straßen, Wege und Versorgungsleitungen zu unterbrechen und neu anzulegen sowie Wasserläufe zu verlegen."

Ähnlich wie bei den Ewigkeitsaufgaben der Steinkohle hat auch der Tieftagebau der Braunkohle massive Folgen für das Grundwasser, nur eben ein wenig anderer Art:

> „Durch die Aufschließung der Tieftagebaugruben werden die Grundwasserströme angeschnitten und müssen in den nächsten 5 Jahren etwa 5 bis 10 Milliarden cbm unterirdischen Wassers abgepumpt und beseitigt werden, eine Menge, die den Jahresverbrauch der Bundesrepublik übersteigt. Durch die damit herbeigeführten Grundwasserabsenkungen wird mit Sicherheit ein Gebiet von über 600 qkm, wahrscheinlich aber ein Gebiet von etwa 1.000 qkm, betroffen werden [...]; auch die Beeinträchtigung des Kölner Raumes ist nicht ausgeschlossen. Als Folge der Grundwasserabsenkung wird in dem betroffenen Gebiet die Versorgung der Bevölkerung, der Industrie und der Landwirtschaft mit Wasser gefährdet werden. Diese Gefährdung erscheint umso schwerwiegender, als das Gebiet dicht besiedelt ist und in ihm Industrie, Handel, Gewerbe und Landwirtschaft in besonders hohem Grade entwickelt sind."

Doch auch die Hochwasseraktivität der Erft sollte nicht unbeeinflusst bleiben:

> „Die bisher geplante Ableitung der bei der Aufschließung der Tieftagebaue abzupumpenden Wassermengen dürfte mehrere Jahre hierdurch [!] ein ständiges Hochwasser der Erft herbeiführen, das Schäden auf den anliegenden Grundstücken der Erftaue hervorrufen muß."[54]

Das Kabinett beschloss in diesem Zusammenhang, einen interministeriellen Arbeitskreis zu bilden, dem Vertreter verschiedener Einrichtungen der Landesverwaltung angehören sollten, was die Bedeutung des Themas und dieses Gre-

54 Alle Zitate, ebd., S. 219.

miums noch einmal unterstreicht: Staatskanzlei, Landesplanungsbehörde, Innenministerium, Wirtschafts- und Verkehrsministerium, Ernährungsministerium, Justizministerium, Finanzministerium, Kultusministerium, Oberbergamt Bonn sowie die drei rheinischen Bezirksregierungen Köln, Düsseldorf und Aachen.[55] Er hatte die Aufgabe zu erörtern, „welche zusätzliche Belastung gegenüber der bisherigen Form des Braunkohlenabbaues (Ende 1953) durch den Tieftagebau mit Sicherheit, mit Wahrscheinlichkeit oder möglicherweise entstehen wird".[56] Über die ersten Ergebnisse des interministeriellen Arbeitskreises berichtete der Ernährungsminister in der zweiten Märzhälfte 1955:

> „Es ist […] zu erwarten, daß der Arbeitskreis der Landesregierung nicht empfehlen wird, den Maßnahmen zur Durchführung des tieferen Tagebaues die Billigung zu versagen. Vor allem im Interesse einer ausreichenden und steigenden Versorgung von Bevölkerung und Wirtschaft mit elektrischer Energie ist es notwendig, den rheinischen Braunkohlenbergbau aufrechtzuerhalten und zu steigern. Der von der Braunkohlenindustrie eingeschlagene Weg des tieferen Tagebaues dürfte unter den derzeitigen wirtschaftlichen und technischen Voraussetzungen im Grundsatz richtig und nicht zu vermeiden sein. Dabei bedürfen die Möglichkeiten des Abbaus unter Tage gleichwohl einer weiteren Prüfung und Erprobung, die nicht unterlassen werden darf."[57]

Der Minister für Ernährung, Landwirtschaft und Forsten Josef Effertz (FDP) berichtete am 12. November 1957 über eine am Vortag ausgestrahlte

> „Schulfunksendung im Westdeutschen Rundfunk, in der die Probleme des Braunkohlenabbaues im linksrheinischen Gebiet erläutert wurden. Der Wortlaut dieser Sendung wird […] so bald wie möglich allen Kabinettsmitgliedern übersandt werden."[58]

Während der gesamten Vierten Wahlperiode (1958–1962) kam die Braunkohle an lediglich drei Stellen in den Kabinettsprotokollen zur Sprache: Bei der eher bei-

55 Vgl. Protokoll der 404. Kabinettssitzung am 7.12.1954, in: Ackermann, Kabinettsprotokolle 1 (wie Anm. 13), S. 223–225.

56 Kabinettsvorlage des Ministers für Ernährung, Landwirtschaft und Forsten vom 27.10.1954, in: Ackermann, Kabinettsprotokolle (wie Anm. 13), S. 222.

57 Kabinettsvorlage des Ministers für Ernährung, Landwirtschaft und Forsten vom 25.3.1955, in: Ackermann, Kabinettsprotokolle 1 (wie Anm. 13), S. 321–325, hier S. 321.

58 Protokoll der 529. Kabinettssitzung am 12.11.1957, in: Ackermann, Kabinettsprotokolle 2 (wie Anm. 19), S. 1070.

läufigen Erwähnung der jährlichen Fördermenge von etwa 93 Mio. Tonnen Braunkohle deutschlandweit,[59] bei dem ebenfalls in einem anderen Kontext – Truppenübungsplatz Vogelsang – stehenden Hinweis auf „diejenigen Gebiete […], die durch Absenkung des Grundwassers im Zuge des vordringenden Tieftagebaues der Braunkohle betroffen werden",[60] sowie bei der im Juli 1960 im Kabinett beschlossenen „Anordnung des Enteignungsverfahrens zu Gunsten der Rheinischen Braunkohlenwerke Aktiengesellschaft in Köln für die zur Umsiedlung von Einwohnern der Ortschaften Garsdorf und Frauweiler im Landkreis Bergheim (Erft) erforderlichen Grundstücksrechte".[61]

2.3 Elektrizität

Bereits als Verkehrsminister des Landes Nordrhein-Westfalen hatte Karl Arnold für „Die Elektrifizierung des Eisenbahnverkehrs an Rhein und Ruhr und auf den Verbindungsstrecken nach Süddeutschland"[62] plädiert. Als Ministerpräsident verlieh Arnold dem Thema dann neue und höhere Priorität und setzte sich hierbei gegen Finanzminister Heinrich Weitz (CDU) durch, der lieber den Wohnungsbau auf der Agenda ganz nach oben gesetzt hätte. Zunächst also war die Elektrifizierung der Strecke Hamm-Dortmund-Essen-Duisburg-Düsseldorf-Köln-Bonn-Remagen vorgesehen. Von der Elektrifizierung des ersten Bauabschnittes des Rhein-Ruhr-Eisenbahnverkehrs[63] erhoffte sich die Mehrheit des Kabinetts im November 1950 eine Entlastung des Energieträgers Kohle,[64] während Weitz in einer Stellungnahme festhielt, dass es

> „unmöglich [sei], unter den jetzigen Verhältnissen eine solche Finanzierungsvorlage zu machen. […] Im übrigen muß auch daran festgehalten werden, daß Bundesaufgaben vom Bund erfüllt werden und nicht von den immer mehr in die Finanznot hereingeratenen Ländern. […] Wenn in der Kabinettssitzung

59 Vgl. Kabinettsvorlage des Ministers für Wirtschaft und Verkehr vom 21.4.1959, in: Volker Ackermann, (Bearb.), Die Kabinettsprotokolle der Landesregierung Nordrhein-Westfalen 1958 bis 1962 (Vierte Wahlperiode), Teil 1: Einleitung, Dokumente 1–132, Siegburg 1999, S. 269.

60 Protokoll der 625. Kabinettssitzung am 6.1.1960, in: Ackermann, Kabinettsprotokolle 4. WP 1 (wie Anm. 59), Teil 1, S. 447.

61 Vgl. Protokoll der 651. Kabinettssitzung am 28.7.1960, in: Volker Ackermann (Bearb.), Die Kabinettsprotokolle der Landesregierung Nordrhein-Westfalen 1958 bis 1962 (Vierte Wahlperiode), Teil 2: Dokumente 133–259, Siegburg 1999, S. 564 f.

62 Vgl. Fleckenstein, Kabinettsprotokolle 1 (wie Anm. 18), Einleitung, S. 19.

63 Vgl. Protokoll der 207. Kabinettssitzung am 13.11.1950, in: Fleckenstein, Kabinettsprotokolle 1 (wie Anm. 18), S. 171.

64 Vgl. „Vortrag des Ministers für Wirtschaft und Verkehr" vom 13.11.1950, in: ebd., S. 174.

> […] auf das Beispiel von Bayern hingewiesen worden ist, so muß dem entgegengehalten werden, daß einmal das Land Bayern durch die Elektrifizierung der Bahn selbst eine produktive Anlage schafft, weil das Bayernwerk den Strom liefert, während Nordrhein-Westfalen bekanntlich keine nennenswerten Beteiligungen an Elektrizitätsunternehmen hat."[65]

Eine Anlage zum Protokoll der 391. Kabinettssitzung am 7. September 1954 betreffend „Brief des Ministers für Wirtschaft und Verkehr vom 17.8.1954 an den Vorstand der Deutschen Bundesbahn und an die Stadtwerke Düsseldorf" verrät die Dringlichkeit und Brisanz des Themas:

> „Bei Stimmenthaltung des Ministers für Wirtschaft und Verkehr wird beschlossen: Die Landesregierung hat sich nochmals mit der Frage der Bahn-Elektrifizierung des Rhein-Ruhr-Gebietes beschäftigt und erklärt, ihren Standpunkt, wie er vor allem in den Kreditverträgen zwischen der Landesregierung und der Bundesbahn und in der Entscheidung der Landesregierung über die Stromversorgung festgelegt worden ist, aufrecht zu erhalten und dafür einzutreten, daß die Arbeiten ohne Verzögerung weitergeführt werden. Dies. Seite ist nicht zu vervielfältigen bzw. zu versenden und streng vertraulich zu behandeln."[66]

Die ansonsten durchaus prominenten Rheinischen-Westfälischen Elektrizitätswerke (RWE) spielten in den ersten Jahren im Landeskabinett nur am Rande eine Rolle, etwa, wenn die Landesregierung im März 1953 dem Votum des Finanzministers folgte, dem Land Nordrhein-Westfalen angebotene RWE-Aktien nicht zu erwerben.[67]

2.4 Mineralöl/Kraftstoffe

Kraftstoffe spielten zunächst eine untergeordnete Rolle im Kabinettsgeschehen. Sie kamen etwa zur Sprache, als das Kabinett im September 1951 eine Verordnung über Verbilligung von Dieselkraftstoff für die Landwirtschaft (DKVO-Landwirtschaft) beschloss.[68] Im Februar 1954 beschloss das Kabinett die Anordnung des

65 Der Finanzminister an den Ministerpräsidenten, 18.11.1950, in: ebd., S. 178 f.

66 Anlage zum Protokoll der 391. Kabinettssitzung am 7.9.1954, in: Ackermann, Kabinettsprotokolle 3. WP 1 (wie Anm. 13), S. 112.

67 Vgl. Protokoll der 323. Kabinettssitzung am 3.3.1953, in: Fleckenstein, Kabinettsprotokolle 2 (wie Anm. 22), S. 871.

68 Protokoll der 247. Kabinettssitzung am 25.9.1951, in: Fleckenstein, Kabinettsprotokolle 1 (wie Anm. 18), S. 379.

Enteignungsverfahrens zugunsten der BV-Aral AG in Bochum für die zur Verlegung von Treibstoff-Fernleitungen erforderlichen Grundstücksrechte.[69] Ansonsten waren Themen rund um den Mineralölkomplex bei den Bundesratsangelegenheiten angesiedelt, auf die das Landeskabinett in aller Regel kaum nennenswerten Einfluss nahm.[70]

Im März 1957 befasste sich das Kabinett dann allerdings mit der „Freigabe von r[un]d 19 ha an landeseigenen Grundstücken zum Verkauf an die Rhein-Lippe-Hafen G. m. b. H. für die Errichtung eines Mineralölumschlaghafens der Gelsenberg Benzin AG, Gelsenkirchen“, und befürwortete,

> „daß die beteiligten Minister 1. die Anlage eines Ölhafens südlich Wesel für volkswirtschaftlich erwünscht halten und die dazu erforderlichen Genehmigungen erteilen werden, 2. landeseigene Grundstücke in einer Größe von r[un]d 19 ha an die Rhein-Lippe-Hafen G. m. b. H. verkaufen und 3. die Zustimmung des Haushalts- und Finanzausschusses des Landtags zu diesem Verkauf einholen werden.“[71]

Die Bedeutung, die das Kabinett dieser Maßnahme beimaß, wie die Argumentation des federführend zuständigen Wirtschaftsministers gehen aus dessen Kabinettsvorlage vom 5. März 1957 hervor:

> „Die Gelsenberg Benzin AG. (GBAG), Gelsenkirchen, bezieht ihr Rohöl ab Rotterdam mit Binnentankschiffen über die Duisburg-Ruhrorter Häfen (Hafag) und von dort mittels einer Pipeline[72] der Hafag nach Gelsenkirchen. Die Tankschiffahrt kann wegen Schiffsmangel den künftig gesteigerten Transportbedarf der GBAG nicht mehr voll befriedigen. […] Die GBAG steht damit vor einer ernsten Rohölversorgungsschwierigkeit. Die GEBAG will die Schwierigkeit dadurch überwinden, daß sie einen Ölumschlagplatz an der Mündung des Wesel-Datteln-Kanals zur Verfügung gestellt bekommt und das Rohöl von dort mittels einer eigenen noch zu erstellenden Pipeline nach Gelsenkirchen beför-

69 Vgl. Protokoll der 368. Kabinettssitzung am 9.2.1954, in: Fleckenstein, Kabinettsprotokolle 2, (wie Anm. 22), S. 1092.

70 Dies gilt namentlich für die Themen Mineralölabgaben, Mineralölbewirtschaftung, Mineralölsteuergesetz und Mineralölwirtschaft, die in der Edition über eigene Lemmata verfügen. Vgl. Fleckenstein, Kabinettsprotokolle 2 (wie Anm. 22), S. 1236.

71 Protokoll der 504. Kabinettssitzung am 19.3.1957, in: Ackermann, Kabinettsprotokolle 3. WP 2 (wie Anm. 19), S. 912 f.

72 Zu Funktion und Bedeutung des Pipeline-Baus siehe Türk, Treibstoff (wie Anm. 29), S. 108.

dert. […] Die Durchführung des Projektes ist mit Rücksicht auf den ständig steigenden Mineralölbedarf in der Bundesrepublik außerordentlich dringlich.“[73]

Der Minister verwies schließlich auf das „Interesse der Mineralölversorgung der Wirtschaft“,[74] das letztlich „im allgemeinen volkswirtschaftlichen Interesse“[75] sei. Bezüglich eines Entwurfs einer Anordnung über die Neuregelung der Mineralölpreise sprach sich das Kabinett im Dezember 1949 dafür aus,

„daß a) das Mehraufkommen durch die vorgesehenen neuen Preise zweckgebunden wird für Straßen- und Brückenbau, b) die Neuregelung möglichst befristet wird, c) die Arbeitsmaschinen in der Landwirtschaft von der Neuregelung ausgenommen werden.“[76]

2.5 Atomenergie

Die Jahre nach 1955 waren in den Augen von Frank Uekötter „in der bundesdeutschen Atomgeschichte eine echte Gründerzeit“.[77] Die Atomenergie galt vielen „als Spitzentechnologie, die jedes Industrieland von Rang würde beherrschen müssen“.[78] Die „Träumereien der fünfziger Jahre“[79] waren wenig verwunderlich, waren doch die gravierenden Probleme der Atomkraft bis etwa 1970 „erst in Umrissen zu erahnen“.[80] Der Bau des Atomkraftwerks Würgassen, das die PreußenElektra betreiben wollte,[81] begann 1968 und somit am Ende des Betrachtungszeitraums dieses Beitrags.[82] Kritisch wurde dieser Reaktor sogar erst im Jahr 1971, um „bis 1983 aufgrund zu hoher Dampffeuchte nur mit 80 Prozent der Nennleistung

73 Kabinettsvorlage des Ministers für Wirtschaft und Verkehr vom 5.3.1957, in: Ackermann, Kabinettsprotokolle 3. WP 2 (wie Anm. 19), S. 914. Referat IV 1 des Ministeriums reichte vom 9.3.1957 datierende ergänzende Bemerkungen zu dieser Kabinettsvorlage nach. Siehe ebd., S. 917 f.

74 Ebd., S. 915.

75 Ebd., S. 916.

76 Protokoll der 163. Kabinettssitzung am 5.12.1949, in: Kanther, Kabinettsprotokolle 2 (wie Anm. 10), S. 845.

77 Frank Uekötter, Atomare Demokratie. Eine Geschichte der Kernenergie in Deutschland, Stuttgart 2022, S. 79.

78 Ebd., S. 98.

79 Ebd., S. 99.

80 Ebd.

81 Vgl. Türk, Treibstoff (wie Anm. 29), S. 74.

82 Vgl. Uekötter, Atomare Demokratie (wie Anm. 77), S. 87.

betrieben [zu] werden".[83] Der Widerstand gegen das Projekt wurde vor Gericht getragen, die Massenproteste der Anti-Atomkraft-Bewegung sollten erst ein wenig später einsetzen.[84] Der Beschluss zum Bau des heliumgekühlten Hochtemperaturreaktors (THTR-300) in Hamm-Uentrop erfolgte 1970,[85] ebenfalls am Ende der sechsten Wahlperiode. Der Bund, das Land Nordrhein-Westfalen und die Elektrizitätsversorger investierten in Deutschland seinerzeit viel Geld in die Hochtemperaturtechnologie, da man sich von derartigen Reaktoren nicht nur Strom, sondern auch Prozesswärme erhoffte, die wiederum zur Kohleveredelung genutzt werden sollte. Ein entsprechender Versuchsreaktor wurde in Jülich betrieben, während es in Hamm-Uentrop dann zum Bau eines kommerziellen Prototyps kam, der bei seiner Fertigstellung 1985 bereits als technologisch überholt gelten musste.[86] Die avisierten Atommeiler der sogenannten Konvoi-Baulinie in Hamm und Vahnum wurden nie gebaut.[87] Auch das Engagement der URENCO Deutschland GmbH, die im westfälischen Gronau in Zentrifugen Uran anreichert, war im Betrachtungszeitraum noch Zukunft.[88] Letztlich scheiterte, was im Betrachtungszeitraum noch nicht abzusehen war, die Atomenergie in Nordrhein-Westfalen, und Frank Uekötter bezeichnet die Reaktoren in Hamm-Uentrop und Kalkar als „kostspielige Fehlschläge"[89] und „Investitionsruinen".[90] Der „Schnelle Brüter" SNR-300 in Kalkar gilt Uekötter sogar als das „technologisch anspruchsvollste […] Projekt der bundesdeutschen Atomgeschichte",[91] doch war dies im Betrachtungszeitraum ebenfalls noch nahe Zukunft.

Das Engagement des Landes Nordrhein-Westfalen auf dem Gebiet der Atomenergie bahnte sich in der zweiten Wahlperiode mit der Gründung der „Gesellschaft für kernphysikalische Forschung e. V." respektive „Gesellschaft zur Förderung der kernphysikalischen Forschung" (GFKF) an, die mit Mitteln des Wirtschaftsministeriums wie der Arbeitsgemeinschaft für Forschung im Lande Nordrhein-Westfalen (AGF) erfolgte und die in der Folge zum Nukleus der späteren Kernforschungsanlage (KFA) Jülich avancierte.[92] Bereits im Sommer 1955

83 Ebd., S. 148.
84 Vgl. Türk, Treibstoff (wie Anm. 29), S. 90.
85 Vgl. Uekötter, Atomare Demokratie (wie Anm. 77), S. 319.
86 Vgl. ebd., S. 86.
87 Vgl. ebd., S. 155, 157.
88 Vgl. ebd., S. 287.
89 Ebd., S. 156.
90 Ebd., S. 188.
91 Ebd., S. 83.
92 Vgl. Fleckenstein, Kabinettsprotokolle 1 (wie Anm. 18), S. 41.

hatte die Presse „über die Errichtung eines Atomreaktors in der Eifel" berichtet, was im Kabinett erörtert wurde.[93]

Die KFA sollte das „Karrieresprungbrett" für eine treibende Kraft des Projekts werden: für Rudolf Schulten. Dieser hatte als 32-Jähriger an der Genfer Atomkonferenz teilgenommen und war seit 1957 für das Projekt in Jülich verantwortlich, musste jedoch sehr bald einsehen, „dass nukleare Experten in der Rivalität mit mächtigen Interessenten keinen leichten Stand hatten".[94] Unter dem Tagesordnungspunkt „Probleme der Atomforschung" gelangte das Kabinett im Juni 1957 zu dem Beschluss, dass

> „die Satzung der Gesellschaft zur Förderung der Kernphysikalischen Forschung e. V. in interministeriellen Besprechungen unter Leitung der Staatskanzlei unter dem Gesichtspunkt überprüft werden soll, ob der staatliche Einfluß in ausreichendem Maße gewährleistet ist. Das Ergebnis der Überprüfung ist mit einem neuen Satzungsentwurf der Landesregierung zur Beratung und Zustimmung vorzulegen."[95]

Auf diesem Wege versuchte die Landesregierung, sich auf diesem Feld mehr Einfluss und direkte Durchgriffsmöglichkeiten zu sichern. Die Landesregierung war nicht nur im Verwaltungsrat vertreten, sondern sie erteilte diesen Vertretern auch Weisungen, bei der Wahl eines geschäftsführenden Vereinsvorstands namentlich bestimmte Kandidaten in die engere Wahl zu nehmen.[96] Zum Präsidenten des Verwaltungsrats wurde Staatssekretär Leo Brandt[97] ernannt.[98] Bei einer Neufas-

93 Protokoll der 436. Kabinettssitzung am 6.9.1955, in: Ackermann, Kabinettsprotokolle 3. WP 1 (wie Anm. 13), S. 421.
94 Uekötter, Atomare Demokratie (wie Anm. 77), S. 92.
95 Protokoll der 515. Kabinettssitzung am 18.6.1957, in: Ackermann, Kabinettsprotokolle 3. WP 2 (wie Anm. 19), S. 967.
96 Vgl. Protokoll der 553. Kabinettssitzung am 13.5.1958, in: Ackermann, Kabinettsprotokolle 3. WP 2 (wie Anm. 19), S. 1184.
97 Prof. Dr. med. h. c., Dr. Ing. h. c. Leo Brandt, „rühriger Staatssekretär in Nordrhein-Westfalen und Vater der Kernforschungsanlage Jülich" (Uekötter, Atomare Demokratie (wie Anm. 77), S. 42). Der Sozialdemokrat Brandt hatte in Aachen Elektrotechnik studiert, während des Nationalsozialismus als Ingenieur bei Telefunken gearbeitet, bevor er 1949 unter Karl Arnold zum Ministerialdirektor, 1954 zum Staatssekretär ernannt wurde. Als „Gründervater der Kernforschungsanlage Jülich" erklärte er auf dem Münchener SPD-Parteitag im Jahr 1956 „die Kerntechnik zum Motor einer zweiten industriellen Revolution, die Frieden und Massenwohlstand sichern würde" (ebd., S. 91).
98 Vgl. Protokoll der 542. Kabinettssitzung am 18.2.1958, in: Ackermann, Kabinettsprotokolle 3. WP 2 (wie Anm. 19), S. 1112.

sung der Vereinssatzung hatte das Kabinett seine Zustimmung zu erteilen.[99] Als im Februar 1961 die staatlichen Aufgaben der „Förderung der Kernphysikalischen Forschung e. V. (GFKF) in Jülich“ sowie der „Förderung der Institute und sonstigen Anlagen der GFKF“ dem Geschäftsbereich des Ministerpräsidenten zugewiesen wurden, erhielt die diese Aufgaben übernehmende Abteilung der Staatskanzlei die Bezeichnung „Landesamt für Forschung“, und Brandt wurde zum Leiter dieser Abteilung bestellt.[100]

Bei der Atomgesetzgebung ging das Land Nordrhein-Westfalen der Bundesgesetzgebung zeitlich voraus. Am 22. Oktober 1957 beschloss die Landesregierung den Entwurf eines „Landesatomgesetzes“, das Wirtschaftsminister Hermann Kohlhase (FDP) für notwendig erachtete, „um eine einwandfreie Rechtsgrundlage für die Errichtung und den Betrieb der geplanten Atomanlagen zu schaffen“.[101] Besonderes Augenmerk richtete das Landeskabinett dabei auf die sozialpolitischen Implikationen der Gründung der Kernforschungsanlage Jülich, da die Landesregierung die Gefahrenabwehr und den Arbeitnehmerschutz in diesem Kontext als sozialpolitische Aufgabe betrachtete. Die für die Gewerbeaufsicht zuständigen Ministerien des Landes sollten nach Auffassung des Landeskabinetts im Auftrag des Bundes die staatliche Aufsicht über die Genehmigung und Beaufsichtigung von Atomanlagen wahrnehmen. Ferner waren Vorschriften für die Bearbeitung, Verarbeitung und anderweitige Verwendung von Kernbrennstoffen außerhalb genehmigungspflichtiger Anlagen zu veranlassen. Dass eine spätere Landesregierung den Bau von Atomkraftwerken in dicht besiedelten Gebieten Nordrhein-Westfalens in Erwägung ziehen sollte, schien zu diesem Zeitpunkt noch nicht denkbar. Wohin Technologieglaube und Atomeuphorie zwischenzeitlich führen sollten, geht eindrücklich aus der Kabinettsvorlage des Arbeits- und Sozialministers Werner Figgen (SPD) vom 23. Oktober 1969 betreffend „Grundsatzfragen bei der Standortwahl von Kernkraftwerken“ hervor:

> „1. Zwar ist es aus elektrizitätswirtschaftlicher Sicht nicht immer erforderlich, Kernkraftwerke für die allgemeine Stromversorgung in Verdichtungsgebieten zu errichten, weil die Standortwahl sich insoweit nach den Erfordernissen des

99 Vgl. etwa Protokoll der 530. Kabinettssitzung am 19.11.1957, in: Ackermann, Kabinettsprotokolle 3. WP 2 (wie Anm. 19), S. 1071 f.

100 Vgl. Protokoll der 675. Kabinettssitzung am 21. und 22.2.1961, in: Ackermann, Kabinettsprotokolle 4. WP Teil 2 (wie Anm. 61), S. 686.

101 Hier und im Folgenden Ackermann, Kabinettsprotokolle 3. WP 1 (wie Anm. 13), S. 57. Zur Begründung des Wirtschaftsminister siehe die Kabinettsvorlage vom 14.10.1957, in: Ackermann, Kabinettsprotokolle 3. WP 2 (wie Anm. 19), S. 1044–1047, hier S. 1045.

großräumigen Verbundnetzes richten wird. Zur unmittelbaren Nutzung der Wärmeenergie aus der Kernspaltung sind aber verbrauchsnahe Standorte [...] unbedingte Voraussetzung. 2. Kernkraftwerke können sich wegen des preiswerten Energieangebotes strukturverbessernd auf vorhandene Industriegebiete (Ruhrgebiet) auswirken und Ausgangspunkt für die Entwicklung neuer Industrieschwerpunkte sein. Die energieintensive Industrie zieht daher als Standort für Kernkraftwerke zunehmend Standorte in Gebieten mit hoher Bevölkerungsdichte oder in Gebieten, in denen die Bevölkerungsdichte stark wachsen wird, in Betracht. 3. Diese Entwicklung wird auch dadurch gefördert, daß der Standortwahl in ländlichen Gebieten häufig Gesichtspunkte des Landschaftsschutzes entgegenstehen. [...] 5. Aus Gründen der Reaktorsicherheit werden prinzipielle Bedenken gegen die Errichtung von Kernkraftwerken in dicht besiedeltem Gebiet – trotz des hohen Gefährdungspotentials dieser Anlagen – von den Experten nicht erhoben, weil Kernkraftwerke sicher genug gebaut und betrieben werden können."

Der Minister kommt dann auf den Forschungsreaktor in Jülich zu sprechen:

> „Besondere Aufmerksamkeit ist in diesem Zusammenhang dem in Jülich entwickelten Hochtemperaturreaktor mit kugelförmigen Brennelementen zu widmen. Aufgrund seiner günstigen sicherheitstechnischen Eigenschaften wird von diesem Reaktortyp erwartet, daß er sich für Standorte in dicht besiedelten Gebieten besonders eignet. Zur Frage, ob bereits im [!] jetzigen Zeitpunkt Kernkraftwerke in Ballungszentren oder in Stadtnähe errichtet werden können, bestehen jedoch im In- und Ausland noch unterschiedliche Meinungen."[102]

Anfang Februar 1958 beschloss das Kabinett, „gegen das am 21. Januar 1958 vom Landtag in 3. Lesung verabschiedete Gesetz zur vorläufigen Regelung der Errichtung und des Betriebes von Atomanlagen keine Bedenken" geltend zu machen. Zuvor hatten Arbeits- und Sozialminister Heinrich Hemsath (SPD) sowie Minister für Wirtschaft und Verkehr Kohlhase im Kabinett hervorgehoben, „daß es sich nur um eine vorläufige Regelung bis zum Inkrafttreten des bald zu erwartenden Bundesgesetzes handelt und daß hierauf bei der Einbringung des Gesetzes im

102 Alle Zitate: Kabinettsvorlage des Arbeits- und Sozialministers vom 23.10.1969, in: Andreas Pilger (Bearb.), Die Kabinettsprotokolle der Landesregierung von Nordrhein-Westfalen 1966 bis 1970 (Sechste Wahlperiode), Teil 2: Dokumente, Verzeichnisse, Register, Siegburg 2006, S. 1009–1011, hier S. 1010.

Landtag ausdrücklich hingewiesen wird".[103] Dem auf Bundes- und Bundesratsebene ventilierten „Entwurf eines Gesetzes über die Erzeugung und Nutzung der Kernenergie und den Schutz gegen ihre Gefahren (Atomgesetz)" begegnete die Landesregierung mit konstruktiver Kritik:

> „Die Landesregierung hält den von der Bundesregierung vorgelegten Entwurf des Atomgesetzes für unzureichend; sie ist der Auffassung, daß die Materie zweckmäßiger in zwei getrennten Gesetzen zu regeln wäre, und zwar a) in einem sog[enannten] Strahlenschutzgesetz, das besonders dringlich ist, und b) in einem Gesetz, das ausschließlich die wirtschaftliche Ausnutzung der Atomenergie regelt."[104]

Die Kernforschungsanlage wurde seitens der Landesregierung bewusst als außeruniversitäres Projekt konzipiert, allerdings von Beginn an mit beabsichtigter Vernetzung in den universitären Sektor hinein.[105] Ministerpräsident Fritz Steinhoff hatte in seiner Regierungserklärung die Prüfung der Einrichtung eines wissenschaftlichen Zentrums für Forschungen auf dem Gebiet der Atomenergie in Aussicht gestellt. Gleichzeitig warnte er vor einer Vernachlässigung des Energieträgers Kohle, der „noch für viele Generationen" eine große Bedeutung für die Entwicklung des Landes Nordrhein-Westfalen haben werde. Am 11. Dezember 1956 beschloss der Landtag einstimmig die Errichtung einer Atomforschungsanlage im Land. Das Wirtschaftsministerium, das für die Standortwahl verantwortlich zeichnete, befürwortete den Staatsforst Stetternich/Hambach bei Jülich, weil es nur hier eine spätere Erweiterung der Anlage zu einem geplanten europäischen Großreaktor für möglich hielt. Das Kabinett entschied sich jedoch dafür, den Privatforst Merzenicher Erbwald bei Düren als Standort zu favorisieren. Bei der Ausgestaltung des Forschungszentrums achtete der Wirtschaftsminister auf die Wahrung der Landesinteressen gegenüber dem Bund, der sich finanziell an der Anlage beteiligen wollte. So sollte die Landesregierung etwa freie Hand bei der

103 Protokoll der 527. Kabinettssitzung am 29.10.1957, in: Ackermann, Kabinettsprotokolle 3. WP 2 (wie Anm. 19), S. 1049.

104 Protokoll der 482. Kabinettssitzung am 25.9.1956, in: Ackermann, Kabinettsprotokolle 3. WP 2 (wie Anm. 19), S. 783; vgl. auch die undatierte, ausführlich begründende „Stellungnahme des Arbeits- und Sozialministeriums des Landes Nordrhein-Westfalen zu § 19 Abs. 2 des Atomgesetzes", in: ebd., S. 784–790. Zu weiteren Einwenden der Landesregierung vgl. Protokoll der 483. Kabinettssitzung am 3.10.1956, in: ebd., S. 797 f.

105 Vgl. hierzu und im Folgenden Ackermann, Kabinettsprotokolle 3. WP 1 (wie Anm. 13), S. 34 f.

Errichtung von Atomforschungsinstituten haben, unabhängig von der Existenz ähnlicher Einrichtungen in anderen Bundesländern. Schließlich stellte der Bundesminister für Atomfragen, Siegfried Balke (CSU), am 25. Juni 1957 der Landesregierung für das laufende Jahr und drei weitere Jahre Zuschüsse zur Mitfinanzierung des Kernforschungszentrums in Höhe von 10 Mio. DM pro Jahr in Aussicht, insgesamt also 40 Mio. DM.

Nachdem sich das Kabinett im April 1957 zunächst gegen das ausdrückliche Votum des Wirtschaftsministers[106] für den Merzenicher Erbwald als Standort des Forschungszentrums entschieden und diesen beauftragt hatte,

> „bis zum 30.4.1957 im Benehmen mit dem Minister für Ernährung, Landwirtschaft und Forsten durch Verhandlungen mit dem Eigentümer des ‚Merzenicher Erbwaldes' zu klären, ob dieses Gelände im Wege des Ankaufs oder des Tausches unter vertretbaren Bedingungen für das Land zwecks Errichtung der Atomforschungsanlage erworben werden"[107]

könne, konkretisierte es seine Planungen und beauftragte einzelne Kabinettsmitglieder mit weiteren, konkreter werdenden Schritten bezüglich des Standortes Merzenicher Erbwald.[108] Am 16. Juni berichtete der Wirtschaftsminister vom Fortgang des Projekts und stellte einen Vertragsabschluss für den Kauf des Merzenicher Erbwaldes in sechs Wochen in Aussicht. Den Beginn der Arbeiten an Forschungsreaktor Merlin datierte er auf den 1. September 1957, die Fertigstellung desselben auf den 1. Oktober 1958. Der Materialprüfungsreaktor Dido sollte etwas später, zwischen dem 1. Oktober 1959 und dem 1. Oktober 1960, fertig werden.[109] Der Bundesminister für Atomfragen, Siegfried Balke, stellte der Landesregierung Ende Juni 1957 Zuschüsse zur Mitfinanzierung des Projekts im Merzenicher Erbwald 10 Mio. DM für das laufende Jahr sowie für drei weitere Jahre in Aussicht,

106 Wirtschaftsminister Hermann Kohlhase (FDP) hatte – unter Beachtung etlicher Parameter – neun potentielle Standorte akribisch untersuchen lassen. Siehe hierzu die Kabinettsvorlage des Ministers für Wirtschaft und Verkehr vom 28.3.1957, in: Ackermann, Kabinettsprotokolle 3. WP 2 (wie Anm. 19), S. 931–933.

107 Protokoll der 507. Kabinettssitzung am 9.4.1957, in: Ackermann, Kabinettsprotokolle 3. WP 2 (wie Anm. 19), S. 929 f.

108 Zum Beschluss des Kabinetts siehe Protokoll der 508. Kabinettssitzung am 29.4.1957, in: Ackermann, Kabinettsprotokolle 3. WP 2 (wie Anm. 19), S. 938.

109 Vgl. Kabinettsvorlage des Ministers für Wirtschaft und Verkehr vom 18.6.1957, in: Ackermann, Kabinettsprotokolle 3. WP 2 (wie Anm. 19), S. 969–972, hier S. 970.

insgesamt also 40 Mio. DM.[110] Dann jedoch schwenkte das Kabinett im November 1957 um und änderte den betreffenden Kabinettsbeschluss vom 29. April 1957 ab:

> „a) Die Landesregierung nimmt zustimmend davon Kenntnis, daß der Minister für Wirtschaft und Verkehr als Standort für die zu errichtende Atomforschungsanlage den Staatsforst Stetternich in Aussicht genommen hat. b) Der Minister für Ernährung, Landwirtschaft und Forsten wird gegebenenfalls das erforderliche Gelände im Staatsforst Stetternich zur Verfügung stellen. Soweit der Ernährungsminister aufgrund der in Absatz b) des Kabinettsbeschlusses vom 29.4.1957 enthaltenen Ermächtigung (Grundstückserwerb, Erbwald) bereits tätig geworden ist, wird er in Verhandlungen mit dem Wirtschafts- und Finanzminister prüfen, welche Rechtslage nunmehr entstanden ist und welche Maßnahmen aufgrund der Rechtslage zu treffen sind."[111]

Die Beratungen der Landesregierung zur „Finanzierung eines Dokumentarfilms über die Errichtung des Atomforschungszentrums in Nordrhein-Westfalen" wurden im November 1957 zurückgestellt und in der Dritten Wahlperiode nicht mehr aufgegriffen.[112] Bezüglich der Federführung innerhalb der Landesregierung für den Länderausschuss für Atomfragen kam es zu Differenzen zwischen dem Wirtschafts- und dem Arbeits- und Sozialminister, die „im gemeinsamen Einvernehmen" im Februar 1957 ausgeräumt werden konnten.[113] Im Hinblick auf die im Bundesrat beratenen „Verträge über den Gemeinsamen Markt und die Europäische Atomgemeinschaft" (Euratom) war das Kabinett um eine „politische Grundsatzentscheidung" bemüht.[114] Als Mitglied des Ausschusses für Wissenschaft und Technik bei der Kommission der Europäischen Atomgemeinschaft (Euratom)

110 Vgl. Protokoll der 516. Kabinettssitzung am 25.6.1957, in: Ackermann, Kabinettsprotokolle 3. WP 2 (wie Anm. 19), S. 979.
111 Protokoll der 530. Kabinettssitzung am 19.11.1957, in: Ackermann, Kabinettsprotokolle 3. WP 2 (wie Anm. 19), S. 1072 f.
112 Vgl. Protokoll der 531. Kabinettssitzung am 26.11.1957, in: Ackermann, Kabinettsprotokolle 3. WP 2 (wie Anm. 19), S. 1080.
113 Protokoll der 500. Kabinettssitzung am 19.2.1957, in: Ackermann, Kabinettsprotokolle 3. WP 2 (wie Anm. 19), S. 891.
114 Protokoll der 504. Kabinettssitzung am 19.3.1957, in: Ackermann 3. WP 2 (wie Anm. 19), S. 914. Vgl. ferner Protokoll der 507. Kabinettssitzung am 9.4.1957, in: ebd., S. 930 Anm. 2; Protokoll der 508. Kabinettssitzung am 29.4.1957, in: ebd., S. 934; Protokoll der 513. Kabinettssitzung am 4.6.1957, in: ebd., S. 960; Protokoll der 519. Kabinettssitzung am 16.7.1957, in: ebd., S. 992 f.

benannte die Landesregierung auch hier Staatssekretär Leo Brandt.[115] Auch die Internationale Atomenergie-Behörde begegnet ausschließlich im Kontext der Bundesratsangelegenheiten.[116]

Gegen die militärische Nutzung der Atomenergie engagierte sich die sozialliberale Koalition unter Ministerpräsident Steinhoff. Im zeitlichen Vorfeld der Landtagswahl 1958 initiierte der ehemalige Innenminister des Landes Walter Menzel die Kampagne „Kampf dem Atomtod“, während Steinhoff am 13. Mai 1958 im Landtag zu verstehen gab, dass er im Bundesrat alle Anträge, die auf eine unmittelbare oder mittelbare atomare Bewaffnung der Bundeswehr respektive der Bundesrepublik Deutschland hinausliefen, ablehnen werde, da sie das bevölkerungsreichste Bundesland mit seinen Industrie- und urbanen Ballungsräumen zum bevorzugten Ziel eines atomaren (Gegen-)Schlages machten.[117]

2.6 Erneuerbare Energien

Die Verlagerung der Zuständigkeit für die Aufgabe „Wasserwirtschaft“ aus dem Verkehrs- in das Wirtschaftsministerium im Oktober 1946 stand durchaus in einem Zusammenhang mit der Energiefrage.[118] Ansonsten spielten Wasserkraftwerke lediglich eine marginale Rolle, in der Regel im Rahmen der Bundesratsangelegenheiten.[119] Die zahlreichen Talsperren des Landes dienten in erster Linie der Sicherung des Trinkwasserhaushalts sowie des Brauchwassers. Diesen Zielen diente auch die im Braunkohlegebiet durch Kabinettsbeschluss im Dezember 1955 etablierte, dem Wasserwirtschaftsamt Bonn als besondere Abteilung angegliederte Staatliche Wasserwirtschaftsstelle Erft,[120] aus der sich der Große Erftverband

115 Vgl. Protokoll der 544. Kabinettssitzung am 4.3.1958, in: Ackermann, Kabinettsprotokolle 3. WP 2 (wie Anm. 19), S. 1128.

116 So etwa beim Entwurf eines Gesetzes zu der Satzung der Internationalen Atomenergie-Behörde (Protokoll der 511. Kabinettssitzung am 21.5.1957, in: Ackermann, Kabinettsprotokolle 3. WP 2 (wie Anm. 19), S. 952 f., und Protokoll der 522. Kabinettssitzung am 17.9.1957, in: ebd., S. 1009).

117 Vgl. Ackermann (3. WP), Teil 1, Einleitung, S. 65. Vgl. auch Protokoll der 553. Kabinettssitzung am 13.5.1958, in: Ackermann, Kabinettsprotokolle 3. WP 2 (wie Anm. 19), S. 1184.

118 Vgl. Protokoll der 7. Kabinettssitzung am 14.10.1946, TOP 7, in: Kanther, Kabinettsprotokolle 1 (wie Anm. 8), S. 171.

119 Vgl. Beschlüsse des Kabinetts zum Entwurf eines Gesetzes über die steuerliche Begünstigung von Wasserkraftwerken (Protokoll der 500. Kabinettssitzung am 19.2.1957, in: Ackermann, Kabinettsprotokolle 3. WP 2 (wie Anm. 19), S. 889); sowie zum Gesetz zur Änderung der Verordnung über die steuerliche Begünstigung von Wasserkraftwerken (Protokoll der 518. Kabinettssitzung am 9.7.1957, in: ebd., S. 982).

120 Vgl. hierzu Kabinettsvorlage des Ministers für Ernährung, Landwirtschaft und Forsten vom 25.3.1955 betreffend „Errichtung einer Staatlichen Wasserwirtschaftsstelle

entwickeln sollte.[121] Eine Bedeutung von Flüssen für die Energiegewinnung[122] wird in den Kabinettsprotokollen der ersten Wahlperioden kaum greifbar.

Obgleich das Thema „Wasserkraftwerke" im Kabinett kaum eine Rolle spielte, wenn es sich mit der Wasserwirtschaft befasste,[123] wurde der Sektor der Energiegewinnung dennoch berührt, etwa wenn Wirtschaftsminister Middelhauve im Dezember 1954 mit dem Rheinisch-Westfälischen Elektrizitätswerk (RWE) über die „Beteiligung an den Kosten der Talsperrenbauten zur Sicherstellung des Wasserbedarfs für das Großkraftwerk Weissweiler [!]" verhandelte.[124] Die Energieträger Wind und Solar sind im Zusammenhang mit der Energiefrage in den Kabinettsprotokollen der ersten Wahlperioden nicht nachgewiesen.

2.7 Gas

Der Energieträger Gas findet lediglich punktuelle Erwähnung in den Kabinettsprotokollen der ersten Wahlperioden. Innenminister Walter Menzel (SPD) bewilligte nach Beratung im Kabinett im Oktober 1949 der Stadt Letmathe die „Aufnahme einer Anleihe von 80.000 DM zum Zwecke der Beteiligung an der Westfälische Ferngas AG unter der Bedingung […], daß das Darlehen langfristig gewährt wird".[125]

Die Frage nach dem Standort eines „der größten bisher im Lande Nordrhein-Westfalen errichteten"[126] Gasbehälters der Ruhrgas AG gemäß der Paragra-

Erft", in: Ackermann, Kabinettsprotokolle 3. WP 1 (wie Anm. 13), S. 321–325.

121 Vgl. Ackermann, Kabinettsprotokolle 3. WP 1 (wie Anm. 13), S. 46 f.; Protokoll der 479. Kabinettssitzung am 4.9.1956, in: Ackermann, Kabinettsprotokolle 3. WP 2 (wie Anm. 19), S. 765 Anm. 4; Walter Schmitz, Nordrhein-Westfalen – ein Land der Talsperren, in: Das Grüne Buch von Nordrhein-Westfalen. Aufgaben, Leistungen und Probleme der Ernährung, Land-, Wasser- und Forstwirtschaft, hg. vom Ministerium für Ernährung, Landwirtschaft und Forsten des Landes Nordrhein-Westfalen, Hiltrup 1962, S. 338–348.

122 Am Beispiel des Lechs veranschaulich diese Bedeutung Herbert Friedmann, Vom Wildfluss zur Kraftwerkstreppe. Umweltgeschichte des Lechs, Darmstadt 2022.

123 Vgl. etwa Bericht des Ministers für Ernährung, Landwirtschaft und Forsten über den Stand der Wasserwirtschaft vom 21.12.1954, in: Ackermann, Kabinettsprotokolle 3. WP 1 (wie Anm. 13), S. 239–246.

124 Ebd., S. 244. Vgl. zum Braunkohlenkraftwerk Weisweiler: „Kraftwerk Weisweiler. Daten, Zahlen, Fakten", in: <https://www.rwe.com/der-konzern/laender-und-standorte/kraftwerk-weisweiler/> (13.7.2023).

125 Protokoll der 157. Kabinettssitzung am 24.10.1949, in: Kanther, Kabinettsprotokolle 2 (wie Anm. 10), S. 819.

126 Der Leiter der Landesplanungsbehörde an das Referat I B 1 der Staatskanzlei, 18.3.1955, in: Ackermann, Kabinettsprotokolle 3. WP 1 (wie Anm. 13), S. 320.

phen 16 ff. der Gewerbeordnung[127] im Raum Remscheid beschäftigte das Kabinett über zwei Wahlperioden hinweg.[128] Schließlich bewilligte die Landesregierung die Installation eines Gasbehälters am Standort Gelpetal,[129] nachdem dieser zunächst in der Gerstau vorgesehen gewesen war.[130] Die Beratungen im Kabinett zogen sich zeitlich hin, da der Wirtschaftsminister bezweifelte, dass es sich beim Gelpetal um ein Naturschutzgebiet handele.[131] Nach der Konsultation externer Sachverständiger[132] entschied sich das Kabinett für den Standort Gelpetal.[133] Nachdem eine Bürgerinitiative gegen das Projekt mobilisiert hatte und auch der technologische Fortschritt die Sinnhaftigkeit des Projekts immer fraglicher erscheinen ließ, wurde der Gasbehälter letztlich nie installiert.[134] Auch dies kann als Anklang an Problemkonstellationen der Gegenwart betrachtet werden, wo zunehmend Umwelt- und Klimaaspekte zu Widerständen gegen vergleichbare Projekte führen, andererseits die Errichtung von Windrädern als Beeinträchtigung des Landschaftsbildes verstanden und abgelehnt wird.

3. Die Entwicklung der Energiefrage im Laufe der Zeit

Das Aufgabengebiet der Energie verteilte sich – ohne dass der Begriff der „Energie" Niederschlag gefunden hätte – in der Ersten Wahlperiode auf zwei Organisationseinheiten des Wirtschaftsministeriums, die beide dem Leitenden Regierungsdirektors Soergel unterstellt waren: Versorgung, Elektrizitäts-, Gas-, Was-

127 Vgl. Protokoll der 368. Kabinettssitzung am 9.2.1954, in: Fleckenstein, Kabinettsprotokolle 2 (wie Anm. 22), S. 1092.
128 Vgl. Protokoll der 342. Kabinettssitzung am 28.7.1953, in: Fleckenstein, Kabinettsprotokolle 2 (wie Anm. 22), S. 980.
129 Zur Begründung siehe die Stellungnahme des Leiters der Landesplanungsbehörde gegenüber Referat I B 1 der Staatskanzlei vom 18.3.1955, in: Ackermann, Kabinettsprotokolle 3. WP 1 (wie Anm. 13), S. 320.
130 Vgl. Protokoll der 346. Kabinettssitzung am 8.9.1953, in: Fleckenstein, Kabinettsprotokolle 2 (wie Anm. 22), S. 1001.
131 Vgl. Protokoll der 420. Kabinettssitzung am 22.3.1955, in: Ackermann, Kabinettsprotokolle 3. WP 1 (wie Anm. 13), S. 314 f.
132 Professor Körting von der Technischen Hochschule Karlsruhe und ein Gutachter von der Technischen Hochschule in Zürich (vgl. Protokoll der 423. Kabinettssitzung am 19.4.1955, in: Ackermann, Kabinettsprotokolle 3. WP 1 (wie Anm. 13), S. 335).
133 Vgl. Protokoll der 434. Kabinettssitzung am 19.7.1955, in: Ackermann, Kabinettsprotokolle 3. WP 1 (wie Anm. 13), S. 406.
134 Vgl. Ackermann, Kabinettsprotokolle 3. WP 1 (wie Anm. 13), S. 49.

serwirtschaft sowie Bergbau, Kohle, Treibstoffe.[135] Die Atom- oder Kernenergie spielte genauso wenig eine Rolle wie Wasser-, Solar- und Windenergie.

Ein Problem der privaten Energieversorgung war der „Hausbrandmangel" in der Nachkriegszeit.[136] In einem dramatischen Appell an die britische Militärregierung schilderte Ministerpräsident Amelunxen Anfang September 1946 anschaulich die aktuelle Notlage:

> „Diejenige Frage, die alle anderen Fragen weit in den Schatten stellt, ist die Hausbrandversorgung der Bevölkerung für den kommenden Winter. […] Zu Beginn des vorigen Winters lebte die Bevölkerung noch nicht annähernd so zusammengedrängt wie jetzt nach dem Zustrom der großen Zahl von Ausgewiesenen und Flüchtlingen, nach der Rückkehr zahlreicher Kriegsgefangener und nach der Verengung des Wohnraumes […] infolge des steigenden Wohnungsbedarfs der Besatzungsmacht. Damals waren auch noch Haldenbestände auf den Kohlenzechen in Höhe von sechs Millionen Tonnen, die heute auf den fünften oder sechsten Teil heruntergegangen sind. Außerdem standen noch in der Nähe der Städte und Siedlungen überall irgendwelche Waldbestände zur Verfügung, die inzwischen sämtlich abgeschlagen wurden. […] Ich rechne […] darauf, daß von Seiten der Militärregierung in allen geeigneten Gegenden Kraftfahrzeuge gestellt werden und […] allen berufsfremd beim Brennholzeinschlag eingesetzten deutschen Zivilpersonen die Schwerstarbeiterzulage gegeben werden kann."[137]

Amelunxen reduzierte in seinen Überlegungen den Heizbedarf in Friedenszeiten von 40 bis 50 Zentner pro Haushalt und Jahr um über die Hälfte auf 20 Zentner und kam immer noch zu einem berechneten Defizit von 2.500.000 Tonnen Steinkohleeinheiten (SKE). Auf dieser Grundlage führte er weiter aus:

> „Der angeordnete Holzeinschlag von 3 ½ Millionen Raummeter beläuft sich in der Umrechnung auf Steinkohle aber nur auf 560.000 Tonnen Steinkohleeinheiten. Ich bringe außerdem noch die durch Kochstrom und Kochgas im Rahmen der Kontingente zu verbrauchende Heizmenge in Anrechnung und

135 Vgl. Kanther, Kabinettsprotokolle 1 (wie Anm. 8), S. 1–70, hier Abb. 3, S. 36 f.
136 Vgl. ebd., S. 19.
137 „Der Ministerpräsident an die Militärregierung" am 5.9.1946, in: Kanther Kabinettsprotokolle 1 (wie Anm. 8), S. 157 f.

behalte dann einen ungedeckten Bedarf übrig von 1.650.000 Tonnen Steinkohleeinheiten."[138]

Abhilfe konnte in den Augen des Ministerpräsidenten allein durch die Steigerung der Stein- und Braunkohlenförderung in Gestalt von Sonderschichten in Verbindung mit einer Drosselung der Belieferung der Wirtschaftsbetriebe schaffen.[139] Die Folgen, die Amelunxen für den Fall eines Scheiterns der skizzierten Bemühungen projizierte, bargen durchaus ein gewisses Druck- und Drohpotenzial, auch und gerade gegenüber der britischen Militärregierung:

> „Nur wenn dies geschieht, wird ein Zusammenbruch der Kohleversorgung vermieden werden können. [...] Meine Hauptsorge gilt der dann mit Sicherheit eintretenden politischen Radikalisierung und dem Zusammenbruch der öffentlichen Moral, da die Selbsthilfe durch Diebstähle und Plünderungen derartige Formen annehmen wird, daß sie auch mit militärischen Mitteln kaum verhindert werden könnte. Ganz abgesehen von all den Folgen, die das Wohnen unterernährter Menschen in kalten Räumen hat, bewirkt aber der Zusammenbruch jeder Autorität und der Schaden, den das ganze Aufbauwerk der Besatzungsmacht erleidet, eine nachhaltige Einbuße."[140]

Mit der „Hausbrandversorgung" befasste sich nicht zuletzt auch die Arbeitsgruppe Kohle, die als Einrichtung des Verwaltungsamtes für Wirtschaft (VfW) der Bizone mit ihrem Sekretariat im Wirtschaftsministerium angesiedelt war, aus sechs bis acht Personen bestand und deren Leitung Wirtschaftsminister Nölting innehatte. Zu ihren Aufgaben gehörte insbesondere die Koordination der Einzelmaßnahmen zur Produktionssteigerung im Bergbau. Am 31. Dezember 1947 wurde die Arbeitsgruppe aufgelöst, an ihre Stelle trat die Deutsche Kohlebergbauleitung (DKBL) in Essen.[141] Am 15. Oktober 1946 wurde in Essen bei der Kohlenkontrollkommission, der neben britischen Vertretern auch Rudolf Regul als Leiter der Reichsvereinigung Kohle angehörte,[142] über die Sonderschicht der Bergleute zur Förderung von Hausbrandkohle verhandelt,[143] nachdem sich das Kabinett am

138 Ebd., S. 158.
139 Ebd., S. 159.
140 Ebd., S. 159 f.
141 Vgl. Protokoll der 16. Kabinettssitzung am 9.12.1946, in: ebd., S. 205.
142 Protokoll der 8. Kabinettssitzung am 16.10.1946, in: Kanther, Kabinettsprotokolle 1 (wie Anm. 8), S. 173.
143 Vgl. Protokoll der 7. Kabinettssitzung am 14.10.1946, TOP 7, in: Kanther, Kabinettsprotokolle 1 (wie Anm. 8), S. 171. Zur „Besprechung über die Hausbrandversorgung

7. Oktober 1946 bereits über freiwillige Sonntagsschichten zur Sicherung der Hausbrandversorgung ausgetauscht hatte. Als problematisch galt die Zustimmung der Bergleute, die ein Entgegenkommen bezüglich ihrer Forderungen erwarteten sowie die Sorge, dass die „Mehrförderung tatsächlich der Hausbrandversorgung zugute" komme.[144]

Die Kohlenkontrollkommission wiederum hatte in einer Besprechung mit den Gewerkschaften am 11. Oktober 1946 dahingehend Zustimmung signalisiert, dass sie freiwilligen Sonderschichten, der grundsätzlichen Ausgabe von Braunkohle statt Steinkohle für Hausbrandzwecke, der Mitteilung der Förderziffern an die Belegschaften, der Erhöhung der zugeteilten Kalorien auf 4.000 durch die Ernährungsämter sowie einer Lohnerhöhung vorbehaltlich der Zustimmung der internationalen Kontrollkommission ihr Placet erteile.[145] Der Ministerpräsident erreichte dann in einem weiteren Termin mit Gewerkschaftsvertretern am 16. Oktober 1946 die „Mehrlieferung von Briketts unabhängig von dem Verfahren der Sonderschicht", die zumindest teilweise Versorgung der Großstädte doch mit Steinkohle, darüber hinaus mit Fein- und Schlammkohle, während auf eine Holzfeuerung im großstädtischen Raum gänzlich verzichtet werden solle.[146]

Die Frage nach der Versorgung der Bevölkerung mit Hausbrand ließ das Kabinett über die „Selbsthilfe im Antransport von Kohle auf dem Landwege" sinnieren,[147] und auch der verstärkte Einsatz von Braunkohle als Hausbrand wurde erörtert.[148] Ministerpräsident Amelunxen zählte Ende August 1946 die „brennende [...] Frage der Hausbrandversorgung für die kommenden Wintermonate" neben der „wichtigen Ernährungsfrage" zu den vordringlichen Aufgaben der unlängst konstituierten Landesregierung.[149] Auch in einer Besprechung des Ministerpräsidenten mit dem Oberkommandierenden Sir Sholto Douglas, an der auch die Oberbürgermeister Gustav Heinemann (Essen) und Karl Arnold (Düs-

im Winter 1946/47 im Stahlhof zu Düsseldorf" am 16.10.1946 vgl. das Protokoll in: ebd., S. 176–180. Themen waren u. a. „Einstellung der Bergleute", „Lebensmittellage" der Bergleute, „Löhne der Bergleute", „Menge der Steinkohle", Fällen von Brennholz" sowie „Transport".

144 Protokoll der 6. Kabinettssitzung am 7.10.1946, in: Kanther, Kabinettsprotokolle 1 (wie Anm. 8), S. 168 f.

145 Vgl. Protokoll der 8. Kabinettssitzung am 16.10.1946, in: Kanther, Teil 1, S. 174.

146 Ebd.

147 Protokoll der 53. Kabinettssitzung am 15.9.1947, TOP 10, in: Kanther, Kabinettsprotokolle 1 (wie Anm. 8), S. 379.

148 Vgl. Protokoll der 1. Kabinettssitzung am 30.8.1946, in: Kanther, Kabinettsprotokolle 1 (wie Anm. 8), S. 148.

149 Erklärung des Ministerpräsidenten Dr. Amelunxen in der Kabinettssitzung am 30.8.1946, in: Kanther, Kabinettsprotokolle 1 (wie Anm. 8), S. 149.

seldorf) und sowie Bürgermeister Robert Görlinger (Köln, SPD) teilnahmen, stand die „Kohle- und Hausbrandfrage" neben der Frage der Exportförderung, der Demontage und der Ernährungssituation ganz oben auf der Agenda.[150] Aufgrund der prekären Versorgungslage machte sich das Kabinett bereits frühzeitig Gedanken um die Situation im Winter.[151] Auch unter dem ersten gewählten Ministerpräsidenten Karl Arnold blieb der „oft verzweifelte [...] Kampf gegen Hunger, Wohnungsnot und Hausbrandmangel" ein dominierendes politisches Moment.[152] Das Kabinett betrachtete dann auch Mitte November 1947 die Hausbrandversorgung noch als „völlig unzulänglich".[153] Da die Haldenbestände der Ruhrzechen im Verlauf des Jahres 1947 zu keinem Zeitpunkt unter die Größenordnung von 1 Mio. Tonnen hatten gesenkt werden können, was nicht zuletzt den mangelnden Transportmöglichkeiten geschuldet war, beabsichtigte das Kabinett, die Haldenbestände der Hausbrandversorgung zugutekommen zu lassen, indem verstärkt Methoden des Landabsatzes, also LKW und Pferdefuhrwerke, zum Einsatz kommen sollten. Justizminister Heinemann präzisierte in seiner Eigenschaft als Oberbürgermeister von Essen, da die Zuständigkeit für diese Aufgabe beim Wirtschaftsministerium angesiedelt war, die angedachten Maßnahmen:

> „Der Abbau der aus dem Krieg verbliebenen Halden setzte sich bis in den November 1946 fort. Damals wurde der tiefste Haldenstand mit 804.000 Tonnen Steinkohlen und Steinkohlenkoks erreicht. Dann führte die Transportkrise während der Wintermonate 1946/47 bald zu einem neuen raschen Anstieg der Haldenbestände, bis Ende Februar 1947 [...] mußten wieder 1.000.000 Tonnen Steinkohle und -koks auf ‚Halde gelegt werden, so daß sich die Bestände auf über 1.800.000 Tonnen erhöhten. Bereits damals wurde der Ruf nach Freigabe gewisser Mengen wenigstens zur Versorgung der Bevölkerung des Ruhrgebiets auf dem Landabsatzwege laut. [...] Seit Juli dieses Jahres befindet sich die Förderung in einem raschen Anstieg, dessen Tempo sich in den letzten Wochen noch beschleunigt hat. [...] Die Haldenbestände steigen deshalb bereits heute in einem Umfange, der auch einen weiteren Förderanstieg bedrohen kann. Anfang November erreichten die Haldenbestände schon

150 Protokoll der 12. Kabinettssitzung am 18.11.1946, in: Kanther, Kabinettsprotokolle 1 (wie Anm. 8), S. 194.
151 Protokoll der 28. Kabinettssitzung am 24.3.1947, in: Kanther, Kabinettsprotokolle 1 (wie Anm. 8), S. 273.
152 Vgl. Kanther, Kabinettsprotokolle 1 (wie Anm. 8), S. 19.
153 Hier und im Folgenden Protokoll der 67. Kabinettssitzung am 14.11.1947, in: Kanther, Kabinettsprotokolle 1 (wie Anm. 8), S. 425.

> wieder 1.620.000 Tonnen. [...] Der vorjährige Höchststand, der [...] erst Ende Februar mit 1.800.000 Tonnen erreicht war, wird bei dieser Entwicklung schon in diesem Monat überschritten werden. [...] Bereits heute läßt sich erkennen, daß die Lagermengen auch im kommenden Frühjahr und in den darauffolgenden Sommermonaten nicht voll abgefahren werden können. Es ist deshalb geboten, einen kräftigen Teil der Lagermengen für die Versorgung der Bevölkerung in den Städten des Ruhrgebiets freizugeben. Technisch würde diese Frage keine Schwierigkeiten bereiten, weil die Landabsatzmöglichkeiten zechenseitig noch nicht erschöpft sind. Dieses ist umso weniger der Fall, als auch Pferdefuhrwerke zur Verfügung stehen.“[154]

Im März 1951 trat das Kabinett im Rahmen der Beratung von Bundesratsangelegenheiten dafür ein, „zur Regelung der Hausbrandversorgung Kundenlisten“ einzuführen,[155] im Mai 1951 stellte das Kabinett eine bedrohliche Kohlensituation für Hausbrand im nächsten Winter“ fest.[156] Im Juni desselben Jahres beschloss das Kabinett, dass Wirtschaftsminister Sträter „einen Erlaß an alle Verwaltungen richten und ausdrücklich darauf aufmerksam machen“ solle, „daß der Winterkohlenbedarf in den Sommermonaten gedeckt werden soll[e]“. Des Weiteren solle er den Deutschen Kohlenverkauf (DKV) dazu „veranlassen, im entsprechenden Sinn an die Kohlengroßverbraucher heranzutreten“.[157] Ebenso anschaulich wie dramatisch fiel dann die Schilderung der gegebenen Situation in einer Kabinettsvorlage des Wirtschaftsministers aus, die das Zweite Gesetz zur Änderung des Gesetzes für Sicherungsmaßnahmen auf einzelnen Gebieten der gewerblichen Wirtschaft zum Gegenstand hatte:

> „Die Notlage der Bevölkerung auf dem Gebiet der Hausbrandversorgung, wie sie im vorigen Jahr geherrscht hat, darf im kommenden Winter keine Wiederholung finden. Dabei ist es zwei Umständen zu verdanken, daß sich der Kohlenmangel im vorigen Winter nicht noch verheerender ausgewirkt hat, als es tatsächlich der Fall war. Einmal bestand im Sommer 1950 während mehrerer

154 Kabinettsvorlage des Justizministers vom 11.11.1947, in: Kanther, Kabinettsprotokolle 1 (wie Anm. 8), S. 426 f.

155 Protokoll der 225. Kabinettssitzung am 12.3.1951 in Düsseldorf, Haus des Landtags, Dienstzimmer des Ministerpräsidenten, in: Fleckenstein, Kabinettsprotokolle 1 (wie Anm. 18), S. 265.

156 Protokoll der 232. Kabinettssitzung am 15.5.1951, in: Fleckenstein, Kabinettsprotokolle 1 (wie Anm. 18), S. 316.

157 Protokoll der 234. Kabinettssitzung am 5.6.1951, in: Fleckenstein, Kabinettsprotokolle 1 (wie Anm. 18), S. 324.

> Monate die Möglichkeit, Brennstoffe frei zu beziehen. [...] Zweitens war der Winter 1950/51 außergewöhnlich mild. Für dieses Jahr kann mit beiden glücklichen Umständen nicht gerechnet werden. [...] Um begründete Unzufriedenheit und darüberhinaus [!] Unruhen bei der Bevölkerung zu verhindern, muß daher unter allen Umständen die für das laufende Kohlenwirtschaftsjahr vorgesehene Hausbrandmenge die auf rd. 14 Ztr. bemessene des Vorjahres erheblich übersteigen. Die für den Durchschnittshaushalt im gesamten Kohlenwirtschaftsjahr geforderte Brennstoffmenge von mindestens 25 Ztr. [...] entspricht in keiner Weise dem echten Bedarf."

Die Kollision dieser Position mit den Interessen der gewerblichen Kohlennutzung war dem Minister durchaus bewusst:

> „Es ist zuzugeben, daß bei den augenblicklich verfügbaren Verteilungsmengen die Versorgung der Haushalte mit mindestens 25 Ztr. Brennstoffen die für die Industrie vorgesehenen Kontingente erheblich schmälern würde. Jede Tonne Kohle, die für den Hausbrand verwendet wird, geht der Industrie verloren und gefährdet einen oder mehrere Arbeitsplätze. Da andererseits die Versorgung der Haushalte aus den angeführten Gründen unbedingt den Vorrang haben muß, kann die fehlende Menge zur Zeit nur durch eine entsprechende Kürzung der Exportquote beschafft werden. Es wird Aufgabe der Bundesrepublik sein, diese notwendige Kürzung durch Verhandlungen mit der hohen Alliierten Kommission zu erreichen."[158]

Noch im März 1954 stimmte das Kabinett „dem Vorschlag des Ministerpräsidenten zu, unter allen Umständen gegen eine Erhöhung der Preise für Hausbrandkohle Stellung zu nehmen".[159] Noch am 12. September 1956 richteten die Fraktionen von SPD, FDP und Zentrum eine Anfrage an die Landesregierung, was diese zu tun gedenke, „um die Bundesregierung und Hohe Behörde der Montan-Union zu veranlassen, die für sie jeweilig zuständigen Maßnahmen zur Behebung einer Mangel- und Notlage zu ergreifen und eine Erhöhung des Kontingents für Hausbrandkohle zu erreichen".[160] Dies war jedoch zugleich die einzige Begebenheit der dritten Wahlperiode, in der die Versorgung mit Hausbrand im Kabinett zur Spra-

158 Alle Zitate: Kabinettsvorlage des Ministers für Wirtschaft und Verkehr vom 7.6.1951, in: Fleckenstein, Kabinettsprotokolle 1 (wie Anm. 18), S. 330.

159 Protokoll der 371. Kabinettssitzung am 9.3.1954, in: Fleckenstein, Kabinettsprotokolle 2 (wie Anm. 22), S. 1106.

160 Ackermann, Kabinettsprotokolle 3. WP 2 (wie Anm. 19), S. 796 Anm. 1.

che kam. Ab der folgenden Wahlperiode und erst recht dann ab den 1960er Jahren spielte die Versorgung mit Hausbrand in den Kabinettssitzungen dann lediglich noch eine marginale respektive keine Rolle mehr.

Das Aufgabengebiet der öffentlichen Versorgung und Wasserwirtschaft wurde im September 1946 aus dem Verkehrs- in das Wirtschaftsministerium ausgegliedert, was von Letzterem wie folgt begründet wurde:

> „1) Die Zuständigkeit des Wirtschaftsministeriums erscheint ohne weiteres gegeben für sämtliche bisher durch das Generalreferat Wirtschaft des Oberpräsidenten der Provinz Westfalen und durch die Wirtschaftsabteilung des Oberpräsidenten der Nordrhein-Provinz bearbeiteten Angelegenheiten [...]. 2) Im Bereich der bisherigen Nordrheinprovinz wurden das Aufgabengebiet der öffentlichen Versorgungsbetriebe (Elektrizitäts- und Gasversorgung) und die Angelegenheiten der Wasserwirtschaft bisher durch die Verkehrsabteilung des Oberpräsidenten bearbeitet. Dieses Aufgabengebiet wird in vollem Umfange für das Wirtschaftsministerium beansprucht. Für die Übernahme sprechen durchschlagende sachliche und organisatorische Gründe: a) Die Versorgung mit elektrischem Strom, Gas und Wasser bildet die Grundlage jeder industriellen und handwerklichen Fertigung. [...] b) Elektrischer Strom und Gas sind Erzeugnisse der gewerblichen Wirtschaft. Die Betreuung der Produktionsstätten, die Lenkung der Produktion und die Verteilung der Erzeugnisse kann nur beim Wirtschaftsministerium liegen. [...] Da die Zahl der Landesminister bereits endgültig festgelegt ist und auch kein sachliches Bedürfnis besteht, auf der Landesstufe einen besonderen Inspekteur für Wasser und Energie zu bestellen, kommt das Wirtschaftsministerium ausschließlich für die Übernahme dieses Dienstbereiches in Frage. Es dürfte weiter von ausschlaggebender Bedeutung sein, daß auch von seiten der Militär-Regierung bereits eine entsprechende Entscheidung gefallen ist. Der Senior Economic Controller der Region Nordrhein-Westfalen ist auch für die Bearbeitung aller Angelegenheiten auf dem Gebiete der Erzeugung von elektrischem Strom und Gas sowie auf dem Gebiet der Wasserwirtschaft ausschließlich zuständig.“[161]

Im Rahmen der Hilfe für die Stadt Berlin („Hilfsdienst Berlin“) erteilte das Kabinett einer Vorlage des Wirtschaftsministers seinen Segen, „wonach das Land Nordrhein-Westfalen die Kosten für 100.000 Tonnen Kohle laufender Lieferung

161 Der Wirtschaftsminister an den Ministerpräsidenten am 3.9.1946, in: Kanther, Kabinettsprotokolle 1 (wie Anm. 8), S. 153–157, hier S. 153f.

für Berlin zum Zechenpreis von 3,5 Millionen DM" übernehme, die sofort der Deutschen Kohlenbergbauleitung vom Wirtschaftsministerium überwiesen werden könnten. Der Finanzminister solle entsprechende Mittel außerplanmäßig im Finanzhaushalt bereitstellen. Abschließend wurde festgehalten: „Es soll darauf hingewirkt werden, daß dieser Betrag bei der Verrechnung des als bizonale Hilfsmaßnahme vorgesehenen 75-Millionen-DM-Darlehensfonds zugunsten des Landes Nordrhein-Westfalen berücksichtigt wird."[162]

Im Bundesrat kam die Energiefrage ebenfalls regelmäßig zur Sprache. Im Februar 1950 beschloss das Landeskabinett die Zustimmung zur Vorlage des Gesetzentwurfes über die Verlängerung der Geltungsdauer des Gesetzes über Notmaßnahmen auf dem Gebiet der Elektrizitäts- und Gasversorgung (Energienotgesetz).[163] Auch bei der Aufnahme des Landes Lippe in das Gebiet des Landes Nordrhein-Westfalen im Jahr 1947 spielte die Frage der Energieversorgung eine Rolle. In den „Richtlinien für die Aufnahme des Landes Lippe in das Gebiet des Landes Nordrhein-Westfalen" vom 17. Januar 1947 hießt es:

> „Für den Fall der Übernahme des lippischen Stromversorgungsnetzes des Elektrizitätswerks Wesertal GmbH in Hameln – Ablauf des Konzessions- und Lieferungsvertrages am 1. Januar 1950 – wird Lippe, wenn nötig, die Hilfe des Landes Nordrhein-Westfalen nach Möglichkeit gewährt. Das gleiche gilt für den Ausbau der Ferngasversorgung."[164]

An die gegenwärtige Situation erinnern die Überlegungen im Kabinett, die eine Steigerung der Effizienz der Heizungsanlagen zum Gegenstand hatten. Der Minister für Wiederaufbau Otto Schmidt (CDU) führte im Oktober 1951 etwa aus:

> „Mit Rücksicht auf die derzeitige Brennstoffverknappung und -verteuerung ist es unbedingt notwendig, die Wirtschaftlichkeit der bisher üblichen Heizungsanlagen jeder Art zu steigern. Zahlreiche Besprechungen mit den zuständigen Stellen der Kohlewirtschaft und technischen Dampfkesselüberwachungsvereine sowie den entsprechenden Fachverbänden der Industrie haben dies bestätigt. […] Für das Wiederaufbauministerium ist nun die außerordentlich günstige Möglichkeit gegeben, bei den Wohnungsbauten für Landesbedienstete

162 Vgl. Protokoll der 265. Kabinettssitzung am 27.9.1948 im Kloster Steinfeld (Kreis Schleiden), TOP 2, in: Kanther, Kabinettsprotokolle 2 (wie Anm. 10), S. 589.

163 Vgl. Protokoll der 171. Kabinettssitzung am 13.2.1950, TOP II.4, in: ebd., S. 873.

164 Richtlinien für die Aufnahme des Landes Lippe in das Gebiet des Landes Nordrhein-Westfalen 17.1.1947, in: Kanther, Kabinettsprotokolle 1 (wie Anm. 8), S. 203.

Erprobungen von modernen Heizungen durchzuführen, ohne hierbei besondere finanzielle Belastungen für das Land in Anspruch nehmen zu müssen. Es handelt sich in erster Linie um die vor allem in USA und in nordischen Ländern sowie Belgien und Holland ausgeführten Konvektorenheizungen, weiterhin um moderne Mehrraum-Kachelofenheizungen, die die bisherigen Mängel (Windanfall, Geräusch- und Geruchsbelästigung sowie Staubübertragung) vermeiden und um Untersuchungen, in welchem Umfange regelfähige Warmwasserheizungen das Wärmegefälle des Hauses beeinflussen, wenn einzelne Räume unbeheizt bleiben. Auch soll untersucht werden, in welchem Umfange Wärme eingespart wird, wenn durch Anbringung von Wärmezählern für die Einzelwohnungen ein Anreiz zur sparsamen Inanspruchnahme der Beheizung für einzelne Räume sich auch für den Mieter günstig auswirkt. Außerdem sollen Erprobungen automatischer Feuerungsregler an Warmwasser- und Niedrigdruckdampfheizungen durchgeführt werden, die nach den bisher in Versuchsstationen gemachten Erfahrungen des Deutschen Kohlenverkaufs zu einer Brennstoffeinsparung von etwa 20 % führen."[165]

Die besondere Bedeutung des Schuman-Plans für Nordrhein-Westfalen markierte die Landesregierung im März 1951. Im zeitlichen Vorfeld der Paraphierung des Schuman-Plans am 19. März 1951 in Paris war das Landeskabinett seitens der Bundesregierung nicht angehört worden. Dies war umso bedeutsamer als das Bundesland 98 Prozent zur Steinkohlenförderung und 86 Prozent zur Braunkohlenförderung in der Bundesrepublik beitrug[166] und eine Stilllegung unwirtschaftlicher Zechen durch die Europäische Gemeinschaft für Kohle und Stahl (EGKS) drohte.[167] Ebenso drohte dem für die Koordination des gesamten Kohlenabsatzes zuständigen Deutschen Kohlenverkauf (DKV), einer Abteilung der Deutschen Kohlenbergbauleitung (DKBL) mit eigenständiger Verwaltung und Abrechnung,[168] mit der Gründung der Montanunion am 25. Juli 1952 die Auflösung,[169] weshalb Ministerpräsident Arnold mit Schreiben vom 5. April 1951 Bundeskanzler Konrad Adenauer um eine möglichst lange Hinauszögerung des Auf-

165 Anlage zur Kabinettsvorlage des Ministers für Wiederaufbau, 16.10.1951, in: Fleckenstein, Kabinettsprotokolle 1 (wie Anm. 18), S. 416 f.
166 Vgl. Fleckenstein, Kabinettsprotokolle 1 (wie Anm. 18), S. 16.
167 Vgl. Protokoll der 226. Kabinettssitzung am 19.3.1951, in: Fleckenstein, Kabinettsprotokolle 1 (wie Anm. 18), S. 269 mit Anm. 8 und 9.
168 Vgl. Fleckenstein, Kabinettsprotokolle 1 (wie Anm. 18), S. 18; Protokoll der 234. Kabinettssitzung am 5.6.1951, in: ebd., S. 324 Anm. 14.
169 Vgl. Fleckenstein, Kabinettsprotokolle 1 (wie Anm. 18), S. 18.

lösungstermins bat.[170] Die europaweite Bedeutung und Vernetzung des Energiesektors bahnte sich hier bereits an.

4. Fazit

Die Energiefrage spiegelt sich in den Kabinettsprotokollen der Landesregierung von Nordrhein-Westfalen in unterschiedlichem Maße wider, der nicht unbedingt deckungsgleich ist mit dem Grad der Bedeutung, der dem jeweiligen Energieträger zukam. So ist etwa der Braunkohle eine große Bedeutung beizumessen, was die Energiegewinnung in und für Nordrhein-Westfalen betrifft. Niederschlag fand das Thema „Braunkohle(nförderung)" jedoch nur punktuell im Kabinett. Dies spricht dafür, dass es weitgehend „ruhig" um den Abbau blieb, solange nicht gravierende Änderungen, wie der Ausbau des Tieftagebaus, anstanden. Bei solchen Themen, die fachlich, aber auch emotional die Protagonisten wie die Öffentlichkeit bewegten, wurden diese punktuellen Beratungen im Kabinett dann recht intensiv, was der in der Regel eher nüchternen Quellengattung der Kabinettsakten – also Protokolle und kontextualisierende Schriftstücke – dann auch durchaus anzumerken ist. Zudem ist stets danach zu fragen, welche Aufgabe beim jeweiligen Energieträger dem Land und welche dem Bund zukam, nach einer gewissen Zeit dann auch der europäischen Ebene. Dieser Vorbehalt wird bei der Atomenergie manifest, denn nicht alle Aspekte rund um diese Form der Energiegewinnung lagen in der Verantwortung der Länder. Dort, wo das Land jedoch die Initiative ergreifen konnte, macht sich dies wiederum einschlägig in den Kabinettsunterlagen bemerkbar.

In der Energiefrage stießen nicht nur verschiedene Einrichtungen aneinander, sondern auch innerhalb so mancher Institution, manches Unternehmens, gab es einen entsprechenden Meinungs- und Richtungsstreit, kollidierten unterschiedliche Interessen rund um die Energiefrage miteinander. RWE war beispielsweise lange Zeit nahezu völlig auf den Braunkohlentagebau ausgerichtet, was dazu führte, dass „der für die Stromwirtschaft verantwortliche RWE-Vorstand Helmut Meysenburg den Aufstieg des [...] Heinrich Mandel, seit 1955 Leiter der Kerntechnischen Abteilung im RWE", blockierte, sodass Letzterer „erst 1967 zum ordentlichen Vorstandsmitglied aufrückte".[171] Mandel gilt Frank Uekötter als

170 Vgl. Protokoll der 234. Kabinettssitzung am 5.6.1951, in: ebd., S. 324 Anm. 14.
171 Uekötter, Atomare Demokratie (wie Anm. 77), S. 102 f.

„RWE-Atompapst",[172] doch von alldem ist in den Kabinettsprotokollen bis 1970 wenig zu spüren.

Einige Themen folgen in ihrer Behandlung im Kabinett den allgemeinen Zyklen und Rahmenbedingungen, sodass die Kabinettsprotokolle auch hier als „Sonde" fungieren können. Der „Mangel an Arbeitskräften, der sich vor allem im Bergbau bemerkbar machte",[173] sollte sich mit der Zeit in sein Gegenteil verkehren. Während Kohle- und Hausbrandversorgungsengpässe in den ersten beiden Wahlperioden häufiger Gegenstand der Erörterungen und beschlossenen Maßnahmen im Kabinett waren, ließ dies in den folgenden Legislaturperioden merklich nach, um schließlich völlig zu verebben. Dafür kamen die Natur-, Umwelt- und Verbraucherschutzaspekte erst mit der Zeit – in Ansätzen, etwa bei der Braunkohle, jedoch bereits überraschend früh – zum Tragen.

Auch die Einbettung des jeweiligen Energiesektors in die finanziellen Rahmenbedingungen der Landesregierung wird immer wieder in den Protokollen greifbar. Das Land war durchaus darauf bedacht, den Bund bei wesentlichen, den Energiesektor betreffenden Maßnahmen und Projekten mit einzubeziehen, was nicht zuletzt Gelder einerseits wie eine Teilung der nicht geringen Verantwortung – etwa auf dem Gebiet der Atomkraft – andererseits in Aussicht stellte.

Es bleibt im Sinne des eingangs Ausgeführten zu hoffen, dass die oft ein wenig vernachlässigte Quellengattung der Kabinettsprotokolle respektive der Kabinettsakten die Aufmerksamkeit erhält, die ihr bei aller Kontingenz durchaus zukommt.

172 Ebd., S. 42. Neben seiner Vorstandstätigkeit für RWE war Mandel Honorarprofessor an der RWTH Aachen, Präsident des Deutschen Atomforums und Vorsitzender des Internationalen Exekutivrats der Weltenergiekonferenz. Siehe auch ebd., S. 93.

173 Fleckenstein, Kabinettsprotokolle 1 (wie Anm. 18), S. 21.

Christian Möller

Revier im Umbruch

Braunkohletagebau, Umweltfolgen und demokratische Teilhabe im Rheinland

„Das Rheinische Braunkohlengebiet – Eine Landschaft in Not!" – so lautete der Titel einer Denkschrift, die der Rheinische Verein für Denkmalpflege und Heimatschutz im Jahr 1953 veröffentlichte. Das Ziel der Herausgeber war es, eine öffentliche Diskussion über die Auswirkungen des Tagebaues auf die Landschaft anzustoßen. Das Heft ist in mehrfacher Hinsicht bemerkenswert: Zum einen ist es ein Beleg dafür, dass die Umweltfolgen des Braunkohleabbaus bereits in der Nachkriegszeit kritisch diskutiert wurden. Adolf Flecken, Vereinsvorsitzender und zugleich Finanzminister des Landes Nordrhein-Westfalen, zeichnete in seinem Geleitwort ein geradezu drastisches Bild von einer „gigantischen Kraterleere", die der Tagebau bislang hinterlassen habe. Der CDU-Politiker forderte „die Verantwortlichen in Wirtschaft und Industrie" eindringlich dazu auf, alle erforderlichen Maßnahmen „für eine Wiedergesundung der schwerstverwundeten, hoffentlich nicht getöteten Landschaft" zu ergreifen.[1]

Zum anderen war es für die Herausgeber jedoch selbstverständlich, dass die landschaftszerstörenden Eingriffe der Braunkohlenindustrie volkswirtschaftlich erforderlich waren. Ein Verzicht auf die Verwendung des Energieträgers Braunkohle stand für Flecken wie auch für die übrigen Autoren des Heftes außer Frage. Der Vereinsvorsitzende verstand die Denkschrift vielmehr als eine „Hilfestellung" von „Sachkennern" zur Beseitigung der unvermeidbaren Folgen des Tagebaus. Diese ganz im Geiste der Wiederaufbau- und Wirtschaftswunderjahre stehende Haltung wird auch in einem Gutachten deutlich, das der renommierte des Landschaftsarchitekt Alwin Seifert im Auftrag des Vereins angefertigt hatte. Seifert, der im Nationalsozialismus als Berater für Fritz Todt gearbeitet und als sogenannter

1 Finanzminister Dr. Adolf Flecken, Zum Geleit, in: Rheinischer Verein für Denkmalpflege und Heimatschutz (Hg.), Das Rheinische Braunkohlengebiet – Eine Landschaft in Not! Denkschrift des Rheinischen Vereins für Denkmalpflege und Heimatschutz, Neuß 1953, S. 4–5, hier S. 4.

Geschichte im Westen (GiW) 38 (2023), S. 51–78

„Reichslandschaftsanwalt“ Karriere gemacht hatte, war davon überzeugt, dass es trotz der massiven Zerstörungen möglich sei, „eine neue Kulturlandschaft zu schaffen, die der einstigen, nun untergehenden an Gesundheit, Fruchtbarkeit, Ordnung und damit Schönheit nicht nur gleich, sondern überlegen ist.“[2]

Die Nutzung von Braunkohle als Energieträger und Grundstoff war bis in die 1980er Jahre ein unhinterfragter Konsens. Nicht das „ob“, sondern das „wie“, „wo“ und „wieviel“ waren die Leitfragen für kritische Debatten. Die Auseinandersetzung mit dem Braunkohleabbau hat in den vergangenen zwei Jahrzehnten allerdings eine völlig neue Dimension angenommen. Im Fokus der Kritik stehen nicht mehr länger der Verlust von Heimat, die Vernichtung landwirtschaftlichen Bodens und die Störung des regionalen Wasserhaushalts, sondern der Kampf gegen den globalen Klimawandel. Die Konflikte um den Hambacher Forst oder den Weiler Lützerath sind Ausdruck einer breiten zivilgesellschaftlichen Bewegung, die neben Umwelt- und Klimaschutzzielen ein breites Spektrum an weiteren Themen – von Ernährungsfragen über Konsumkritik bis hin zu Geschlechtsidentitäten – umfasst. Auch der Protest selbst hat sich gewandelt. Die Aushandlung über den Braunkohleabbau wurde zudem zunehmend auf die Straße verlagert und setzt in jüngster Zeit vermehrt auf Formen des zivilen Ungehorsams und mitunter auch auf Gewalt.

Demgegenüber wird die politische Aushandlung in den eigens dafür geschaffenen Institutionen, wie dem Braunkohlenausschuss (BKA), kaum noch wahrgenommen. Der korporatistische Politikstil, der diesem Gremium zugrunde liegt und auf die Einbindung von mittel- und unmittelbar betroffenen Akteuren setzt, erfährt keine Akzeptanz mehr. Das zeigt auch die Arbeit der Kommission „Wachstum, Strukturwandel und Beschäftigung“, die 2019 in ihrem Abschlussbericht einen Konsensvorschlag für einen sozial- und wirtschaftlich verträglichen Ausstieg aus der Kohleverstromung unterbreitete, der bereits kurz nach der Veröffentlichung wieder infrage gestellt wurde. Die Wurzeln der korporatistischen Bewältigung der Umweltfolgen des Tagebaus, die viele Jahre als etabliert galt, liegen in der frühen Bundesrepublik. Die Geschichte ihres Scheiterns ist wie die Geschichte des Braunkohleabbaus im Rheinischen Revier bislang kaum untersucht. Zwar liegen mit den Arbeiten von Arno Kleinebeckel sowie Dirk Jansen und Dorothea Schubert zwei umfangreiche und gut informierte Studien zu Einzelaspekten vor. Die Nähe zu Rheinbraun beziehungsweise zum Bund für Umwelt und Naturschutz Deutschland (BUND) macht diese Arbeiten allerdings befan-

2 Professor Alwin Seifert, Gutachten über die Wiederherstellung einer gesunden Kulturlandschaft in den vom Braunkohlentagebau umgestürzten Gebieten zwischen Köln und Aachen, in: ebd., S. 104.

gen.[3] Wissenschaftliche Untersuchungen liegen nur in Aufsatzform vor und sind größtenteils mehr als 20 Jahre alt.[4] Dabei bietet der Gegenstand ein großes heuristisches Potenzial, denn die Geschichte des Braunkohleabbaus im Rheinland eröffnet die Möglichkeit, wirtschafts-, sozial-, technik- und umwelthistorische Fragestellungen zu verbinden und über einen relativ langen Zeitraum zu untersuchen. Der vorliegende Beitrag erforscht die Entstehung jenes korporatistischen Aushandlungsmodells, das für das Rheinische Revier über Jahrzehnte bestimmend war und fragt nach den Gründen für das Scheitern des damit einhergehenden Konsenses über die Notwendigkeit des Braunkohleabbaus.

1. Das Rheinische Revier nach dem Zweiten Weltkrieg

Die Gruben, Fabriken und Kraftwerke der Braunkohleindustrie im Rheinland erlitten durch die Kampfhandlungen des Zweiten Weltkriegs schwere Schäden und wurden in den letzten Kriegsmonaten von amerikanischen Truppen besetzt. Die Maschinenparks der Braunkohlenwerke wiesen zudem hohe Verschleißgrade auf, die auf eine systematische Vernachlässigung von Wartungs- und Reparaturarbeiten während des Krieges zurückzuführen waren. Die Kohleförderung brach infolgedessen von etwa 62,5 im Jahr 1940 auf knapp 16,6 Millionen Tonnen im Jahr 1945 ein. Nach Kriegsende, im Juni 1945, wurde die Braunkohleindustrie unter Kontrolle der britischen Militärverwaltung gestellt, aber bereits im November 1947 mit der Gründung der Deutschen Kohlenbergbau-Leitung (DKBL) wieder stärker in deutsche Hände gelegt. Die Fördergesellschaften des Rheinischen

3 Arno Kleinebeckel, Unternehmen Braunkohle. Geschichte eines Rohstoffs, eines Reviers, einer Industrie im Rheinland, Köln 1986; Dirk Jansen/Dorothea Schubert, Zukunft statt Braunkohle. 30 Jahre Widerstand gegen den Braunkohlentagebau Garzweiler II, Düsseldorf 2014.

4 Johann Paul, Die nordrhein-westfälische Braunkohlenpolitik und der Übergang zum Tieftagebau in den 1950er Jahren, in: Geschichte im Westen 12 (1997), S. 61–78; Ders., Risikodebatten über den Tieftagebau im rheinischen Braunkohlenrevier seit den 1950er Jahren, in: Technikgeschichte 65 (1998), 2, S. 141–161; Joachim Radkau, Das RWE zwischen Braunkohle und Atomeuphorie 1945–1968, in: Dieter Schweer/Wolf Thieme (Hg.), „Der gläserne Riese". RWE, Ein Konzern wird transparent, Essen 1998, S. 173–196; Michael Farrenkopf, Wiederaufstieg und Niedergang des Bergbaus in der Bundesrepublik, in: Dieter Ziegler (Hg.), Geschichte des deutschen Bergbaus, Bd. 4: Rohstoffgewinnung im Strukturwandel, Münster 2013, S. 183–302, insbesondere S. 250–279. Vgl. auch das Kapitel zum Konflikt um den Königsdorfer Wald in: Frank Uekötter, Naturschutz im Aufbruch. Eine Geschichte des Naturschutzes in Nordrhein-Westfalen 1945–1980, Frankfurt a. M. u. a., S. 57–80.

Reviers blieben von radikalen Eingriffen durch die Besatzungsmächte in die Eigentumsstrukturen weitestgehend unberührt. Nach der Entlassung der Rheinisch-Westfälischen Elektrizitätswerk AG (RWE) im Jahr 1952 aus der alliierten Kontrolle hatten alle im Rheinischen Revier tätigen Braunkohleunternehmen ihre Selbstständigkeit zurückgewonnen.[5]

In den Nachkriegsjahren stellten sich drei grundlegende Entwicklungen ein, die zum Teil bereits vor 1945 eingesetzt hatten und den Tagebau im Rheinischen Revier bis heute prägen: Erstens zeichnete sich ab, dass die Brikettierung der Braunkohle künftig gegenüber der Verstromung das Nachsehen haben würde. Zwar nahm die Brikettproduktion, die ursprünglich das Kerngeschäft der rheinischen Braunkohleindustrie war, noch bis Mitte der 1950er Jahre zu, verlor dann aber gegenüber dem Heizöl an Bedeutung. Im Jahr 1948 zeigte ein von der DKBL veröffentlichter Plan, der eine Zunahme der Stromproduktion von 5 auf 13,7 Milliarden Kilowattstunden binnen 15 Jahren prognostizierte, den Weg der Braunkohle in die sogenannte „Ehe mit der Elektrizität" auf. Ministerpräsident Karl Arnold bekräftigte sechs Jahre darauf vor dem nordrhein-westfälischen Landtag dieses ehrgeizige Ziel und knüpfte in einer Rede die Höhe des Stromverbrauchs an die Lebensqualität im Land. Der Bau neuer Braunkohlegroßkraftwerke in Weisweiler, Frimmersdorf und Fortuna legte ab 1952 den Grundstein für diese Entwicklung.[6]

Die Steigerung der Stromproduktion machte zweitens den Aufschluss neuer Tagebaue und damit eine Verlagerung der Abbaugebiete erforderlich. Die Gruben des Südreviers in der Ville, südwestlich von Köln, waren in den 1960er Jahren erschöpft. In der Folge wanderte der Tagebau zunächst den Villerücken hinauf und stieß weiter in nördliche und westliche Gebiete bis nach Grevenbroich, Jülich und Düren vor. Diese Lagerstätten unterschieden sich geologisch jedoch von den relativ oberflächennah gelegenen Vorkommen im südlichen und im mittleren Revier zwischen Frechen und Bergheim. In den Tagebauen Inden, Hambach und Garzweiler mussten gewaltige, bis zu mehrere 100 Meter starke Deckschichten entfernt werden. Versuche, untertätig an die Braunkohle zu gelangen, waren zuvor gescheitert. In der Folge setzten die Grubenbetreiber auf den Tieftagebau, der sich aufgrund hoher Investitionskosten nur im großen Maßstab lohnte und

5 Vgl. Kleinebeckel, Unternehmen (wie Anm. 3), S. 176–187; Farrenkopf, Wiederaufstieg (wie Anm. 4), S. 252–253; Radkau, RWE (wie Anm. 4), S. 175.

6 Kleinebeckel, Unternehmen (wie Anm. 3), S. 216; Radkau, RWE (wie Anm. 4), S. 184–186; Paul, Risikodebatten (wie Anm. 4), S. 143; Farrenkopf, Wiederaufstieg (wie Anm. 4), S. 260.

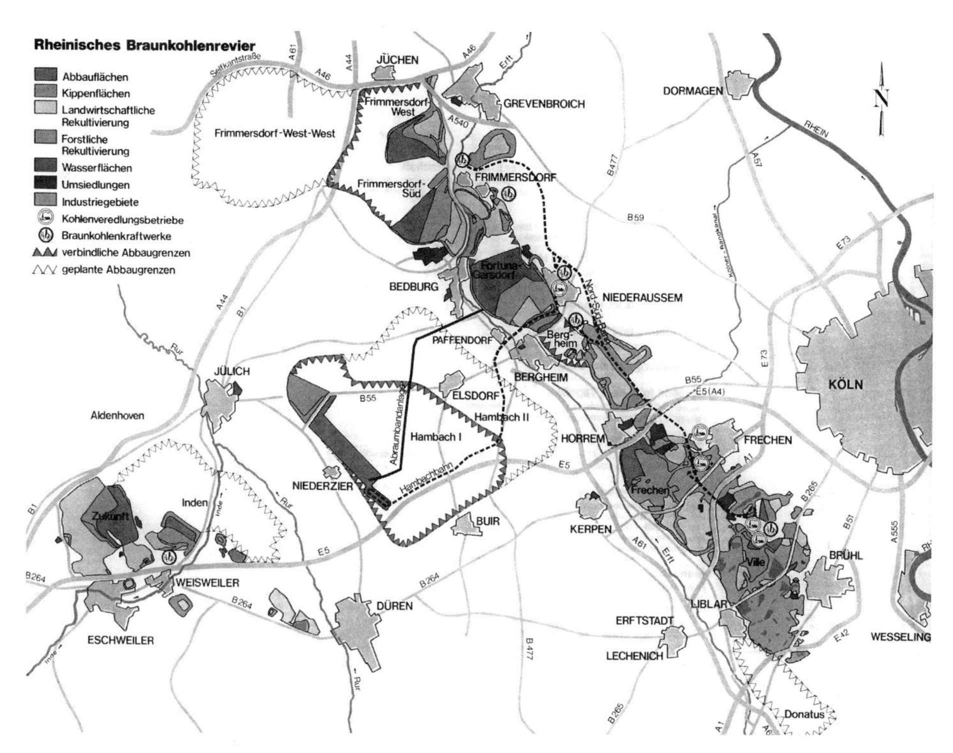

Abb. 1: Die Karte zeigt den Braunkohleabbau, Rekultivierungen und geplante Abbaugebiete im Jahr 1981 (Karte des Rheinischen Braunkohlereviers 1981, Historisches Konzernarchiv RWE)

die Zusammenlegung kleinerer und mittlerer Gruben sowie den Einsatz von Großtechnik erforderlich machte.[7]

Die Ausweitung der Braunkohleverstromung und die Entstehung von Großtagebauen beschleunigten drittens einen Prozess der betrieblichen Konzentration, der allerdings bereits vor dem Zweiten Weltkrieg eingesetzt hatte. Während im Jahr 1948 noch 15 Gesellschaften in 23 Gruben eine Jahresförderung von knapp 55 Mio. Tonnen Rohbraunkohle erzielten, förderten 10 Jahre darauf nur noch

7 Im Jahr 1955 ging erstmals eine neue Generation von Schaufelradbaggern in Betrieb, die pro Tag bis zu 100.000 Kubikmeter Boden bewegen konnte. Vgl. Erwin Gärtner, Der Braunkohlentagebau im Rheinland, in: Deutscher Rat für Landespflege, Landespflege und Braunkohlentagebau. Berichte der Sitzung des Deutschen Rates für Landespflege vom 5.3.1964 in Aachen und Stellungnahme des Rates, Bad Godesberg 1964, S. 12–14, hier S. 12; Paul, Braunkohlenpolitik (wie Anm. 4), S. 63–68; Kleinebeckel, Unternehmen (wie Anm. 3), S. 240–245.

7 Gesellschaften in 16 Gruben mehr als 80 Mio. Tonnen Rohbraunkohle. Parallel zu diesem Konzentrationsprozess weitete das RWE seinen Einfluss auf das Revier aus, in dem es immer mehr Anteile an den verbliebenen Grubenbetreibern erwarb und bereits in den 1930er Jahren angestoßene Betriebsverflechtungen weiter ausbaute. Im Jahr 1959 kam es schließlich zu einer Fusion der großen verbliebenen Braunkohlenwerke: Die Rheinische Aktiengesellschaft für Braunkohlenbergbau und Brikettfabrikation übernahm die Braunkohlen- und Brikettwerke Roddergrube AG, die Braunkohlen-Industrie-AG „Zukunft" sowie die Braunkohlenbergwerk Neurath AG und benannte sich in Rheinische Braunkohlenwerke Aktiengesellschaft – kurz: Rheinbraun – um. Das neu entstandene Tochterunternehmen des RWE dominierte fortan das Revier.[8]

2. Rekultivierung und demokratischer Wandel als Triebfedern der politischen Neuordnung des Reviers

Nach dem Ende des Zweiten Weltkriegs wurden die sozialen und ökologischen Folgen des Braunkohleabbaus erstmals zum Politikum. Auslöser dafür waren jene ausgekohlten Gruben und aufgeschütteten Abraumhalden, die in den Jahren zuvor nicht oder nur unzureichend rekultiviert worden waren. Die Verwüstungen durch den Braunkohleabbau stießen zwar schon vor 1945 auf Kritik, wurden von Bergverwaltung und Politik aber nur zögerlich angegangen. Das Preußische Berggesetz von 1865 enthielt in Paragraph 196 lediglich knappe Ausführungen zum Umgang mit diesen „gemeinschädliche(n) Wirkungen", der durch die Bergbautreibenden zu verhindern sei. Im März 1929 formulierte das Oberbergamt Bonn erstmals Bestimmungen für den Umgang mit ausgekohlten Braunkohletagebauen und legte fest, dass Abraum auf eine Art und Weise wieder in die Gruben einzubringen sei, dass daraus ein möglichst großer Nutzen für die Land- und Forstwirtschaft entsteht.[9] Im Jahr 1932 definierte das preußische Ministerium für Handel

8 Rheinische Braunkohlenwerke Aktiengesellschaft an Herrn Regierungspräsidenten, Betr., Neuorganisation unserer Gesellschaft, Köln, 12.1.1960: Landesarchiv Nordrhein-Westfalen/Abteilung Rheinland, Duisburg (LA NRW R), BR 2142/244; Kleinebeckel, Unternehmen (wie Anm. 3), S. 213–219, 247–257; Radkau, RWE (wie Anm. 4), S. 185–186; Farrenkopf, Wiederaufstieg (wie Anm. 4), S. 258.

9 Bergpolizeiverordnung für alle Bergwerke außer den Steinkohlenwerken und für die unterirdischen Dachschieferbrüchen in den linksrheinischen Landesteilen im Verwaltungsbezirk des Oberbergamtes Bonn. Unter Berücksichtigung der Nachträge vom 24.3.1924 und 9.3.1929, Bonn 1946, S. 11, §13a. Vgl. auch, Der Ministerpräsident des Landes Nordrhein-Westfalen – Landesplanungsbehörde – an den Herrn Regierungs-

und Gewerbe „Richtlinien für die Einebnung und Urbarmachung im Braunkohletagebau“, die sieben Jahre darauf, noch vor Beginn des Zweiten Weltkriegs, als „Richtlinien für die Urbarmachung der Tagebaue“ vom preußischen und Reichswirtschaftsminister reichsweit für gültig erklärt wurden.[10]

Diese Regelungen wurden jedoch oft missachtet oder nur unzureichend umgesetzt. Bis zum Ende des Zweiten Weltkriegs hatte der Braunkohlebergbau in den Regierungsbezirken Köln und Aachen circa 6.700 Hektar in Anspruch genommen, von denen mehr als 1.000 Hektar brach lagen. Ein großer Teil der rekultivierten Flächen war zudem nicht sachgemäß wiederurbar gemacht worden. Vor diesem Hintergrund befasste sich der nordrhein-westfälische Landtag im August 1947 erstmals mit den Folgen des Braunkohletagebaus im Rheinland. Die Abgeordneten beauftragten den Präsidenten der Bezirksregierung Köln, Wilhelm Warsch, einen Gesetzentwurf auszuarbeiten, durch den vorhandene Schäden behoben und neue Verwüstungen von vornherein vermieden werden sollten.[11]

Warsch legte dem Landtag im April 1948 einen Entwurf für ein Gesetzespaket vor, der bis zur Verabschiedung allerdings noch mehrmals überarbeitet werden musste und im Oktober 1949 von den Abgeordneten in erster Lesung beraten werden konnte. Das „Gesetz über die Gesamtplanung im Rheinischen Braunkohlengebiet“ definierte die Grenzen des Braunkohleabbaugebietes und zielte darauf ab, eine langfristige Planung und Steuerung des Braunkohleabbaus herbeizuführen. Es sah zudem die Beteiligung aller vom Tagebau unmittelbar betroffenen

präsidenten als Leiter der Bezirksstelle Köln der Landesplanungsgemeinschaft Rheinland, Betrifft, Rahmengesetz für das Rheinische Braunkohlengebiet, Düsseldorf, 1.6.1948: LA NRW R, BR 2142/7.

10 In diesem Zusammenhang werden in den Quellen außerdem vier Gesetzentwürfe genannt, die seit den 1920er Jahren erarbeitet und diskutiert worden sein sollen, aber nicht verabschiedet wurden. Vgl. Kurzer Rückblick über die Tätigkeit des Braunkohlenausschusses aus Anlass des fünfjährigen Bestehens des Gesetzes über die Gesamtplanung im Rheinischen Revier, Grube Fortuna/Kreis Bergheim, 10.6.1955: LA NRW R, BR 2142/208.

11 Warsch hatte seine Karriere in den 1920er Jahren in der Krefelder Stadtverwaltung begonnen, war Mitbegründer der Christlich Demokratischen Partei in Köln und Umgegend (später CDU) und wurde im Frühjahr 1947 zum Regierungspräsidenten in Köln ernannt. Der 1895 in Viersen geborene Warsch repräsentierte einen neuen Typus des politischen Beamten, wie Joachim Lilla herausgearbeitet hat und nahm als Regierungspräsident bis zu seiner Pensionierung im Jahr 1957 entscheidend Einfluss auf die Braunkohlepolitik des Landes Nordrhein-Westfalen. Zur Biographie vgl. Joachim Lilla, Wilhelm Warsch. Kommunalbeamter, Mitbegründer der rheinischen CDU, Regierungspräsident von Köln (1895–1969), in: Internetportal Rheinische Geschichte, <https,//rheinische-geschichte.lvr.de/Persoenlichkeiten/wilhelm-warsch-/DE-2086/lido/57c8331602e1d8.27710330> (8.9.2022).

Akteure vor. Das „Gesetz zur Änderung berggesetzlicher Vorschriften im Lande Nordrhein-Westfalen" verlangte unter anderem die zwingende Aufstellung von Betriebsplänen durch die Bergbaugesellschaften vor und konkretisierte die in Paragraph 196 des preußischen Bergbaugesetzes aufgeführten Bestimmungen zur „Verhinderung gemeinschädlicher Wirkungen". Die Betriebspläne sollten von der Bergbehörde kontrolliert werden und mussten bereits vor Aufschluss der Tagebaue detaillierte Angaben zur „Gestaltung der Landschaft während des Bergbaubetriebs und nach dem Abbau" enthalten. Das „Gesetz über die Errichtung einer Gemeinschaftskasse im Revier" verpflichtete schließlich die Bergbautreibenden zur Zahlung von Beiträgen, die zur Finanzierung von Rekultivierungsmaßnahmen herangezogen werden konnten. Die Kasse war eine Absicherung für den Fall, dass es zu Streitigkeiten über Verantwortung und Zuständigkeiten für nachträglich zu rekultivierende Flächen kam, beispielsweise infolge einer Betriebsübernahme oder der Insolvenz eines Bergbauunternehmens. Die Mitgliedschaft in der Kasse war für alle Bergbaugesellschaften des Reviers verpflichtend. Die Grubenbetreiber mussten jährlich einen Beitrag in Höhe von einem Pfennig je geförderter Tonne Rohbraunkohle zahlen.

Die Lesungen zu den Gesetzentwürfen im Landtag spiegelten die große Offenheit der Abgeordneten für regulierende Eingriffe des Staates in die Wirtschaft wider, der in der Nachkriegszeit bei fast allen deutschen Parteien anzutreffen war.[12] Die parlamentarischen Aussprachen machten aber auch den Frust über die ungenügende Rekultivierung der Gruben und Kippen deutlich, der sich im Revier, und den angrenzenden Gebieten, beispielsweise der Großstadt Köln, angestaut hatte.[13] Darüber hinaus waren die Debatten Ausdruck eines demokratischen Wandels, der neue Rahmenbedingungen für den Braunkohleabbau schuf, wie ein Redebeitrag des Kölner CDU-Abgeordneten Aloys Lenz veranschaulicht:

> „Meine Partei dürfte wohl nicht in den Verdacht geraten, eine Befürworterin staatlich bevormundender Wirtschaft zu sein, aber alle Freiheit in der Wirtschaft findet da ihre Grenze, wo die Belange der Allgemeinheit tangiert werden [...]. Nach meinen vorherigen Darlegungen ist das ohne Zweifel beim Kohlentagebau der Fall. Hier gilt der wohlverstandene Grundsatz des Gemein-

12 Vgl. allgemein Werner Abelshauser, Deutsche Wirtschaftsgeschichte seit 1945, Bonn 2005, S. 89–94.

13 Plenarprotokoll der 124. Sitzung am 13.4.1950, Gesetzentwurf betr. die Gesamtplanung im Rheinischen Braunkohlengebiet. III. Lesung, LD II-1534, S. 4114–4132, hier S. 4119, abrufbar unter, <https,//www.landtag.nrw.de/home/dokumente/dokumentensuche/direktabruf.html> (10.10.2022).

wohls, nach dem sich noch so berechtigte Einzelinteressen in der Wirtschaft und Einzelwünsche zu richten haben."[14]

Der Verweis auf das Gemeinwohlinteresse zog sich als Grundtenor durch die Debatten und war in unterschiedlicher Lesart auch in den übrigen Wortbeiträgen zu finden.[15] Der Gewerkschafter und SPD-Abgeordnete Heinrich Jochem verwies beispielsweise darauf, dass es sich beim „Abbau der Braunkohle um ein volkswirtschaftliches Unternehmen handelt, das in seiner Gesamtheit auch als ein Solidaritätsunternehmen wirtschaftlicher Art betrachtet werden muss."[16] Johannes Hoffmann, Abgeordneter der Zentrumspartei, sprach von einer „schwere[n] Verantwortung", die der Landtag „für die Zukunft" trage.[17] Das Gesetzespaket, das nach dem Ausscheiden der KPD aus der Regierung von einer Koalition aus CDU, SPD und Zentrum im April 1950 verabschiedet wurde, stieß allerdings auch auf Kritik. Regierungspräsident Warsch berichtete Mitte der 1950er Jahre aus der Rückschau, dass es allerlei „geheime Querschießereien" aus den Reihen der Grubenbetreiber gegen seine Arbeit gegeben habe.[18] Im Landtag traten die Abgeordneten der FDP als schärfste Kritiker des Gesetzesvorhabens auf und setzten sich für die Interessen der Braunkohleindustrie ein. Der Mülheimer FDP-Abgeordnete Wilhelm Dörnhaus zeigte sich davon überzeugt, dass „die Braunkohle eine Gabe Gottes" sei, „die wir entweder aus dem Boden heraushohlen – dann gibt es Löcher in der Natur – oder im Boden lassen, um Zuckerrüben anzupflanzen".[19] Unterstützung in ihrer Kritik erhielten die Freien Demokraten von den Abgeordneten der KPD, wenn auch aus anderen Beweggründen. Der Gewerkschafter Georg Große, der selbst Bergmann gewesen war, verstand sich demgegenüber als Fürsprecher der etwa 24.000 Bergleute des Reviers. Er forderte eine Beschränkung der Rekultivierung auf das Nötigste und verlangte darüber hinaus die Sozialisierung der Grundstoffindustrie in Nordrhein-Westfalen.[20]

14 Plenarprotokoll der 108. Sitzung am 11.10.1949, Gesetzentwurf betr. die Gesamtplanung im Rheinischen Braunkohlengebiet. I. Lesung, LD II-1164, S. 3004–3024, hier S. 3007, abrufbar unter, <https,//www.landtag.nrw.de/home/dokumente/dokumentensuche/direktabruf.html> (10.10.2022).

15 Zur umwelthistorischen Bedeutung von Gemeinwohl, insbesondere im Hinblick auf konkurrierende Nutzungsansprüche vgl. Ute Hasenöhrl, Zivilgesellschaft und Protest. Eine Geschichte der Naturschutz- und Umweltbewegung in Bayern 1945–1980, Göttingen 2011, S. 472–474.

16 Plenarprotokoll, LD II-1164 (wie Anm. 14), S. 3010.

17 Plenarprotokoll, LD II-1534 (wie Anm. 13), S. 4128.

18 Fünf Jahre Braunkohlegesetz, o. D.: LA NRW R, BR 2142/9.

19 Plenarprotokoll, LD II-1534 (wie Anm. 13), S. 4126.

20 Plenarprotokoll, LD II-1164 (wie Anm. 14), S. 3011–3015.

Trotz der „Querschüsse" gelang es bei der Überarbeitung des Gesetzestextes im Wirtschaftsausschuss einige Verbesserungen zugunsten der vom Tagebau betroffenen Akteure durchzusetzen. In Paragraph 3 des „Gesetzes über die Gesamtplanung im Rheinischen Braunkohlengebiet" wurde beispielsweise verankert, dass der vorzulegende Abbauplan vorab offenzulegen ist, „[...] um zu verhindern, daß Betroffene zu spät oder aber überhaupt nicht erfahren, daß eben dort Maßnahmen geplant sind". Der CDU-Abgeordnete Lenz erläuterte, dass sich der Ausschuss bewusst für diesen Schritt entschieden habe, obwohl dem Bergbau hierdurch „erhebliche Verzögerungen in der Durchführung seiner Abbaumaßnahmen erwachsen können." Die Ausschussmitglieder hielten aber, so Lenz weiter, „den Grundsatz des gleichen Rechtes, insbesondere die Wahrung der Rechte des kleinen Mannes, für wesentlicher".[21] Darüber hinaus stärkte der Wirtschaftsausschuss die Position sozialer und anderer wirtschaftlicher Interessengruppen im Abbaugebiet, indem der Mitgliederkreis erweitert wurde.

Der BKA war ein Sonderausschuss der Landesplanungsgemeinschaft Rheinland und hatte die zentrale Aufgabe, über die Festlegung der Abbaugebiete, Verkehrsflächen und anderweitig genutzten Räume, die Planung von Umsiedlungen sowie die Gewässer- und Landschaftsgestaltung zu entscheiden. Das Plangebiet wurde in der ersten Fassung des Braunkohlegesetzes noch sehr eng definiert und beschränkte sich auf jene Kreise, Städte und Gemeinden in den Regierungsbezirken Köln, Aachen und Düsseldorf, die unmittelbar vom Abbau oder konkreten Abbauabsichten betroffen waren. Der BKA setzte sich daher zunächst aus insgesamt 24 Vertretern der betroffenen Regierungsbezirke und Kommunen, der Land- und Forstwirtschaft, der Bergbautreibenden, des Handwerkes und Gewerbes, der Energiewirtschaft, der Gewerkschaften und der Steinzeugindustrie zusammen. Hinzu kamen Sachverständige aus den Berg- und Regierungsforstämtern in Köln und Aachen, dem Landeskulturamt und dem Verkehrsministerium, die beratend an den Sitzungen teilnahmen.

Der BKA konnte für Einzelaspekte der Planung eigene Unterausschüsse bilden, in denen neben Sachverständigen je ein Vertreter aus den betroffenen Gemeinden und ein Vertreter des Grubenbetreiber aufgenommen wurden. Nach der konstituierenden Sitzung im Januar 1951 entstanden zunächst acht regionale und vier Gesamtraum-Unterausschüsse. Bis Anfang der 1970er Jahre war die Zahl der Unterausschüsse auf 15 angewachsen, von denen sieben allerdings bereits seit

21 Plenarprotokoll, LD II-1534 (wie Anm. 13), S. 4118.

mehreren Jahren nicht mehr getagt hatten, weil der Grubenbetrieb eingestellt oder die Rekultivierungsmaßnahmen abgeschlossen waren.[22]

Die Zusammensetzung und die Arbeitsweise des BKA wurden in den darauffolgenden Jahrzehnten immer wieder den Erfahrungen aus der praktischen Arbeit und veränderten gesellschaftspolitischen Rahmenbedingungen angepasst: Das ursprüngliche Vorhaben, einen Gesamtplan für das Rheinische Revier zu entwickeln musste schon bald, nachdem der Ausschuss seine Arbeit aufgenommen hatte, zugunsten kleinerer Teilpläne aufgegeben werden, die besser an die Gegebenheiten der unterschiedlichen Gebiete und Anforderungen angepasst waren.[23] Das Plangebiet wurde zudem bereits 1952 erweitert und umfasst heute auch solche Regionen, die nur indirekt, beispielsweise durch die Auswirkungen von Sümpfungsmaßnahmen auf die Grundwasserströme, vom Tagebau betroffen sind.[24] Treibende Kraft für diese Ausweitung waren die Kommunen, die dadurch ihre Position gestärkt sahen und sich erhofften, eigene Interessen besser durchsetzen zu können. Eine Lehre aus den Erfahrungen der ersten Jahrzehnte war außerdem der Ausschluss der Braunkohleindustrie, die seit einer Gesetzesänderung im Jahr 1979 keine Vertreter mehr in das Gremium entsenden durfte.[25] Demgegenüber wurde zehn Jahre darauf, nach langem Drängen, der Naturschutz in den BKA aufgenommen. Die nach den Bestimmungen des Bundesnaturschutzgesetzes anerkannten Naturschutzverbände des Landes durften einen Vertreter bzw. eine Vertreterin mit beratender Funktion in den Ausschuss entsenden, erhielten aber erst 2005 ein Stimmrecht. Gleichzeitig wurden die Bergbautreibenden 1989 dazu verpflichtet, vor Genehmigung eines Teilplanes umfangreiche Angaben zu den sozialen und ökologischen Folgen ihrer Abbaupläne sowie Maß-

22 II A 1–30.41, Betr., Neugliederungschlußgesetz, hier, Änderung des § 4 Abs. 2 BrkG (Zusammensetzung der Unterausschüsse des BKA); Bezug, Sitzung des Ausschusses für Verwaltungsreform am 30.10.1974, Düsseldorf, 29.10.1974: LA NRW R, NW 426, Nr. 125; vgl. auch Gesetz über die Gesamtplanung im Rheinischen Braunkohlengebiet, in: Gesetz- und Verordnungsblatt für das Land Nordrhein-Westfalen (GV NRW) 4 (1950), 18, S. 71–73, hier S. 71–72.

23 Norbert Ley, Ziele der Landesplanung im Rheinischen Braunkohlengebiet, in: Deutscher Rat für Landespflege (Hg.), Landespflege und Braunkohlentagebau. Berichte der Sitzung des Deutschen Rates für Landespflege vom 5.3.1964 in Aachen und Stellungnahme des Rates, Bad Godesberg 1964, S. 8–11, hier S. 9.

24 Vgl. Verordnung über die Änderung des Plangebietes für die Aufstellung des Gesamtplanes im Rheinischen Braunkohlengebiet vom 5.1.1952, in: GV NRW, Ausgabe A, 6 (1952), 3, S. 9; vgl. auch Gesetz zur Neufassung des Landesplanungsgesetzes vom 3.5.2005, in: GV NRW 59 (2005), 20, S. 430–444, hier S. 440, § 37.

25 Vgl. Gesetz zur Änderung des Landesplanungsgesetzes vom 20.11.1979, in: GV NRW 33 (1979), 61, S. 730–735, hier S. 733, § 22b (7).

nahmen zu deren Bewältigung auszuarbeiten und öffentlich zugänglich zu machen.[26]

Trotz der zahlreichen Eingriffe in die Strukturen und in die Arbeitsweise ist das Ziel der Ausschussarbeit bis heute unverändert geblieben. Der BKA ist ein korporatistisches Politikinstrument, das durch die Einbindung unterschiedlicher Interessengruppen und eine Versachlichung von Streitfragen konsensuale Lösungen erarbeiten und auf diese Weise eine möglichst breite Akzeptanz für den Braunkohleabbau im Rheinischen Revier schaffen soll. Der liberale oder auch demokratische Korporatismus, der als ein Kernelement des sogenannten „Rheinischen Kapitalismus" auch typisch für die Aushandlung von Umweltkonflikten in der Bundesrepublik war, eröffnete den inkorporierten Akteuren einige Mitsprache- und Mitgestaltungsmöglichkeiten. Eine grundsätzliche Infragestellung der zu verhandelnden Sache war den Teilnehmern aber nicht möglich. Diese Einschränkung stellte bei aller Kritik an den Kraterlandschaften allerdings auch kein Problem dar, denn die Notwendigkeit der Braunkohleförderung wurde selbst von den Kritikern des Tagebaus bis in die 1980er Jahre nicht in Zweifel gezogen.

Warsch war ein Verfechter des Konsensprinzips und legte während seiner Amtszeit besonderen Wert auf die Einstimmigkeit von Entscheidungen, die den einvernehmlichen Charakter des Gremiums zum Ausdruck bringen sollten.[27] In einer BKA-Sitzung im Juni 1955 verwies er anlässlich des fünfjährigen Bestehens stolz darauf, dass von 126 Beschlüssen, die Hauptausschuss und Unterausschüsse bis dahin getroffen hatten, insgesamt 93 ohne Gegenstimmen und die übrigen 33 mit starkem Mehrheitsentscheid erfolgt waren. Ebenso lobte er die Schlichtungsstelle, die in mehr als 100 Fällen geräuschlos erfolgreich tätig geworden sei und dadurch das Zustandekommen von Gerichtsverfahren verhindert habe. Noch deutlicher wurde der Bezirksplaner bei der Regierung in Köln, Werner Schürmann, in einem Grundsatzreferat, dass er im Juli 1951 vor den Ausschussmitglie-

26 Besondere Anforderung an den Umweltschutz wurden erstmals 1979 in die gesetzliche Regelung für das Rheinische Braunkohlegebiet aufgenommen, hatten aber zunächst nur eine untergeordnete Stellung. Vgl. Gesetz zur Änderung des Landesplanungsgesetzes vom 20.11.1979 (wie Anm. 25), S. 732, § 22 (4). Zur Aufwertung des Natur- und Umweltschutzes vgl. Bekanntmachung der Neufassung des Landesplanungsgesetzes (LPlG) vom 5.10.1989, in: GV NRW 43 (1989), 43, S. 476–484, § 26 (6); Gesetz zur Neufassung des Landesplanungsgesetzes vom 3.5.2005 (wie Anm. 24), S. 441, § 40 (6).

27 Die Landesplanungsbehörde hielt auch nach dem krankheitsbedingten Ausscheiden von Warsch als Regierungspräsident und BKA-Vorsitzender am Prinzip der Einstimmigkeit fest. Vgl. Aktenvermerk über eine Besprechung am 12.8.1958 bei der Landesplanungsbehörde in Düsseldorf, Köln, 18.8.1958: LA NRW R, BR 2142/244.

dern hielt. Mit Blick auf die aus Sicht der Verwaltung erstrebenswerte Arbeitsweise der Unterausschüsse machte der Provinzialbaurat deutlich:

> „Ein zweites Charakteristikum der Arbeit wird es sein, dass sie nur langsam zu festen Ergebnissen kommen wird. Es wird sich zeigen, dass die Bedeutung des Braunkohlengesetzes, vielleicht sogar seine wesentliche Bedeutung darin liegt, dass es die Beteiligten zur Zusammenarbeit zwingt, sich kennen und gegenseitig verstehen zu lernen; und hierzu ist einige Zeit nötig."[28]

Dieser Zwang zur Zusammenarbeit, den Schürmann in seinen Ausführungen als konsensstiftend verstand, war allerdings von einem bedingungslosen Bekenntnis zum Braunkohleabbau getragen. Der Bezirksplaner hielt auch mit Blick auf die „Eigengesetzlichkeiten der Bergbautreibenden" lakonisch fest, dass man „die grossen Abbauvorkommen als gegeben" hinnehme und „in keiner Weise versuchen" werde, „hier die Rechte der Bergbautreibenden einzuschränken".[29] Dennoch konnte Warsch im Juni 1955 eine erste Erfolgsbilanz präsentieren, in der er neben den bereits erwähnten Abstimmungserfolgen vor allen Dingen auf beachtliche Fortschritte bei der Rekultivierung sowie bei der Umsiedlung der Gemeinden Bottenbroich (Kreis Bergheim), Berrenrath (Kreis Köln-Land) und Mödrath (Kreis Bergheim) verweisen konnte. Stolz war der Kölner Regierungspräsident auf „die Rettung der unter Denkmalschutz stehenden alten Titularstadt Kaster", die aufgrund eines BKA-Beschlusses vom Tagebau verschont blieb. Insgesamt sei es gelungen, so Warsch weiter, mehr als 2.000 Einwohner:innen vor Umsiedlung und gut 310 Hektar Land vor den Baggerschaufeln zu bewahren.[30]

3. Fragiler Konsens: Braunkohlenausschuss und neue Interessengemeinschaften in den 1950er Jahren

Trotz dieser Erfolge zeigten sich bald nach dem Ausscheiden von Warsch aus dem Amt des Regierungspräsidenten im Jahr 1957 erste Risse. Das Konsensprinzip des BKA geriet ins Wanken. Den Planern schlug im Laufe der 1950er Jahre von vielen Seiten Widerstand entgegen, was nicht zuletzt auch mit der Mechanik der Aus-

28 Landesplanerische Probleme im Rheinischen Braunkohlengebiet. Referat, gehalten vom Bezirksplaner Schürmann bei der 3. Sitzung des Braunkohlenausschusses am 17.7.1951: LA NRW R, BR 2142/8.

29 Ebd.

30 Kurzer Rückblick über die Tätigkeit des Braunkohlenausschusses (wie Anm. 10).

handlungsprozesse im BKA zusammenhing, die mit zunehmender Komplexität der Planungen immer schwerfälliger wurden. Die Grubenbetreiber klagten darüber, dass die Verfahren zu langwierig seien und die volkswirtschaftliche Bedeutung des Braunkohleabbaus im BKA nicht ausreichend gewichtet würde. Umgekehrt formierten sich unter den Betroffenen neue, selbstbewusst auftretende Interessenvertretungen, die versuchten ein korporatistisches Gegengewicht zum BKA und dem aus ihrer Sicht zu mächtigen Einfluss der Braunkohleindustrie zu bilden.[31] Aber auch die Landesbehörden waren sich in vielen Fragen uneinig und stritten immer wieder darum, wie weit die Befugnisse des BKA gehen durften.[32]

Diese Konflikte traten besonders im Zusammenhang mit mittelfristig projektierten Neuaufschlüssen zutage, also Vorhaben, die laut Braunkohlengesetz in den Bereich der Rahmenplanung für das Rheinische Revier fielen, aber zeitlich noch weit von der Eröffnung eines bergbehördlichen Betriebsplangenehmigungsverfahrens entfernt waren. Die Firma Wilhelm Wehrhahn wandte sich beispielsweise 1952 an den BKA, um ihre Mutungsrechte an den sogenannten „Lövenicher Feldern" geltend zu machen, einem westlich von Köln zwischen den Orten Großkönigsdorf, Lövenich, Widdersdorf und Brauweiler gelegenen Braunkohlevorkommen. Das Gesamtfördervolumen wurde auf circa 80 Millionen Tonnen Rohbraunkohle geschätzt. Es handelte sich also um eine relativ kleine Lagerstätte vorwiegend aschereicher Brikettier- und Kraftwerksbraunkohle, die sich auf einer Fläche von 810 Hektar erstreckte. Die beiden etwa 4 Meter starken Flöze befanden sich in Tiefen von 50 bis 60 Metern, sodass für den Abbau große Abraummassen bewegt werden mussten. Das Neusser Familienunternehmen ging daher noch 1958 davon aus, dass sich ein Abbau der Braunkohle betriebswirtschaftlich erst in 10 bis 15 Jahren lohnen würde, da das Revier dann den Wandel hin zum Tieftagebau vollzogen habe. Dadurch würden „sich überall die Kohlegewinnungskosten sehr stark erhöhen", sodass auch der finanzielle Mehraufwand für diese Konzessionsfläche aus Sicht des Grubenbetreibers rentabel wäre.[33]

Die von der Firma Wilhelm Wehrhahn projektierte Grube befand sich in einem dicht besiedelten, überwiegend agrarisch geprägten Gebiet, das von der

31 Vgl. exemplarisch Landesplanungsgemeinschaft Rheinland, Bezirksstelle Köln, Aktenvermerk, Köln, 16.9.1954: LA NRW R, BR 2142/9; Der Ministerpräsident des Landes Nordrhein-Westfalen an Herrn Regierungspräsidenten als Vorsitzender des Braunkohlenausschusses, Düsseldorf, 24.5.1960: LA NRW R, NW 426/555.

32 Besprechungsunterlagen, Köln, den 15.12.1956: LA NRW R, BR 2142/9.

33 Peter H. Wehrhahn, Wissenswertes über das Projekt Lövenich. Ein Abbau ohne Umsiedlungen, Sonderdruck aus „Revier und Werk", Zeitschrift für die Betriebe des Rheinischen Braunkohlenbergbaus, Heft 39, Februar 1958: LA NRW R, NW 426/554; Besprechungsunterlagen, Köln, 15.12.1956: LA NRW R, BR 2142/9.

Stadt Köln als Naherholungs- und Entwicklungsfläche beansprucht wurde. Der zuständige Unterausschuss des BKA richtete daher einen Arbeitskreis ein, dem Vertreter des Oberbergamtes, der Firma Wehrhahn, der Bezirksregierung Köln und der „interessierten Gemeinden“ angehörten. Die Landwirtschaft und andere potentiell betroffene Wirtschaftszweige waren hingegen nicht vertreten.[34]

Bereits kurz nach der ersten Sitzung des Arbeitskreises im April 1954 formierte sich offener Widerspruch, als das Vorhaben durch die Presse an die Öffentlichkeit gelangte. Die Kreisgruppe Köln des Rheinischen Landwirtschafts-Verbandes e. V., die Gemeinden Brauweiler und Lövenich sowie der Kreis und die Stadt Köln wandten sich mit Protestschreiben an den BKA und die Landesplanungsgemeinschaft Rheinland, um eine Zulassung des beabsichtigten Aufschlusses zu verhindern. Grundlage für die Einwendungen, die nach wie vor die Notwendigkeit des Braunkohleabbaus nicht grundsätzlich infrage stellten, waren zuvor gefasste Entschließungen der jeweiligen Körperschaften. Die Einwender verschafften sich auf diese Weise demokratische Legitimation und versuchten ihren Argumenten gegenüber den starken wirtschaftlichen Interessen des Grubenbetreibers mehr Nachdruck zu verleihen. Bemerkenswert an den Schreiben ist, dass die Petenten neben ihrer individuellen Betroffenheit, etwa durch den Verlust von wertvollem Ackerland oder die Beschneidung kommunaler Entwicklungsmöglichkeiten, durchweg auf die Folgen des Tagebauaufschlusses für das Gemeinwohl verwiesen. Landwirtschaft und Kommunen führten immer wieder die Gefährdung der Wasserversorgung, die Auswirkungen auf die Luftqualität, die sich durch den Tagebaubetrieb und die Verstromung der Braunkohle weiter verschlechtern würde, sowie die Eingriffe in einen wichtigen Erholungsraum für die städtische Bevölkerung als Argumente gegen das Vorhaben an.

Die Einwendungen hatten Erfolg: Aufgrund der geringen Größe des Vorkommens, einem ungünstigen Kohle-Abraum-Verhältnis sowie großer wasserwirtschaftliche Bedenken, die hohe Folgekosten befürchten ließen, verweigerte der BKA letztlich die Ausweisung des Abbaugebietes.[35] Wo Versuche, die Abbauvorhaben zu verhindern, keine Aussicht auf Erfolg hatten und Umsiedlungen der Bevölkerung vorgesehen waren, nahm die Debatte zeitgleich an Schärfe zu. Die

34 Der Regierungspräsident, Prüfungsbericht, Köln, 26.10.1956: LA NRW R, NW 426/554.

35 Der Regierungspräsident, Prüfungsbericht zum Antrag der Fa. Wehrhahn, Horremer Brikettfabrik, auf Braunkohleabbau im Gebiet Lövenich-Brauweiler, Köln, 26.10.1956: LA NRW R, NW 426/554; Der Regierungspräsident an den Herrn Minister für Wirtschaft und Verkehr, Betr., Der Einfluß der Atomtechnik auf die Planung im Rheinischen Braunkohlenrevier, Köln, 10.10.1958: NRW, BR 2142/244.

CDU-Fraktion Mödrath wandte sich beispielsweise im August 1953 an Karl Arnold, um die Abbaggerung der nur wenige Kilometer von Lövenich entfernt liegenden Gemeinde durch den Tagebau Frechen doch noch zu verhindern. Der Appell an den CDU-Ministerpräsidenten, „aus der weltanschaulichen, geistigen und politischen Verbundenheit heraus“ für die „Heimat- und Existenzrechte der Mödrather“ einzutreten, war gepaart mit der Warnung, dass das „Ordnungsgefüge unseres Staates“ durch einen „fragwürdigen Rechtspositivismus“, der sich in der bevorstehenden Abbaggerung zeige, in Gefahr sei.[36] Der Bürgermeister der zum Kreis Grevenbroich gehörenden Gemeinde Garzweiler hatte sich bereits einige Monate zuvor, im März 1953, in noch drastischeren Worten an Warsch gewandt. Neben dem Verlust der Heimat und bedeutender Kulturdenkmäler sowie den negativen Auswirkungen auf den Wasserhaushalt beklagte er, dass die Gemeinde bereits vor Beginn der Umsiedlungen als „ein totes Gebiet bezeichnet werden“ könne, da die Abbaupläne „jegliche Initiative, sowohl auf dem Gebiete des Wohnungsbaus, als auch auf allen wirtschaftlichen Gebieten“ lähmten. Unter Verweis auf Artikel 14 des Grundgesetzes forderte er, dass „die Menschen und ihre Existenzen [...] keinesfalls den egoistischen Bestrebungen der Braunkohlengruben geopfert werden“ dürften und „der Mensch, als das Fundament des Staates, [...] unter allen Umständen geschützt werden“ müsste. Mit Blick auf die Stimmungslage in der Gemeinde führte er weiterhin aus:

> „Der drohende Abbau und damit die Vernichtung ihrer Lebensexistenzen lastet wie ein Alpdruck auf unsere Bürger. Die Gemeinde kann sich dem berechtigten Drängen der Bevölkerung auf Ablehnung des Vorhabens nicht verschliessen. Falls unserem Einspruch nicht stattgegeben wird, ist zu erwarten, dass die Empörung der Bevölkerung weiter ansteigt und die Einwohner Protestschritte unternehmen, deren Ausmass nicht vorherzusehen ist, evtl. sogar Protestfahrten der gesamten Einwohnerschaft nach Bonn.“[37]

Nach den für sie oft ernüchternden Erfahrungen in der befangenen Konsensmaschinerie des BKA begannen sich die vom Tagebau-Betroffenen zu organisieren. Im Januar 1957 gründeten Vertreter von Kommunen, Landwirtschaft, Industrie

36 CDU-Fraktion Mödrath an den Herrn Ministerpräsident, Betr., Umsiedlung Mödraths im Zuge der Braunkohlengewinnung, Mödrath, 18.8.1953: LA NRW R, NW 72/399, Bl. 48.

37 Alle Zitate aus, Gemeinde Garzweiler an den Braunkohlenausschuss, z.Hd. Herrn Regierungspräsidenten Dr. Warsch, Betr., Festlegung der Abbaugrenzen, Garzweiler, 8.3.1953: LA NRW R, NW 72/399.

und Wasserwirtschaft im Westrevier die „Arbeitsgemeinschaft Indegebiet e. V." (später „Arbeitsgemeinschaft Inde-Rur e. V.").[38] Der Verein verfolgte das Ziel, „die Interessen ihrer Mitglieder in allen Angelegenheiten, die mit dem Braunkohlenabbau im Indegebiet zusammenhängen, gegenüber dem Bergbau, den Behörden und sonstigen Stellen zu wahren und einheitlich zu vertreten".[39] Die Arbeitsgemeinschaft verwies gegenüber der Politik und den Landesbehörden selbstbewusst darauf, dass sie die Interessen von 166.000 Einwohner:innen, 4.800 landwirtschaftlichen Betrieben und 61 Industrieunternehmen mit 18.000 Beschäftigten vertrat. Einige Mitgliedkommunen, wie beispielsweise Stadt und Landkreis Jülich, hatten sich zuvor vergebens darum bemüht, in den Ausschuss aufgenommen zu werden. Sie standen vor dem Dilemma, dass sie als nicht unmittelbar von Abbaumaßnahmen betroffene Gebietskörperschaften laut Gesetz nicht im BKA vertreten sein konnten, wohl aber von den Folgen des Tagebaus betroffen waren.[40] Die AG Inde-Rur e. V. drängte daher auf eine Erweiterung des Braunkohlenplanungsgebietes, um auch den indirekt betroffenen Kommunen ein Mitbestimmungsrecht zu verschaffen.[41]

Doch auch wenn es der Arbeitsgemeinschaft zunächst gelang, Politik und Verwaltung unter Druck zu setzen, fiel eine erste Zwischenbilanz auf der Jahreshauptversammlung im April 1960 in Düren aus Sicht der Mitglieder nüchtern aus.[42] So hatte der Verein schon wenige Monate nach der Gründung, im November 1957, eine Novellierung des Gesetzes über die Gesamtplanung im Braunkohlengebiet gefordert und dazu dem zuständigen Unterausschuss des Landtags eine umfang-

38 Geschichtsverein der Gemeinde Inden e. V. (Hg.), Tagebuch eines Jahrhunderts 1900–1999, Düren 2006, S. 327. Für Informationen zur Gründung des Vereins sowie zum Vereinsvorsitzenden, Wilhelm Leyens, danke ich Frau Xhonneux vom Geschichtsverein der Gemeinde Inden e. V. und Herrn Rolf Sommer von der Gemeinde Inden.

39 Satzung der Arbeitsgemeinschaft Indegebiet e. V.: LA NRW R, NW 426/554.

40 Im Braunkohlenausschuss lehnte man das Aufnahmegesuch ab und schlug stattdessen vor, dass „die Landkreise Düren und Jülich sich je nach den zu Verhandlungen anstehenden Fragen untereinander über die Stimmabgabe durch das Mitglied oder einen seiner Stellvertreter einigen." Der Regierungspräsident als Vorsitzender des Braunkohlenausschusses an den Herrn Ministerpräsidenten des Landes Nordrhein-Westfalen – Landesplanungsbehörde –, Betr., Zusammensetzung des Braunkohlenausschusses; hier, entsendeberechtigte Landkreise; Bezug, Dort. Erlass vom 24.2.1956; Berichterstatter, Regierungsdirektor König, Köln, 1.2.1957: LA NRW R, NW 426/554.

41 Arbeitsgemeinschaft Inde-Rur e. V. an den Braunkohlenausschuss, Betr., Antrag auf Erweiterung des Braunkohlenplangebietes, Düren, 27.5.1959: LA NRW R, NW 426/555.

42 Diese Einschätzung traf der Gewerkschafter und Publizist Heinrich Mertens, Referat auf einer Konferenz sozialdemokratischer Betriebsräte und Kommunalvertreter des rheinischen Braunkohlenreviers am 23.7.1960 in Gleuel: LA NRW R, BR 2124/244.

reiche Denkschrift übergeben.[43] Doch obwohl diese Forderung auch von zahlreichen Landespolitikern unterstützt wurde, tat sich auf diesem Gebiet nur wenig. Die Landesregierung begründete die Verzögerungen mit einer zunächst erforderlichen Novellierung des Landesplanungsgesetzes, die im Jahr 1962 erfolgte. Die Bestimmungen des Braunkohlengesetzes wurden dennoch erst 1979 grundlegend überarbeitet und flossen nun in Form von Sondervorschriften in das Landesplanungsgesetz ein.

Noch gravierender waren aus Perspektive der Betroffenen vor Ort die teils undurchsichtigen Verfahrensweisen sowie die konkurrierenden gesetzlichen Bestimmungen, die zeitgleich auch zu Konflikten zwischen Landesplanung und Bergbehörde führten und einen grundlegenden Widerspruch erzeugten. Der Bürgermeister der Gemeinde Garzweiler hatte bereits in seinem Protestschreiben vom März 1953 darauf hingewiesen, dass für ihn „völlige Unklarheit darüber" bestehe,

> „welche Bedeutung und Folgen die Festlegung der Abbaugrenzen für das erfasste Gebiet haben. Weder die Bekanntmachung noch das Braunkohlengesetz selber geben hierüber Aufschluss. Wenn schon ein Einspruchsrecht zuerkannt wird, muss noch vor allen Dingen klar herausgestellt werden, wogegen sich der Einspruch richten soll. Unerlässlich ist auch eine Bekanntgabe des Personenkreises der Einspruchsberechtigten."[44]

Das Gefühl, übermächtigen Strukturen hilflos ausgeliefert zu sein, nahm in den folgenden Jahren weiter zu. Auf der Jahreshauptversammlung der AG Inde-Rur e. V. wandte sich der Vereinsvorsitzende, Amtsdirektor Wilhelm Leyens, direkt an Ministerpräsident Franz Meyers:

> „Wie lange will die Landesregierung noch zusehen, daß im Braunkohlenplanungsverfahren die Betroffenen überhaupt nicht mehr gehört werden? Es sind zwar nach dem Braunkohlenplanungsgesetz Unterausschüsse gebildet worden, in denen auch die Betroffenen zu Wort kommen sollen. In dem unruhigsten Tagebau, dem Tagebau Inden, hat aber seit November 1956 keine Sitzung des

43 Arbeitsgemeinschaft Inde-Rur e. V., Niederschrift über die diesjährige Jahreshauptversammlung der Arbeitsgemeinschaft Inde-Rur e. V. am 12.4.1960 in Düren, Düren, 4.5.1960: LA NRW R, BR 2142/244.

44 Gemeinde Garzweiler an den Braunkohlenausschuss, z.Hd. Herrn Regierungspräsidenten Dr. Warsch, Betr., Festlegung der Abbaugrenzen, Garzweiler, 8.3.1953: LA NRW R, NW 72/399.

> Unterausschusses mehr stattgefunden, obwohl sie von den Mitgliedern des Unterausschusses in ihrer Mehrheit und von den Betroffenen allgemein ganz kategorisch immer wieder verlangt worden ist."[45]

Darüber hinaus kritisierte Leyens, dass für den Tagebau Inden bereits Betriebspläne zugelassen worden seien, obwohl ein verbindlicher Teilplan nach dem Braunkohlenplangesetz noch nicht vorgelegen und das Verwaltungsgericht Aachen die Zulassung für rechtswidrig erklärt hatte. Der Vereinsvorsitzende musste daher empört feststellen, dass „der seit über 1 Jahr in Gang befindliche Abbau Inden [...] ungesetzlich" sei.[46] Die Stimmung unter den Betroffenen erreichte fast genau zehn Jahre nach der Verabschiedung des Gesetzes über die Gesamtplanung im Braunkohlengebiet einen Tiefpunkt. Das Vertrauen in den demokratischen Staat drohte zu erodieren. Leyens appellierte daher an seine Vereinsmitglieder,

> „die staatsbürgerliche Loyalität trotz aller Pannen, die wir auf dem Gebiet des Braunkohlenbergbaues auch im kleinen täglich erleben, auch weiterhin zu bewahren. [...] Wir wollen und werden nicht mit schwarzen Fahnen in Düsseldorf oder Bonn aufmarschieren, obwohl das vielleicht manchmal seiner Wirkung nicht verfehlen würde. Aber eins wünschen wir, daß man uns und das volkswirtschaftliche Potential, das wir darstellen, richtig bewertet und in Rechnung stellt. Denn wir alle haben [...] am wirtschaftlichen und politischen Aufbau unseres Staates [...] heißen Herzens mitgearbeitet, und wir wünschen, daß wir es auch in den kommenden Jahren unbeschwert tun können."[47]

Trotz dieser vorhandenen Konflikte blieben der Konsens über die Notwendigkeit des Braunkohleabbaus und das Streben nach kooperativer Zusammenarbeit noch lange Zeit konstitutiv für die Aushandlung über den Tagebau im Rheinischen Revier.

45 Arbeitsgemeinschaft Inde-Rur e. V., Niederschrift (wie Anm. 43).
46 Ebd.
47 Ebd.

4. Umweltbewegung und Braunkohletagebau: Neue Akteure und Arenen der Aushandlung

In den 1970er Jahren stellte sich eine ambivalente Situation ein: Auf der einen Seite konsolidierten sich die formalisierten Aushandlungsmechanismen im BKA. Die Mitglieder des Ausschusses hatten die Handlungslogiken und Normen der Landesplanung zunehmend verinnerlicht, sodass sich die Verfahrensabläufe normalisierten. Zu dieser Versachlichung trug nicht zuletzt auch bei, dass aus den Landkreisen, anders als noch in den 1950er Jahren, nun nicht mehr die Landräte, sondern in der Regel die verbeamteten Oberkreisdirektoren in den Ausschuss entsandt wurden. Hinzu kam eine wachsende Anzahl von ständigen und zeitweise hinzugezogenen Sachverständigen der Landesämter und Kommunalverwaltungen, die zur Bewältigung der gestiegenen fachlichen Anforderungen an das Gremium herangezogen wurden. Im Jahr 1979 veränderte der Landtag zudem den Status des Gremiums: Das 1950 verabschiedete „Gesetz über die Gesamtplanung im Rheinischen Braunkohlengebiet“ wurde als Sondervorschrift in das Landesplanungsgesetz integriert. Damit einher ging der Ausschluss aller Gremiumsmitglieder, die im engeren oder weiteren Sinn die Interessen von Grubenbetreibern und Braunkohlenindustrie vertraten.[48]

Parallel zu dieser Bürokratisierung veränderten sich in den 1970er Jahren allerdings auch die äußeren Rahmenbedingungen für die Arbeit des Planungsausschusses: Zunehmende rechtliche und technische Anforderungen an den Umweltschutz, gestiegene Ansprüche an die Sozialverträglichkeit der Umsiedlungen sowie das Auftreten von Bürger:inneninitiativen und Umweltschutzverbänden als gesellschaftspolitische Akteure machten die Planungen und Beratungen immer komplexer und aufwendiger.[49] Das Festhalten an der formalisierten und intransparenten Braunkohlenplanung führte vor diesem Hintergrund mittelfristig zu einem Vertrauensbruch und stellte die etablierte Verfahrensweise in der Öffentlichkeit zunehmend infrage. Deutlich wurde dieser Wandel bereits in den Genehmigungsverfahren für die Tagebaue Hambach und Bergheim, die in den 1970er Jahren parallel im BKA verhandelt wurden. Aufschlussreich ist insbesondere der Umgang

48 Gesetz zur Änderung des Landesplanungsgesetzes vom 20.11.1979 (wie Anm. 25), S. 733, § 22b (7).

49 Vgl. dazu z. B. die Landtagsdebatte vom 14.10.1976 zu einem Gesetzentwurf der CDU-Fraktion in Verbindung mit Hilfen für Braunkohlentagebauverdrängte: Der Landtag Nordrhein-Westfalen, Plenarprotokoll 8/29, S. 1437–1493, hier S. 1474–1493, abrufbar unter: <https,//www.landtag.nrw.de/home/dokumente/dokumentensuche/direktabruf.html> (14.7.2023).

mit Einwendungen, die von Betroffenen gegen die Vorhaben vorgebracht wurden. Die öffentlichen Einsprüche gegen die Teilpläne behandelten schwerpunktmäßig die Art und den Umfang des Braunkohleabbaus, Kostenfragen sowie Belange des Umweltschutzes und der Erholung. Sie stellten die Abbaupläne aber auch generell infrage, äußerten verfassungsrechtliche Bedenken, forderten eine Stärkung der kommunalen Selbstverwaltung sowie eine verbesserte Bürgerbeteiligung.

Die Beschwerden wurden nach vorheriger öffentlicher Auslegung der Teilpläne in den betroffenen Kommunen als Einzel- oder Sammeleinwendungen an den BKA gerichtet. Verfasser waren Gemeinden, Einzelpersonen und auch Bürger:inneninitiativen. Die Bearbeitung der Einwendungen erfolgte innerhalb des BKA durch sogenannte „Einwendungsarbeitskreise", die in den laufenden Genehmigungsverfahren für die Teilpläne gebildet wurden. In diese Arbeitskreise wurden Vertreter der Kommunen, der Landwirtschaftskammer, des Regierungspräsidenten, des Oberbergamtes, der Bergbautreibenden (bis 1979) sowie Sachverständige aus verschiedenen Landesbehörden entsandt.[50] Sie kamen zu mehreren Sitzungen zusammen, dokumentierten die Erörterung der Anliegen und gaben abschließend eine Beschlussempfehlung, der vom BKA in der Regel befolgt wurde. Das formale Ziel dieses Umgangs mit Einwendungen war es, einen Interessenausgleich zwischen den Parteien herzustellen, defacto zielte die Praxis aber auf eine Versachlichung und Kanalisierung des öffentlichen Protests. Der Umgang mit Einsprüchen machte zudem eine Reihe von Widersprüchen in der Braunkohleplanung deutlich und veranschaulichte die teils fundamentalen Gegensätze zwischen Bergbautreibenden und Planern auf der einen Seite sowie Betroffenen und Umweltschützern auf der anderen Seite. So zeigte die Diskussion ökologischer Zusammenhänge, die räumliche übergreifende Auswirkungen befürchten ließen, dass die etablierte Praxis, anstelle eines ursprünglich angestrebten Gesamtplans für das Rheinische Revier nur noch mit Teilplänen zu operieren, keine hinreichende Grundlage zur Lösung dieser Probleme bot. Fragen des Immissionsschutzes, die in den 1970er Jahren zu einem bundesweiten Politikum geworden waren, machten die Idiotie der Braunkohleplanung deutlich: Forderungen von Betroffenen nach größeren Abständen der Tagebaue zur Wohnbebauung, die für andere Emittenten im 1974 verabschiedeten Bundesimmissionsschutzgesetz geregelt waren, lehnte der BKA unter Verweis auf die „Standortgebundenheit der Braunkohlelagerstätten und aus volkswirtschaftlichen Gesichtspunkten" ab. Tagebaue fielen als Anlagen des Bergwesens nicht unter die Regelungen des Bundes-

50 Vgl. Braunkohlenausschuß, 60. Sitzung des Braunkohlenausschusses am 13.1.1978, Köln, 13.1.1978: LA NRW R, NW 481, 6.

immissionsschutzgesetzes. Auflagen waren nach Ansicht des BKA erst im Betriebsplanverfahren zu regeln, für das allerdings keine Beteiligung der Öffentlichkeit vorgesehen war.

Im Umgang mit Einwendungen nahm der BKA ausschließlich eine volkswirtschaftliche bzw. energiepolitische Perspektive ein und lehnte die Mehrzahl mit Verweis auf zu befürchtende Kohleverluste, das Gebot der wirtschaftlichen Verhältnismäßigkeit oder formale Zuständigkeiten ab – Argumente, die aus der Perspektive der Einwender wiederum nicht zwingend waren und das Vertrauen in die Arbeit des Planungsausschusses beschädigten. Die Forderungen der Tagebaukritiker wurden aber durchaus von einem Teil der BKA-Mitglieder unterstützt. Die Vertreter der Kommunen waren beispielsweise stetig darum bemüht, die Zahl der Betroffenenvertreter in den Unterausschüssen aufzustocken und die Plangebiete auszuweiten.[51] Zur Ausweitung der Bürgerbeteiligung versuchten sich Kommunen und Bürger:inneninitiativen zudem der planerischen Instrumente des BKA zu bedienen. Im Frühjahr 1977 wandten sich Bürger:inneninitiativen aus Esch und Bergheim an den Planungsausschuss, um die Aufstellung eines Teilplanes für die Kohlebahn- und Bandstraßentrassierung des geplanten Tagebaus Hambach zu beantragen, wodurch auch für diese Baumaßnahmen eine Öffentlichkeitsbeteiligung erforderlich gewesen wäre. Die Anträge wurden nach kurzer Diskussion mit Verweis auf das noch folgende Betriebsplanverfahren und „die termingerechte Abwicklung der Inbetriebnahme“ des Tagebaus abgewiesen.[52]

Die für außenstehende Beobachter formalbürokratischen und teils intransparenten Verfahrensweisen des BKA riefen Bürger:inneninitiativen und Umweltgruppen auf den Plan, die in der zweiten Hälfte der 1970er Jahre als Interessenvertretungen im Rheinischen Revier aktiv wurden. Die neuen Akteure zielten zunächst darauf ab, die Öffentlichkeit über die komplexen Sachverhalte sowie die Folgen der Braunkohleplanung zu informieren. Im Jahr 1977, ein Jahr vor Eröff-

51 In diesem Zusammenhang wirkte sich die kommunale Gebietsreform in Nordrhein-Westfalen negativ aus, da zahlreiche Städte und Gemeinden ihre Eigenständigkeit verloren. Die Anzahl der kommunalen Vertreter im Unterausschuss Hambach ging infolge dessen von zehn auf sieben zurück. Vgl. Kreis Düren an den Präsidenten des Landtages Nordrhein-Westfalen, Betr., Aufschließung des Tagebaus Hambach, hier, Änderung des Gesetzes über die Gesamtplanung im Rheinischen Braunkohlengebiet, Düren, 1.10.1974; sowie II A 1–30.41, Betr., Neugliederungschlußgesetz, hier, Änderung des §4 Abs. 2 BrkG (Zusammensetzung der Unterausschüsse des BKA); Bezug, Sitzung des Ausschusses für Verwaltungsreform am 30.10.1974, Düsseldorf, 29.10.1974, beide: LA NRW R, NW 426, 125.

52 Braunkohlenausschuß, Niederschrift über das Ergebnis der 58. Sitzung des Braunkohlenausschusses am 24.5.1977 im Regierungsgebäude Köln, Köln, 24.5.1977: LA NRW R, NW 481, 7.

nung des Tagebaus Hambach, gründeten Studierende der RWTH Aachen eine solche Initiative: Die Mitglieder der „Hambachgruppe" verfügten durch ihr Studium über wissenschaftliche und ingenieurtechnische Expertise und hatten sich in mehreren Diplomarbeiten mit dem gleichnamigen Tagebau befasst. Die Gruppe bediente sich bewusst nichtaktionistischer Protestformen und konzentrierte sich darauf, mithilfe von Veröffentlichungen, Ausstellungen und Vortragsveranstaltungen über die Thematik zu informieren. Die „Hambachgruppe" war ein wichtiger Transmissionsriemen bei der Formierung einer breiten zivilgesellschaftlichen Protestbewegung gegen den Braunkohletagebau im Rheinland. Die Studierenden erhielten in den Anfangsjahren unter anderem finanzielle Unterstützung von Joseph Beuys, der 1979 zu den Mitbegründern des nordrhein-westfälischen Landesverbandes der Partei „Die Grünen" gehörte. Bereits ein Jahr nach der ersten Zusammenkunft der Gruppe erschien die Broschüre „Hambach – Das größte Loch der Welt", der weitere Druckschriften folgten. Die Initiative war eng mit dem Aachener Klenkes-Verlag und dem Kölner Volksblatt-Verlag verbunden, zwei links-alternativen Zentren, die großen Einfluss auf die nordrhein-westfälische Umweltbewegung ausübten.[53]

In den 1980er Jahren arbeite die „Hambachgruppe" immer enger mit dem nordrhein-westfälischen Landesverband des „Bundes für Umwelt und Naturschutz Deutschland" (BUND) zusammen. Der 1976 gegründete Landesverband sah sich in den ersten Jahren seiner Existenz, trotz einer politischen Förderung durch das nordrhein-westfälische Landwirtschaftsministerium, einer ganzen Reihe von strukturellen Problemen und internen Konflikten ausgesetzt, die sich unter anderem in häufigen Wechseln auf der Vorstandsebene zeigten und die fachliche Arbeit behinderten. Dennoch gelang es mit der Unterstützung von Diether Deneke, der nach seinem Rücktritt vom Posten des Landwirtschaftsministers 1981 für kurze Zeit den Vorsitz übernahm, den BUND nach den Bestimmungen des Bundesnaturschutzgesetzes als staatlich anerkannten Naturschutzverband einzustufen.[54] Dadurch eröffneten sich dem Landesverband weitreichende Mit-

53 Vgl. Widerstand gegen Braunkohlentagebaue, S. 3–27: Privatarchiv Schubert, Geschichte Widerstand GWII, 1988–89 Rundbrief Hambachgruppe, Hambachgruppe Protokollbuch +.

54 Willi Oberkrome, „Liberos auf Altlasten. Zur Geschichte des BUND-NW 1976–1990, in: Stiftung Naturschutzgeschichte (Hg.), „Keine Berufsprotestierer und Schornsteinkletterer". 25 Jahre BUND in Nordrhein-Westfalen, Essen 2003, S. 23–96, hier S. 49–50; Wilfried Maxim/Wolfgang Degenhardt, „Keine Berufsprotestierer oder Schornsteinkletterer". Die Geschichte des BUND in Nordrhein-Westfalen, in: Stiftung Naturschutzgeschichte (Hg.), „Keine Berufsprotestierer und Schornsteinkletterer". 25 Jahre BUND in Nordrhein-Westfalen, Essen 2003, S. 97–158, hier S. 115–122.

sprachemöglichkeiten. Mit der Wahl von Henning Friege zum neuen Vorsitzenden im Jahr 1982 und der Ernennung von Bernhard Pelzer zum Geschäftsführer vollzog der BUND einen generationellen Wandel und leitete eine Phase der Professionalisierung ein.[55] Zu dieser Zeit begann auch die Zusammenarbeit mit der „Hambachgruppe", die allerdings nicht immer reibungslos war. In den Protokollen der Studierendeninitiative finden sich beispielsweise Klagen über eine „Profilierungssucht" des BUND und wiederkehrende Diskussionen über die richtige Strategie der Zusammenarbeit mit dem Umweltverband. Ein entscheidendes Bindeglied für die Kooperation war Dorothea Schubert. Die Lehrerin engagierte sich gegen den Braunkohletagebau und baute eine Brücke zwischen Studierenden und BUND. Sie war Mitbegründerin des Arbeitskreises „Braunkohle" im Landesverband sowie der Initiative „Bürger gegen Braunkohlentagebaue" in Mönchengladbach, deren Vorstand sie auch angehörte. Schubert war außerdem Mitglied der Grünen Nordrhein-Westfalen und beteiligte sich dort in der Landesarbeitsgemeinschaft „Energie" (LAG Energie). Bei der Landtagswahl 1985 kandidierte sie als Vertreterin der Bürger:inneninitiativen im Braunkohlerevier auf dem zweiten Listenplatz der Partei. Das Scheitern der Grünen an der Fünfprozenthürde war für die Partei und die Hambachgruppe ein herber Schlag, da den ehrenamtlich tätigen Umweltschützer:innen eine erhoffte Finanzierungsquelle verschlossen blieb. Nach der Änderung des Landesplanungsgesetzes vier Jahre darauf wurde Schubert als Vertreterin der anerkannten Naturschutzverbände Nordrhein-Westfalens in den BKA entsandt.

Die Grünen erhielten aber schon zuvor Zugang zum Ausschuss. Die Stadt Heinsberg entsandte nach der Kommunalwahl 1984 den neuen Ratsherren der Grünen, Gerd Mai, in den BKA. Mai vertrat dort nicht nur die Interessen von Partei und Bürger:inneninitiativen, sondern versorgte die Betroffenen auch mit Informationen. Die neuen Akteure im Rheinischen Revier konnten dadurch eine Parallelöffentlichkeit schaffen, die nicht nur Menschen sensibilisierte und mobilisierten, sondern auch das Zusammenwachsen der Initiativen beförderten. Regelmäßige Rundbriefe der „Hambachgruppe" und des LAG Energie, an denen Dorothea Schubert federführend mitarbeitete, informierten über aktuelle Entwicklungen und Aktionen. Aus heutiger Perspektive geben die Hefte interessante Einblicke in die Programmatik von Partei und Bewegung, da sie unter anderem das Spannungsverhältnis von Atomkraft und Braunkohle widerspiegelten. Die Grünen fürchteten den Schulterschluss zwischen beiden Energieträgern und sprachen sich daher für eine Nutzung von Braunkohle als Grundlastträger aus,

55 Maxim/Degenhardt, Berufsprotestierer (wie Anm. 52), S. 123–126.

Abb. 2: Umweltverbände und Bürger:inneninitiativen veränderten die Aushandlung über den Braunkohleabbau und trugen den Protest auf die Straße, wie das Plakat aus dem Jahr 1984 veranschaulicht. (Protestplakat gegen RWE mit Aufruf zur Fahrraddemonstration 1984, Privatarchiv Dorothea Schubert)

allerdings verbunden mit einem Ausbau der erneuerbaren Energien, einer technischen Modernisierung der Kraftwerke und einer besseren Ausnutzung der Kraft-Wärme-Kopplung.[56] Die „Hambachgruppe" beklagte 1988 im Zusammenhang mit der Erweiterungsplanung für den Tagebau Inden einen Widerspruch zwischen Anspruch und Wirklichkeit der Braunkohleplanung, kritisierte aber auch die inkonsequente Haltung der Stadt Mönchengladbach, die zwar ihre „Propagandamaschine" gegen den geplanten Tagebau Garzweiler II auf volle Touren

56 Vgl. z.B. Hat die Braunkohle noch Zukunft?, in: Lichtblick, 2. Jahrgang, Nr. 11, Ausgabe 5/87, S. 9: Privatarchiv Schubert.

gebracht hätte, Forderungen nach eigenen Wasser- und Energiesparmaßnahmen aber ignorierte.[57]

Die „Hambachgruppe“ trug maßgeblich zur Vernetzung der Protestinitiativen im Rheinischen Revier bei. Im Jahr 1986 veranstalteten die Mitglieder auf dem Katholikentag in Aachen ein umfangreiches Informationsprogramm und knüpften zeitgleich Kontakte zur evangelischen Kirche im Rheinland. Die Studierendeninitiative litt allerdings permanent unter Geldmangel und zeigte 1988/89 durch das erwerbsbiographisch bedingte, absehbare Ausscheiden von Mitgliedern deutliche Auflösungserscheinungen. Der BUND übernahm fortan eine zentrale Informations- und Koordinationsfunktion und beteiligte sich an der Gründung der Rheinischen Bürgeraktion „Stoppt Braunkohlentagebaue“ im August 1989, die zu einer wichtigen Plattform für die Protestinitiativen im Rheinischen Revier wurde. Darüber hinaus kooperierte der BUND mit den anerkannten Naturschutzverbänden in Nordrhein-Westfalen. Die Verbände veröffentlichten im gleichen Jahr eine gemeinsame Erklärung, die treffend das Ende jenes Konsensprinzips veranschaulichte, das von Regierungspräsident Warsch zu Beginn der 1950er Jahre als konstitutiv für die Arbeit des BKA angesehen wurde:

> „Längst ist der gesellschaftliche Konsens über die Braunkohlenutzung zerbrochen. Die Interessen des Natur- und Umweltschutzes, der Wasserwirtschaft, der Land- und Forstwirtschaft und der betroffenen Menschen stehen im Gegensatz zur Braunkohlenutzung und zur Energiepolitik der LANDESREGIERUNG NRW. Mit den bestehenden Gesetzen können die anstehenden Konflikte nicht mehr gelöst werden. Deshalb versucht die LANDESREGIERUNG durch immer neue Vereinbarungen mit RHEINBRAUN […] allen ein bißchen gerecht zu werden. Nicht letzte selbstregulierte Ökosysteme gilt es zu steuern, sondern ausgeuferte Umweltbelastungen hervorgerufen durch Mensch und Technik. MIT JEDEM STÜCK NATURLANDSCHAFT VERLIEREN WIR EIN MENSCHLICHES MASS DER WELT.“[58]

57 Hambachgruppe, Rundbrief Nr. 2, Mai 1988, S. 1: Privatarchiv Schubert.

58 Gemeinsamer Arbeitskreis der anerkannten Naturschutzverbände zur Braunkohle in Nordrhein-Westfalen (Hg.), Braunkohle – Tagebau und Umweltschutz. Erklärung anerkannter Naturschutzverbände in Nordrhein-Westfalen, Ratingen o. D. [1989]. Hervorhebungen im Original.

5. Ausblick

Der Zwang zur Zusammenarbeit in der Braunkohleplanung, den Provinzialbaurat Schürmann 1951 anschaulich beschrieben hat, fußte in den Erfahrungen einer langjährigen Auseinandersetzung mit den gravierenden Folgen des Tagebaus für Mensch und Umwelt, die besonders während des Zweiten Weltkriegs zugenommen hatten. Der nach der Gründung des Landes Nordrhein-Westfalen eingeschlagene Weg, betroffene Akteure bei der Festlegung von Abbaugrenzen, Umsiedlungen und Rekultivierungsmaßnahmen zu beteiligen, war vor diesem Hintergrund ein großer demokratischer Fortschritt. Mit den neuen Dimensionen, die der Tagebau seit den 1950er Jahren erreichte, geriet diese korporatistische Aushandlung, die durch das eindeutige Bekenntnis zur Braunkohle befangen war, jedoch an ihre Grenzen.

Als Reaktion auf die zunehmenden Konflikte und die Erosion des Vertrauens in die Funktionsfähigkeit des BKA traten in den 1970er Jahren neue Akteure auf. Bürger:inneninitiativen sowie den Natur- und Umweltschutzverbänden schufen neue Arenen der demokratischen Aushandlung. Sie wandten sie sich zwar weiterhin in Eingaben und mit Einwendungen an den BKA, stellten das vorherrschende korporatistische Aushandlungsmodell aber gleichzeitig infrage. Umweltgruppen lehnten die Zusammenarbeit mit staatlichen Strukturen keineswegs ab, sondern suchten die Kooperation und sind bis heute teilweise eng mit Kommunen und Ortsverbänden politischer Parteien in der Region verbunden.

Die Fragilität der korporatistischen Aushandlung im BKA, der als gewachsene Struktur ein sensibles und gleichzeitig zugunsten der Braunkohle befangenes Interessengleichgewicht abbildete, erschwerte es, angemessen auf diese Veränderungen zu reagieren. Dass die Naturschutzverbände erst 1989 eine Vertreterin in den Ausschuss entsenden konnten und danach noch 16 Jahre auf ein eigenes Stimmrecht warten mussten, ist nur ein Beleg für diese These, einer langsamen, aber steten Erosion des Vertrauens in die Aushandlungsmechanismen des BKA. Es scheint vieles dafür zu sprechen, dass die Entstehung von Bürger:inneninitiativen und neuen Protestformen im Rheinischen Braunkohlerevier vor allen Dingen auf diese Funktionsstörung und erst danach auf einen allgemeinen Wandel von Wertvorstellungen demokratischer Partizipation sowie sozio-kultureller Wertmaßstäbe zurückzuführen ist. Die Arbeit starker und überregional vernetzter Akteure, wie der „Hambach Gruppe" und des nordrhein-westfälischen BUND-Landesverbandes, schufen hingegen neue Kommunikations- und Aushandlungsräume, die diesen Erosionsprozess verstärkten. Die Geschichte des Protests gegen den Braunkohletagebau im Rheinland liefert somit auch wichtige Erkenntnisse zur Beantwortung der Frage nach den Ursachen jenes Umbruchs, der westliche Gesellschaften seit den 1970er Jahren erfasst hat und der in Anlehnung an sozialwissenschaftliche Erklärungsmodelle bislang oft eindimensional auf einen postmaterialistischen Wertewandel zurückgeführt wird.[59] Mit diesen Akteuren erhielt der Protest gegen den Tagebau eine neue organisatorische und inhaltliche Dimension. Die zuvor regional verhandelten Einwendungen gegen den Tagebau wurden nun in einen globalen Zusammenhang eingeordnet und etwa seit der Jahrtausendwende um das Argument eines menschengemachten Klimawandels fundamental erweitert.

59 Vgl. Ronald Inglehart, The Silent Revolution. Changing Values and Political Styles among Western Publics, Princeton 1977. Zur Kritik daran und zu aktuellen geschichtswissenschaftlichen Diskussionen vgl. exemplarisch Isabel Heinemann, Wertewandel, Version, 1.0, in: Docupedia-Zeitgeschichte, 22.10.2012, <https,//docupedia.de/zg/Wertewandel> (6.10.2022); Andreas Rödder, Vom Materialismus zum Postmaterialismus? Ronald Ingleharts Diagnosen des Wertewandels, ihre Grenzen und Perspektiven, in: Zeithistorische Forschungen/Studies in Contemporary History 3 (2006), 3, S. 480–485; Frank Uekötter, Wie neu sind die Neuen Sozialen Bewegungen? Revisionistische Bemerkungen vor dem Hintergrund der umwelthistorischen Forschung, in: Mitteilungsblatt des Instituts für soziale Bewegungen 31 (2004), S. 115–138.

Henning Türk

Neue Chancen für die Kohle?

Der nordrhein-westfälische Steinkohlenbergbau in der internationalen Energiepolitik nach der ersten und zweiten Ölkrise (1973–1980)

1. Einleitung

Am 2. Dezember 1973 erschien das Hamburger Nachrichtenmagazin „Der Spiegel" mit einem auffälligen Cover. Ein Großteil des Titelblatts zeigte eine dunkle Kohlenhalde. Unter dem Aufmacher „Energiekrise: Rettung durch Kohle?" beleuchtete die Titelstory die zukünftigen Chancen der deutschen Steinkohle im Energiemarkt der Bundesrepublik.[1] Damit griff „Der Spiegel" ein Thema auf, das im Kontext der ersten Ölkrise intensiv diskutiert wurde. Auslöser für die Ölkrise war der Jom-Kippur-Krieg zwischen Israel auf der einen sowie Syrien und Ägypten auf der anderen Seite. Zur Unterstützung Syriens und Ägyptens verhängten die arabischen Ölförderländer im Oktober 1973 ein Ölembargo gegen die als israelfreundlich eingestuften USA, die Niederlande und Portugal. Andere Länder, wie etwa die Bundesrepublik, wurden als neutral eingestuft. Die Liefermenge für diese Länder sollte monatlich um fünf Prozent gekürzt werden. Gleichzeitig erhöhte die umfassendere Organization of Petroleum Exporting Countries (OPEC) den Ölpreis sukzessive, bis er sich gegenüber dem Preis von vor Ölkrise vervierfacht hatte.[2]

1 Energie-Krise. Rettung durch die Kohle?, in: Der Spiegel Nr. 49 vom 2.12.1973.
2 Zur Ölkrise siehe vor allem Rüdiger Graf, Öl und Souveränität. Petroknowledge und Energiepolitik in den USA und Westeuropa in den 1970er Jahren, Berlin u. a. 2014; Jens Hohensee, Der erste Ölpreisschock 1973/74. Die politischen und gesellschaftlichen Auswirkungen der arabischen Erdölpolitik auf die Bundesrepublik Deutschland und Westeuropa, Stuttgart 1996; Fiona Venn, The Oil Crisis, London 2002; Elisabetta Bini u. a. (Hg.), Oil Shock: The 1973 Crisis and its Economic Legacy, London/New York 2016; Frank Bösch/Rüdiger Graf (Hg.), The Energy Crises of the 1970s, Special Issue, Historical Social Research 39 (2014), H. 4.

Geschichte im Westen (GiW) 38 (2023), S. 79–101

In dieser Situation sprach vieles für eine Renaissance der Steinkohle, die sich in der Bundesrepublik schon seit Jahren auf dem absteigenden Ast befand. Bereits 1956 hatte die Steinkohlenförderung in der Bundesrepublik ihren Höhepunkt überschritten. Seitdem ging die Förderung kontinuierlich zurück. Bundes- und Landesregierungen versuchten diese Entwicklung sozialpolitisch abzufedern und förderten den Zusammenschluss der Zechen in einer Einheitsgesellschaft. Doch auch die Umsetzung dieser Pläne mit der Gründung der Ruhrkohle AG (RAG) 1968 konnte den Abstieg der Steinkohle nicht aufhalten. Die deutsche Kohle blieb im Vergleich zum Öl zu teuer. Zudem war das Öl leichter zu transportieren und zu verarbeiten, sodass es im Wärmemarkt oder in der chemischen Industrie die Kohle verdrängte.[3]

Mit der Ölkrise 1973 änderten sich jedoch die Rahmenbedingungen. Das Öl wurde deutlich teurer, sodass die Kohle an Wettbewerbsfähigkeit gewann. Zudem war es jetzt ein Pluspunkt, dass Steinkohle in der Bundesrepublik selbst vorhanden war, denn durch den zunehmenden Bezug des Erdöls war die westdeutsche Wirtschaft in eine zunehmende Abhängigkeit geraten. Während der Anteil der importierten Energie am Primärenergieverbrauch 1961 nur 14,9 Prozent betragen hatte, war er bis 1972 auf 54,8 Prozent angestiegen.[4] Jetzt plädierten viele Politiker dafür, diese Entwicklung wieder rückgängig zu machen und die deutsche Wirtschaft unabhängiger von den Ölimporten zu organisieren.

Dieser Wandel in der Sicht auf die einheimische Steinkohle und die damit verbundenen neuen Chancen stehen im Fokus des Aufsatzes. Für die landespolitische und nationale Ebene hat die Forschung bereits in ersten Ansätzen aufgezeigt, welche Folgen die Ölkrise für den westdeutschen Steinkohlenbergbau hatte.[5] Bis-

3 Einen knappen Überblick über die Entwicklung der Kohleförderung in der Bundesrepublik bietet: Michael Farrenkopf, Short-term rise and decades of decline: German hard coal mining after 1945, in: Lars Bluma u. a. (Hg.), Boom – Crisis – Heritage. King Coal and the Energy Revolutions after 1945, Berlin/Boston 2022, S. 131–146; ders., Wiederaufstieg und Niedergang des Bergbaus in der Bundesrepublik, in: Dieter Ziegler (Hg.), Geschichte des deutschen Bergbaus, Bd. 4: Rohstoffgewinnung im Strukturwandel. Der deutsche Bergbau im 20. Jahrhundert, Münster 2013, S. 183–302. Zur Situation in Nordrhein-Westfalen siehe Werner Abelshauser, Der Ruhrkohlenbergbau nach 1945. Wiederaufbau, Krise, Anpassung, München 1984; Christoph Nonn, Die Ruhrbergbaukrise: Entindustrialisierung und Politik 1958–1969, Göttingen 2001.

4 Unterrichtung durch die Bundesregierung. Die Energiepolitik der Bundesregierung, Deutscher Bundestag, 7. Wahlperiode (WP), Drucksache (Drs.) 7/1057 vom 3.10.1973, S. 20 f.

5 Nikolai Ingenerf, Abwärts aus der Krise? Die Modernisierung des westdeutschen Steinkohlenbergbaus in den 1970er Jahren, in: Reinhold Bauer/Wolfgang Butt (Hg.), Das Ende des Goldenen Zeitalters? Der Strukturwandel der 1970er Jahre, seine Rezeption

her unberücksichtigt geblieben ist die internationale Ebene, auf der sich insbesondere durch die Gründung der Internationalen Energie-Agentur (IEA) 1974 neue Chancen für die internationale Zusammenarbeit im Kohlebereich boten. Insofern soll es im Folgenden um die Frage gehen, welche Rolle die Kohle in der internationalen Zusammenarbeit der westlichen Industrieländer im Anschluss an die Ölkrise spielte. Welche Möglichkeiten bot die internationale Zusammenarbeit für den westdeutschen Steinkohlenbergbau, dessen Hauptfördergebiete in Nordrhein-Westfalen lagen?

Um das Potenzial für eine Kohlerenaissance zu beleuchten, sollen zunächst die Reaktionen auf die Ölkrise in der Bundesrepublik und in Nordrhein-Westfalen dargestellt werden. Anschließend wird die Gründung der IEA und der Aufbau ihrer Kohlestrategie analysiert. In einem weiteren Schritt soll dann am Beispiel der Wirbelschichtfeuerung die Mitarbeit des nordrhein-westfälischen Steinkohlenbergbaus in der internationalen Zusammenarbeit in den Blick genommen werden. Als Quellenbasis dienen die Akten zur IEA in den Beständen des Bundeswirtschaftsministeriums im Bundesarchiv in Koblenz, des Auswärtigen Amtes im Politischen Archiv des Auswärtigen Amtes und der britischen Regierung in den National Archives in Kew. Zudem wurden Akten aus dem Bestand der Bergbau-Forschungs-GmbH im Bergbauarchiv in Bochum ausgewertet.

2. Eine Kohlerenaissance in der Bundesrepublik? Die Reaktionen der Bundesregierung und der nordrhein-westfälischen Landesregierung auf die Ölkrise

Der Aufstieg des Mineralöls in der Bundesrepublik gelangte mit der Ölkrise 1973 an sein vorläufiges Ende.[6] Der drastische Preisanstieg und die Sorgen um eine sichere Energieversorgung verstärkten einen Prozess des Umdenkens in der Bundesrepublik, der bereits zu Beginn der 1970er Jahre eingesetzt hatte. Um die hohe Abhängigkeit beim Öl zu reduzieren, hatte die Bundesregierung unter der Federführung des Wirtschaftsministeriums schon vor der Ölkrise begonnen, ein Ener-

und Folgen aus interdisziplinärer Perspektive, Münster 2021, S. 109–126; Sascha Ohlenforst, Renaissance der Steinkohle? Technologiebasierte Struktur- und Energiepolitik als nordrhein-westfälische Reaktion auf die Ölpreiskrise 1973/74, in: Geschichte im Westen 36 (2021), S. 221–246.

6 Siehe die von der AG Energiebilanzen erstellte Übersicht über die historische Entwicklung des Anteils der verschiedenen Energieträger am Primärenergieverbrauch in der Bundesrepublik: <https://ag-energiebilanzen.de/wp-content/uploads/2021/01/pev-s.xls> (19.6.2023).

gieprogramm zu erarbeiten, mit dem sie ihre Erwartungen im Hinblick auf die zukünftige Energieversorgung darlegen und vor einer zu starken Abhängigkeit vom Ölimport warnen wollte.[7] Die sozialliberale Koalition legte das Energieprogramm Anfang Oktober 1973, wenige Tage vor Ausbruch des Jom-Kippur-Krieges, vor.[8] Das Programm skizzierte einen Weg aus der hohen Ölabhängigkeit, der vor allem auf den Ausbau der Atomenergie setzte. In dem Programm ging die Bundesregierung daher von einem weiteren, kontrollierten Rückgang der deutschen Steinkohleförderung aus.[9]

Die Annahmen und Erwartungen der Bundesregierung wurden dann durch die Ölkrise und ihre Auswirkungen schnell obsolet. Daher überarbeitete die Bundesregierung unmittelbar nach der Ölkrise das Energieprogramm und legte im November 1974 eine Neufassung vor.[10] Jetzt war die „weg-vom-Öl-Strategie" noch deutlicher akzentuiert. Die Bundesregierung erwartete einen stärkeren Ausbau der Atomenergie als 1973, forderte erstmals auch umfangreiche Energieeinsparungen und ging davon aus, dass die Fördermenge der Steinkohle in den nächsten Jahren gleich bleiben werde.[11] Den Schlüssel zur Konkurrenzfähigkeit der Kohle sah die Bundesregierung vor allem in technischen Innovationen.

Dazu weitete die Bundesregierung die Förderung der Energieforschung, die sich bisher vor allem auf die Kernenergie konzentriert hatte, deutlich aus. Mit dem von 1974 bis 1977 reichenden „Rahmenprogramm Energieforschung"[12] des Bundesministeriums für Forschung und Technologie begann im Grunde erst „die gezielte staatliche Förderung der nichtnuklearen Energieforschung"[13]. In dem

7 Graf, Öl (wie Anm. 2), S. 81–83; Martin Meyer-Renschhausen, Das Energieprogramm der Bundesregierung. Ursachen und Probleme staatlicher Planung im Energiesektor der BRD, Frankfurt 1981.

8 Die Energiepolitik der Bundesregierung, Deutscher Bundestag, 7. WP, Drs. 7/1057 vom 3.10.1973.

9 Energiepolitik der Bundesregierung, 3.10.1973 (wie Anm. 8), S. 11–16; Ohlenforst, Renaissance (wie Anm. 5), S. 229 f.; Ingenerf, Abwärts (wie Anm. 5), S. 119.

10 Erste Fortschreibung des Energieprogramms der Bundesregierung, Deutscher Bundestag, 7. WP, Drs. 7/2713 vom 30.10.1974.

11 Ebd., S. 11–15; Ingenerf, Abwärts (wie Anm. 5), S. 119; Ohlenforst. Renaissance (wie Anm. 5), S. 230.

12 Bundesministerium für Forschung und Technologie, Rahmenprogramm Energieforschung 1974–1977, Bonn 1974. Hierzu und zu dem Folgenden siehe auch Ingenerf, Abwärts (wie Anm. 5), S. 119.

13 Projektträger Jülich im Auftrag des Bundesministerium für Wirtschaft und Energie (Hg.), Energieforschungsprogramme der Bundesregierung 1977–2017, Jülich 2017, S. 17, <https://www.energieforschung.de/lw_resource/datapool/systemfiles/elements/files/92E60D620891561BE0539A695E865013/current/document/Energieforschungsprogramme_der_Bundesregierung_1977_-_2017_.pdf> (19.6.2023).

1,4 Mrd. DM schweren Programm fanden sich auch zahlreiche Projekte mit Bezug zur Steinkohle. Dazu gehörte zum einen die Gewinnung von Benzin und ähnlichen Stoffen durch die bereits in der Zeit des Nationalsozialismus stark genutzte Kohleverflüssigung. Das Verfahren war zwischenzeitlich viel zu teuer gewesen, doch sahen Politik und Wirtschaft hierin nach der Ölkrise ein großes Potenzial. Zum anderen wollte man die Kohlenutzung in Kraftwerken zur Stromerzeugung optimieren. Dabei sollte insbesondere die Umweltbelastung verringert werden, um die Akzeptanz der Kohle in der Bevölkerung zu erhöhen.

Parallel zu den Aktivitäten des Bundes etablierte die Landesregierung Nordrhein-Westfalens, angetrieben von Wirtschaftsminister Horst Ludwig Riemer (FDP), das „Technologie-Programm Energie".[14] Auch die nordrhein-westfälische Landesregierung sah in der Kohleverflüssigung neue Möglichkeiten. Besonders zukunftsträchtig erschien ihr ein Verfahren, bei dem die nukleare Prozesswärme für die Kohleverflüssigung genutzt werden sollte. Die hierfür notwendigen hohen Temperaturen sollten durch den Einsatz des sogenannten Hoch-Temperatur-Reaktors (HTR) erzeugt werden, der in Nordrhein-Westfalen in der Kernforschungsanlage Jülich mit einem kleinen Forschungsreaktor erprobt wurde. Parallel errichteten verschiedene Energieunternehmen einen HTR in Hamm-Uentrop. Hinzu kam ein „Technologieprogramm Bergbau", das die Kohleförderung und -verkokung rentabler machen und Umweltbelastungen reduzieren sollte.[15] Die Ölkrise führte jedoch nicht nur zu neuen Möglichkeiten für die Kohle auf der Landes- und Bundesebene, sondern auch zu einer Ausweitung der internationalen Zusammenarbeit.

3. Die Gründung der IEA und die „weg-vom-Öl-Strategie" der westlichen Industrieländer

Die Regierungen der westlichen Industrieländer hatten in der Ölkrise vor allem egoistisch agiert und versucht, ihre jeweiligen Öllieferungen zu sichern. Das hatte den Ölförderländern in die Karten gespielt. Insbesondere die US-Regierung war über dieses Verhalten sehr erbost. Außenminister Henry Kissinger warf den europäischen Regierungen vor, sich von den arabischen Ölförderländern erpressen zu

14 Hierzu und zu dem Folgenden: Ohlenforst, Renaissance (wie Anm. 5), S. 232–244.
15 Rolf G. Heinze u. a., Strukturpolitik zwischen Tradition und Innovation – NRW im Wandel, Opladen 1996, S. 23.

lassen und nur mit einer „Beschwichtigungspolitik“[16] auf die neue Macht der Ölförderländer zu reagieren.

In dieser Phase sah Kissinger in der internationalen Koordinierung der Energiepolitik eine Möglichkeit, den europäischen Ländern den Rücken zu stärken und die amerikanische Führungsrolle nach dem Desaster des Vietnamkrieges und der Watergate-Affäre wieder herzustellen.[17] Er schlug daher vor, die bisherigen energiepolitischen Aufgaben der Organization of Economic Co-operation and Development (OECD) in eine neue Organisation zu überführen und auszuweiten. Aus den Verhandlungen ging dann die im November 1974 gegründete Internationale Energie-Agentur (IEA) hervor. Gründungsmitglieder waren neben den USA, Kanada, Japan, Großbritannien, die Bundesrepublik Deutschland, Italien, Irland, Belgien, die Niederlande, Luxemburg, Dänemark, Österreich, Schweden, Schweiz, Spanien und die Türkei. Lediglich Frankreich trat als großes westliches Industrieland der IEA nicht bei, da es die Aufgabe und Strategie der IEA als US-dominiert ansah.[18]

Die IEA agierte als Tochterorganisation der OECD in Paris, hatte allerdings ihre eigenen Verfahrensweisen.[19] Sie verfügte über ein Sekretariat mit einem Exekutivdirektor an der Spitze. Erster Exekutivdirektor wurde der bisherige Leiter der Abteilung für Bergbau und Energie im westdeutschen Wirtschaftsministerium Ulf Lantzke. Das oberste Gremium der IEA war der Verwaltungsrat (Governing Board), in dem die Vertreter der Mitgliedsländer regelmäßig zusammenkamen. Einmal im Jahr sollte der Verwaltungsrat auf Ministerebene tagen, um Entscheidungen über die grundsätzliche Ausrichtung der IEA zu treffen. Unterhalb des Verwaltungsrats wurden vier ständige Gruppen eingerichtet, in denen die jeweiligen Experten aus den Bürokratien der Mitgliedsländer, unterstützt vom Sekretariat, die Aspekte der Zusammenarbeit verhandelten. Die vier Gruppen

16 Henry Kissinger, Memoiren 1973–1974, München 1982, S. 1033 f.

17 Zur Rolle Kissingers bei der Gründung der IEA siehe Henning Türk, The Oil Crisis of 1973 as a Challenge to Multilateral Energy Cooperation among Western Industrialized Countries, in: Historical Social Research (39) 2014, H. 4, S. 209–230, hier S. 217–226; Graf, Öl (wie Anm. 2), S. 287–317. Zu den damit verbundenen europäisch-amerikanischen Auseinandersetzungen siehe Aurélie É. Gfeller, Building a European Identity. France, the United States, and the Oil Shock, 1973–1974, New York/Oxford 2012.

18 Gfeller, European Identity (wie Anm. 17), S. 120–133; Sandra Tauer, Störfall für die gute Nachbarschaft? Deutsche und Franzosen auf der Suche nach einer gemeinsamen Energiepolitik (1973–1980), Göttingen 2012, S. 131–141; Marloes Beers, The EC, France and the International Energy Agency, in: Alain Beltran u. a. (Hg.), L'Europe et la question énergétique. Les années 1960/1980, Bruxelles 2016, S. 173–194.

19 Hierzu und zu dem Folgenden Richard Scott, The History of the International Energy Agency – The First 20 Years, Bd. 1, Paris 1994, S. 157–271.

waren die Ständige Gruppe zu Notstandsfragen, die Ständige Gruppe über langfristige Zusammenarbeit, die Ständige Gruppe über Beziehungen zu den Förderländern und anderen Verbraucherländern sowie die Ständige Gruppe über den Ölmarkt. Den Ständigen Gruppen oblag sowohl die Detailarbeit als auch Berichte und Entscheidungsvorlagen für den Verwaltungsrat zu erarbeiten.

Zentraler Bestandteil der Zusammenarbeit in der IEA war ein sogenannter Ölkrisenmechanismus.[20] Dieser sollte vom Sekretariat ausgelöst werden, wenn die IEA-Gruppe oder ein Land von einer Lieferreduzierung beim Erdöl um mindestens sieben Prozent getroffen würde. Dann sollten Ölsparmaßnahmen durchgeführt und als letztes Mittel eine Ölverteilung in der IEA-Gruppe in Gang gesetzt werden. Insbesondere dieser letzte Aspekt sorgte für eine breite Zustimmung bei den europäischen Ländern, da sie auf diese Weise Zugang zur US-Ölförderung im Krisenfall erhalten würden. Um in Krisensituationen reagieren zu können, sollten die Mitgliedsländer strategische Ölvorräte zunächst im Umfang des Ölverbrauchs von 60 Tagen und ab 1980 von 90 Tagen anlegen. Die IEA-Länder hofften, dass bereits die Existenz des Ölkrisenmechanismus die arabischen Ölförderländer von einem weiteren Ölembargo abhalten würde.

Neben diesem kurzfristigen Mittel vereinbarten die IEA-Länder auch eine langfristige Zusammenarbeit bei der Ölimportreduzierung. Das amerikanische State Department sah in dem Aufbau einer langfristigen Zusammenarbeit nach den Vereinbarungen über den Krisenmechanismus „the essential second step in redressing the producer/consumer power balance."[21] Dazu arbeiteten die Mitgliedsländer und das Sekretariat ein Programm aus, das 1976 verabschiedet wurde und in dem die Mitgliedsländer versprachen, gemeinsam an der Erschließung neuer Energiequellen zu arbeiten und ihren Ölverbrauch zu reduzieren. Als wichtigste Alternativen zum Öl wurden in erster Linie die Atomkraft, das Energiesparen und die Kohle angesehen.[22] Die Zusammenarbeit in der IEA diente auf diese Weise der Koordinierung der „weg-vom-Öl-Strategie".

20 Richard Scott, The History of the International Energy Agency – The First 20 Years, Bd. 2, Paris 1994, S. 71–113.
21 Memorandum from the Chairman of the International Energy Review Group Working Group (Enders), Washington, 16. September 1974, in: Foreign Relations of the United States (FRUS) 1969–1976, Bd. 37: Energy Crisis 1974–1980, Washington 2012, Dok. 6, S. 21–25, hier S. 24.
22 Long-Term Co-operation Programme, in: Richard Scott, The History of the International Energy Agency – The First 20 Years, Bd. 3, Paris 1995, S. 171–204.

4. Die Rolle der Kohle in der internationalen Energiepolitik

Für die IEA war die Kernenergie zunächst die vielversprechendste Alternative zum Erdöl, da sie das für die Stromerzeugung verwendete Erdöl ersetzen konnte.[23] Konkrete Vorschläge zur Kohlepolitik wurden daher zunächst nicht formuliert. Das änderte sich dann seit 1977. Die erste ausführlichere Erwähnung der Kohle als wichtiger Bestandteil der IEA-Strategie findet sich in den „Group Objectives and Principles on Energy Policy“,[24] die der Verwaltungsrat auf seiner Ministertagung im Oktober 1977 verabschiedete.

Dieses Dokument beruhte auf der Annahme, dass die Ölnachfrage Mitte der 1980er Jahre das Angebot deutlich übertreffen werde. Die IEA ging davon aus, dass die erwartete Lücke zwischen Angebot und Nachfrage nur durch eine Verringerung der Ölimporte geschlossen werden könne.[25] Sie legte daher einen Ölimport in Höhe von 26 Mio. Barrel pro Tag (mbd) als Gruppenziel für das Jahr 1985 fest. Das waren sieben mbd weniger als die prognostizierte Nachfrage. Um dieses Ziel zu erreichen, versprachen die Mitgliedsländer eine auf einem kohärenten Energieprogramm basierende nationale Energiepolitik, mit der sie die Energieeinsparung und den Einsatz von Atomenergie und Kohle anstelle von Öl fördern wollten. Im Hinblick auf die Kohle sicherten die Mitgliedsländer zu, vor allem die sogenannte Kesselkohle (steam coal) stärker zu nutzen. Das ist eine im Vergleich zur Kokskohle eher minderwertige Kohle, mit der Dampf für die Stromerzeugung oder andere industrielle Prozesse erzeugt werden kann. Da der Weltmarkt für Kesselkohle zur damaligen Zeit nur gering entwickelt und der zukünftige internationale Absatz für die Kohleproduzenten schwer kalkulierbar war, sicherten die IEA-Länder in den „Group Objectives and Principles“ die Ausarbeitung einer Kohlepolitik zu, die eine gewisse Stabilität der Märkte garantieren und einen verlässlich steigenden Export und Import der Kohle ermöglichen sollte. Auf die geringen Kapazitäten beim Eisenbahntransport und bei den Häfen anspielend,

23 Das Folgende basiert auf: Henning Türk, Energiesicherheit nach der Ölkrise. Die Internationale Energie-Agentur 1974–1985, Göttingen 2023.

24 Ministerial Decision on Group Objectives and Principles for Energy Policy, 5–6 October 1979, in: Scott, History, Bd. 3 (wie Anm. 22), S. 79–90.

25 Zur Verwendung von „Energielücken“ als politisches Argument siehe Martin H. Geyer, Die neue Wirklichkeit von Sicherheit und Risiken: Wie wir mit dystopischen, utopischen und technokratischen Diagnosen von Sicherheit zu leben gelernt haben, in: Ariane Leendertz/Wencke Meteling (Hg.), Die neue Wirklichkeit. Semantische Neuvermessungen und Politik seit den 1970er Jahren, Frankfurt a. M. 2016, S. 281–315, hier S. 284–288.

versprachen die Mitgliedsländer, den infrastrukturellen Engpässen des Kohlehandels entgegenzuwirken.

In der Folgezeit knüpfte vor allem das IEA-Sekretariat an diese Versprechen der Mitgliedsländer an und versuchte, eine umfassende Kohlestrategie zu entwickeln, die auch durch organisatorische Veränderungen innerhalb der IEA gestützt werden sollte. Für dieses große Engagement des Sekretariats gab es mehrere Gründe. Zunächst ist in dieser Phase erkennbar, dass es dem Exekutivdirektor der IEA, Ulf Lantzke, darum ging, ausgehend von der „weg-vom-Öl-Strategie" seine Organisation als zentralen internationalen Akteur im Energiebereich zu etablieren. Um sich als neuer Player in den Strukturen der globalen Energiebeziehungen[26] durchzusetzen, strebte das Sekretariat danach, möglichst viele Bereiche an sich zu ziehen. Dabei war es jedoch nur teilweise erfolgreich, denn in einigen Bereichen stieß es auf andere Organisationen, die bereits Kompetenzen im Energiebereich aufgebaut hatten. Beispielsweise schoben die Mitgliedsländer der Expansionsstrategie des ambitionierten Sekretariats im Kernenergiebereich einen Riegel vor. Dort standen bereits einige internationale Organisationen zur Verfügung, wie etwa die in Wien ansässige International Atomic Energy Agency (IAEA) oder die in der OECD angesiedelte Nuclear Energy Agency (NEA).[27] Die Mitgliedsländer der IEA wiesen Lantzke daher auf die zahlreichen internationalen Aktivitäten im Atombereich hin und warnten ihn davor, Doppelstrukturen zu schaffen.[28] Zudem war mit Frankreich ein wichtiges Kernenergieland kein Mitglied der IEA.[29]

Das sah im Kohlebereich anders aus. Hier existierte mit der Europäischen Gemeinschaft für Kohle und Stahl (EGKS) seit 1951 nur eine regional eng

26 Diese sich herausbildenden Energiebeziehungen werden in der Politikwissenschaft unter dem Schlagwort der „global energy governance" analysiert. Siehe hierzu u. a. Harald Heubaum, Global Energy Governance, in: Thomas G. Weiss/Robert Wilkinson (Hg.), International Organization and Global Governance, 2. Aufl., London 2018, S. 681–693.

27 Zur IAEA siehe Elisabeth Röhrlich, Inspectors for Peace: A History of the International Atomic Energy Agency, Baltimore 2022.

28 Fernschreiben Nr. 2217/2218 vom Bundesministerium für Forschung und Technologie an das Auswärtige Amt betr. Kernenergie im Rahmen der OECD-IEA, Bonn, 13.6.1977, Politisches Archiv des Auswärtigen Amts (PAAA), Zwischenarchiv, Bd. 121292; Fernschreiben Nr. 738 der OECD-Gesandtschaft an das Auswärtige Amt betr. OECD-IEA, hier Sitzung des Verwaltungsrats am 19./20.9.77, Paris, 22.9.1977, PAAA, Zwischenarchiv, Bd. 121291.

29 Fernschreiben Nr. 2217/2218 vom Bundesministerium für Forschung und Technologie an das Auswärtige Amt betr. Kernenergie im Rahmen der OECD-IEA, Bonn, 13.6.1977, PAAA, Zwischenarchiv, Bd. 121292.

begrenzte Organisation.[30] Somit lag auf der internationalen Ebene für die IEA ein freies Feld vor, das sie quasi konkurrenzlos beackern konnte. Um die Dringlichkeit einer koordinierten Kohlepolitik zu unterstreichen, initiierte das IEA-Sekretariat 1978 die umfangreiche Kohlestudie „Steam Coal. Prospects to 2000".[31] Darin erwartete die IEA für den OECD-Raum ein Wirtschaftswachstum von 3,4 Prozent und einen Anstieg des Energieverbrauchs von 2,7 Prozent pro Jahr. Ausgehend von dieser Annahme entwickelte die IEA verschiedene Szenarien über die zukünftige Entwicklung des Energieverbrauchs. Diese waren aus Sicht des Sekretariats alarmierend, da der Energiebedarf nicht gedeckt werden würde. Die IEA kam daher zu dem Schluss:

> „A massive substitution of oil by coal will be required of industrial societies and developing countries alike if they are to sustain in this century even modest economic growth in a setting of moderately increasing prices. This displacement of oil by coal, however, will in itself not be sufficient but must be accompanied by more rigorous energy conservation and supply development."[32]

Die IEA erklärte ferner, dass die Ausweitung der Kohlenutzung auf einem verstärkten Welthandel mit Kohle beruhen sollte, für den eine Koordinierung der Kohlepolitik zwischen den Mitgliedsländern notwendig sei. Dabei sah man vor allem die Unsicherheit über die zukünftige Entwicklung des Weltkohlemarktes als zentrales Hindernis für den Ausbau der Förderung und des Handels. Um diese Unsicherheit zu überwinden und Vertrauen in eine zukünftige deutliche Steigerung des Kohlehandels aufzubauen, sollten die IEA-Mitgliedsländer die politischen Rahmenbedingungen für die Kohleproduktion und den internationalen Handel verbessern.

30 Zur Arbeit der EGKS in ihren Anfangsjahren siehe u. a. John Gillingham, Coal, Steel, and the Rebirth of Europe, 1945–1955. The German and French from Ruhr Conflict to Economic Community, Cambridge 1991; Uwe Röndigs, Globalisierung und europäische Integration. Der Strukturwandel des Energiesektors und die Politik der Montanunion, 1952–1962, Baden-Baden 2000. Einen knappen Überblick über die Geschichte der EGKS und ihre Bedeutung liefern Karen J. Alter/David Steinberg, The Theory and Reality of the European Coal and Steel Community, in: Dies. (Hg.), Making History: European Integration and Institutional Change at the 50th Anniversary of the Treaty of Rome, Oxford 2007, S. 89–104.

31 IEA, Steam Coal. Prospects to 2000, Paris 1978.

32 Ebd., S. 5.

Auf den Ergebnissen der Studie aufbauend, entwickelte die IEA in den folgenden Monaten ihre Kohlepolitik weiter. Mit ihren Vorschlägen und Initiativen machten die IEA-Gremien das Jahr 1979 zum „Year of the Coal"[33] für die Pariser Organisation. Dazu trug auch die zweite Ölkrise bei, welche durch die Ende 1978 ausgebrochenen Unruhen im Iran ausgelöst wurde.[34] Die erneut explodierenden Ölpreise führten allen Verantwortlichen noch einmal deutlich vor Augen, dass die Abhängigkeit vom Ölimport trotz aller Anstrengungen immer noch sehr hoch war. Die „weg-vom-Öl-Strategie" wurde aus der Sicht der meisten Politiker durch die zweite Ölkrise noch einmal bestätigt und sogar verstärkt. So erarbeitete etwa die Bundesregierung auf Initiative von Bundeskanzler Helmut Schmidt unter dem Eindruck der zweiten Ölkrise ein „Strategiepapier" über die zukünftige Energieversorgung. Darin erwartete die Bundesregierung, vor dem Hintergrund des hohen Ölpreises, „eine weltweite Rückorientierung der Verbraucher zur Kohle".[35]

Diese Sichtweise spiegelte sich auch bei den Diskussionen des Ende Juni 1979 in Tokio stattfindenden G7-Gipfels wider. Dort forderte US-Präsident Jimmy Carter, unterstützt von Bundeskanzler Helmut Schmidt, eine stärkere Kohlenutzung. Beide waren sich einig, dass die Umweltbedenken zwar zu berücksichtigen seien, den zügigen Ausbau der Kohlenutzung aber nicht behindern dürften.[36] Eine starke Sprache im Kommuniqué sei daher auch für den Umgang mit den Umweltschützern hilfreich. Daher verwies das Kommuniqué sehr deutlich auf die Vorteile der Kohle als Ersatz für das Öl. Die G7-Länder hielten fest:

> „We pledge our countries to increase as far as possible coal use, production, and trade, without damage to the environment. We will endeavor to substitute coal for oil in the industrial and electrical sectors, encourage the improvement of coal transport, maintain positive attitudes toward investment for coal projects, pledge not to interrupt coal trade under long-term contracts unless required to do so by a national emergency, and maintain, by measures which

33 Scott, History of the IEA, Bd. 2 (wie Anm. 20), S. 174.

34 Zur zweiten Ölkrise siehe Wilfried L. Kohl (Hg.), After the Second Oil Crisis. Energy Policies in Europe, America and Japan, Lexington/Mass. 1982; Francisco Parra, Oil Politics. A Modern History of Petroleum, London 2010, S. 215–239.

35 Bundeswirtschaftsministerium III D 4: Analyse der Entwicklung der Energieversorgung im Zusammenhang mit Außenpolitik, Wirtschafts- und Währungsfragen und Strategie zur Bewältigung der Probleme, Kabinettssache, Bonn, 17.1.1980, Bundesarchiv Koblenz (BArch), B102, Bd. 339636.

36 Minutes of the Tokyo Economic Summit Meeting, in: FRUS 1969–1976, Bd. 37: Energy Crisis, 1974–1980 (wie Anm. 21), Dok. 221, S. 682–707, hier S. 685.

do not obstruct coal imports, those levels of domestic coal production which are desirable for reasons of energy, regional and social policy."[37]

Zur steigenden Attraktivität der Kohle trug neben der zweiten Ölkrise noch ein weiterer Faktor bei. Es zeichnete sich immer klarer ab, dass die bisherigen Annahmen über den Ausbau des Kernenergiesektors zu optimistisch gewesen waren. Durch die Proteste in einigen Ländern, langwierige Gerichtsverfahren, die erweiterten Sicherheitsanforderungen und die ungeklärten Entsorgungsfragen, kamen bei Politik und Unternehmen immer mehr Zweifel auf, ob der Ausbau so stark wie geplant vorangetrieben werden könnte und sich die Kernenergie noch in dem Maße lohnen würde wie bisher.

Als sich dann im März 1979 im Kernkraftwerk Three Mile Island bei Harrisburg in Pennsylvania ein dramatischer Atomunfall ereignete, geriet die Kernenergie noch stärker unter Druck.[38] Die zeitweilig schlimmen Befürchtungen über das Ausmaß der Katastrophe traten zwar letztendlich nicht ein, doch führte der Unfall nicht nur in den USA, sondern auch weltweit zu einer neuen Einschätzung der Risiken der Kernenergie.[39] Auch aus dieser Perspektive erschien die Kohlenutzung jetzt noch attraktiver.

In dieser Atmosphäre angespannter Energiemärkte entwickelte die IEA zügig einen Rahmen, um die Kohle in der Arbeit der IEA aufzuwerten. Passenderweise trat mit Australien noch ein weiterer wichtiger Produzent von günstiger Kohle als neues Mitglied in die IEA ein. Informell war Australien bereits seit Herbst 1978 über die Ausarbeitung der IEA-Kohlestrategie informiert.[40] Die Verhandlungen mündeten in die vom Verwaltungsrat im Mai 1979 verabschiedeten „Principles for IEA Action on Coal". Ausgehend von der Erwartung, dass in den 1980er Jahren nicht genügend Öl zu angemessenen Preisen zur Verfügung stehen werde, versprachen die IEA-Länder in diesem Dokument, Kohle als eine zentrale Ener-

37 G7-Declaration, Tokyo, June 29, 1979, <http://www.g7.utoronto.ca/summit/1979tokyo/communique.html> (19.6.2023).

38 Frank Bösch, Taming Nuclear Power: The Accident near Harrisburg and the Change in West German and International Nuclear Policy in the 1970 s and early 1980 s, in: German History 35 (2017), H. 1, S. 71–95; Yves Bouvier, L'accident de Three Mile Island, une première pour l'énergie nucléaire, in: La Revue de l'Énergie, Nr. 626, Juli-August 2015, S. 317–322.

39 Siehe hierzu u. a. Vermerk betr. Gespräch des Staatsministers im Bundeskanzleramt Hans-Jürgen Wischnewski mit US-Botschafter Stoessel am 6.4.1979, Bonn, 10.4.1979, PAAA, B150, Bd. 414; Bösch, Taming Nuclear Power (wie Anm. 38).

40 Secretary of State to American Embassy Paris, Subject: Visit of Australian Mission on Membership in IEA, Washington, 29 Nov. 1978, Document Number: 1978STATE302337, <https://aad.archives.gov/aad/createpdf?rid=281530&dt=2694&dl=2009> (19.6.2023).

giequelle in der IEA-Gruppe zu etablieren.[41] Auch hier legten die IEA und ihre Mitgliedsländer den Schwerpunkt auf die Ausweitung des internationalen Handels von wettbewerbsfähiger Kohle. Sie hielten daher fest:

> „Countries with the potential for large increases in coal production, in particular Australia, Canada and the United States will extend their coal production facilities and infrastructure to permit increased domestic use of coal as well as exports consistent with economic and social costs."[42]

Weiter versprachen sie, dass „[a]ll IEA countries will enlarge their use of coal; where insufficient coal is available domestically, countries will seek long-term secure supplies of imported coal and provide security of access to markets."[43] Auf diese Weise sollten sich Förderung und Verbrauch der Kohle bis 1990 verdoppeln und bis 2000 verdreifachen.[44]

Die IEA entwickelte sich im Kohlebereich zudem zu einer koordinierenden Instanz zwischen den Regierungen und der Industrie. Analog zum Ölbereich, wo die IEA eng mit dem von den großen Ölkonzernen beschickten „International Industry Advisory Board" zusammenarbeitete, etablierte die IEA am 11. Juli 1979 ein „Coal Industry Advisory Board".[45] Mitglieder waren hochrangige Vertreter von Firmen, die in der Kohleförderung und im Kohlehandel tätig waren oder als Kohleverbraucher fungierten. Sie wurden von den Regierungen ihrer Heimatländer vorgeschlagen und vom IEA Verwaltungsrat ernannt. Erster Vorsitzender wurde Nicholas T. Camicia, der Präsident der Pittston Company aus den USA. In den folgenden Jahren veröffentlichte das Coal Industry Advisory Board mehrere Studien über die Entwicklung des Kohlemarktes und die Voraussetzungen für eine zukünftige Ausweitung des Kohlehandels.[46] Darin rief es die IEA-Mitgliedsländer zu verstärkten Anstrengungen im Kohlebereich auf, um die weiteren Voraussetzungen für eine Verdrängung des Öls durch die Kohle zu schaffen. Zudem

41 Ministerial Principles for IEA Action on Coal and Decision on Procedures for Review of IEA Countries' Coal Policies, in: Scott, History of the IEA, Bd. 3 (wie Anm. 22), S. 218–230, hier S. 222.

42 Ebd.

43 Ebd., S. 223.

44 Ebd., S. 221.

45 Decision of the Governing Board on the Establishment of an IEA Coal Industry Advisory Board (CIAB), 11. July 1979, in: Scott, History of the IEA, Bd. 3 (wie Anm. 22), S. 53–56.

46 Siehe u. a. International Energy Agency, Report of the IEA Coal Industry Advisory Board, Paris 1980.

beriet das Coal Industry Advisory Board die IEA und ihre Mitgliedsländer im Verwaltungsrat.

Um die Umsetzung der Kohlestrategie zu überprüfen, setzte die IEA auf ein Peer-Review-Verfahren. Dafür stimmten die IEA-Länder noch im Mai 1979 der „Decision of the Governing Board on Procedures for Review of IEA Countries' Coal Policies"[47] zu. Das war ein Verfahren, bei dem die IEA alle zwei Jahre die Erwartungen für die weltweite Förderung der Kohle, ihren Handel und ihren Verbrauch überprüfen würde. Zudem wollte sie sich anschauen, in welchem Maße die von der IEA erarbeiteten Hauptelemente für die nationale Kohlepolitik von den Mitgliedsländern umgesetzt wurden. Wichtig war auch, dass die IEA-Länder das Sekretariat über jede Entscheidung im Hinblick auf ihre Kohlepolitik informieren mussten, insbesondere über Eingriffe der Regierungen in den Kohlemarkt. Die IEA veröffentlichte dann seit 1981 regelmäßig ihre Überprüfungen.[48]

5. Der nordrhein-westfälische Steinkohlenbergbau in der internationalen Energiepolitik

Für die Bundesregierung und den nordrhein-westfälischen Steinkohlenbergbau waren diese Entwicklungen auf der internationalen Ebene ambivalent. Einerseits bot die prognostizierte Kohlerenaissance neue Möglichkeiten für die deutsche Steinkohle, die sich als Alternative zum Öl anbot. Andererseits legte die IEA den Schwerpunkt ihrer Kohle-Strategie auf die billige Kohle aus den USA und aus Australien, die sie als langfristig attraktiver als die teure deutsche oder britische Kohle einstufte. Um den Kohleunternehmen in den günstigen Kohleländern die zukünftigen Investitionen zu erleichtern, drängte die IEA auf eine Liberalisierung der Kohleimportpolitik in Ländern, die ihre hochpreisige heimische Kohle schützten. Insofern entstanden aus den internationalen Diskussionen durchaus auch Gefahren für den nordrhein-westfälischen Steinkohlenbergbau.

Um diese Gefahren abzuwenden und den einheimischen Kohlenbergbau langfristig gegen den internationalen Druck abzusichern, verfolgte die Bundesregierung zwei Wege. Erstens setzte sie sich in den internationalen Debatten für eine stärkere Rücksichtnahme auf die besondere Situation in der Bundesrepublik ein. Da die Bundesregierung ihre Interessen nicht ausreichend berücksichtigt sah,

47 Decision of the Governing Board on Procedures for Review of IEA Countries' Coal Policy, in: Scott, History of the IEA, Bd. 3 (wie Anm. 22), S. 228–230.

48 International Energy Agency, Coal prospects and policies in IEA countries, Paris 1981, 1983 und 1987.

verzögerte sie beispielsweise im Laufe des Jahres 1978 die Veröffentlichung der IEA-Kohle-Studie „Steam Coal. Prospects to 2000“, bis die Anliegen der Hochkostenländer stärker eingearbeitet waren.[49] Großbritannien unterstützte die deutsche Politik in dieser Hinsicht, denn die Hochkostenländer wollten, wie das britische Energieministerium betonte, ihre „freedom of action“[50] bewahren. Der Kompromiss, auf den sich Sekretariat und Hochkostenländer einigten, bestand darin, dass die Studie als Meinung des Sekretariats veröffentlicht werden sollte und nicht als Gesamtmeinung der IEA-Länder. Zudem schwächte das Sekretariat einige Formulierungen im Hinblick auf die zukünftige Politik der Hochkostenländer ab. So sprach sich das Sekretariat zwar für die Liberalisierung des Handels mit Kesselkohle aus. Gleichzeitig sollte dabei aber auf Energiesicherheitsfragen sowie soziale und regionale Anliegen Rücksicht genommen werden. Damit war die Bundesregierung zufrieden und ermöglichte die Publikation der Studie. Auch in zentralen Passagen der weiteren IEA-Dokumente gelang es der Bundesregierung immer wieder relativierende Abschnitte unterzubringen, welche regionale Belange sowie die Berücksichtigung sozialer Aspekte betonten.

Zweitens versuchte die Bundesregierung die Kohleimportpolitik in der Bundesrepublik zu liberalisieren, ohne den Schutz des einheimischen Bergbaus aufs Spiel zu setzen. Zentraler Baustein der bisherigen Kohleimportpolitik war eine Kontingentierung der Kohleimporte.[51] Ein solches Kohlekontingent war erstmals 1959 eingeführt worden, um in der damaligen Krisensituation den Absatz der deutschen Steinkohle zu sichern. Die Höhe war anschließend immer wieder angepasst worden, doch waren die Grundzüge der damals etablierten Kohleimportpolitik Ende der 1970er Jahre immer noch gültig.

Einen ersten Vorstoß zur Änderung der Gesetzeslage unternahm die von Ministerpräsident Gerhard Stoltenberg (CDU) geführte Landesregierung Schleswig-Holsteins. Sie brachte im Dezember 1979 eine Gesetzesvorlage in den Bundesrat ein, in der sie eine deutliche Erhöhung des jährlichen Kontingents von

49 Fernschreiben Nr. 537 der OECD-Gesandtschaft an das Auswärtige Amt betr. IEA-SLT-Sitzung am 12.–14. September, Paris, 15.9.1978, PAAA, Zwischenarchiv, Bd. 121291.

50 Aufzeichnung von D. R. MacLennan über „The International Energy Agency“, ohne Datum [September 1979], United Kingdom National Archives (UKNA), Department of Energy EG 14/30 Assessment of the Functions of the IEA-Opinions of Member states 1977–1981.

51 Hierzu und zu dem Folgenden: Wolfgang Gatzka, Die Kohlenimportpolitik im Rahmen der Energiepolitik der Bundesrepublik Deutschland, in: Glückauf 116 (1980), H. 22, S. 1177–1184.

bisher 5,5 auf 10 Mio. Tonnen Importkohle forderte.[52] Ihren Vorschlag begründete die Landesregierung unter anderem mit den auf internationaler Ebene eingegangenen Verpflichtungen der Bundesrepublik. Zudem könnten die Kohleimporteure auf Basis des neuen Gesetzes zu momentan noch günstigen Preisen langfristige Verträge abschließen und damit eine ausreichende Versorgung der Bundesrepublik in den nächsten Jahren sicherstellen. Gleichzeitig standen aber auch wirtschaftliche Interessen hinter diesem Vorpreschen. Aufgrund ihrer Entfernung von den Kohlerevieren an Ruhr und Saar hatten die norddeutschen Energieversorgungsunternehmen bereits bisher einen Großteil des Importkohlekontingents erhalten.[53] Der Bezug von Importkohle sollte jetzt mit dem neuen Gesetz weiter ausgebaut werden, um die „nach wie vor bestehenden regionalen Energiepreisdisparitäten“[54] abzubauen.

Die Bundesregierung lehnte die Gesetzesinitiative ab, da sie die Situation des deutschen Steinkohlebergbaus zu wenig berücksichtige. Stattdessen sei die Erarbeitung einer Gesamtstrategie für die Kohlepolitik notwendig, die auch die Situation der heimischen Kohle einbeziehe.[55] An dieser umfassenden Regelung arbeitete die Bundesregierung bereits, da die bisherigen Bestimmungen Ende 1981 ausliefen. Die Neukonzeption der Kohlepolitik stand in engem Zusammenhang mit der Reform des sogenannten Jahrhundertvertrags von 1977.[56] Darin hatten sich die Kraftwerksbetreiber gegenüber den Bergbauunternehmen verpflichtet, bis zu 33 Mio. Tonnen einheimischer Steinkohle pro Jahr für die Stromerzeugung zu nutzen. Durch die Neufassung wurde der Vertrag bis 1995 verlängert und die Menge der zu verstromenden Kohle auf bis zu 47,5 Mio. Tonnen pro Jahr erhöht. Den gegenüber den Importen höheren Preis für die deutsche Steinkohle sollten weiterhin die Stromkunden bezahlen („Kohlepfennig“). Mit der Reform des Jahrhundertvertrags sah die Bundesregierung den Absatz der heimischen Kohle als ausreichend gesichert an, und konnte vor diesem Hintergrund auch die Kohle-

52 Gesetzentwurf des Bundesrats, Entwurf eines Gesetzes zur Änderung des Gesetzes über das Zollkontingent für feste Brennstoffe, Drs. 8/3520, 18.12.1979, Deutscher Bundestag, 8. WP.

53 Zur bisherigen Verteilung der Importkohle siehe Aufzeichnung des Bundeswirtschaftsministeriums, Information über die Importkohle für die EVUs und die Industrie in der Bundesrepublik Deutschland, Bonn, Oktober 1979, PAAA, Zwischenarchiv, Bd. 121292.

54 Gesetzentwurf des Bundesrats, Entwurf eines Gesetzes zur Änderung des Gesetzes über das Zollkontingent für feste Brennstoffe (wie Anm. 52), S. 5.

55 Deutscher Bundestag, 8. WP, 201. Sitzung, Bonn, 13.2.1980, S. 16049–16054.

56 Hendrik Ehrhardt, Stromkonflikte. Selbstverständnis und strategisches Handeln der Stromwirtschaft zwischen Politik, Industrie, Umwelt und Öffentlichkeit (1970–1989), Stuttgart 2017, S. 80–110.

importpolitik lockern. Das entsprechende Gesetz wurde am 25. August 1980 verabschiedet und galt ab 1. Januar 1981.[57] Neu war die besonders lange Laufzeit des Gesetzes, das jetzt ebenso wie der Jahrhundertvertrag bis 1995 gelten sollte. Dabei wurde die erlaubte Menge an importierter Kohle deutlich nach oben geschraubt. Sie sollte schrittweise auf bis zu 36 Mio. Tonnen ab 1991 anwachsen. Das sollte vor allem den Kraftwerksbetreibern und dem industriellen Wärmemarkt zugutekommen.[58] Zudem waren bestimmte Mengen für die Herstellung von Benzin durch Kohleverflüssigung vorgesehen, sodass sich auch hier die neuen Hoffnungen für eine alte Technik wiederfanden.[59]

Die Bundesregierung und die Regierungsparteien im Bundestag begründeten die Unterstützung des Jahrhundertvertrags und die Neuformulierung der Importkohlenregelungen nicht nur mit wirtschaftlichen Bedürfnissen der Bundesrepublik, sondern auch mit den erwarteten internationalen Entwicklungen auf den Kohlemärkten und den auf der Ebene der IEA und den G7-Treffen vereinbarten Maßnahmen. Wirtschaftsminister Otto Graf Lambsdorff betonte am 12. Juni 1980 im Bundestag:

> „Mit dieser entscheidenden Absicherung des Absatzes der heimischen Kohle und zugleich der Öffnung des Marktes für die Importkohle erfüllen wir die internationalen Verpflichtungen, die wir in der Europäischen Gemeinschaft, auf den Weltwirtschaftsgipfeln in Bonn und Tokio und zuletzt in der Ministersitzung der Internationalen Energieagentur in Paris übernommen haben. Wir leisten damit einen wesentlichen Beitrag zur Palette struktureller Maßnahmen, für die wir uns im internationalen Bereich immer wieder eingesetzt haben und die wir für das wichtigste und geeignetste Instrumentarium halten, um die Abhängigkeit der industrialisierten Verbraucherländer von den Ölimporten zu mindern.“[60]

57 Zweites Gesetz zur Änderung energierechtlicher Vorschriften, 25.8.1980, Bundesgesetzblatt 1980, Teil 1, S. 1605–1613.

58 Gerhard Fels/Axel D. Neu, Reform der Kohlepolitik als Beitrag zur Sicherung der Energieversorgung, Kiel 1980, S. 30 f.

59 Zu den internationalen Zusammenhängen der Forschungen zur Kohleverflüssigung siehe Joseph R. Rudolph, Jr., Synthetic Fuels Abroad: Energy Development in High Energy Dependency Areas, in: Ernest J. Yanarella/William C. Green (Hg.), The unfulfilled promise of synthetic fuels. Technological failure, policy immobilism, or commercial illusion, Westport/Conn. 1987, S. 173–192.

60 Bundestagsrede von Bundesminister Graf Lambsdorff, Deutscher Bundestag, 8. WP, 220. Sitzung, Bonn, 12.6.1980, S. 17790–17793, hier S. 17791 f.

Mit den Maßnahmen ließ sich allerdings in den nächsten Jahren keine signifikante Steigerung des Kohlenimports erreichen. Im Grunde hatte es die Bundesregierung geschickt verstanden, mit dem Gesetzespaket den Absatz der heimischen Kohle zu sichern, ohne den Kohleimport steigern zu müssen, denn der Absatz der deutschen Steinkohleproduktion war garantiert, während der Importanteil von verschiedenen Faktoren abhing.

6. Internationale Forschung und Entwicklung: Das Beispiel der „Wirbelschichtfeuerung"

Auf der internationalen Ebene wurden nicht nur Strategien zur Ausweitung der Kohleförderung diskutiert, sondern es kam auch zur konkreten Zusammenarbeit im Bereich von Forschung und Entwicklung. Dazu gründete die IEA zunächst die Untergruppe „Forschung und Entwicklung", die der „Ständigen Gruppe über langfristige Zusammenarbeit" unterstand. Da die Mitgliedsländer der Forschung und Entwicklung eine hohe Priorität einräumten, wandelten sie im November 1975 die Untergruppe in das „Committee on Research and Development" um. Es unterstand damit direkt dem höchsten Gremium der IEA, dem Verwaltungsrat, an den es berichtete. Geleitet wurde das Komitee von Wolf-Jürgen Schmidt-Küster aus dem westdeutschen Forschungsministerium.[61] Unterhalb des Komitees gab es mehrere Arbeitsgruppen, unter anderem eine Arbeitsgruppe für Kohletechnologie. Diese spaltete sich wiederum in die drei Bereiche Kohleverflüssigung, Bergbau sowie Verbrennung auf. In der Arbeitsgruppe für Kohletechnologie und ihren Untergruppen waren vor allem die Briten führend, die sich von der Mitarbeit wichtige Erkenntnisse für ihre Kohleindustrie erhofften. Sie stellten unter anderem mit Leslie Granger, vom staatlichen National Coal Board, den Vorsitzenden der Arbeitsgruppe Kohletechnologie. Für die Bundesrepublik arbeitete zunächst Rolf Holighaus von der Kernforschungsanlage Jülich in der Arbeitsgruppe mit.[62] Das war für die Bergbau-Unternehmen unbefriedigend, da sie sich von einem Austausch mit den Experten aus anderen Ländern Erkenntnisgewinne erhofften.

61 International Energy Agency, The Organisation of the IEA, o. D., Montanhistorisches Dokumentationszentrum (montan.dok) beim Deutschen Bergbau-Museum Bochum/ Bergbau-Archiv (BBA), Bestand 122, Bd. 179; Scott, History, Bd. 2 (wie Anm. 20), S. 230–235.

62 Zur Geschichte der Kernforschungsanlage Jülich siehe Bernd-A. Rusinek, Das Forschungszentrum: Eine Geschichte der KFA Jülich von ihrer Gründung bis 1980, Frankfurt/New York 1996.

Als zentraler Akteur erwies sich in diesem Zusammenhang der Steinkohlenbergbauverein, der 1952 von den Bergbauunternehmen des Ruhrgebiets und des Aachener und niedersächsischen Steinkohlenbergbaus gegründet worden war. Seine Aufgabe lag vor allem in der technischen und wissenschaftlichen Forschung.[63] 1958 gründete der Steinkohlenbergbauverein als Tochterunternehmen die Bergbau-Forschungs GmbH mit Sitz in Essen-Kray als „zentrales Forschungsinstitut für den Steinkohlenbergbau".[64] Zunächst beschäftigte sich die Bergbau-Forschungs GmbH vor allem mit technischen Weiterentwicklungen im Bereich Kokereitechnik, Grubenausbau und Gebirgsmechanik. Mit der Zeit übernahm sie dann zunehmend Forschungs- und Entwicklungsarbeiten, die bisher bei Bergwerken und Zulieferbetrieben angesiedelt waren. Seit 1975 wurde die Bergbau-Forschungs GmbH eng in die Forschungs- und Entwicklungsarbeit der IEA eingebunden.[65] Dabei ging es um fünf zentrale Projekte, die in der Arbeitsgruppe Kohletechnologie erarbeitet wurden.[66]

Die Arbeitsgruppe richtete erstens einen „Technical Information Service" ein, der über die weltweite Entwicklung der Kohletechnologie berichten und den Informationsaustausch zwischen den Mitgliedsländern erleichtern sollte. Zweitens etablierte die Arbeitsgruppe einen „Economic Assessment Service", der die Wirtschaftlichkeit verschiedener im Bereich „Forschung und Entwicklung" erprobter Verfahren bewerten sollte. Als drittes wurde ein „World Coal Resources and Reserves Data Bank Service" aufgebaut, durch den vor allem eine internationale Vergleichbarkeit der nationalen Daten gewährleistet werden sollte. Vierter Schwerpunkt war ein „Mining Technology Clearing House", das die Forschungs- und Entwicklungsarbeit im Bereich der Bergbautechnologie protokollieren sollte. Dabei sollte es mögliche Probleme identifizieren und Vorschläge für gemeinsame Projekte der Mitgliedsländer erarbeiten. Außerdem war es ein wichtiges Ziel, das Personal, das in den Mitgliedsländern an ähnlichen Problemen arbeitete, zusammenzubringen. Einen fünften Aufgabenbereich bildeten die Forschungen zu dem Verfahren der Wirbelschichtfeuerung (Fluidised Bed Combustion). Alle fünf

63 Einen Überblick über die Tätigkeiten liefert: 25 Jahre Bergbau-Forschungs GmbH, Essen 1983.

64 Ingenerf, Abwärts (wie Anm. 5), S. 116.

65 Vermerk von Hans Peter Jamme betr.: Internationale Energie-Agentur (IEA), hier: Arbeitsgruppe Kohleforschung, Essen, 21.3.1975, montan.dok, Bestand 122, Bd. 187.

66 Hierzu und zu dem Folgenden: IEA Coal Research, International Coal Projects, London, o. D., montan.dok, Bestand 122, Bd. 190; Deutscher Bundestag. 8. WP, Drs. 8/1594, 8.3.78, Antwort der Bundesregierung auf die Kleine Anfrage der Abgeordneten Lenzer u. a. und der Fraktion der CDU/CSU, Drs. 8/1539, Forschung, Entwicklung und Innovation im Bereich der Kohle, S. 4 f.

Schwerpunkte unterstanden dem vom britischen National Coal Board gegründeten Tochterunternehmen NCB IEA Ltd. Die Mitarbeiter kamen aus dem National Coal Board und aus Organisationen der Mitgliedsländer.

Die Erforschung der Wirbelschichtfeuerung war das einzige Projekt in diesem Bereich, das über die Erfassung und den Austausch von Daten hinausging. Die Wirbelschichtfeuerung ist eine Feuerungstechnik zur Strom- und Wärmegewinnung in Kraftwerken. Dabei wird Luft in den Feuerungsraum geblasen, in dem ein sogenanntes Bettmaterial, wie zum Beispiel Kalk, vorhanden ist. In dem Verfahren wird eine Wirbelschicht aus Kohle, Kalk und Asche erzeugt, in der die Kohle schwebend verbrannt wird. Das Verfahren galt in den 1970er Jahren als zukunftsträchtig, weil es eine Lösung für ein zentrales Problem bei der Kohlenutzung versprach. Es macht die Verbrennung der Kohle umweltfreundlicher, da der Kalk und das bei der Verbrennung der Kohle entstehende Schwefeldioxid zu Gips reagieren und daher etwa im Baubereich weiterverwendet werden können. Zudem ist die Temperatur bei der Verbrennung vergleichsweise niedrig, sodass sich weniger Stickoxide bilden. Da die Verbrennung der Kohle aus Umweltschutzgründen zunehmend kritisiert wurde, versprach das Verfahren auch, die Akzeptanz der Kohle als Energieträger zu erhöhen. So verwies etwa der Sachverständigenrat für Umweltfragen in seinem Sondergutachten „Energie und Umwelt“ auf das Potenzial der Wirbelschichtfeuerung.[67]

Im Rahmen der IEA schlossen die drei wichtigsten Kohleländer der IEA Großbritannien, die Bundesrepublik und die USA 1975 ein Kooperationsabkommen ab, um eine Versuchsanlage zur Wirbelschichtfeuerung zu bauen.[68] Dabei war insbesondere Vorgesehen, den Ablauf der Wirbelschichtfeuerung unter zusätzlichem Druck zu erproben (Pressurized Fluidised Bed Combustion). Davon versprach man sich neben einer weiteren Senkung der Emissionen eine Erhöhung des Wirkungsgrades.[69] Die Finanzierung des mit 60 Mio. britischen Pfund veranschlagten Projekts übernahmen die drei Länder zu gleichen Teilen. Die Anlage wurde im britischen Grimethorpe errichtet, wo sich eine der größten Kohlezechen in Großbritannien befand. Großbritannien fungierte daher auch als „lead country“ für das Projekt. Die Bergbau-Forschungs GmbH entsandte mit Dr. Dirk

67 Der Rat von Sachverständigen für Umweltfragen, Energie und Umwelt. Sondergutachten 1981, Stuttgart/Mainz 1981, S. 69 f.

68 Hierzu und zu dem Folgenden: Dr. Dirk Bunthoff, Übersicht über das Projekt „Pressurized Fluidized Bed Combustion (PFBC)“ in Grimethorpe, Essen, 17.8.1983, montan.dok, Bestand 122, Bd. 196.

69 Rat von Sachverständigen für Umweltfragen, Sondergutachten 1981 (wie Anm. 67), S. 69 f.

Bunthoff einen Mitarbeiter nach Großbritannien, der in regelmäßigen Abständen an die Bergbau-Forschungs GmbH und die Kernforschungsanlage Jülich über die Ergebnisse der Versuche berichtete.[70]

Dabei zeigt sich, dass der Erkenntnisgewinn tatsächlich sehr stark auf „learning by doing" basierte. In der Feuerungsanlage wurde das Verhalten verschiedener Materialien in dem Feuerungsraum analysiert. Zudem experimentierten die Wissenschaftler mit verschiedenen Kohlesorten, die den wichtigsten in den USA, Großbritannien und Deutschland verwendeten Kohlesorten entsprachen. Zwischendurch gab es immer wieder Umbauphasen, in denen der Feuerungsraum umstrukturiert und der Prozess optimiert wurde. Auf diese Weise konnten wichtige Erkenntnisse gewonnen werden. Unter anderem gelang der Nachweis, dass durch den Druck eine höhere Entschwefelung als bei herkömmlichen Anlagen möglich ist. Auch die Stickstoffoxid-Emissionen lagen unter den Ergebnissen bisheriger Anlagen. Der Sachverständigenrat für Umweltfragen empfahl die Wirbelschichtfeuerung auf der Basis dieser Erkenntnisse „für Standorte sanierungsbedürftiger verbrauchernaher Kraftwerke kleinerer Leistung oder in Zechennähe mit Zugriff auf die gewöhnlich vergleichsweise schwefelreiche Ballastkohle"[71]. Diese Art der Verbrennung ist bis heute eine häufig verwendete Form der Feuerung in Kraftwerken.

7. Fazit

Nach den Ölkrisen 1973/74 und 1978/79 schien es wieder zukunftsträchtig, in Kohleförderung und vor allem in Kohleforschung zu investieren. Der Bund legte daher ein umfangreiches Energieforschungsprogramm auf, das über die bisher stark geförderte Kernenergieforschung hinaus ging und zahlreiche Projekte im Bereich der Kohle finanzierte. Auch das Land Nordrhein-Westfalen verabschiedete 1974 das „Technologie-Programm-Energie", das mit 1,6 Mrd. DM vor allem auf Forschungen zur Kohlenutzung abzielte.

Neben diesen neuen Forschungsprogrammen auf Bundes- und Landesebene bot auch die internationale Ebene neue Möglichkeiten für die technische und

70 Hierzu und zu dem Folgenden: Dr. Dirk Bunthoff, Übersicht über das Projekt „Pressurized Fluidized Bed Combustion (PFBC)" in Grimethorpe, Essen, 17.8.1983; Dr. Dirk Bunthoff, Überblick und Stand des Grimethorpeprojektes im November 1984, Essen, 23.11.1983, beide in montan.dok, Bestand 122, Bd. 196.

71 Der Rat von Sachverständigen für Umweltfragen, Waldschäden und Luftverunreinigungen. Sondergutachten 1983, Stuttgart/Mainz 1983, S. 123.

wissenschaftliche Weiterentwicklung der Kohleförderung beziehungsweise der Kohleverarbeitung. Als zentraler Akteur erwies sich dabei die 1974 von den westlichen Industrieländern (ohne Frankreich) gegründete Internationale Energie-Agentur in Paris, die darauf abzielte, die Abhängigkeit der westlichen Industrieländer von den arabischen Ölförderländern zu reduzieren. Die IEA sah in der Kohlenutzung einen zentralen Pfeiler ihrer „weg-vom-Öl-Strategie" und baute daher ihre Kompetenzen in diesem Bereich stark aus. Da die IEA vor allem auf die Ausweitung der Förderung und des Handels mit kostengünstiger australischer und US-amerikanischer Kohle setzte, geriet die Bundesrepublik auf internationaler Ebene unter Druck. Sie versuchte daher in den Diskussion und Dokumenten der IEA, unterstützt von der britischen Regierung, die wichtige Rolle regionaler und sozialer Aspekte der Kohleförderung zu verankern. Zwar erweiterte die Bundesregierung aufgrund des internationalen Drucks ihr Kohleimportkontingent. Da sie aber gleichzeitig über die Verlängerung des Jahrhundertvertrags den Vorrang der deutschen Steinkohle abgesichert hatte, entfaltete diese vermeintliche Öffnung des Marktes keine Wirkung.

Parallel zu den Diskussionen über die zukünftige Ausrichtung der Kohlepolitik in der IEA entwickelten die Mitgliedsländer eine konkrete Zusammenarbeit im Bereich der Forschung und Entwicklung. Der zentrale Akteur in der internationalen Zusammenarbeit von Seiten der Ruhrkohleunternehmen war die Essener Bergbau-Forschungs GmbH. Sie arbeitete gemeinsam mit der Kernforschungsanlage Jülich am Aufbau von Datenbanken und Übersichten mit, die den Wissenstransfer unter den Mitgliedsländern erleichtern sollten. Zudem war sie auch an dem deutsch-britisch-amerikanischen Versuchsprojekt zur Wirbelschichtfeuerung beteiligt, das unter dem Dach der IEA organisiert wurde. Das Versuchsprojekt war im britischen Grimethorpe angesiedelt und lieferte wichtige Erkenntnisse für die spätere Umsetzung in kommerziellen Kraftwerken.

Obwohl der nordrhein-westfälische Steinkohlenbergbau in die umfangreichen Forschungen auf regionaler, nationaler und internationaler Ebene einbezogen war, wurden die Hoffnungen auf eine Kohlerenaissance in den 1980er Jahren enttäuscht. Dass der Kohleabsatz seit Beginn der 1980er Jahre kaum anstieg, hatte verschiedene Ursachen. Vor allem steigerte sich der Stromverbrauch in den nächsten Jahren nicht wie erwartet. Zwischen 1979 und 1982 fiel er sogar leicht, um dann wieder in geringem Maße anzuwachsen.[72] Zudem geriet die Stahlindustrie in eine Krise, sodass auch in diesem Bereich keine zusätzliche Nachfrage ent-

72 AG Energiebilanzen, Einsatz von Energieträgern zur Stromerzeugung, <https://ag-energiebilanzen.de/daten-und-fakten/zeitreihen-bis-1989/> (19.6.2023).

stand.[73] Auch die Erwartungen im Hinblick auf die Ölknappheit Mitte der 1980er Jahre erwiesen sich als völlig überzogen. Nach der zweiten Ölkrise ging die Nachfrage nach Öl stark zurück, sodass auf dem Markt ein Überangebot herrschte. Daraufhin stürzte der Ölpreis von 40 Dollar pro Barrel auf 10 Dollar pro Barrel 1986 ab. Dadurch verlor auch die Kohle wieder an Attraktivität. Die Ölkrisen und die mit ihnen verbundenen Erwartungen einer Kohlerenaissance sorgten daher in der Bundesrepublik kurzfristig für eine Aufbruchstimmung, verzögerten aber letztendlich nur den Abstieg der deutschen Steinkohle. Langfristig blieben nur günstige Produzenten wie die USA, Australien und zunehmend auch China wettbewerbsfähig.

73 Bundesregierung (Hg.), Energiebericht der Bundesregierung, Bonn 1986, S. 33.

Jana Lena Jünger und Juliane Czierpka

Der lange Schatten der Fördergerüste

Umweltfolgen und Pfadabhängigkeiten der Steinkohlenförderung im Energieland Nordrhein-Westfalen

1. Einleitung

Das Ruhrgebiet, im Herzen von Nordrhein-Westfalen gelegen, war einst das bedeutendste Steinkohlenrevier auf dem europäischen Kontinent. In der zweiten Hälfte des 19. Jahrhunderts, als die Industrialisierung in der Region langsam Fahrt aufnahm, war die Steinkohle bereits zum wichtigsten Energieträger aufgestiegen. Energie liegt in der Steinkohle chemisch gebunden vor und kann in verschiedenen Prozessen freigesetzt beziehungsweise umgewandelt werden. So wird zum Beispiel in Kohleheizungen die chemisch gebundene Energie in Wärme umgewandelt. Im Hochofen ist Koks, also Steinkohle, deren flüchtige Bestandteile in einer Kokerei von dem Kohlenstoff getrennt wurden, der Träger eines mehrstufigen chemischen Prozesses, der Eisenerz zu Roheisen reduziert und zudem die für diesen Prozess benötigte thermische Energie liefert. Eine Umwandlung der chemisch gebundenen Energie in elektrische Energie geschieht in Dampfkraftwerken, wo mittels des bei der Verbrennung der Steinkohle freigesetzten Dampfes und Drucks eine Turbine angetrieben wird.

Die hohe Qualität der im Ruhrgebiet geförderten Steinkohlen, die sich besonders gut zur Verkokung und damit zur Stahlerzeugung eigneten, und die im Revier vorhandenen reichhaltigen Flöze verhalfen dem Ruhrgebiet dazu, die führende Region der späten europäischen Industrialisierung zu werden. Diese herausragende Position hatte es auch noch bei der Gründung der Europäischen Gemeinschaft für Kohle und Stahl zu Beginn der 1950er Jahre inne. Damals wurden im Ruhrgebiet mehr Steinkohlen gefördert als in den übrigen fünf Mitgliedsländern – Frankreich, Belgien, Niederlande, Luxemburg und Italien – zusammen. Anders als in Großbritannien, wo die Fördermenge insgesamt deutlich höher war als in den EGKS-Ländern, sich dabei jedoch auf verschiedene große Reviere verteilte, zeichnete sich das Ruhrgebiet allein für mehr als 80 Prozent der bundes-

Geschichte im Westen (GiW) 38 (2023), S. 103–116

deutschen Steinkohlenförderung verantwortlich.[1] Auch die beiden anderen nordrhein-westfälischen Steinkohlenreviere bei Aachen und Ibbenbüren förderten im Vergleich nur geringe Mengen Steinkohle. 1957 zeigte sich mit der europäischen Kohlenkrise der beginnende Niedergang der Steinkohle als Energieträger und anderer Rohstoffe und Methoden. Zuerst gewann Öl, später dann auch Atom- und Windkraft sowie Solar an Bedeutung bei der Energieerzeugung. Zugleich waren die Ruhrkohlen seit den späten 1950er Jahren den importierten Steinkohlen, z. B. aus den USA, gegenüber nicht mehr konkurrenzfähig. Im Dezember 2018 wurde im Rahmen eines großen Festakts das letzte Stück Steinkohle in Deutschland gefördert und die Steinkohlenförderung im Ruhrgebiet rückte aus der Gegenwart in die Vergangenheit der Region. Seine Bedeutung als Steinkohlen- und Energielieferant für Europa hatte das Ruhrgebiet zwar bereits zu diesem Zeitpunkt lange eingebüßt. Jedoch blieb die mehr als 150 Jahre andauernde enge Verflechtung zwischen der Entwicklung des Ruhrgebiets und dem Steinkohlenbergbau nicht ohne Folgen für die Region und damit für das Land Nordrhein-Westfalen. Aufgrund der hohen Bedeutung des Ruhrreviers für das Bundesland, für Deutschland und Europa und der Steinkohle für das Ruhrgebiet, konzentriert sich der Beitrag auf diese Region. Es ist zu fragen, was von der Steinkohle im Ruhrgebiet übriggeblieben ist. Aus dem bunten Strauß der möglichen Themen werden zwei Aspekte herausgegriffen: Anhand von den ökonomischen und technologischen Pfadabhängigkeiten und den Umweltfolgen soll gezeigt werden, wie der Steinkohlenbergbau auch lange über die Förderung des letzten Kohlestücks hinaus auf das Ruhrgebiet einwirkt. Zum Schluss wird dann in einem kurzen Ausblick dargelegt, welche Entwicklungen sich für die Zukunft abzeichnen.

2. Pfadabhängigkeiten

Pfadabhängigkeiten, also Entwicklungen, die sich entlang historisch gewachsener Traditionen oder Muster vollziehen, lassen sich in Bezug auf die Steinkohle in ganz verschiedenen Bereichen, wie z. B. in der Industrie oder der Forschung, nachzeichnen. Im Jahr 2021 ging der Nobelpreis für Chemie an einen der Direktoren des Max-Planck-Instituts (MPI) für Kohleforschung. Das Institut war 1912 gegründet worden, um zu der Gewinnung flüssiger Brennstoffe aus Kohle und der direkten Umwandlung der in der Kohle gebundenen Energie zu Strom zu for-

1 Paul Weil, Wirtschaftsgeschichte des Ruhrgebiets. Tatsachen und Zahlen, Essen 1970, S. 126–128.

schen. Diese Gründung wurde durch eine Kooperation der ehemaligen Kaiser-Wilhelm-Gesellschaft, der Ruhr-Industrie und der Stadt Mülheim ermöglicht. Auch die Höhe der Frauenerwerbsquote und Teilzeitquote – erstere liegt in Nordrhein-Westfalen unter und zweitere über dem Bundesdurchschnitt, mit jeweils noch stärkeren Abweichungen für das Ruhrgebiet – lässt sich zumindest in Teilen durch Pfadabhängigkeiten erklären, die aus der Arbeitsteilung in Familien mit Männern in schwerindustriellen Berufen und dem langanhaltenden, durch die Dominanz der Schwerindustrie ausgelösten Mangel an Arbeitsplätzen für Frauen resultieren.

Im Folgenden soll eine auf Steinkohle basierende Pfadabhängigkeit am Beispiel der nordrhein-westfälischen Kraftwerke in den Fokus rücken. Im Jahr 2022 entfielen mehr als 17 Prozent der Bruttostromerzeugung in Nordrhein-Westfalen auf die Steinkohlenkraftwerke. Damit ist in Nordrhein-Westfalen der Anteil von Strom, der aus Steinkohle erzeugt wird, deutlich höher als im bundesdeutschen Durchschnitt, wo er bei etwa 9 Prozent liegt. Auch der Anteil des mit Braunkohle erzeugten Stroms liegt in Nordrhein-Westfalen über dem Bundesschnitt. Trugen erneuerbare Energien 2021 bundesweit mit mehr als 40 Prozent zur Bruttostromerzeugung bei, waren es in Nordrhein-Westfalen lediglich 17 Prozent.[2] Atomkraftwerke, bundesweit für 12 Prozent der Bruttostromerzeugung verantwortlich, gibt es in Nordrhein-Westfalen nicht.

Im Jahr 2023 existieren in Nordrhein-Westfalen noch vier aktive Steinkohlenkraftwerke, die alle im Ruhrgebiet stehen. In Ibbenbüren hatte es seit 1913 insgesamt vier Steinkohlenkraftwerke gegeben, die sich mit leichten zeitlichen Überlappungen abgelöst hatten, bis im Jahr 2021 das letzte Ibbenbürener Steinkohlenkraftwerk stillgelegt wurde. Seitdem befindet sich in der Stadt nur noch ein Erdgas-Kraftwerk. Die vier aktiven nordrhein-westfälischen Steinkohlenkraftwerke sind die beiden von der Essener Steag GmbH betriebenen Kraftwerke Herne 4 (mit einer geplanten Laufzeit bis 2024) und Walsum 10 (mit einer geplanten Laufzeit bis 2032) sowie das von Uniper SE betriebene Kraftwerk Datteln 4 (mit einer geplanten Laufzeit bis 2034) und das von der Trianel Kohlekraftwerk

2 Verein der Kohlenimporteure e. V., Jahresbericht 2022. Fakten und Trends 2021/22, Berlin 2022, S. 12; Landesamt für Natur, Umwelt und Verbraucherschutz Nordrhein-Westfalen, Energieatlas NRW, Strom, Energieträger zur Stromerzeugung, Bruttostromerzeugung, <https://www.energieatlas.nrw.de/site/werkzeuge/energiestatistik> (29.6.2023).

Lünen GmbH & Co. KG betriebene Kraftwerk Lünen (mit einer geplanten Laufzeit bis 2032).[3]

Am Beispiel des Kraftwerks Lünen, das 2013 erbaut wurde und nach Angabe des Betreibers eines der „modernsten und effizientesten Steinkohlekraftwerke Europas"[4] ist, lässt sich nun die von der Steinkohle geschaffenen Pfadabhängigkeiten im Bereich der Stromerzeugung darlegen. Als Standort des Kraftwerks wurde der Lüner Stumm-Hafen gewählt, bei dem es sich um den ehemaligen Hafen der Gebrüder Stumm GmbH handelt. Ursprünglich diente dieser Hafen der Verschiffung der auf der früher in unmittelbarer Nähe zum heutigen Kraftwerk gelegenen und im Besitz der Gebrüder Stumm GmbH befindlichen Zeche Minister Achenbach geförderten Kohlen. Heute landen an diesem Hafen die Steinkohlen, die zur Verbrennung im Trianel-Kraftwerk aus dem Ausland importiert und über den Dattel-Hamm-Kanal nach Lünen geschifft werden. Im Jahr 2021 waren dies 1,315 Millionen Tonnen Steinkohle, mit welchen das Kraftwerk 4.170 Gigawattstunden (GWh) Strom erzeugte. Nach Betreiberangaben reicht dies für etwa 1,6 Millionen Haushalte. Zugleich wurden 60.702 Megawattstunden (MWh) Fernwärme ausgekoppelt.[5]

In unmittelbarer Nähe des Trianel-Kraftwerks steht etwas nordöstlich, ebenfalls auf dem schmalen Stück Land zwischen Lippe und Datteln-Hamm-Kanal, das 1938 errichtete, 2018 stillgelegte und bis dahin von der Steag GmbH betriebene Steinkohlenkraftwerk Lünen. Die Tradition Lünens als Kraftwerksstandort wird von der Trianel GmbH und der Betreibergesellschaft auf den jeweiligen Internetauftritten als Grund für die Wahl des Standortes angeführt. Der Standort verfügte mit dieser Tradition über die notwendige Infrastruktur, da nicht nur der Kohlenhafen, sondern auch eine Anbindung an das Hochspannungsnetz vorhanden war.[6]

Nördlich des Trianel-Kraftwerks und damit westlich des stillgelegten Steag-Kraftwerks wurde 2006 ein Biomasse-Kraftwerk in Betrieb genommen. Biomasse ist einer der Energieträger, der die Steinkohle ersetzen soll. Er wird aus Pflanzen oder seltener aus tierischen Materialien gewonnen. Das Lüner Biomasse-Kraft-

3 Landesamt für Natur, Umwelt und Verbraucherschutz Nordrhein-Westfalen, Energieatlas NRW, Bestandskarte Strom, Steinkohle, <https://www.energieatlas.nrw.de/site/bestandskarte> (29.6.2023).

4 Trianel Kohlekraftwerk Lünen GmbH & Co. KG, Das Trianel Kraftwerk – ein starkes Stück Lünen, <https://www.trianel-luenen.de/> (29.6.2023).

5 Trianel Kohlekraftwerk Lünen GmbH & Co. KG, Fakten zum Kohlekraftwerk- In Zahlen, <https://www.trianel-luenen.de/> (29.6.2023).

6 Trianel Kohlekraftwerk Lünen GmbH & Co. KG, Standort Lüner Stummhafen, <https://www.trianel-luenen.de/kraftwerk/der-standort> (29.6.2023).

werk nutzt Altholz und kann nach Angaben der Betreibergesellschaft, die Biomasse Kraftwerk GmbH, etwa 60.000 Haushalte versorgen. Für die vom Werk jährlich erzeugten 160 GWh Strom werden 160.000 Tonnen Altholz verfeuert. Die Biomasse Kraftwerk GmbH ist eine gemeinsame Gesellschaft der Iqony GmbH und der Remondis SE & Co. KG. Die Remondis SE & Co. KG ist ein großer Recycling-Dienstleister mit Sitz in Lünen. Die Iqony GmbH bezeichnet sich selbst als „Partner in Sachen Energieversorgung"[7] und bietet nachhaltige Energiekonzepte.[8] Zu der Iqony GmbH gehören Geschäftsteile der Steag GmbH. Diese Geschäftsteile wurden Ende 2022 aus der Steag herausgelöst und in die Iqony GmbH, die seitdem ein eigenständiger Konzern innerhalb der Steag ist, ausgegliedert.

Die Betreiberfirma des Biomasse-Kraftwerks ist also eine Tochterfirma eines Unternehmens, das seinerseits Teil des Konzerns ist, der am 20. September 1937 in Lünen gegründet wurde, um dort ein Steinkohlenkraftwerk – nämlich das nun stillgelegte Kraftwerk in unmittelbarer Nähe zum heutigen Standort des Biomasse-Kraftwerks – zu betreiben. Die Steinkohlen Elektrizitäts AG (STEAG), wie die Steag GmbH in ihren Anfängen hieß, war eine Gründung des Rheinisch-Westfälischen Kohlen Syndikats (RWKS). Insgesamt zwei Großkraftwerke, das eine in Lünen und das andere in Marl, sollten die Vereinigte Aluminium-Werke AG in Lünen und die Chemischen Werke Hüls in Marl mit Strom versorgen.[9] Die Steinkohlen Elektrizitäts AG mit ihren beiden Kraftwerken war damit gewissermaßen der Fuß, welchen der Ruhrbergbau in den Türspalt des bis dahin von der Braunkohle dominierten Strommarktes setzen konnte. Durch den Bau der Aluminiumwerke Lünen und der Chemischen Werke Marl-Hüls im Zuge der nationalsozialistischen Autarkiepolitik war der Strombedarf im östlichen Ruhrgebiet stark angestiegen, sodass das RWKS die Kohlen aus der Zeche Minister Achenbach über die Steinkohlen Elektrizitäts AG zu den gewünschten Preisen absetzen konnte.[10]

Dieses Beispiel aus Lünen illustriert deutlich die aus der Steinkohle entstandenen Pfadabhängigkeiten der Kohle. Aufgrund der verkehrsgünstigen Lage zwischen Lippe und Datteln-Hamm-Kanal, der lokal verfügbaren Kohle und der Nachfrage durch die nahen Aluminiumwerke Lünen, wurde 1937 das erste Stein-

7 Iqony GmbH, Wir für Sie, <https://energies.iqony.energy/de/wir-fuer-sie> (29.6.2023).

8 BMK Biomassekraftwerk Lünen GmbH, Unternehmen, <https://bmk-luenen.de/unternehmen> (29.6.2023).

9 Weil, Wirtschaftsgeschichte (wie Anm. 1), S. 281.

10 Peter Döring, Steinkohlenverstromung. Die Auseinandersetzung zwischen der Elektrizitätswirtschaft und dem Ruhrbergbau in den Jahren 1933 bis 1951, in: Manfred Rasch/Dietmar Bleidick (Hg.), Technikgeschichte im Ruhrgebiet. Technikgeschichte für das Ruhrgebiet, Essen 2004, S. 518–543, hier: S. 529–532.

kohlenkraftwerk an diesem Standort gebaut. Überhaupt ist es das erste Kraftwerk in der Region, in dem Steinkohle statt Braunkohle zum Einsatz kam. 2004 baute eine Konzerntochter in direkter Nachbarschaft ein Biomasse-Kraftwerk, um die Stromerzeugung auch über den Ausstieg aus der Stromerzeugung mit Steinkohle am Standort Lünen hinaus fortsetzen zu können. 2013, noch vor der Stilllegung des Steinkohlenkraftwerks der Steag GmbH, wurde auf dem Nachbargrundstück ein modernes Kohlekraftwerk erbaut, das wiederum die Infrastruktur der 1992 stillgelegten Zeche Achenbach und die weitere Infrastruktur, wie Stromleitungen, nutzt. Die Steinkohle, der ursprüngliche Grund für die Standortwahl in den 1930er Jahren, wird seit langem importiert. Wenn das Trianel-Kraftwerk wie geplant 2032 vom Netz geht, kann Lünen auf eine fast 100-jährige Tradition der Steinkohlenverstromung zurückblicken und es wird durch das Biomasse-Kraftwerk auch weiterhin ein Kraftwerksstandort bleiben. Eine ähnliche Entwicklung lässt sich auch für das Kraftwerk Herne 4 beobachten, wo die Steag GmbH in Partnerschaft mit Siemens Energy auf dem Gelände des Steinkohlekraftwerks eine moderne Gas- und Dampfturbinenanlage errichtete, die im September 2022 in Betrieb genommen wurde.[11]

3. Umweltfolgen

Die bergbauliche Tätigkeit im Ruhrgebiet hat die Region nicht nur wirtschaftlich geprägt, sondern auch die Umwelt verändert. Die nachhaltigen Spuren des Bergbaus sind bis in die Gegenwart deutlich sichtbar. Im Folgenden werden die Umweltfolgen für das Ruhrgebiet mit Blick auf Bergsenkungen, Schadstoffe und Grund- bzw. Grubenwasser erörtert und hinsichtlich ihrer Bewertung durch die Bevölkerung untersucht.

Zum Ruhrgebiet gehören Bergsenkungen wie der VFL zu Bochum oder der FC Schalke 04 zu Gelsenkirchen. Bereits gegen Ende des 19. Jahrhunderts wurden Bergsenkungen mit einer Tiefe von mehreren Metern bemerkt. Durch den flächendeckenden Abbau der Steinkohle im Tiefbau entstehen Volumendefizite im Berg, die an der Oberfläche in Form sogenannter Bergsenkungen sichtbar werden. Die Absenkungen sind dabei in der Regel wesentlich größer als die eigentliche

11 Rouben Bathke, Steag-Kraftwerksprojekt. Neues GuD: Herne 6 startet im Strommarkt, in: energate Messenger, 9.9.2022, <https://www.energate-messenger.de/news/225333/neues-gud-herne-6-startet-im-strommarkt> (6.7.2023).

untertägige Abbaufläche.[12] Das Absinken der Oberfläche verursacht unter anderem im Bereich der Gebäude-, Verkehrs- und Versorgungsinfrastruktur Schwierigkeiten. Vor allem an den Rändern einer Senkungsmulde kommt es oftmals zu erheblichen Schäden, die dann als sogenannte Bergschäden klassifiziert werden. Häuser oder auch Straßen sowie Versorgungsleitungen, die sich an dieser Stelle befinden, erleiden immer wieder Zerrungen, Pressungen, Schieflagen oder auch Krümmungen, welche die Funktionsfähigkeit dieser Bauten erheblich gefährden.[13] Zwar wird seit Ende des Jahres 2018 keine Steinkohle mehr aktiv abgebaut, die Hohlräume unter der Erde existieren aber weiterhin. Das Volumendefizit, das durch den Abbau der Steinkohle entstanden ist, kann nicht ausgeglichen geschweige denn ungeschehen gemacht werden.[14] Für die Regulierung von Bergschäden ist in der Regel die RAG-Stiftung als offizieller Rechtsnachfolger der Ruhrkohle Aktiengesellschaft (RAG), in deren Besitz sich zuletzt der größte Teil der Zechen des Ruhrbergbaus befand, zuständig. Auch Konzerne wie zum Beispiel die E.ON SE oder die Thyssenkrupp AG müssen aufgrund ihrer früheren Bergbautätigkeit für Schäden aufkommen, wenn auch nicht in dem Umfang wie die RAG-Stiftung.[15]

Genau wie Häuser, Verkehrswege und Versorgungsleitungen ist auch die Flusslandschaft von den Folgen der Bergsenkungen betroffen. Gerade hier können die Folgen des Bergbaus in der Region nur mit einem hohen technischen Aufwand begrenzt werden. Flüsse wie zum Beispiel die Emscher mussten und müssen „entweder vertieft oder über Senkungsgebiete hinweg angehoben und [...] eingedeicht werden“.[16] Anderweitig besteht die Gefahr, dass es zu Überflutungen von Stadtteilen kommt, da der Fluss nicht mehr in seinem natürlichen Bett über ein gleichmäßiges natürliches Gefälle fließen kann. Der Geologe Stefan Harnischmacher merkt bezogen auf den aktuellen Forschungsstand hinsichtlich des Ausmaßes, der Lage sowie Verbreitung von Bergsenkungen im Ruhrgebiet an, dass es

12 Michael Ganzelewski, Bergbauentwicklung und Umwelteinflüsse, in: Michael Farrenkopf/Regina Göschl (Hg.), Gras drüber ... Bergbau und Umwelt im Deutsch-Deutschen Vergleich, Berlin/Boston 2022, S. 81–98, hier S. 90.

13 Helmut Palm, Steinkohlelagerstätten und Kohleabbau, in: Hubert Wiggering (Hg.), Steinkohlenbergbau. Steinkohle als Grundstoff, Energieträger und Umweltfaktor, Berlin 1993, S. 54–66, hier S. 64–65.

14 Regina Göschl, Drei Landschaften der Gegenwart, in: Farrenkopf/Göschl, Gras drüber, S. 71–78, hier S. 73–74.

15 RVR, Ruhrgebiet, <https://www.schlichtungsstelle-bergschaden.de/ruhrgebiet/> (15.6.2023).

16 Stefan Harnischmacher, Bergsenkungen und ihre dauerhaften Folgen, in: Michael Farrenkopf u. a. (Hg.), Die Stadt der Städte. Das Ruhrgebiet und seine Umbrüche, Essen 2019, S. 47–51, hier S. 48–49.

an großmaßstäbigen und flächendeckenden Informationen mangele. Die Ursachen dafür sieht er in der Brisanz solcher Daten und „in der gesetzlich verankerten Verantwortung der Bergbaubetreiber für die Regulierung von Bergschäden im Bundesberggesetz".[17]

Sozusagen das Gegenstück zu den Bergsenkungen sind die aus dem Abraum entstandenen Halden, die mittlerweile als Freizeit- und Naherholungsräume gelten.[18] In aktuelleren Darstellungen des Ruhrgebiets etwa des Regionalverbandes Ruhr (RVR) oder der Ruhr Tourismus GmbH werden sowohl die Bergsenkungen als auch die Halden als ‚natürliche' Teile der Landschaft präsentiert. In Bergsenken entstehen vielfach Feuchtgebiete, die zwar auf der einen Seite Lebensraum für Tiere und Pflanzen sein können,[19] auf der anderen Seite sind auch diese entstehenden Feuchtgebiete als Habitat für eine bestimmte Artenvielfalt ein Produkt beziehungsweise eine Folge des Ruhrbergbaus und der Veränderung unter der Erdoberfläche. Ein Teil des Volumendefizits, das die Bergsenkung mit verursacht hat, unterliegt einer ähnlichen Deutung, die z. B. in den Imagebroschüren oder Imagefilmen des Regionalverbands Ruhr oder der Ruhr Tourismus GmbH zum Ausdruck kommt. Die Halden werden als ‚grüne Oasen', als Orte für Freizeitaktivitäten und als Lebensraum für sämtliche Tier- und Pflanzenarten gewertet. Die Verbindung zwischen Bergsenkungen und Halden findet in der Regel keine Erwähnung.[20]

Nicht nur Bergsenkungen stellen ein allgegenwärtiges Risiko für die Region und die rund fünf Millionen dort lebenden Menschen dar. Auch der Umgang mit dem Grubenwasser bleibt weit über das Ende des Bergbaus hinaus ein Problem der Region. Das Grubenwasser ist, anders als die Bergsenkungen und Halden, unsichtbar und die von dem Grubenwasser ausgehende Gefahr wird kaum wahrgenommen oder thematisiert. Grubenwasser ist im Erdboden versickertes Regenwasser, das sich in den Schachtanlagen untertage ansammelt. Dadurch, dass es sich seinen Weg durch sämtliche Gesteinsschichten sucht, löst es aus diesen unter anderem Salze heraus. Das Grubenwasser weist jedoch nicht nur einen sehr hohen Salzgehalt auf, sondern es ist auch unter anderem mit giftigen und krebsauslösenden Polychlorierten Biphenylen (PCB) sowie Schwermetallen kontami-

17 Ebd., S. 48.
18 Göschl, Drei Landschaften (wie Anm. 14), S. 73–74.
19 Ganzelewski, Industrie und Rekultivierung, in: Farrenkopf/Göschl, Gras drüber (wie Anm. 14), S. 135–150, hier S. 145.
20 Exemplarisch dazu RVR, Halde Rheinelbe, <https://www.rvr.ruhr/themen/tourismus-freizeit/halden-landmarken/halde-rheinelbe> (1.9.2023); und Ruhr Tourismus, Halden im Ruhrgebiet, <https://www.ruhr-tourismus.de/echt-fotogen/halden-im-ruhrgebiet> (1.9.2023).

niert.[21] Es darf daher nicht mit dem Trinkwasser in Kontakt kommen. Die RAG-Stiftung lässt allerdings seit dem Ende der Steinkohlenförderung im Jahr 2018 ungenutzte Bergwerksstollen kontrolliert mit Grubenwasser fluten. Im Kern bedeutet dies, dass das Grubenwasser ansteigt und somit eine erhöhte Gefahr besteht, dass Oberflächengewässer und damit auch Trinkwasser belastet werden. Wenngleich die RAG-Stiftung postuliert, dass die oberste Priorität ihrer Grundwasserkonzepte der Trinkwasserschutz ist, gibt es zahlreiche kritische Stimmen, die Umweltprobleme befürchten, wie etwa der BUND Landesverband Nordrhein-Westfalen.[22]

Auch nach dem Ende des Steinkohlenbergbaus muss nach wie vor ein Teil des Grubenwassers an die Oberfläche gepumpt werden, da sonst Oberflächenwasser, das sich in höheren Schichten befindet, mit Grubenwasser verunreinigt wird. Hier drängt sich dann eine weitere (Umwelt-) Problematik als Folge des Ruhrbergbaus auf: Das sich in den alten Schachtanlagen ansammelnde überschüssige Wasser muss irgendwo hin gepumpt und abgeleitet werden. Die RAG-Stiftung leitet es kontrolliert in Oberflächengewässer, genauer gesagt in Fließgewässer, ein.[23] Der Ümminger See in Bochum wird von der Stadt Bochum als „beliebtes Naherholungsgebiet für Groß und Klein"[24] bezeichnet. Die Stadt Bochum hält einige Informationen auf ihrer Website bereit. Nach einigen Klicks auf der Website wird dargelegt, dass der See, der aus dem Harpener Bach gespeist wird, seit dem 18. Jahrhundert mit Grubenwasser verunreinigt wird.[25] Dass der Bach über einen sehr hohen Salzgehalt verfügt,[26] der wiederum auch den Ümminger See belastet, findet auf der Website keine Erwähnung. In der App Komoot, mit der etwa Wanderrouten, Fahrradtouren geplant oder bestehende Routen ausgewählt werden können, gibt es bemerkenswert viele, die rund um den Ümminger See führen. In den Kommentaren zu User-Bildern ist zu lesen, dass der See stets nach Schwefel rieche. Obwohl einige User wissen, dass Grubenwasser in den See

21 Ganzelewski, Bergbauentwicklung (wie Anm. 12), S. 91.

22 BUND Landesverband Nordrhein-Westfalen, Steinkohkenbergbau und Grubenwasser, <https://www.bund-nrw.de/themen/klima-energie/im-fokus/steinkohle-ewigkeitslasten/steinkohlenbergbau-und-grubenwasser/> (15.6.2023).

23 RAG, Grubenwasserkonzept, <https://www.rag.de/fileadmin/user_upload/02_Loesungen/01_Wasserhaltung/Flyer_Grubenwasser_V17_web.pdf> (15.6.2023).

24 Bochum Marketing GmbH, Ümminger See, <https://www.bochum-tourismus.de/bochum-entdecken/parks-und-gaerten/uemminger-see.html#c10294> (15.6.2023).

25 Ebd.

26 Stadt Bochum, Umwelt- und Grünflächenamt, Gewässergütebericht Bochumer Fließgewässer, Bochum 2013, <https://www.bochum.de/C125830C0042AB74/vwContentByKey/W29AJFVS764BOCMDE/$File/Gewaesserguetebericht_textteil.pdf> (14.6.2023), S. 33.

gelangt, wird dieser Umstand gleich wieder positiv konnotiert. So lassen sich unter der Karte mit der Route und Bildern der Landschaft Kommentare finden wie: „Schöne Teichlandschaft mit einer Vielzahl von Wildvögeln. Durch das Grubenwasser hat der Teich an manchen Stellen karibische Farben."[27] An anderer Stelle heißt es: „Die Harpener Teiche bieten aufgrund ihrer Wärme und Zusammensetzung eine erhaltenswerte Landschaft mit einer besonderen Artenvielfalt. Bisweilen riecht es etwas schwefelig".[28]

Schadstoffe gelangen nicht nur über das Grundwasser in die Gewässer, sondern sie befinden sich an früheren Industriestandorten auch in den Böden. Insbesondere an ehemaligen Kokereistandorten stellen Hinterlassenschaften in Form von Schadstoffen eine erhebliche Gefahr für die Gesundheit dar, unter anderem, weil gesundheitsgefährdende Substanzen ins Trinkwasser gelangen können. In den vergangenen 200 Jahren sind im Ruhrgebiet unzählige toxische Schadstoffe in den Boden gelangt. Dazu zählen etwa polyzyklische aromatische Kohlenwasserstoffe (PAK), Benzol, Tolul, Xylol, Polychlorierte Biphenyle (PCB) oder auch Mineral-Teerölschlammgemische.[29] Auf zahlreichen Industriebrachen wachsen leuchtend blau blühende Pflanzen, die den Eindruck einer Rückkehr der Natur auf die Industriebrachen suggerieren. Allerdings ist dieser blühende Gewöhnliche Natternkopf nicht unbedingt ein Zeichen dafür, dass sich der Boden erholt hat. Es handelt sich vielmehr um eine Pflanze, die ohne Probleme auf schwermetallbelasteten Industriebrachen wachsen kann. Wenn neben diesen Pflanzen kaum ein anderer Bewuchs derartige Gelände ziert, kann dies auch ein Zeichen für die anhaltende Belastung des Bodens sein.[30]

Die Belastung der Böden zeigt sich auch an bereits länger nicht mehr industriell genutzten Plätzen. Seit 1931 gibt es beispielsweise in Bochum die Kleingartenanlage Thiemannshof. Diese befindet sich auf dem Gelände der ehemaligen Zeche und Kokerei Engelsburg. In den Parzellen dieser Anlage ziehen sich ihre Pächter:innen gerne in die selbst gestalteten grünen Oasen zurück. Es ist nicht selten, dass ein solcher Kleingarten über Generationen hinweg in familiärer Hand bleibt und über einen entsprechend langen Zeitraum mit Obst und Gemüse, das zum eigenen Verzehr bestimmt ist, bewirtschaftet wird. Seit 2018 durften die Klein-

27 N. N., Harpener Teiche Blick (Kommentar vom 21.4.2023), in: Komoot, <https://www.komoot.de/highlight/138112> (14.6.2023).
28 N. N., Harpener Teiche Blick (Kommentar vom 22.1.2022), in: Komoot <https://www.komoot.de/highlight/138112> (14.6.2023).
29 Ganzelewski, Bergbauentwicklung (wie Anm. 12), S. 91.
30 N. N., Gewöhnlicher Natternkopf, in: NauraDB, <https://www.naturadb.de/pflanzen/echium-vulgare/> (14.6.2023).

gärtner:innen allerdings nicht mehr jedes Gewächs anbauen. Laut Presseberichten steht mittlerweile fest, dass der Boden der Kleingartenanlage mit PAK verseucht ist.[31] Nach über 90 Jahren wird diese Kleingartenanlage nun geschlossen. Zwar bemüht sich die Stadt, in Bochum Höntrop eine neue Kleingartenanlage zu erschließen, die Pächter:innen dürfen aber laut WDR aufgrund der Bodenverseuchung keinerlei Pflanzen mitnehmen.[32]

Der Ruhrbergbau hat die Landschaft in der Region – wie die dargelegten Beispiele belegen – auf vielfältige Weise verändert. Mit dem Ende des Steinkohlenabbaus verändert sich diese Landschaft nun erneut. Wenn von zwei temporären Phasen der Landschaftsveränderung ausgegangen wird, beschreibt die erste Phase, wie der Bergbau die Landschaft verändert hat. Diese Veränderungen unterliegen allgemein einer negativen Bewertung für Mensch und Natur. Sie lassen sich als vielfältige Form der Umweltzerstörung klassifizieren. Die zweite Phase ist dann jene, mit der seit einigen Jahren versucht wird, all das, was in der Zeit des aktiven umweltzerstörenden Steinkohlenabbaus geschehen ist, wiederherzustellen beziehungsweise auszubessern. Die Umweltzerstörungen und somit auch die des Habitats dieser Region mit all den negativen Folgen können nur mit großem Aufwand abgemildert werden. Ohne diesen enormen Aufwand wäre dieser Lebensraum für die dort ansässigen Menschen nicht mehr zu erhalten.

Das Ruhrgebiet befindet sich damit seit seinem Werden als Region in einem dauerhaften Wandel, der so facettenreich ist wie die dort lebenden Menschen. Auch in Zukunft wird diese Transformation nicht zum Erliegen kommen, sondern fortschreiten und weitere Veränderungen in sämtlichen Bereichen mit sich bringen. Bei einem Großteil der im Ruhrgebiet lebenden Menschen scheint die Vorstellung von ‚Natur' durch die schwerindustrielle Vergangenheit der Region geprägt zu sein. Möglicherweise haben die Menschen in dieser Region einen anderen Anspruch an Naturvorkommen als etwa die Bewohner:innen im Alpenraum. Sobald sich im Ruhrgebiet irgendwo etwas ‚Grünes' oder ‚Schönes' zeigt, scheint dies besondere Aufmerksamkeit auf sich zu ziehen. Folgen der Umweltzerstörungen durch den Ruhrbergbau werden oftmals positiv umgedeutet und als ‚natürlich' bezeichnet. Besonders ersichtlich wird dies am Beispiel des Ümminger Sees in Bochum, an dessen Ufer immer wieder Warnschilder aufgestellt werden,

31 Sabine Vogt, Giftboden, Kleingärtner machen Platz für Gewerbegebiet, in: WAZ, 2021, <https://www.waz.de/staedte/bochum/giftboden-kleingaertner-machen-platz-fuer-gewerbegebiet-id231801671.html> (14.6.2023).

32 N. N., Giftstoffe. Bochumer Kleingärtner müssen Gärten aufgeben, in: WDR, Lokalzeit Ruhr 3.6.2022, <https://www1.wdr.de/nachrichten/ruhrgebiet/kleingartenanlage-in-bochum-muss-umziehen-100.html> (14.6.2023).

die aufklären, dass sich in diesem See Grubenwasser befindet. Dennoch können oder wollen viele Menschen die offensichtlich als schön beziehungsweise ästhetisch wahrgenommene türkise Farbe des Wassers nicht mit negativen Umweltfolgen des Ruhrbergbaus assoziieren. Diese zum Teil verklärte Naturvorstellung der Menschen im Ruhrgebiet und auch externer Besucher:innen, die auf ein stark idealisiertes Bild von der Region beruht, drückt sich wiederkehrend in gängigen Narrativen aus, die von einzelnen Akteur:innen noch zusätzlich bekräftigt werden. Der Regionalverband Ruhr hebt etwa hervor: „Die Natur hat diese Standorte nach der Schließung der Betriebe und der Sanierung der Flächen überraschend schnell zurückerobert".[33]

Wie bereits erwähnt: Wann immer der Mensch in die Natur eingreift, verändert sich diese. Diese Prozesse können nicht ungeschehen gemacht werden. Die Natur im Ruhrgebiet, seit einigen Jahren auch ‚Industrienatur' genannt, ist eine höchst anthropomorphe Form von Natur, die mit Ursprünglichkeit wenig zu tun hat. ‚Industrienatur' ist eher als ein Produkt der jahrelangen Umweltzerstörungen zu betrachten.[34] Dies bedeutet nicht, dass sie nicht als erhaltenswert und wertvoll zu bewerten ist, jedoch kann der historische Kontext, aus dem heraus sie entstanden ist, nicht außer Acht gelassen werden. Die Folgen der Zerstörung werden vor allem mittels wachsender, blühender sich durchaus ausdifferenzierender Natur häufig unkritisch ins Positive gekehrt, wie die ausgeführten Beispiele gezeigt haben. Anders formuliert: Die Folgen der Naturzerstörung durch den Ruhrbergbau werden als ‚Industrienatur' positiv geframt. Die Umweltfolgen, die auch als Ausdruck einer gebrechlichen Natur, an der jahrzehntelang Raubbau betrieben wurde, gelten können, sind dennoch unübersehbar, sofern man dieser – vielleicht auch schmerzlich anmutenden – Perspektive Raum gibt. Dem großen Schreckgespenst einer krankenden Region, die überhaupt nur wegen ihres Rohstoffvorkommens erwachsen ist und aus deren Standortvorteil zugleich massive Probleme entstanden, wird ein Mantel mittels des Framings der ‚Industrienatur' übergestülpt, wodurch etwas Negatives ins Positive gekehrt wird.

33 RVR, Route Industrienatur, <https://www.umweltportal.rvr.ruhr/naturerlebnisorte/route-industrienatur/> (15.6.2023).

34 Pia Eiringhaus, Industrie wird Natur. Postindustrielle Repräsentationen von Region und Umwelt im Ruhrgebiet, Bochum 2018, S. 20.

4. Fazit und Ausblick

Was bleibt fünf Jahre nach dem Ende der Steinkohlenförderung in der Bundesrepublik von der Kohle in Nordrhein-Westfalen? Wie hat die Steinkohle das Ruhrgebiet und damit das Land geprägt? Welchen Schatten werfen die Fördergerüste auch heute noch auf Nordrhein-Westfalen? Blickt man auf den zur Stromerzeugung verwendeten Energiemix in Nordrhein-Westfalen, wird die langjährige hohe Bedeutung der Steinkohle auch im Jahr 2023 noch deutlich sichtbar. Der Anteil der Steinkohle an der Stromerzeugung ist in Nordrhein-Westfalen signifikant höher als in anderen Bundesländern, erneuerbare Energien spielen bisher kaum eine Rolle, Atomkraftwerke finden sich in der Region nur in Form ihrer stillgelegten Relikte. Die Steinkohlekraftwerke hingegen sind keine reinen Überbleibsel aus Zeiten, in denen in Nordrhein-Westfalen das bedeutendste Steinkohlenrevier Westeuropas zu finden war. Noch im 21. Jahrhundert wurden im Ruhrgebiet neue Steinkohlenkraftwerke gebaut. Drei der insgesamt sieben nach der Jahrtausendwende in der Bundesrepublik in Betrieb genommenen Steinkohlenkraftwerke stehen im Ruhrgebiet.[35] Die benötigten Steinkohlen werden importiert, hierfür wird auf die Infrastruktur der montanindustriell geprägten Zeit des Ruhrgebiets, wie Kanäle und Kohlehäfen, zurückgegriffen. Zu den Steinkohlenkraftwerken gesellen sich auch Kraftwerke, die sich anderer Energieträger zur Stromerzeugung bedienen, jedoch ihrerseits häufig an Standorten entstanden, die bereits zuvor Kraftwerksstandorte waren. Ähnliche Pfadabhängigkeiten ließen sich auch für auf Steinkohle basierende Industrien aufzeigen. Thyssen Krupp baute am Standort des Schwarzen Riesen in Duisburg einem mit Steinkohlenkoks befeuerten Hochofen, eine Direktreduktionsanalage, die perspektivisch vollständig mit Wasserstoff betrieben werden soll, jedoch übergangsweise Erdgas nutzt.[36]

Neben den industriellen Pfadabhängigkeiten bleiben im Ruhrgebiet jedoch auch Umweltschäden. Zu nennen sind hier verseuchte Böden und Gefahrenherde für Infrastruktur und menschliche Gesundheit, wie etwa Bergsenkungen oder das Grubenwasser. Interessant ist, dass die häufig glorifizierte industrielle Vergangen-

35 Pia Eiringhaus, Industrie wird Natur. Postindustrielle Repräsentationen von Region und Umwelt im Ruhrgebiet, Bochum 2018, S. 20; Bundesnetzagentur, Kraftwerksliste Bundesnetzagentur, <https://www.bundesnetzagentur.de/DE/Fachthemen/ElektrizitaetundGas/Versorgungssicherheit/Erzeugungskapazitaeten/Kraftwerksliste/start.html> (30.6.2023).

36 Anna Deschke, Thyssenkrupp Steel investiert in Wasserstoff-Anlage, in: WDR, 1.3.2023, <https://www1.wdr.de/nachrichten/ruhrgebiet/wasserstoff-statt-koks-und-kohle-100.html> (30.6.2023).

heit kaum Raum lässt für eine kritische Diskussion über den Umgang mit den negativen Folgen des Steinkohlenbergbaus an der Ruhr. Wünschenswert wäre es, wenn sich Akteur:innen wie zum Beispiel der Regionalverband Ruhr oder die RAG-Stiftung, welche diese populären Narrative mitgestalten, gegenüber einer Multiperspektivität, die auch kritische Stimmen hervorbringen kann, öffnen würden, um mehr Transparenz vor allem hinsichtlich der Umweltfolgen des Ruhrbergbaus zu schaffen. Der Schatten, den die Fördergerüste in verschiedene Richtungen werfen, ist lang und wird die Region und damit auch das Land Nordrhein-Westfalen auf ewig prägen.

Alexandra v. Künsberg und Philipp Wunderlich

Teile und herrsche?

Historische Unwuchten und die Frage, wie alte Konflikte der Stromwirtschaft in Nordrhein-Westfalen die Gegenwart prägen

1. Einleitung

Nicht nur die jüngsten Entwicklungen rund um den Atomausstieg und die Entwicklung hin zu mehr erneuerbaren Energien zeigen, dass sich in der Ausgestaltung der Energiewirtschaft in Deutschland gesellschaftliche Konflikte manifestieren. Das Charakteristikum der Konflikte zeichnet die deutsche Energiewirtschaft konstant in der Vergangenheit aus. Einige dieser Auseinandersetzungen aus der Vergangenheit wirken bis in die Gegenwart hinein und sind für die heute Versorgungswirtschaft damit quasi profilgebend.

Dieser Aufsatz konzentriert sich auf Konflikte innerhalb der Stromwirtschaft in Nordrhein-Westfalen die sich bis heute nachzeichnen lassen, insbesondere an den ehemaligen Demarkationsgrenzen der Versorgungsgebiete der Stromversorger. Dabei wird ein Zeitraum der Geschichte der Stromwirtschaft in Deutschland ausgehend von der erstmaligen Inkraftsetzung des Energiewirtschaftsgesetzes (EnWG) im Jahr 1935 bis heute betrachtet.[1] Dieser Zeitraum lässt sich in drei Perioden einteilen, die jeweils einen sehr unterschiedlichen Charakter zeigen und die wir kurz vorstellen werden. Im zweiten Abschnitt wird darauf eingegangen, inwiefern konkret die regulatorischen Rahmenbedingungen als Treiber für Konflikte innerhalb der Stromwirtschaft in Nordrhein-Westfalen fungiert haben könnten. Das darauffolgende Kapitel thematisiert, inwiefern Konsolidierungstendenzen mehrerer Akteure innerhalb der Stromwirtschaft als Lösung für die Konflikte dienen können. Erläutert wird dies am Beispiel von E.ON und RWE, zwei der größten Unternehmen am Markt in Nordrhein-Westfalen und überhaupt in Deutschland. Die jüngste Vergangenheit demonstriert eindrucksvoll, wie

1 Energiewirtschaftsgesetz, RGBl. 1935 I S. 1451= BGBl. III S. 752–1. Siehe auch die Präambel des Gesetzes.

Geschichte im Westen (GiW) 38 (2023), S. 117–130

eine Differenzierung entlang der Wertschöpfungskette wettbewerbliche Auseinandersetzungen für die großen Energieversorgungsunternehmen lösen kann. Denn im Gegensatz zu der „alten Welt", in der es nachhaltig erschien, innerhalb der eigenen Demarkationsgrenzen ein vollintegrierter Versorger zu sein, zeigt die „neue Welt", warum eine Spezialisierung auf die (eigenen) komparativen Kostenvorteile betriebs- und volkswirtschaftlich sinnvoll ist. Die gewählten Geschäftsmodelle werden in unserem Beispiel auch am Kapitalmarkt bewertet, wie dargelegt wird.

2. Phasen in der Geschichte der Stromwirtschaft

Bezogen auf die Treiber der Konflikte innerhalb der Energiewirtschaft – auch und besonders in Nordrhein-Westfalen, in dem sich zwei der größten Energieversorgungsunternehmen tummeln – lässt sich der hier dargestellte Betrachtungszeitraum in drei Perioden einteilen: Die erste Periode ist charakterisiert durch die Abwesenheit von Wettbewerb. Sie reicht von der bereits genannten Verabschiedung des EnWG bis zur Liberalisierung des Strommarktes im Jahr 1998, welche als weitreichender Einschnitt angesehen werden kann. Dieser Zeitraum zeichnet sich vor allem durch Persistenz der vorherrschenden Regulatorik aus. Inwiefern dies als Resultat erfolgreicher Interessenpolitik angesehen werden kann, wird im nächsten Abschnitt detaillierter beschrieben. Zusammenfassend lässt sich aber sagen, dass die jahrzehntelang stabilen Erträge aufgrund der Monopolstellung der jeweiligen Unternehmen natürlich auch im Interesse der, meist kommunalen, Anteilseigner lagen.

Die zweite Periode beginnt mit der Liberalisierung des Strommarktes im Jahr 1998. Diese erfolgte vornehmlich auf Druck der Europäischen Union und ihrer Wettbewerbsvorschriften und löste eine Welle der Konsolidierung innerhalb der Branche aus. In gewisser Weise hat dies zur Auflösung einiger Konflikte beigetragen. Näheres wird im folgenden Kapitel anhand der zwei größten Energieunternehmen in Nordrhein-Westfalen, nämlich die Rheinisch-Westfälische Elektrizitätswerke AG (RWE) mit Sitz in Essen und die Vereinigten Elektrizitätswerke Westfalen (VEW) mit Sitz in Dortmund, erläutert.

Die dritte Periode bezieht sich auf die jüngste Vergangenheit, welche bekanntlich durch große energiepolitische Umwälzungen wie den Atom- und Kohleausstieg sowie den russischen Angriffskrieg gegen die Ukraine gekennzeichnet ist. All diese Entwicklungen führten bei zahlreichen Akteur:innen zu Veränderungen der Geschäftsmodelle und insbesondere zu Differenzierung entlang der Wertschöpfungskette der Versorgungswirtschaft. Diese umfasst einer-

Wie die Unwucht der früheren Stromriesen in die Gegenwart nachwirkt

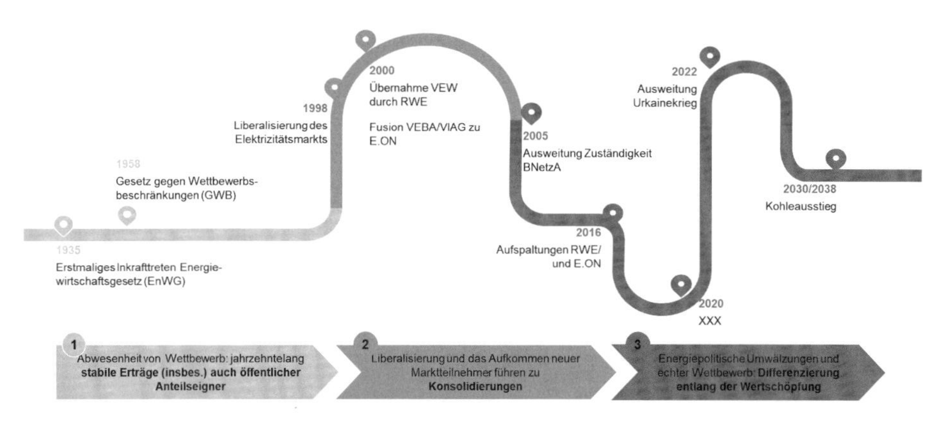

Abb. 1: Phasen in der Geschichte der Stromwirtschaft in Nordrhein-Westfalen (Eigene Analyse und Darstellung, nicht maßstabsgetreu).

seits die traditionellen Stufen der Rohstoffgewinnung, der Erzeugung, des Transports und der Verteilung. Andererseits mittlerweile auch die Speicherung von Energie, den Energiehandel and der Börse und sämtliche Geschäftsmodelle, die sich an die reine Verteilung an Endkunden (industrielle und private) anschließen. Man spricht hierbei von den Geschäftsmodellen „Behind the Meter", weil sie sich im direkten messbaren Energieverbrauch abspielen, wie z. B. Energieeffizienzlösungen. Diese Differenzierung entlang der Wertschöpfung steht im Gegensatz zum vorherigen Ansatz, die komplette Wertschöpfungskette innerhalb eines Unternehmens vertikal und horizontal integriert abzudecken. Daraus lassen sich weitreichende Konsequenzen für das Wettbewerbsumfeld im deutschen Energiemarkt ableiten, welche im letzten Kapitel thematisiert werden.

Abbildung 1 zeigt die drei Phasen und verortet die wesentlichen Ereignisse, die relevante Zäsuren darstellen und gleichermaßen Ausdruck der jeweiligen Konflikttypen sind, die jede der drei Phasen spezifisch kennzeichnen.[2]

2 Diese Phaseneinteilung bezieht sich allein auf den Aspekt der Konfliktforcierung, sie ist nicht zu verwechseln mit der Einteilung der Debatte zur Deregulierung des Energiemarktes in drei zeitliche Abschnitte. Siehe hierzu Alexandra von Künsberg, Vom „Heiligen Geist der Elektrizitätswirtschaft". Der Kampf um die Regulierung der Stromwirtschaft in der Bundesrepublik Deutschland (1950–1980), Berlin 2012.

3. Regulierung als Konflikttreiber

Ein wesentlicher Konflikttreiber der ersten Periode war die fast völlige Abwesenheit von Wettbewerb. Jedes Energieversorgungsunternehmen besaß ein regionales Monopol, manifestiert und legitimiert im Demarkationsgebiet, explizit ausgenommen von den Regelungen des Gesetzes gegen Wettbewerbsbeschränkungen.[3]

Die öffentliche Hand[4] hatte an der Versorgung den größten Anteil. Mitte der 1960er Jahre waren private Versorgungsunternehmen nur mit 7,6 Prozent an der Gesamtproduktion von Strom beteiligt. Auch der Anteil der Gemeinde- und Stadtwerke lag nicht höher als rund 15 Prozent. Zwar wurde der Großteil der Stromerzeugung von Elektrizitätsversorgungsunternehmen mit eigener Rechtspersönlichkeit erbracht. Allerdings befanden sich diese in öffentlichem bzw. gemischtwirtschaftlichem Besitz. Werden die 176 Unternehmen in öffentlicher und gemischtwirtschaftlicher Trägerschaft genauer betrachtet, wird deutlich: Nur bei 20 Unternehmen lag die Beteiligung der öffentlichen Hand (v. a. kommunalen Anteilseigner) unter 50 Prozent, 13 von diesen waren allerdings Tochterfirmen der RWE AG, deren Besitzverhältnisse selbst wiederum durch eine 70-prozentige Beteiligung kommunaler Körperschaften charakterisiert war.[5] Akteur:innen mit einem kommunal-öffentlichen Hintergrund kontrollierte damit über 80 Prozent der Erzeugung und rund 70 Prozent der Abgabe an Endabnehmer:innen.[6] Der öffentlichen Hand war es damit möglich, nachhaltig kommunalen Interessen zu wahren. Gewinne und Konzessionsabgaben als Einnahmequellen der Kommunen waren direkt an die Bruttowertschöpfung geknüpft. Stieg diese, stiegen auch die Konzessionsabgaben. Jedoch führten sich widerstreitende Interessen auf verschiedenen Ebenen der kommunalen Anteilseigner mit zu den prägendsten Konflikten dieser Zeit, wie sich eindrucksvoll am Beispiel der RWE AG und VEW AG zeigt.

3 § 103 GWB; vgl. Hans-Ulrich Evers, Das Recht der Energieversorgung, Baden-Baden 1983, S. 200; Helmut Gröner, Die Ordnung der deutschen Elektrizitätswirtschaft, Baden-Baden 1975, S. 338.

4 In diesem Aufsatz umfasst der Begriff alle Akteur:innen, die einen kommunalen, manchmal landes- oder bundesrechtlichen Hintergrund haben, hier v. a. kommunale Anteilseigner:innen von Versorgungsunternehmen, aber auch Vertreter:innen von Landeswirtschaftsministerien.

5 Dieter Eckstein, Die wirtschaftliche Betätigung der öffentlichen Hand im Bergbau und in der Elektrizitätswirtschaft der Bundesrepublik Deutschland, Stuttgart 1966, S. 40–57.

6 Klaus Stern/Günter Püttner, Die Gemeindewirtschaft – Recht und Realität. Zum staats- und kommunalwirtschaftlichen Standort der kommunalen Wirtschaft, Berlin 1965, S. 41, nach VDEW-Statistik für das Jahr 1962.

Die RWE war in dieser Periode einer der stärksten Akteure im Markt, für Nordrhein-Westfalen gilt dies im Wesentlichen bis heute. Tabelle 1 zeigt für Mitte der 1970er Jahre die größten Stromversorgungsunternehmen (Elektrizitätsversorgungsunternehmen, ElVU) bezogen auf Ihren Anteil an der Versorgung von Endabnehmer:innen, getrennt nach Sonder- und Tarifabnehmern.[7] Unangefochten an Rang eins steht die RWE AG., die rund ein Drittel der Sonderabnehmer:innen versorgte und immerhin noch rund 15 Prozent der (privaten) Tarifabnehmer:innen.

Tab. 1: Marktmacht und -konzentration in der Stromversorgung

Rang (1974)	Stromversorgung (in %)	
der ElVU nach ihrer Größe	Sonderabnehmer	Tarifabnehmer
1	27,1	14,5
1–3	36,7	23,3
1–10	51,4	40,2

Quelle: Eigene Darstellung nach Monopolkommission, Hauptgutachten 1973/1975, Baden-Baden 1977, S. 389, nach Angaben der VDEW-Statistik für das Jahr 1974.

Die beobachtbaren Preisunterschiede zwischen den einzelnen Versorgungsgebieten waren über ganz Deutschland betrachtet durchaus signifikant,[8] wie etwa zwischen Schleswig-Holstein und Nordrhein-Westfalen. Hier liefert die damalige Ausprägung der spezifischen Kosten als primärer Preiseinflussfaktor, also die Versorgungs- bzw. Besiedlungsdichte, der Anteil an industriellen Stromverbraucher:innen usw., die Erklärung für die Preisdifferenzen. Insbesondere an den Demarkationsgrenzen trat ein starkes Preisgefälle auf. Sonderabnehmer:innen beschwerten sich in den 1960er und 1970er Jahren regelmäßig über diese Tatsache und versuchten darauf hinzuwirken, sich hier vom Zwang der Demarkation lösen und den Versorger frei wählen zu dürfen. In der Folge stellte die Preisaufsichtsbehörde einen umfassenden Vergleich zwischen beiden Unternehmen an, um Kosten- und Erlösstruktur zu analysieren.[9] Tabelle 2 zeigt einmal für das Jahr 1962

7 Tarifabnehmer:in umfasst alle Verbraucher:innen, die eine regelmäßige Verbrauchskurve kennzeichnet und die deswegen innerhalb eines Tarifvertrages beliefert werden, v. a. private Haushalte und kleinere Dienstleistungs- und Gewerbekund:innen. Sonderabnehmer:in meint v. a. große Unternehmen mit wenig standardisierten Lastkurven.

8 Vgl. Tabelle 2.

9 Die folgenden Ausführungen beziehen sich im Wesentlichen auf die Archivbestände des Landesarchives Nordrhein-Westfalen, Abteilung Rheinland, Duisburg [LAV NRW R], NW 500 Nr. 124: Kosten- und Erlösuntersuchung der RWE für die Geschäftsjahre

die durchschnittlichen Strompreise in den alten Bundesländern je nach Abnehmer:innengruppe. Deutlich zu erkennen ist das Preisgefälle, mitunter von rund zwei bis drei Kilowattstunden, das es zwischen den einzelnen Ländern gab. Zusätzlich zeigt die Tabelle die Preisdifferenz zwischen den beiden westdeutschen Platzhirschen RWE und VEW. Diese Differenz war genauso groß, wie im Durchschnitt zwischen den beiden Bundesländern Schleswig-Holstein und Nordrhein-Westfalen. Das mag auf den ersten Blick überraschen, waren doch RWE und VEW beides nordrhein-westfälische Unternehmen und sollten ähnliche Preisstrukturen für ihre Kund:innen aufweisen. Abnehmer:innen mussten dies nachvollziehbarer Weise als Kostennachteil wahrnehmen. Jedoch bemühten sich die institutionellen Landesaufsichtsbehörden, Preise nachzuhalten, die den jeweils unterschiedlichen Strukturen innerhalb der Demarkationsgrenzen Rechnung trugen.

Tab. 2: Durchschnittliche Strompreise in den alten Bundesländern in Pf/kWh 1962

	Wieder-verkäufer:innen in Pf/kWh	Industrielle Sonder-abnehmer:innen in Pf/kWh	Allg. Tarif-abnehmer:innen in pf/kWh
Schleswig-Holstein	7,15	9,65	16,48
Hamburg	6,10	9,09	14,02
Niedersachsen	6,67	8,88	15,01
Bremen	7,66	9,22	15,89
Hessen	6,26	9,02	15,35
Rheinland-Pfalz	5,77	6,75	15,46
Baden-Württemberg	5,59	8,52	15,30
Bayern	5,41	6,88	17,14
Saarland	5,59	6,50	15,79
Nordrhein-Westfalen	5,22	6,44	14,20
VEW 1962	7,01	7,21	15,78

1960–1964; ebd., NW 500 Nr. 128, analog für VEW; ebd., NW 500 NW 132: Synopse der Ergebnisse beider Erhebungen.

	Wieder-verkäufer:innen in Pf/kWh	Industrielle Sonder-abnehmer:innen in Pf/kWh	Allg. Tarif-abnehmer:innen in pf/kWh
RWE 1961/62	5,14	5,25	12,67
VEW 1963	7,57	7,08	15,26
RWE 1962/63	4,73	5,13	12,25

Quelle: Eigene Darstellung nach LAV NRW R, NW 500 Nr. 132: Synopse der Ergebnisse der Kosten- und Erlösuntersuchung in der Elektrizitätsversorgung, VEW und RWE, 12.10.1964, S. 48.

Hierbei war die Kostenstruktur (als vermeintliches Wiederbild der Versorgungsstruktur) die führende Determinante der Preisbeurteilung durch die Aufsichtsbehörden. Seit den späten 1960er Jahren wurde dann nicht mehr die Kostenstruktur, sondern der sogenannte „als-ob-Wettbewerb“ als primäres Kriterium für Tarifpreisfestsetzung bei industriellen Abnehmer:innen definiert.[10] Bei RWE und VEW handelt es sich um zwei der historisch größten Energieversorgungsunternehmen in Nordrhein-Westfalen. Der Hauptsitz von RWE befindet sich in Essen, der von VEW in Dortmund. Die Demarkationsgrenze der Versorgungsgebiete beider Unternehmen verläuft somit quer durch Nordrhein-Westfalen. Die RWE AG konnte für ihre Sonderabnehmer:innen die Kilowattstunde Strom um ganze zwei Pfenning günstiger anbieten als die VEW AG. Bei den Tarifabnehmer:innen waren es sogar drei Pfennig Differenz. Der Unterschied der Preise zwischen diesen beiden Unternehmen lässt sich durchaus nachvollziehen, wenn die Versorgungsstruktur beider Demarkationsgebiete miteinander verglichen wird.

Schon der Vergleich der Größe des Versorgungsgebietes beider Unternehmen zeigt, dass das der RWE in Gesamtdeutschland mit rund 24.500 Quadratkilometern etwa doppelt so groß ist wie das der VEW mit 11.700 Quadratkilometern. Wird nun der Blick allein auf Nordrhein-Westfalen gerichtet, liegen beide Unternehmen bezüglich ihres Versorgungsgebietes etwa gleich auf. Hierbei ist festzuhalten, dass die VEW ausschließlich in Nordrhein-Westfalen tätig war.

10 Kritisch dazu äußerten sich u. a. Robert Knöpfle, Zulässigkeit und Eignung des Maßstabes des Als-ob-Wettbewerbs für die Missbrauchsaufsicht über Versorgungsunternehmen, Frankfurt a. M. 1975; Bodo Börner, (Hg.), Die kartellrechtliche Missbrauchsaufsicht, Düsseldorf 1977.

Tab. 3: Gegenüberstellung der jeweiligen Demarkationsgebiete von RWE und VEW

	RWE AG 1963	VEW AG 1963
Größe Versorgungsgebiet Deutschland	24.453 km²	11.673 km²
Größe Versorgungsgebiet in NRW	10.294 km²	11.673 km²
Stromabgabe in NRW	17,9 TWh	5,9 TWh
Anzahl Kund:innen in NRW	1.584.000	862.000
Preisniveau Tarifabnehmer:innen	12,25 Pf/kWh	15,26 Pf/kWh
Preisniveau Sonderabnehmer:innen	5,13 Pf/kWh	7,09 Pf/kWh

Quelle: Eigene Darstellung nach LAV NRW R, NW 492 Nr. 656: Vergleich der Versorgungsverhältnisse RWE/VEW, und NW 500 Nr. 128.

Im Gegensatz zur absoluten Größe des Versorgungsgebiets war die Stromabgabe und die Anzahl der Kunden allerdings nicht gleich verteilt. RWE konnte im Jahr 1963 insgesamt 17,9 Terawattstunden (TWh) absetzen, davon 14,8 TWh an industrielle Sonderabnehmer:innen. Die Stromabgabe der VEW lag lediglich bei 5,9 TWh. In Kombination mit dem etwa gleich großen Versorgungsgebiet spricht dies für eine deutlich höhere Versorgungsdichte seitens RWE. Dies lässt sich bei einem Blick auf die geografische Verortung der Versorgungsgebiete auch gut erklären: Während RWE das dicht besiedelte, stark industrialisierte Ruhrgebiet abdeckt, gehören zum Demarkationsgebiet der VEW viele ländlich geprägte und dünner besiedelte Bereiche im östlichen Teil des Bundeslandes.

Des Weiteren lohnt sich ein Vergleich der jeweiligen Preisstrukturen. Die VEW lag sowohl für Sonderabnehmer:innen als auch bei Tarifabnehmer:innen preislich deutlich über der RWE und auch über dem nordrhein-westfälischen Durchschnitt. Neben der Versorgungsdichte spielte hierbei auch die Verwendung unterschiedlicher Inputfaktoren zur Stromerzeugung eine Rolle (Braunkohle vs. Steinkohle). Die VEW wies damit in zwei wesentlichen Faktoren eine schlechtere Kostencharakteristik auf. Dieser Unterschied führte an den Demarkationsgrenzen zu signifikanten Preisdifferenzen in Gebieten, die nur wenige Kilometer voneinander entfernt lagen. Diese Situation war bei der im Zuge der Liberalisierung entstehenden Konsolidierung von besonderer Relevanz.

Zwar gab es aus übergeordneter volkswirtschaftlicher Perspektive heraus keine Anhaltspunkte, dass signifikante und volkswirtschaftlich nachteilige Monopolgewinne abgeschöpft wurden. Für Nordrhein-Westfalen manifestierte sich aber zwischen der RWE und der VEW das gesamte Konfliktpotenzial, das die Abwesenheit von Wettbewerb in sich trug. In meterlangen Archivunterlagen im Landesarchiv in Duisburg zeigt sich, wie vehement die Sonderabnehmer:innen versuchten, bei den Aufsichtsbehörden eine Sondererlaubnis zu erwirken, um insbesondere an den Demarkationsgrenzen den Versorger frei wählen zu können.[11]

4. Konsolidierung als Konfliktlöser?

Im Jahr 1998 kam es auf Druck der Europäischen Union schließlich zur Liberalisierung des deutschen Strommarktes. Erstmals war es für ein Energieversorgungsunternehmen möglich, auch außerhalb des eigenen Versorgungsgebietes Kunden zu akquirieren. An den Demarkationsgrenzen führte dies dazu, dass RWE aufgrund seiner niedrigeren Preise viele bisherige VEW-Kund:innen für sich gewinnen konnte. Dieser Vorgang führte innerhalb von nur zwei Jahren zu einer signifikanten Schwächung der VEW, sodass sie im Jahr 2000 von RWE übernommen wurde. Diese Fusion war politisch gewollt, da seitens der Landespolitik ein Interesse an der Absicherung der niedrigeren Preise von RWE bestand.[12] Ein weiteres Beispiel für Konsolidierung in diesem Zeitraum ist die Fusion von VIBA und VEAG zur E.ON, welche ebenfalls im Jahr 2000 stattfand.

Als Zwischenfazit kann demnach festgehalten werden, dass die existierenden historisch gewachsenen Konflikte im Preisgefälle Ausdruck fanden und durch Konsolidierung in der zweiten Periode kurzfristig befriedet werden konnten. Der Liberalisierungsprozess erfolgte zunächst unbeholfen und zum Vorteil einzelner Unternehmen, bis es durch die Bundesnetzagentur im Zuge ihrer Zuständigkeitserweiterung zu einer „Regulierung der Deregulierung“ kam. Durch die Konsolidierungen entstanden auf diese Weise mit RWE und E.ON zwei Schwergewichte am Markt, die entlang der Wertschöpfungskette die gleichen Geschäftsmodelle abdeckten, nämlich alle Wertschöpfungsstufen zu bedienen von der Erzeugung bis hin zu Handel und Versorgung von Endabnehmern. Sie stehen demnach in direktem Wettbewerb zueinander.

Doch auch nach den großen Konsolidierungen nahm der Druck auf die Energiewirtschaft nicht ab. Politische Einflussnahme und öffentliche Diskussionen rund um den Klimawandel nahmen zu, gleichzeitig bestand und besteht hoher Preis- und Kostendruck. Auch kommunale Interessen in Bezug auf Konzessionsabgaben und Gewinnausschüttungen waren nicht zu vernachlässigen. Hinzu kam

11 Vgl. hierzu LAV NRW R, NW 500.

12 LAV NRW R, NW 500 Nr. 123: Internes Schreiben im Landeswirtschaftsministerium vom 17.3.1965; HK RWE AG, V 5 / 56, Punkt 5 im Protokoll der Vorstandssitzung VEW AG vom 26.2.1965.

eine hohe Kapitalintensität mit Notwendigkeit für langfristige Planungshorizonte und der Klimawandel, der eine schier unlösbare Mammutaufgabe darzustellen schien. Angesichts dieser immensen Herausforderungen zeichnete sich jedoch schon bald deutlich ab: Allein durch Konsolidierung konnten die Konflikte und einhergehende – auch volkswirtschaftliche – Ineffizienzen zwischen diesen beiden Unternehmen nicht gelöst werden. Das liegt an den Hauptcharakteristika, die diese Industrie kennzeichnen: die Netz- bzw. Leitungsgebundenheit und die damit einhergehende hohe Kapitalintensität bezüglich notwendiger Investitionen.[13] Zwar ist (konventionell immer noch meist leitungsgebundene) Energieversorgung Stand heute nicht über alle Wertschöpfungsstufen ein natürliches Monopol. Für das Transport- und Leistungsnetz, also die Verteilung des Stroms an die Verbrauer:innen, trifft dies aber zu. Dies wird als „Bottleneck“ bezeichnet, der Flaschenhals dient als Bild für den wesentlichen Engpass.[14]

5. Differenzierung entlang der Wertschöpfungskette

Sowohl RWE als auch E.ON entschieden sich im Jahr 2016 zu einer umfassenden Transformation ihrer Konzerne. Damit wurde die dritte Phase eingeläutet, quasi eine Rückbesinnung darauf, dass es sinnvoll sein konnte, individuelle komparative Kostenvorteile zu nutzen und damit das eigene Geschäftsmodell zu schärfen. Die beiden nordrhein-westfälischen Energieriesen, beide mit Hauptsitz in Nordrhein-Westfalen, waren bis zu diesem Zeitpunkt entlang der Wertschöpfungskette vollintegrierte (also alle Wertschöpfungsstufen abdeckende) Energieversorgungsunternehmen gewesen. Nun teilten sie jeweils ihre operativen Bereiche in zwei wesentliche Geschäftseinheiten, einen Bereich für konventionelle Erzeugung und Energiehandel (umgangssprachlich häufig als „alte Welt“ bezeichnet), und eine zweite Geschäftseinheit für die Stromerzeugung mit erneuerbaren Energien, Vertrieb und Netzbetrieb („neue Welt“).

Interessant ist, dass RWE sich dazu entschied, das Geschäft der „alten Welt“ in der etablierten Marke RWE zu belassen und mit der innogy eine Tochterfirma zu etablieren, deren Fokus auf Erzeugung aus erneuerbaren Energiequellen und die Entwicklung neuer Geschäftsmodelle entlang der erweiterten Wertschöpfungs-

13 Leonhard Müller, Handbuch der Elektrizitätswirtschaft. Technische, wirtschaftliche und rechtliche Grundlagen, Berlin 2001, S. 27.

14 Frank Bickenbach/Lars Kumkar/Rüdiger Soltwedel, Wettbewerbspolitik und Regulierung – die Sichtweise der Neuen Institutionenökonomik; in: Klaus F. Zimmermann (Hg.), Neue Entwicklungen in der Wirtschaftswissenschaft, Heidelberg 2002, S. 252.

kette Energiewirtschaft lag. Ein möglicher Hintergrund dieser Entscheidung ist die jahrzehntelang etablierte Verknüpfung der Marke RWE mit industrieller Produktion und konventioneller Erzeugungswirtschaft. Die Bündelung des „grünen" Geschäfts unter der Marke innogy ermöglichte es RWE demnach, dieses Geschäft ohne Vorbelastung zu betreiben. E.ON dagegen wählte den umgekehrten Weg. Das konventionelle Geschäft unter der neuen Marke Uniper wurde ausgliedert. Alles, was den Weg in die „neue Welt" ermöglichen und begleiten sollte, firmierte zukünftig unter E.ON. Dabei bedienten die beiden Energieriesen immer noch die komplette Wertschöpfungskette: RWE stand nun im Wettbewerb mit Uniper und E.ON mit innogy.

Dieser Zustand war allerdings nur von kurzer Dauer. Nur wenige Jahre später entschieden sich RWE und E.ON, innogy zu zerschlagen und gleichzeitig einen umfangreichen Tausch von Geschäftsbereichen durchzuführen. Mit der Einigung, die innogy unter sich aufzuteilen, gelang diesen beiden Schwergewichten der deutschen und nordrhein-westfälischen Energieversorgung ein regelrechter Coup. Die beiden Unternehmen entschieden, die Aufteilung der innogy-Geschäftsbereiche zur jeweiligen Schärfung des eigenen Geschäftsmodelles zu nutzen. RWE erhielt dabei das Erzeugungsgeschäft mit erneuerbaren Energien von innogy und von E.ON, während das Vertriebs- und Netzgeschäft von innogy an RWE übertragen wurde. Zusätzlich zahlte RWE einen Betrag von 1,5 Mrd. Euro und erwarb einen Anteil von 15 Prozent an E.ON. Damit wurde aus der RWE ein rein auf Erzeugung spezialisiertes Unternehmen, während die E.ON sich auf Vertrieb und Netze spezialisiert.

Diese Entwicklung kann grundsätzlich als eine Konsolidierung in Richtung eines komparativen Kostenvorteils angesehen werden: Es erfolgt eine Aufteilung entlang der Wertschöpfungskette mit dem Rational, den jahrzehntelangen Wettbewerb zu überwinden und die Geschäftsmodelle entlang der eigenen Kernkompetenz weiterzuentwickeln. Aus jahrzehntelangen Konkurrenten konnten jetzt entlang der Wertschöpfungskette sich ergänzende Marktakteure, quasi Partner, werden. Das drückt sich in den Beschreibungen zur Geschäftsstrategie in den Jahresberichten beider Energieversorgungsunternehmen ebenso deutlich aus, wie es sich in ihren Transaktionstätigkeiten widerspiegelt. Ein Teil dieser Transaktionstätigkeit ist allerdings in den Auflagen der Monopolkommission begründet, an deren Zustimmung die Zerschlagung der innogy geknüpft war.[15] Die beschriebenen Entwicklungen spiegeln sich auch in der finanziellen Geschäftsentwicklung der beiden Unterneh-

15 Siehe hier die Geschäftsberichte der RWE AG und E.ON SE aus den Jahren 2020 und 2021/22 (Quelle siehe Abbildung 2).

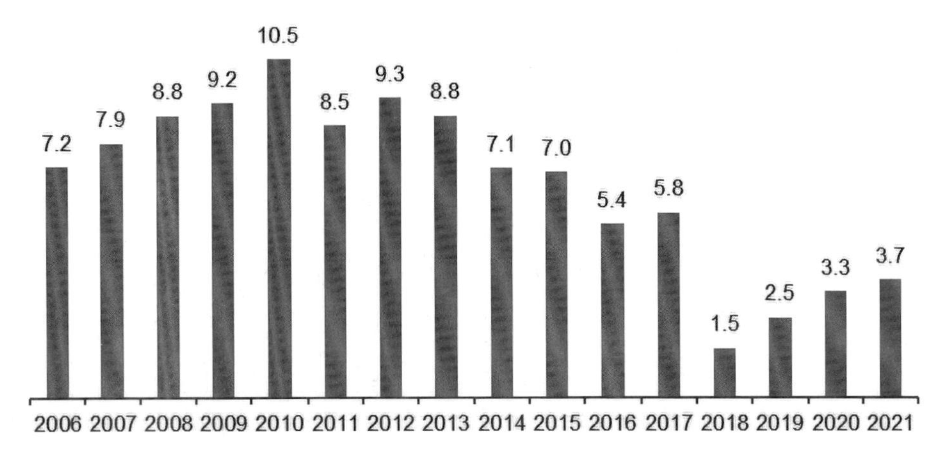

Abb. 2: EBITDA-Entwicklung RWE AG 2006–2021 (Geschäftsberichte RWE AG 2006 bis 2021, https://www.rwe.com/investor-relations/finanzkalendar-und-veroeffentlichungen/berichterstattung/).

men wider. Dies ist, dargestellt auf Basis des Ergebnisses vor Zinsen, Steuern und Abschreibungen (EBITDA), den Abbildungen 2 und 3 zu entnehmen.

Der Blick auf das Betriebsergebnis beider Unternehmen zeigt deutlich, dass auch nach der Zuständigkeitserweiterung der Bundesnetzagentur im Jahr 2005 steigende Gewinne erzielt werden konnten. Das hohe Margenniveau von 30 Prozent und höher aus den früheren Jahren konnte jedoch nicht mehr erreicht werden. Geänderte wirtschaftliche Rahmenbedingungen, wie etwa der 2011 beschlossene Atomausstieg und der erhöhte Investitionsbedarf, führten seit 2011 dann zu sinkenden Betriebsergebnissen. Nach Vollzug der Transformation und des innogy-Deals kann wieder ein steigendes EBITDA beobachtet werden. Die Differenzierung führte demnach seit 2018/2019 für beide Unternehmen zu steigenden Betriebsergebnissen.

Die beschriebene Spezialisierung beziehungsweise Differenzierung entlang der Wertschöpfungskette wirft die Frage auf, welche Geschäftsmodelle am Kapitalmarkt eher goutiert wurden und werden. Da es sich sowohl bei E.ON als auch bei RWE um börsennotierte Unternehmen handelt, liegt ein Vergleich auf der Hand. Abbildung 4 weist die Kursentwicklung beider Unternehmen seit der Ankündigung der Aufspaltung von innogy am 11. März 2018 bis zum März 2023 aus. Zunächst kann festgestellt werden, dass am eigentlichen Tag der Ankündigung eine überdurchschnittlich positive Reaktion der Aktienkurse beider Unternehmen, nämlich bei der RWE um plus 9 Prozent, und bei der E.ON um plus 5 Prozent, erfolgt ist. Dies ist ein starkes Indiz für eine grundsätzlich positive Wahrnehmung

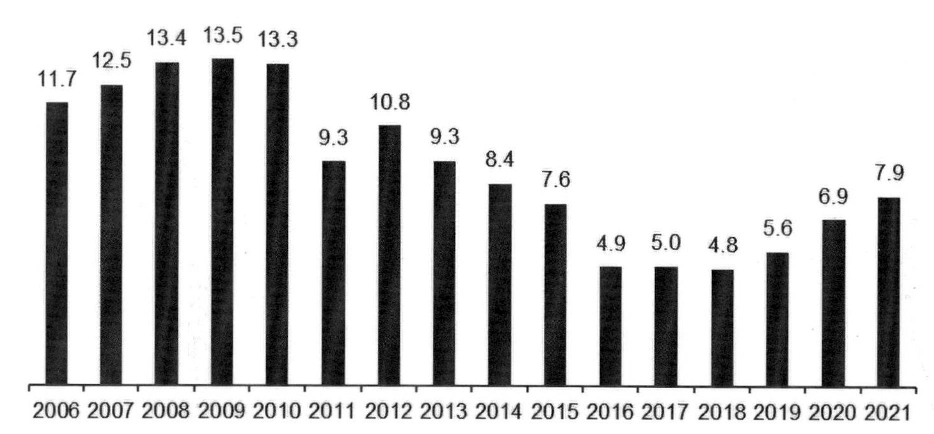

Abb. 3: EBITDA-Entwicklung E.ON SE 2006–2021, (Geschäftsberichte E.ON SE 2006 bis 2021, https://www.eon.com/de/investor-relations/finanzpublikationen/geschaeftsbericht/archiv).

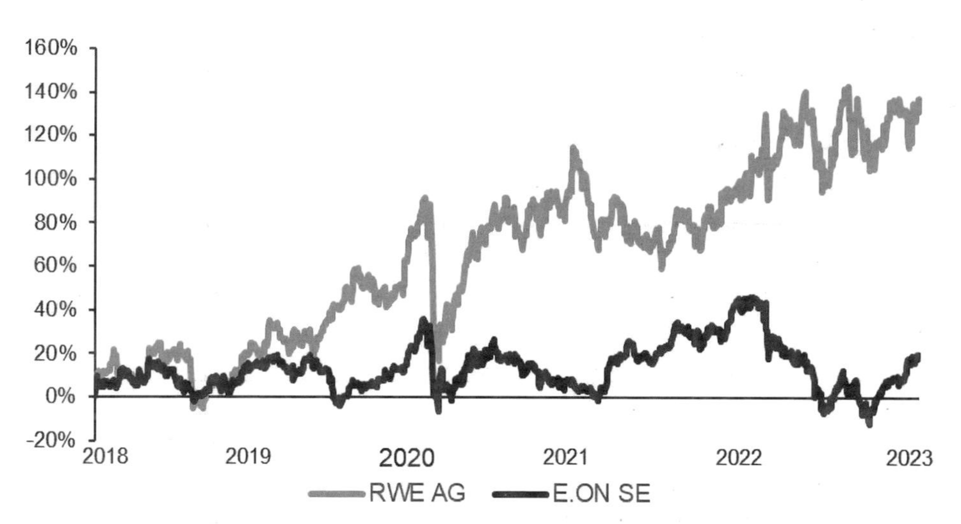

Abb. 4: Kursverlauf der Aktien der RWE AG und E.ON SE, 9.3.2018–27.1.2023 (Quelle: Kursdatenbank Yahoo Finance (https://finance.yahoo.com/quote/RWE.DE?p=RWE.DE&.tsrc=fin-srch, 30.1.2023).

dieser strategischen Spezialisierung beider Unternehmen im Wettbewerb. Über den gesamten Zeitraum hinweg lohnt es sich, nicht nur den absoluten Kursanstieg zu betrachten, sondern auch die unterschiedlich starke Ausprägung der Kapitalmarktreaktion, also die relative Wertsteigerung im Vergleich zueinander: Während

E.ON lediglich einen Kursanstieg von 20 Prozent zu verzeichnen hat, beträgt die Wertsteigerung bei RWE sogar 133 Prozent, also mehr als das Sechsfache. Diese Beobachtung spricht dafür, dass die Erzeugung von Strom von den Kapitalmarktteilnehmern im Vergleich zum Geschäftsmodell des (Endkunden-)Vertriebs und Netzbetriebs als das gewinnbringendere Geschäftsmodell gewertet wird.

Mögliche Gründe hierfür könnten die geringen Margen des Energievertriebsgeschäfts und die regulatorisch festgesetzte Höhe von Renditen im Netzbetrieb, verbunden mit einem hohen Investitionsbedarf in den kommenden Jahren infolge der Energiewende, darstellen. Die Stromerzeugung hingegen kann bei hohen Strompreisen und signifikant steigender Nachfrage, insbesondere nach regenerativ erzeugtem Strom, als weiterhin lukratives Geschäftsmodell betrachtet werden.

6. Fazit

Während die Stromwirtschaft in Nordrhein-Westfalen und Deutschland jahrzehntelang durch die Abwesenheit von Wettbewerb geprägt war, kam es unmittelbar nach der holprigen Liberalisierung der Energiemärkte in Deutschland zu einer Welle der Konsolidierung, die dadurch sehr zum Vorteil einzelner Unternehmen, wie beispielsweise der RWE, gereichte. Dies führte zu einer vermeintlichen Auflösung der Konflikte: Die RWE schluckte bzw. übernahm die VEW und sicherte dadurch ihre Vormachtstellung in Nordrhein-Westfalen und in ganz Deutschland. Diese Marktdominanz besteht bis heute.

Das Aufkommen neuer Marktteilnehmer:innen und energiepolitische Umwälzungen, wie der Kohleausstieg, führten schließlich zu intensiviertem Wettbewerb, was neue Konflikte hervorrief. Aufgelöst wurden diese diesmal allerdings nicht durch Konsolidierung, sondern durch Differenzierung: Es erfolgte eine Aufspaltung der großen Energieunternehmen nach dem Prinzip der komparativen Kostenvorteile. Die RWE fokussiert sich seitdem auf die Stromerzeugung, hier insbesondere auch mit Blick auf erneuerbare Erzeugung, und E.ON deckt die Bereiche Netze und Vertrieb entlang der Wertschöpfungskette ab.

Abschließend lässt sich sagen, dass frühere Unwuchten innerhalb der Stromwirtschaft in Nordrhein-Westfalen und Deutschland wohl bis heute nachwirken. Da Wettbewerb in dieser Branche über Jahrzehnte nicht existierte, konnte mit diesem lange nicht souverän umgegangen werden. Eine Lösung gelang über eine Differenzierung entlang der Wertschöpfungskette, was ein Indiz dafür ist, dass der Wettbewerb in der Stromwirtschaft angekommen ist. Aus bisherigen Konkurrenten werden auf diese Weise Partner. Für die Stromwirtschaft in Nordrhein-Westfalen gilt demnach bis heute das Prinzip „Teile und herrsche!“.

Joachim Radkau

Das deutsche Drama der Solarenergie

Zwischen Triumph und Tragödie

1. Ein Jahrhundert solarer Visionen: Von der Sahara bis nach Gelsenkirchen

Vorweg muss ich gestehen: Als ich dieses Thema wählte, hatte ich noch keine Ahnung davon, dass sich ausgerechnet Gelsenkirchen einst als Solarstadt zu profilieren suchte. Obwohl ich schon seit Jahren solarhistorische Recherchen betreibe, war mir zwar Freiburg als stolze deutsche „Solarhauptstadt“ vertraut,[1] zumindest als Solarmetropole im Werden, doch ausgerechnet auf Gelsenkirchen war ich noch nie gestoßen.[2] Darauf hat mich erst Daniel Schmidt hingewiesen, mir das von ihm mit herausgegebene Buch „Eine Geschichte des modernen Gelsenkirchen in 25 Objekten“ mit dem Kapitel „Solarpanel“ zugesandt und mich zugleich darauf aufmerksam gemacht hat, dass mein Vortragstitel „zwischen Triumph und Tragödie“ genau auf Gelsenkirchen passt.

Das Überraschende der zeitweiligen solaren Ambitionen Gelsenkirchens erkennt man nicht nur mit Rückblick auf das herkömmliche „Kohlenpott“-Image der Ruhrregion, sondern auch beim Rückblick auf die Solargeschichte, die als Geschichte der Visionen weit über hundert Jahre zurückreicht und dann in den 1970er Jahren einen Sprung erfährt. Es ist daran zu erinnern, dass die „Grenzen des Wachstums“ die längste Zeit der Geschichte eine Banalität waren und kein Bestsellerthema wie 1972; umso größer die Faszination der schier unendlichen Solarenergie! Dass die fossilen Energieressourcen begrenzt sind, war im Prinzip von Anfang an klar. Für die Sonnenkraft konnte man sich daher bereits zu einer

1 So die Kapitelüberschrift in: Gerd Stadermann, Das Notwendige möglich machen. Die solare Forschungswende in Deutschland, Wiesbaden 2021, S. 213.

2 Bei dem vorliegenden Beitrag handelt es sich um die überarbeitete Fassung des auf der wissenschaftlichen Jahrestagung des Brauweiler Kreises im Wissenschaftspark Gelsenkirchen am 3.3.2023 gehaltenen Vortrags des Verfassers.

Geschichte im Westen (GiW) 38 (2023), S. 131–155

 ISSN 0930-3286

Zeit begeistern, als diese für Techniker und Technologen noch kein großes Thema war, eher ein diffuses Themenspektrum von der Wärme bis zum Wind.[3] Zwar hatte der französische Physiker Antoine Henri Becquerel bereits 1839 den „photoelektrischen Effekt“ entdeckt: die direkte Umwandlung von Sonnenlicht in Elektrizität; aber lange Zeit wussten weder Wissenschaft noch Technik damit viel anzufangen. Der Siegeszug der Photovoltaik (PV) begann erst in der zweiten Hälfte des 20. Jahrhunderts und ist offenbar noch heute nicht am Ende.

Bereits August Bebel, der Gründervater und langjährige Vorsitzende der Sozialdemokratie, jubelt in seinem Bestseller „Die Frau und der Sozialismus“ (1909 schon in 50. Auflage), die Elektrizität sei eine unerschöpfliche Kraft der Natur, und schon gar die durch die Kraft der Sonne gewonnene werde dem Sozialismus zum Siege verhelfen, weshalb er sich – man staune! – sogar für eine Art von solarem Kolonialismus begeisterte; hier liegen Ursprünge des Desertec-Projekts, Strom aus der Wüste zu gewinnen, das bis in die Gegenwart Geschichte macht. Da lohnt sich ein längeres Bebel-Zitat:

> „Unter den in Anwendung kommenden motorischen Kräften dürfte die Elektrizität die entscheidende Rolle einnehmen. [...] Die revolutionierende Wirkung dieser gewaltigsten aller Naturkräfte wird die Bande der bürgerlichen Gesellschaft nur um so rascher sprengen und dem Sozialismus die Türe öffnen. [...] Die Elektrizität zeichnet sich vor jeder anderen Kraft dadurch aus, dass sie in der Natur im Überfluss vorhanden ist. [...] Einen Reichtum an Energie, der allen Bedarf weit übersteigt, bieten die Teile der Erdoberfläche dar, denen die Sonnenwärme, und zwar gerade dort größtenteils ungenutzt oder sogar lästig, so regelmäßig zufließt, dass mit ihr auch ein regelmäßiger technischer Betrieb durchgeführt werden kann. Vielleicht würde es keine übertriebene Vorsicht sein, wenn eine Nation sich schon jetzt einen Anteil an solchen Gegenden sicherte. Sehr große Flächen sind nicht einmal nötig; einige Quadratmeilen in Nordafrika würden für den Bedarf eines Landes wie das Deutsche Reich genügen. [...] Wenngleich unsere Ingenieure einstweilen noch nicht den Weg gefunden haben, diese riesenhafte Kraftquelle auszunutzen, so zweifle ich doch nicht, dass ihnen dies schließlich gelingen wird. [...] Dann werden die Zentren der Industrie in die glühenden Wüsten der Sahara verlegt

3 Dazu Gerhard Mener, Zwischen Labor und Markt. Geschichte der Sonnenenergienutzung in Deutschland und den USA 1860–1986, München 2000, besonders das Oberkapitel „Zwischen öffentlicher Euphorie und kritischen Experten: Wissenschaft und Sonnenenergienutzung“, S. 87–128.

werden […] Hiernach wäre die Sorge, dass es uns jemals an Heizstoffen fehlen könnte, beseitigt."[4]

Die deutsche Industrie in die Sahara – was wird dabei aus den Industriearbeitern, der Basis der SPD? Das scheint selbst Bebel in seiner solaren Begeisterung gleichgültig zu sein! Überdies fällt aus späterer Sicht auf, dass er ungeachtet seiner Faszination durch die Elektrizität offenbar nur die Nutzung solarer Wärme, die Solarthermie im Blick hat. Wie es scheint, kommt ihm noch nicht die Idee, durch Stromtrassen über das Mittelmeer die Solarenergie bis nach Deutschland zu leiten, sodass das Reich gar keine solare Kolonie in der Sahara braucht. Das ist zeittypisch, wie Gerhard Meners zeigt, sein großes Werk über die Solarenergie in Deutschland und in den USA von 1860 bis 1986 beginnt mit einem hundert Seiten langen Kapitel „Sonnenenergie als Kolonialtechnik" mit Schwerpunkt auf den Solarkollektoren.[5] Da in den Dampfmaschinen Kraft durch Hitze erzeugt wird, lag es vorerst nahe, Gleiches auch bei der Gewinnung von Energie aus der Sonne anzustreben. Bis heute sind warme Länder des Südens in der Solarenergie im Vorteil, sofern sie diese zu nutzen verstehen. Dennoch vermag auch die PV das oftmals diffuse Licht wolkiger nördlicher Regionen zu nutzen. Sie wurde in den 1950er Jahren für die Raumfahrt entwickelt und blieb – dazu passend – noch über Jahrzehnte astronomisch teuer.

Wie gelangte Gelsenkirchen dennoch im Laufe der 1990er Jahre zu seiner solaren Wende, sodass um 2000 sogar eine Stele „Solarstadt Gelsenkirchen" errichtet wurde? Dazu Daniel Böhmer: „Für die Bewältigung der Strukturkrise des Ruhrgebiets kam die Sonnenenergie gerade recht. […] Die einstige Bergbaustadt Gelsenkirchen, ‚Stadt der 1.000 Feuer' genannt, leitete einen Imagewechsel zur ‚Stadt der 1.000 Sonnen ein."[6] War das bloße Image-Strategie, oder gab es auch einen technischen Hintergrund? Von Daniel Schmidt erfuhr ich: Entscheidend war wohl dafür die hiesige Glasindustrie, wegen der Gelsenkirchen den Beinamen „Glasstadt" trug;[7] den ersten Anstoß dazu hatte die große Nachfrage nach Fensterglas im Wiederaufbau der Nachkriegszeit gegeben.[8] Auch auf die Bedeutung

4 August Bebel, Die Frau und der Sozialismus, 63. Aufl. Berlin 1946, S. 428–429.

5 Mener, Zwischen Labor (wie Anm. 3), S. 25–128.

6 Daniel Böhmer, Stele „Solarstadt Gelsenkirchen" um 2000, <https://industriemuseum.lvr.de/de/sammlung/sammlung_entdecken/energie___antrieb/stele_solarstadt/Stele_Solarstadt_Gelsenkirchen.html> (10.5.2023).

7 Hendrik Günther, Solarpanel, in: Alexander Kraus/Daniel Schmidt (Hg.), Eine Geschichte des modernen Gelsenkirchen in 25 Objekten, Essen 2016, 193–199, hier S. 195.

8 Ebd., S. 195.

von Glas für die Solartechnik war ich bisher in der Solarliteratur noch nie aufmerksam geworden; hat man diese hier überschätzt? „Solarglas“ ist ein stehender Begriff mit eigenem Wikipedia-Artikel, es ist von Fensterglas unterschieden.[9] Technologische Zusammenhänge der PV, der Solarzellen sind ein nicht nur technikhistorisch bedeutsames Thema. Ich möchte es daher auch hier wiederholt aufgreifen. Was war und ist da von besonderer Bedeutung: Verbindungen zur Computertechnik über das Silizium, das meistbevorzugte Material der Solarzellen; Verbindungen zur Nukleartechnik; oder vielmehr die Verbindung zum Glas, das beim Blick auf viele Solaranlagen mit als erstes auffällt? Wie wichtig ist dieser Konnex?

Dazu Hendrik Günther, damals Münsteraner Masterstudent im Fach Kulturpoetik: Das Glas schützt die Solarzellen „vor Wettereinflüssen, lässt dagegen das Sonnenlicht ungehindert durch“.[10] Der Wissenschaftspark Gelsenkirchen mit seiner gewaltigen Glasfassade sollte das solare Zentrum werden.[11] In den späten 1990er Jahren errichtete die Deutsche Shell AG in Gelsenkirchen-Rotthausen eine Solarzellenfabrik mit gewölbtem Glasdach, in dem sich unten grüne Natur, oben der Himmel spiegelt.[12] Im gleichen Jahr 1999, als die Fabrik eröffnet wurde, schloss bezeichnenderweise die letzte Kokerei. Selbst der sonst gegenüber Politik und Großindustrie zu Pessimismus neigende Wolf von Fabeck, Herausgeber der *Solarbriefe*, von denen noch zu reden sein wird, erklärte mir am 6. März 1998, die Solarzellenfabrik in Gelsenkirchen sei für ihn „größter Anlass zur Hoffnung“; und sie blieb dort auch nicht die einzige Solarfabrik. Zugleich wurde im Vorort Gelsenkirchen-Bismarck – ausgerechnet Bismarck! – eine Solarsiedlung errichtet; weitere Solarsiedlungen wurden geplant. Im Zuge der „Internationalen Bauausstellung Emscher Park“ (IBA), entstand der Wissenschaftspark Gelsenkirchen mit dem damals, so hieß es, weltweit größten Solarkraftwerk.[13]

Doch 2014 „Sonnenuntergang in Gelsenkirchen“ – so der Abschiedsruf von Stefan Laurin im Internet-Portal Ruhrbarone: Aus mit der „Solarstadt Gelsenkirchen“, mehr noch: Die solare Zukunft „ist hier schon lange Vergangenheit.“ Jetzt heißt es sogar: „Der Name ‚Solarstadt‘ wurde nur gewählt, weil die Stadt damals etwas für ihr Image tun wollte.“ Gilt das für alle Beteiligten, und dies schon von vornherein? Das lässt sich bezweifeln. Doch diese Wende hat ihre Gründe. Einer war – so Laurin – der Entscheid von Bayer, die Produktion von

9 Wikipedia-Artikel „Solarglas“, <https://de.wikipedia.org/wiki/Solarglas> (10.5.2023).
10 Günther, Solarpanel (wie Anm. 7), S. 193.
11 Ebd., S. 195 Abb.
12 Ebd., S. 199 Abb.
13 Daniel Schmidt an Verf., 27.9.2022.

Wafern, der Grundbestandteile von Solaranlagen, nicht wie erhofft nach Gelsenkirchen zu legen. „Damit war klar: Um zu einem zentralen Solar-Standort zu werden, fehlte Gelsenkirchen eine Schlüsseltechnologie vor Ort." Eine solare Schlüsseltechnologie war die Glasproduktion eben doch nicht. 2014 war noch etwas anderes hinzugekommen und zwar der in der Solarszene als Invasion empfundene Massenimport relativ billiger chinesischer Solarmodule. Dies hatte zur Folge, dass deutsche Solarunternehmen reihenweise Insolvenz anmelden mussten. Doch Solaranlagen bestehen nicht nur aus Solarmodulen; hinzu kommt noch vieles, was damit zusammenhängt – und dies kam auch weiterhin nicht aus China. Wohl mit Blick darauf resümiert Hendrik Günther, von einem „umfassenden Niedergang der Solarindustrie" könne „nicht die Rede sein".[14]

Das gilt nicht nur für Gelsenkirchen: „Zwischen Triumph und Tragödie" könnte man die gesamte deutsche Solargeschichte betiteln – doch eben „zwischen", also nicht „vom Triumph zur Tragödie". Nach zeitweiligem Auf und Ab gibt es gerade in jüngster Zeit auch wieder ein Auf. Überdies gibt es diverse Solargeschichten: Nicht nur die der Produzenten von Solarmodulen, sondern auch derer, die die Wechselrichter und weiteres Zubehör produzieren, die Solaranlagen auf die Dächer montieren, und nicht zuletzt eine Geschichte der Konsumenten – derer, die ihren Strom auf dem eigenen Dach produzieren und den, den sie nicht verbrauchen, ins Netz einspeisen. In diesem Zusammenhang stößt man auf eine solare Geschichte, die ziemlich vertrackt geworden ist: die Geschichte der Förderbestimmungen und in Verbindung damit die der zuständigen Bürokratien.

Passenderweise zur Jahrtausendwende, am 1. April 2000, gab in der Bundesrepublik unter rot-grüner Regierung das Erneuerbare Energien-Gesetz (EEG) durch staatliche Förderung diesen Energien einen kräftigen Auftrieb, allerdings nur für einige Jahre, da in das Gesetz eine fortschreitende Degression der Förderung eingebaut war. Die Produzenten der „Erneuerbaren" sollten unter dem Druck stehen, diese möglichst bald rentabel zu machen – im Prinzip auch im Interesse der Energiewende vernünftig, wobei gleichwohl die Frage vertrackt bleibt, wie steil diese Degression am besten sein sollte. Der Solarpionier Bernd Stoy, von dem noch ausführlich die Rede sein wird, versichert mir am 2. April 2021 kurz und bündig: „PV (Photovoltaik) ist inzwischen wirtschaftlich und braucht keine Förderung mehr." Er erläuterte weiter: „Der Markt wird es regeln und auch weitere technische Fortschritte, z. B. Erhöhung des Wirkungsgrades der Solarzellen, weitere Preissenkungen durch noch größere Massenproduktion". Von 2010 bis 2020 seien die Kosten der PV über 80 Prozent gesunken; dies sei „noch

14 Günther, Solarpanel (wie Anm. 7), S. 199.

vor wenigen Jahren unvorstellbar" gewesen.[15] Die Solargeschichte ist nicht zuletzt eine Geschichte der Überraschungen und damit eine spannende Geschichte!

Die wichtigsten erneuerbaren und zugleich emissionsfreien Energiequellen waren die längste Zeit, zum Teil bis heute Wind- und Wasserkraft, bereits seit dem Mittelalter durch Wind- und Wassermühlen genutzt; doch gegen große Wasserkraftwerke, durch die weite Täler überflutet werden, sammelten sich vom fernen Osten bis zum amerikanischen Westen erbitterte Protestbewegungen.[16] Wütende Proteste riefen auch große Windparks hervor, je näher sie an Siedlungen rückten: Da gab es in dicht besiedelten deutschen Regionen immer engere „Grenzen des Wachstums". Am 29. März 2004 brachte der *Spiegel* den Titel „Der Windmühlen-Wahn". Die Gewinnung von Bio-Energie aus Mais-Monokulturen geriet, weltweit betrachtet, in immer schärferen Konflikt mit der Ernährung der wachsenden und teilweise vom Hunger bedrohten Menschheit. Zugleich drohten all diese „Erneuerbaren" die Umweltbewegung zu spalten.[17]

Die große Ausnahme bleibt die Solarenergie; auch umweltpolitisch erlangt sie dadurch besondere Bedeutung, verspricht sie doch eine weltweite Wiedervereinigung der Öko-Bewegung. Zum EEG gehörte das „100-000-Dächer-Programm", das PV-Anlagen auf Hausdächern förderte, allerdings nur bis 2003. In der Solarforschung ging Deutschland zeitweise weltweit voraus. Auch die deutsche PV-Industrie erlebte durch das EEG einen Boom, der jedoch mit rückläufiger Förderung wieder abebbte. Ein neuer PV-Boom folgte auf die Reaktorkatastrophe von Fukushima am 11./12. März 2011, unter deren Eindruck Bundeskanzlerin Angela Merkel den Ausstieg aus der Kernenergie bis 2022 verkündete; doch schon 2013 ging die PV-Nachfrage nach starker Kürzung der Einspeisevergütung steil nach unten.[18]

Hinzu kam wie schon erwähnt, dass seit jenem Jahr die chinesische Solarindustrie den mitteleuropäischen Markt mit billigen Solarmodulen überschwemmte und dies reihenweise zum Bankrott von hiesigen Solarfirmen führte. Im Register von Gerd Stadermanns 700-Seiten-Opus über „Die solare Forschungswende in Deutschland" findet sich dann auch das Stichwort „Solarkrieg, der von China erklärt wurde". Das dicke Buch beruht auf Interviews mit Solar-

15 Bernd Stoy an Verf., 17.3. u. 22.3.2021.

16 Joachim Radkau, Die Ära der Ökologie, München 2011, S. 195–209.

17 Franz Alt/Jürgen Claus/Hermann Scheer (Hg.), Windiger Protest. Konflikte um das Zukunftspotential der Windkraft, Bochum 1998.

18 Photon 3/2012, Cover: Solarfeind Nr. 1 – Wie Norbert Röttgen die Photovoltaik abschaffen will; mit gleicher Tendenz Solarbrief 1/2014, Cover: Novellierung des EEG – Energiewende vor dem Aus.

forschern, so mancher sprach von einer chinesischen Solarinvasion. Im Internet findet sich ein Artikel von 2022: „China: Das Solardach der Welt“.[19] Dabei produziert diese neue solare Weltmacht Solarzellen überwiegend mit Maschinen aus Deutschland.[20]

Zudem demonstrierte diese „chinesische Invasion“ potentiellen Anwender:innen, dass Solarenergie wirtschaftlich werden kann, und verhieß der Solarbranche dadurch auf längere Zeit eine neue Zukunft, auch im deutschen Norden. Am 15. Februar 2023 war die Schlagzeile in der Tageszeitung *Neue Westfälische* zu lesen: „Solarboom in NRW“. Der Untertitel lautet: „Energie aus Sonne soll im Land einen enormen Stellenwert bekommen“ – es heißt hier „soll“, also besitzt sie diesen Stellenwert wohl noch nicht. Der Untertitel geht weiter: „Doch es gibt noch Hürden.“[21] Noch immer rangiert in unserem eher windigen als sonnigen Bundesland die Windkraft vor der Solarenergie, obwohl diese gerade im dicht besiedelten Nordrhein-Westfalen, von der Paderborner Hochfläche abgesehen, auf enge Grenzen stößt. Doch die Expansion der PV wird in jüngster Zeit zuallererst durch Materialprobleme gebremst. Hierauf verweist sowohl der zitierte Zeitungsartikel als auch der Geschäftsführer der Bielefelder AeroEngineering KG und zugleich mein Hausnachbar Michael Hüttemann, der Solaranlagen bis hin nach Kroatien verkauft und montiert und sich vor Aufträgen kaum mehr retten kann.

Solar-Enthusiasten haben gerne den Eindruck erweckt, als seien die „Grenzen des Wachstums“ bei der Solarenergie passé. Strahlt nicht die Sonne 15.000 Mal mehr Energie auf die Erde, als die gesamte Menschheit braucht; und sind Solarzellen nicht aus Silizium, das so häufig ist wie Sand am Meer? Doch das Silizium muss mit erheblichem Aufwand aufbereitet werden; und überdies bestehen Solaranlagen längst nicht nur aus Solarzellen, was auf den ersten Blick zu erkennen ist. Franz Alt betitelt seinen Solar-Bestseller (zuerst 1994) zwar mit „Die Sonne schickt uns keine Rechnung“,[22] doch wer sich eine Solaranlage auf sein Dach montieren lässt, bekommt bekanntlich eine Rechnung, eine nicht gerade geringe.

19 China, Das Solardach der Welt, 17.8.2022, <https://www.energiezukunft.eu/erneuerbare-energien/solar/das-solardach-der-welt/> (10.5.2023).

20 Das starke chinesische Interesse an deutscher Technik erlebte ich, als meine Studie „Technik in Deutschland“ letztes Jahr in verblüffend hoher Auflage in China erschien.

21 Neue Westfälische, 15.2.2023.

22 Franz Alt, Die Sonne schickt uns keine Rechnung. Die Energiewende ist möglich, München 1994; aktualisierte Neuausgabe unter Mitarbeit von Brigitte Alt mit dem Untertitel: Neue Energie, neue Arbeit, neue Mobilität, München 2009.

2. Solare Schlaglichter

Jetzt wieder zurück nach Westfalen und ein kurzer Ausblick auf das Folgende: Im Weiteren möchte ich drei sehr unterschiedliche solare Schlaglichter setzen: (1) am ausführlichsten zu Bernd Stoy, dem kühnen Solarpionier beim RWE, dessen „Wunschenergie Sonne"[23] schon vor 25 Jahren meine Faszination durch die Solargeschichte verstärkte und mit dem ich seit Jahren in intensiver Korrespondenz stehe mit immerfort neuen Anregungen. (2) Die solare Wende der Kernforschungsanlage (KFA) Jülich; mit dem führenden Jülicher Kerntechniker Rudolf Schulten, dem Erfinder des Kugelhaufenreaktors, der auch die solare Entwicklung aufmerksam verfolgte, stand ich einst in gutem Kontakt. (3) Zwei sehr unterschiedliche Solar-Zeitschriften, beide von Aachen aus redigiert, zeitweise im Streit miteinander (durch persönliche Beziehungen habe ich von beiden umfangreiche Stapel über viele Jahre gesammelt): die *Solarbriefe* und *Photon*.

2.1 Bernd Stoy

In guter alter historischer Tradition liebe ich die Geschichte lebendiger Menschen, das hat schon vor bald fünfzig Jahren meine Geschichte der Atomwirtschaft geprägt: Da gab es gerade in den Gründerjahren eine ganze Reihe markanter Menschentypen, sehr im Kontrast zu dem Gros der später dominierenden Manager. Das Gleiche gilt mindestens so sehr für die Solargeschichte. Michael Hüttemann erwähnte wie eine evidente Tatsache, dass es in der Solargeschichte zuerst eine „idealistische Phase" gegeben habe,[24] zu einer Zeit, als die Solarenergie noch abschreckend teuer war. Das erinnert mich an mein voriges Thema, die Lebensgeschichte der Malwida von Meysenbug, einst international berühmt durch ihre „Memoiren einer Idealistin",[25] die an Unsterblichkeit durch das Atom glaubte – das Unteilbare!

Bernd Stoy war mir von meinen Recherchen zur Geschichte der Atomwirtschaft und des Atomkonflikts her kein Begriff gewesen. Er befand sich in führender Stellung in einem Unternehmen, von dem die Anti-AKW-Szene nichts Gutes erwartete. Bereits seit 1960 war er bei der RWE AG tätig; dort stieg er Ende 1981

23 Bernd Stoy, Wunschenergie Sonne, Heidelberg 1978, 31980.

24 Mündliche Mitteilung Michael Hüttemanns an den Verf., o. D.

25 Malwida von Meysenbug, Memoiren einer Idealistin, zuerst frz. 1869, deutsche Erstausgabe Berlin 1876; Joachim Radkau, Malwida von Meysenbug – Revolutionärin, Dichterin, Freundin: eine Frau im 19. Jahrhundert, München 2022, hier besonders Kap. 5: Über das Atom zur All-Einheit: Idealismus und Materialismus, Naturwissenschaft und Naturliebe, S. 240–282.

zum Direktor auf, ab 1990 in leitender Position bei der RWE-Holding, in der mehrere Konzerne vereint wurden, darunter die RWE Energie AG, die Rheinbraun AG und die Hochtief AG. Dazu berichtete er mir: „Der Zufall wollte es, dass ich dann im Führungskreis der Holding der einzige Techniker war!“[26]

Bereits 1975 gründet er den Bundesverband Solarenergie (BSE), durch den, wie er mir mit berechtigtem Stolz mitteilte, „eine Lawine nach außen losgetreten wurde als auch eine Lawine nach innen“ durch die inzwischen von ihm geleitete RWE Anwendungstechnik.[27] Bereits 1976 veröffentlicht er sein großes Werk „Wunschenergie Sonne“,[28] das in der damaligen Solarliteratur einzig dasteht, prompt eine Auflage nach der anderen erlebt und bereits 1980 auf 686 Seiten angewachsen war. Wie seine weitere Laufbahn zeigt, hat ihm diese Publikation entgegen dem, was wiederholt behauptet wurde, in der RWE-Führung nicht etwa geschadet, sondern vielmehr Anerkennung gebracht. Das Bahn brechende Opus fand allenfalls in der „alternativen“ Szene hinter den Kulissen Beachtung.[29]

Wie war nun der Titel des Buches zu deuten, meinte „Wunschenergie“ vielleicht lediglich „frommer Wunsch“? Doch bereits auf dem rückseitigen Umschlag stand: „Dieses Buch beschäftigt sich nicht mit dem, was sein könnte und was in ferner Zukunft denkbar wäre. Dieses Buch beschäftigt sich mit dem, was ist und was in naher Zukunft machbar wird.“[30] Das klang forsch, der Stil des gesamten Buches war gleichwohl eher nachdenklich als apodiktisch – „Sonnenenergie ist kein Allheilmittel“ lautete die Überschrift eines Kapitels. Das unterschied es von mancher gar zu begeisterten Solarliteratur, auch wenn er nebenbei darauf hinwies, „der auf die Erde wirkenden solaren Strahlungsleistung“ entsprächen „etwa 120 Millionen solcher Riesenkraftwerke von je über 1000 MW“.[31] Auch dadurch unterscheidet sich Stoy von manchem Solarenthusiasten, dass er nicht glaubte, die solare Zukunft bereits definitiv zu kennen; stattdessen erörtert er mehrere Tech-

26 Bernd Stoy an Verf., 26.5.2021.
27 Dass., 5.3.2021.
28 Stoy, Wunschenergie (wie Anm. 23).
29 Bernd Stoy an Verf., 7.11.2022. Nachträglich ist es mir fast peinlich, dass auch ich dieses Werk lange Zeit nicht beachtet habe, obwohl mich die Solarenergie schon seit den frühen 1980er Jahren interessierte und ich mir Ausschnitte aus dem *Spiegel* vom 9.6.1986 (Titel „Einstieg in die Sonnenenergie“), in denen Stoy wiederholt vorkommt, in das Buch von Rolf Bauerschmidt, „Kernenergie oder Sonenenergie“, einklebte. 1997 bekam ich die „Wunschenergie“ vom Archivar des RWE geschenkt, als ich dort für meine Beiträge zur RWE-Jubiläumsschrift „Der gläserne Riese“ recherchierte. Dieses Werk zusammen mit der späteren intensiven Korrespondenz mit Bernd Stoy trägt ein Hauptverdienst daran, dass mir die Solargeschichte immer verheißungsvoller erschien.
30 Stoy, Wunschenergie (wie Anm. 23), Umschlag.
31 Ebd., 1. Zitat: S. 512, 2. Zitat: S. 30.

nikpfade: nicht nur PV, sondern mehr noch Solarthermie, auch Windkraft und Wasserstoff. Nicht genug damit, veröffentlichte er 1978 zusammen mit dem RWE-Kollegen Werner Müller, später energiepolitischer Berater von Gerhard Schröder und unter dessen Kanzlerschaft Wirtschaftsminister, das ebenfalls Bahn brechende Buch „Entkopplung – Wirtschaftswachstum ohne mehr Energie?“[32] Der Inhalt stellte das Fragezeichen des Titels in Frage, und die kühnen Prognosen der beiden Autoren wurden von der späteren tatsächlichen Entwicklung sogar noch übertroffen. Nicht zuletzt für den Profit eines Unternehmens ist heutzutage qualitatives Wachstum oft mindestens so bedeutsam wie quantitatives.

Stoy ließ es nicht bei schönen Worten bewenden; sondern dem Wort folgt die Tat: Auf seine Initiative und unter seiner Leitung wurde in Kooperation mit der AEG von 1988 bis 1991 das Solarkraftwerk von Kobern-Gondorf an der unteren Mosel errichtet. Mit einer Spitzenleistung von 340 Kilowatt war es zwar neben Großkraftwerken ein Winzling, doch zu jener Zeit war es die größte derartige Anlage Europas.[33] Mehr noch: Stoy, der Naturfreund, war mit Leidenschaft auf die sorgfältige Einbettung der Solaranlage in das Umfeld der Natur bedacht, etwa durch eine hohe Aufständerung der Module, damit sich darunter Biotope bilden konnten. Wie er mir mitteilt, hat er trotz „fassungsloser Reaktion“ mancher Mitarbeiter sogar für die „Anordnung der Solarmodule in Form von Weinblättern“ gesorgt.[34] In dieser Hinsicht bleibt das Projekt bis heute einzigartig und zukunftsträchtig, nicht zuletzt im Blick darauf, bei der Solarenergie Kollisionen mit dem Natur- und Landschaftsschutz möglichst zu vermeiden, die die Wind- und Wasserkraft seit langem bremsen.[35] Nicht ohne Grund kann er heute mit Stolz feststellen, „dass ich der Zeit um Jahrzehnte voraus war!“ Dies nicht zuletzt deshalb, weil sich für ihn in Kobern-Gondorf „Beruf und Hobby“ vereinten. Mehr noch, und konkreter:

32 Werner Müller/Bernd Stoy, Entkopplung. Wirtschaftswachstum ohne mehr Energie?, Stuttgart 1978.

33 Bild der wissenschaft 11/1988 trägt den Titel: „Sonnenstrom aus dem Moselland – Start für Europas größtes Solarkraftwerk“.

34 Bernd Stoy an Verf., 18.2.2021.

35 Dass solche auch bei großflächigen Solaranlagen drohen, lässt der Artikel „Rasch ausbauen“ im BUND Magazin 03/2022, S. 22 erkennen, verfasst von Werner Neumann und Kai Fröbel, den Sprechern der BUND-Arbeitskreise Energie und Naturschutz, der ausführt, „wie ein naturverträglicher Ausbau auf Dächern und im Freiland gelingen kann.“ „So wollen wir verhindern, dass riesige Flächen mit Solarmodulen zugepflastert oder mit sterilem Rasen unterlegt werden.“ Eine Lösung biete die Agri-PV, besonders, „wenn die Solarmodule platzsparend senkrecht aufgestellt werden“, also eben dies, was Stoy bereits bei Kobern-Kondorf veranlasste.

> „Wenn ich mich rückschauend frage, weshalb ich dies alles unternommen habe, so bleibe ich dabei […]: Mich faszinierte aus technischer und aus wissenschaftlicher Sicht die Tatsache, dass es der Menschheit gelungen war, aus der masselosen Energie der Photonen durch Direktumwandlung masselose Energie in Form der ‚Wanderung' von Elektronen […] Elektrizität zu erzeugen. […] Also wäre es empfehlenswert, dieses Neuland zu betreten. Denn das könnte nützlich sein für die Firma und mir aus fachlicher Sicht Freude bereiten. So geschah es denn auch während vieler Jahre".[36]

Auf meine durch Michael Hüttemann angeregte Frage, ob er ein Idealist sei:

> „Ich denke, dass ich kein Idealist bin im Sinne der Definition von Idealismus, sondern dass mich schlicht und einfach die Anwendungsmöglichkeiten und die zukünftige Bedeutung der Photovoltaik sehr interessierten und nach wie vor interessieren, auch wegen der Bedeutung für die Geschäftsergebnisse der RWE AG, meines Arbeitsgebers, und dies vor allem deshalb, weil ich die Leistung des homo sapiens bewundere, den Energieinhalt der masselosen Photonen, eine Primärenergieform, in die masselose Energie der Elektrizität, eine Sekundärenergieform, auf direktem Wege umzuwandeln."[37]

Eben dies mag manch anderer für Idealismus halten: Der Solarpionier als moderner Prometheus, ohne Rücksicht auf momentanen Profit erfüllt von einer grandiosen Idee, die mit der Nutzbarmachung des Feuers für den Menschen mithalten kann! Am 31. Januar 2021 erinnert er mich daran – und das ist offenbar ein hochwichtiges, noch zu wenig beachtetes Thema –, „ohne Digitalisierung" wäre „die Sicherheit der Stromerzeugung heutzutage nicht zu gewährleisten", schon gar nicht bei der Unregelmäßigkeit von Wind und Sonne; und die „Wunschenergie" entstand noch im prädigitalen Zeitalter, als selbst Experten glaubten, mit dem technischen Fortschritt würden die Computer immer größer und sich diese nur Großunternehmen leisten könnten.[38] Über zwanzig Jahre bleibt er Vorsitzender des von ihm gegründeten Bundesverbandes Solarenergie (BSE), weshalb gescherzt wurde, „BSE" bedeute „Bernd Stoy Essen". Er verschaffte Deutschland eine wichtige Stimme in der bereits 1954 gegründeten International Solar Energy Society (ISES). Er startete die Produktion von Solarzellen bei der RWE-Tochtergesell-

36 Bernd Stoy an Verf., 13.6.2022.
37 Dass., 4.2.2023.
38 Joachim Radkau, Technik in Deutschland. Vom 18. Jahrhundert bis heute. Neuausgabe Frankfurt/New York 2008, S. 406.

schaft NUKEM, die sich vom Hersteller nuklearer Brennelemente zum weltweit drittgrößten Solarzellen-Produzenten entwickelt.[39] In Industriekreisen bekam Stoy zeitweise auch den Spitznamen „Solarpapst".[40]

1989 brachte das RWE/Abteilung Anwendungstechnik ganz im Geiste von Stoy eine attraktiv bebilderte Broschüre „Stromerzeugung mit Solarzellen in Partnerschaft mit der Natur – Ökologiekonzept für die RWE-Photovoltaik-Anlage in Kobern-Gondorf" heraus. Auf den ersten Blick wirkte sie wie eine Naturschutz-Werbeschrift, zumal sie lauter bedrohte Pflanzen- und Tierarten vorstellte, denen „die Landflächen der Solaranlage als Refugium dienen" könnten (S. 10). Sie begann mit der Versicherung, dieses Projekt sei „von Anfang an mit ökologischen Zielsetzungen verbunden". Diese ließen sich hier und jetzt realisieren, im Unterschied zu ökonomischen Zielen. Bereits in der Einleitung hieß es mit freimütiger Offenheit, „Solarelektrizität" sei „gegenwärtig mindestens 50mal teurer" als konventionell erzeugte Elektrizität.[41] Doch in einem Interview mit *bild der wissenschaft* hob Stoy hervor, gerade die Erfahrungen mit Kobern-Gondorf eröffneten neue ökonomische Chancen: „Der Andrang vieler Solarzellen-Hersteller aus aller Welt war so groß, dass man sich gegenseitig unterbot", das habe ihn „überrascht"; da seien die Kosten geringer als erwartet gewesen.[42] Der schon erwähnte Wolf von Fabeck, Gründer des Solarenergie-Fördervereins (SFV), frotzelte am 6. März 1998 mir gegenüber, RWE habe Kobern-Gondorf nur deshalb gebaut, um zu beweisen, dass sich Solarenergie nicht lohnte; darauf erwiderte Stoy am 31. Januar 2021, Fabeck habe wohl nur „nachgeplappert", was ihm gewisse Grüne zugetragen hätten. Zugleich versicherte er, entgegen der Behauptung, mit dem Solarkraftwerk hätte er sich im RWE isoliert, habe er „in der RWE-Spitze immer große Unterstützung gefunden". Doch im Tschernobyl-Jahr 1986 zitierte der *Spiegel* seine Klage: „Die Solarenergie hat keine energiewirtschaftliche Lobby, das ist ein großes Handicap."[43]

Die Solaranlage von Kobern-Gondorf wurde auf einem Gelände errichtet, wo es nicht viel zu verderben, umso mehr zu verschönern gab. In der erwähnten Broschüre war zu lesen: „Die Anlage, ein steiniger Acker, wurde seit Jahrzehnten landwirtschaftlich genutzt, d. h. mit Monokulturen bepflanzt, regelmäßig gedüngt

39 Bernd Stoy an Verf., 16.11.2022.
40 Dass., 22.3.2021.
41 Rheinisch-Westfälisches Elektrizitätswerk AG, Hauptverwaltung, Abt. Anwendungstechnik (Hg.), Stromerzeugung mit Solarzellen in Partnerschaft mit der Natur. Ökologiekonzept für die RWE-Photovoltaik-Anlage in Kobern-Gondorf, Essen 1989, S. 3.
42 Bild der wissenschaft 11/1988, S. 5.
43 Der Spiegel, 9.6.1986, S. 100.

Abb. 1: Titelbild der Broschüre: Rheinisch-Westfälisches Elektrizitätswerk AG, Hauptverwaltung, Abt. Anwendungstechnik (Hg.), Stromerzeugung mit Solarzellen in Partnerschaft mit der Natur. Ökologiekonzept für die RWE-Photovoltaik-Anlage in Kobern-Gondorf, Essen 1989 (Eigene Aufnahme).

und gespritzt." Dafür lag sie „mitten im Fluggebiet des Apollofalters".[44] „Aus optischen Gründen und als Verbindung zum historischen Weinort Kobern-Gondorf wurde die Aufständerung der Modultische in Form von Weintraube und Weinblatt gewählt."[45] Dennoch hat das RWE diese Solaranlage nach zwanzig Jahren verkauft und um Kobern-Gondorf wurde es still,[46] ähnlich wie um die seit 1987 in Neunburg vorm Wald auf Initiative von Ludwig Bölkow errichtete Solaranlage zur Produktion von Wasserstoff, die die Lösung des Speicherproblems versprach.

44 Rheinisch-Westfälisches Elektrizitätswerk AG, Hauptverwaltung/Abt. Anwendungstechnik, Stromerzeugung (wie Anm. 41), S. 7.

45 Ebd., S. 8.

46 Bernd Stoy an Verf., 3.6. u. 9.6.2022.

Beide Pionieranlagen der Solarenergie hätten romantische Ausflugsziele mit Zukunfts-Horizont werden können![47]

Offenbar gab es für ein solares Geschichtsbewusstsein noch viel zu tun. Noch Anfang 2012, als Stoy sich längst in Pension befand, konnte der RWE-Chef Jürgen Großmann öffentlich frotzeln, die Förderung der Solarenergie in Deutschland sei so sinnvoll „wie Ananas züchten in Alaska",[48] als ob es Kobern-Gondorf an der Mosel gar nicht gäbe. Das wurde eine Zeitlang in gewissen Kreisen zum geflügelten Wort, doch heute ist es längst vergessen – der Siegeszug der Sonnenenergie ist unverkennbar und fasziniert. Als ich im Jahr 2022 Bernd Stoy fragte, was er von meinem Beitragstitel „Deutsche Solargeschichte – Triumph oder Tragödie?" halte, erwidert er: „Zu Triumph würde mir einiges einfallen, zu Tragödie müsste ich passen."[49]

2.2 Die solare Wende der KFA Jülich

Die Wende von der Nuklear- zur Solarenergie möchte ich in Zukunft noch weiter erforschen. Ich bin hier auf die Hintergründe neugierig und dies insbesondere angesichts meiner einstigen Recherchen zur Geschichte der Atomwirtschaft. Gerade der KFA Jülich galt damals mein besonderes Interesse je mehr ich mich in die Nukleargeschichte vertiefte. Dort wurde auf Initiative von Rudolf Schulten der Kugelhaufenreaktor entwickelt, bei dem der Spaltstoff in winzigen Kügelchen von 0,5 bis 1,0 Millimeter permanent durch den Reaktor lief, dadurch die gewaltige Spaltstoff-Anhäufung im Kern der gängigen Reaktoren vermieden und mithin das Restrisiko im Fall einer Explosion drastisch reduziert wurde. Obendrein arbeitete dieser Reaktor mit Thorium, nicht mit Uran als Grundstoff und erzeugte anders als die bisherigen Reaktoren nicht das gefährliche Plutonium. Zwei Experten sprachen 1989 auf einer Tagung in Aachen über den Kugelhaufenreaktor, dessen Funktionsweise an einen animalischen Verdauungsprozess erinnerte, von

47 Wikipedia-Artikel „Solar-Wasserstoff-Projekt Neunburg vom Wald", <https://de.wikipedia.org/wiki/Solar-Wasserstoff-Projekt_Neunburg_vorm_Wald> (16.5.2023). Der Wikipedia-Artikel (i. d. F. v. 3.11.2022) „Solar-Wasserstoff-Projekt Neunburg vorm Wald" erwähnt, das dortige „Informationszentrum" habe bis 1999 „eine Gesamtzahl von rd. 130.000 Besuchern aus über 100 Ländern verzeichnen" können! Umso merkwürdiger, dass keine neueren Zahlen angegeben werden.

48 Diethard Rolink, Großmann: Photovoltaikförderung so sinnvoll „wie Ananas züchten in Alaska", 19.1.2012, <https://www.topagrar.com/energie/news/grossmann-photovoltaikfoerderung-so-sinnvoll-wie-ananas-zuechten-in-alaska-9242657.html> (16.5.2023).

49 Bernd Stoy an Verf., 1.11.2022.

dem „listenreichen und fast liebevollen Zusammenspiel zwischen dem Reaktor und dem Brennelement“.[50]

Umso mehr wurde es mir zum großen Rätsel, wieso sich dieser Reaktortyp nicht längst durchgesetzt hatte, stattdessen die KFA Jülich innerhalb der solaren „Community“ ein eher isoliertes Dasein führte. Im Laufe der Zeit erwiesen sich die winzigen Spaltstoff-Kügelchen als gefährlich instabil; doch einen derartigen Hinweis habe ich in den oftmals aufregenden Akten der Reaktorsicherheitskommission, in denen ich stöbern durfte, nirgends gefunden, schon gar nicht in der Öffentlichkeit. Dabei ist allerdings zu bedenken, dass sich zwischen der KFA Jülich und dem Kernforschungszentrum (KFZ) Karlsruhe stillschweigend die Sprachregelung herausgebildet hatte, einander nicht zu kritisieren, im Gedanken daran, dass jeder irgendwo im Glashaus saß. Doch dem Düsseldorfer Staatssekretär Leo Brandt, auf dessen Initiative die Gründung der KFA zurückging, platzte 1970 auf einer Anhörung des Bundestages der Kragen und er entwarf von den Sicherheitsvorteilen des Kugelhaufenreaktors ein geradezu ideales Bild, mit deutlichen Zweifeln an der Sicherheit des in Karlsruhe entwickelten Schnellen Brüters.[51]

In der Erstfassung von 1983 meiner Geschichte der bundesdeutschen Atomwirtschaft habe ich nicht die Kernenergie insgesamt verworfen, vielmehr habe ich als fatalen Grundfehler der Atompolitik herausgearbeitet, dass verheißungsvolle nukleare Alternativen (nicht nur den Kugelhaufenreaktor) verdrängt wurden als es an den Bau großer Kernkraftwerke ging. Dies war offenbar vor allem deshalb geschehen, weil das Gros der Energiewirtschaft an der Kernkraft eigentlich nicht interessiert war und infolgedessen, als auf Bonner Drängen dann doch Atomkraftwerke gebaut wurden, einfach die kostengünstigsten Reaktortypen wählte. Als Rudolf Schulten im Nach-Tschernobyl-Jahr 1987 mit mir bei einer Veranstaltung zur Geschichte der Atomwirtschaft auf dem Podium saß, schloss er mit dem Seufzer: Um diese Geschichte zu verstehen, müsse man begreifen, dass „alles geschehen sei gegen den Willen aller“.

Umso gespannter wurde ich, als ich bei meinen Solar-Recherchen darauf stieß, dass es in der KFA Jülich bereits in den 1970er Jahren ein „Solarzeitalter“ gab, dass

50 K.-G. Hackstein/M. Wimmers, Brennstoff-Zyklus, in: VDI-Gesellschaft Energietechnik (Hg.), AVR – 20 Jahre Betrieb. Ein deutscher Beitrag zu einer zukunftsweisenden Energietechnik, Düsseldorf 1989, S. 103.

51 Joachim Radkau, Aufstieg und Krise der deutschen Atomwirtschaft 1945–1975. Verdrängte Alternativen in der Kerntechnik und der Ursprung der nuklearen Kontroverse, Reinbek 1983, S. 256; ähnlich 1974 auf einer Bundestags-Anhörung Rudolf Schulten (ebd., S. 257), nach einem Ausbruch des Ausschussvorsitzenden Ulrich Lohmar über das Schweigekartell Jülich-Karlsruhe.

zwar vorerst in eine „solare Eiszeit" überging,[52] als 1981 ausgerechnet Wolf Häfele Chef der KFA wurde[53], der einstige Karlsruher „Brüterpapst", den Schultens Ehefrau im Gespräch mit mir am 17. Mai 1989 neben Hitler stellte, das dortige Solarinteresse jedoch neu auflebte, als die KFA 1990 zum Forschungszentrum Jülich (FZJ) mutierte. Nach Tschernobyl 1986 war es mit der verheißungsvollen Zukunft der Atomenergie endgültig vorbei; auch der Schnelle Brüter, durch den die Kernkraft zur erneuerbaren Energie werden sollte, ging stillschweigend außer Betrieb.

Meine Hauptfragen, die noch immer mehr oder weniger offen sind: (1) Bestand in Jülich ein echtes, ursprüngliches Interesse an der Solarenergie, oder war diese lediglich eine Notlösung, als dortige Reaktor-Ambitionen zunehmend in der Sackgasse endeten?[54] (2) Mittlerweile hat sich sogar die RWE-Tochter NUKEM auf die Produktion von Solarzellen verlegt: Kann die Solarforschung aus nuklearen Erfahrungen schöpfen, wo die Forschung in beiden Fällen mit kraftvollen Winzlingen zu tun hat: mit spaltbaren Atomen und mit Solarzellen? (3) Ist die Jülicher Solarforschung bereits auf bestimmte Ziele konzentriert oder insgesamt noch eher diffus – hier Photovoltaik, da Solarthermie, hier kristalline und dort amorphe Solarzellen[55] – und damit noch auf der Suche nach verheißungsvollen Zielen?

Zudem gibt es noch eine spezielle Neugier: Wo jetzt mit Kaining Ding ein führender Kopf der Jülicher Solarforschung aus China kommt, der neuen solaren Weltmacht: Werden durch ihn chinesische Erfahrungen nach Jülich eingebracht? Am 7./8. April 2022 hat er einen Online-Workshop über „Integrierte Photovoltaik (IPV)" veranstaltet, den weltweit ersten dieser Art. Hierzu schickte er voraus, dieses „sehr dynamische Entwicklungsfeld" könne „speziell in eng besiedelten Ländern wie Deutschland" eine große Zukunft haben. „Die Anwendungen reichen von schwimmenden Solarkraftwerken auf Seen über aufgestelzte Module

52 Stadermann, Das Notwendige (wie Anm. 1), S. 164.

53 Ebd., S. 150–151, 155.

54 Ebd., S. 141, Karl Heinz Beckurts, Vorgänger Häfeles in der Geschäftsführung der KFA (1986 von RAF-Terroristen als vermeintliches Haupt der Atomlobby ermordet!): „Wir müssen zukunftsträchtige Projekte an Land ziehen, um das Überleben der Kernforschungsanlage Jülich für die weitere Zukunft zu sichern."

55 Vgl. das Hin und Her zwischen amorphem und kristallinem Silicium bei Stadermann, Das Notwendigste (wie Anm. 1), S. 166, 171–172, 175; am Ende (S. 176) Heribert Wagner (2016): „Mit den Dünnschicht-Solarzellen sind wir, wenn ich ehrlich bin, nie so richtig an einen guten Wirkungsgrad herangekommen. Daher ist die Domäne nach wie vor das ein- oder polykristalline Silicium."

über Ackerflächen bis zu Solarzellen in Fassaden, Dachziegeln und Fahrzeug-Karosserien."[56]

Zum Thema NUKEM eine aufschlussreiche Insider-Mitteilung von Bernd Stoy gleich zu Beginn unserer Korrespondenz am 18. Februar 2021:

> „Mitte der 70er Jahre besuchten mich in der RWE-Hauptverwaltung in Essen die beiden Geschäftsführer der NUKEM [...] aus dem folgenden Grund: Da ihr Unternehmen die Graphitkugeln für den Kugelhaufen-HTR (Hochtemperaturreaktor) herstelle, wegen der zunehmenden politischen Widerstände aber damit zu rechnen sei, dass diese Reaktoren keine Zukunft hätten, ihr Unternehmen aber mit sehr speziellen Herstellungsprozessen in Reinräumen umfangreiche Erfahrungen habe, wolle man meinen Rat haben, ob die Herstellung von polykristallinen Solarzellen und daraus dann auch Solarmodulen als neues Geschäftsfeld entwickelt werden könne. Nach intensiven Besprechungen [...] riet ich zu der unternehmerischen Entscheidung für den Aufbau einer Solarzellen- sowie Solarmodulenfertigung der NUKEM."

In Gerd Stadermanns aus Interviews schöpfenden Opus zur „solaren Forschungswende in Deutschland" trägt das Jülich-Kapitel die Überschrift: „Solarenergieforschung im Schoße der Kernphysik".[57] Hier bleibt zu fragen, inwieweit diese tatsächlich aus der Kernforschung geboren wurde, bezeugen dies die Jülicher Interviews? Das bleibt mehr oder weniger eine offene Frage. Das womöglich wichtigste Thema und zugleich wohl dasjenige, das noch am weitesten offen ist, ist das Verhältnis von Solarenergie und Natur. Rudolf Schulten, auch er auf die Jülicher solare Zukunft bedacht, klagte in einem Gespräch mit mir, viele Solarforscher dächten zu einseitig technologisch, zu wenig von der Natur her. Liegt dort eine neue Zukunft der Solarenergie?

Unter den vielen von Stadermann befragten Solarforschern betonte dies mit besonderer Emphase der Chemiker Helmut Tributsch, der sich rühmt, 1970 „die erste Farbstoffsolarzelle der Welt" entwickelt zu haben, und unter der Parole „Bionik" die Ansicht vertritt, dass „die Natur einen ganz anderen Typ von Solarzellen entwickelt hat" als die gängigen Silizium- oder Dünnschichtsolarzellen. Die Natur nutze nämlich „ein kinetisches Prinzip"; dies habe die gesamte bisherige Solar-

56 Integrierte Photovoltaik: „Wir werden überall Solarzellen sehen", 6.4.2022, <https://ap-verlag.de/integrierte-photovoltaik-wir-werden-ueberall-solarzellen-sehen/73702/> (10.5.2023).

57 Stadermann, Das Notwendige (wie Anm. 1), S. 139.

technologie nicht beachtet bzw. „nie so recht erkannt".[58] Immer wieder „die Natur"! Ist das pures Öko-Pathos oder tatsächlich eine neue Erleuchtung? Man mag bedauern, dass es darüber bislang keine große Diskussion gibt.

2.3 Solarstreit in Aachen: *Solarbriefe* kontra *Photon*

Zum Schluss ein Sprung von Jülich nach Aachen: Das ist nicht weit; und doch gelangen wir dabei in eine ganz andere solare Welt, bei genauerem Hinsehen sogar in mehrere Welten, teilweise mit markanten Unterschieden, die wiederholt zum Streit führten. Die Differenzen wurden immerhin offen ausgetragen; Differenzen innerhalb der Solarszenen, die sonst oftmals schlichtweg ignoriert wurden und noch werden oder hinter den Kulissen blieben. Schon aus diesem Grund lohnt sich ein Blick nach Aachen.

Die Stadt tat sich frühzeitig als Solarpionier hervor und dies auch mit Initiativen aus der Bevölkerung, die von den Stadtwerken aufgegriffen wurde. 1993 entstand das „Aachener Modell", zunächst ein reines PV-Förderprogramm, später auch mit Förderung für eingespeisten Windstrom. Bonn und Münster folgten dem Aachener Vorbild, bis im Jahr 2000 mit dem bundesweiten EEG kommunale Vergütungen überflüssig wurden; 2013 wurde Aachen als „Energie-Kommune" ausgezeichnet.[59] Die Aachener Initiative kam von dem im November 1986 gegründeten Solarenergie Förderverein (SFV). Den Verein gab seit Februar 1989 die *Solarbriefe* heraus, mit Wolf von Fabeck als Chefredakteur. Fabeck war vormals Dozent für Technische Mechanik und Kreiseltechnik an einer Fachhochschule der Bundeswehr. Er schied 1986 auf eigenen Antrag aus der Bundeswehr aus, um sich ganz für die Solarenergie zu engagieren.[60] Seit Februar 1996 erschien zeitweise in Aachen, dann mal in Euskirchen und auch mal in München das Solarstrom-Magazin *Photon*, in Verbindung mit einem gleichnamigen Firmenkonsortium, eine Zeitlang – man staune – sogar mit französischer, spanischer, US-amerikanischer und sogar chinesischer Ausgabe und mit einem Magazin *Photon Profi* speziell für Handwerker. Doch all diese weiteren Ausgaben wurden schließlich eingestellt, auch Photon-Firmen wurden von der solaren Pleitewelle erfasst.[61]

58 Ebd., S. 336–337.

59 20 Jahre „Aachener Modell", Pionier-Stadt der Solarstrom-Einspeisevergütung wird als Energie-Kommune ausgezeichnet, 1.3.2013, <https://www.solarserver.de/2013/03/01/20-jahre-aachener-modell-pionier-stadt-der-solarstrom-einspeiseverguetung-wird-als-energie-kommune-ausgezeichnet/> (10.5.2023).

60 So im Wikipedia-Artikel über Wolf von Fabeck, <https://de.wikipedia.org/wiki/Wolf_von_Fabeck> (10.5.2023).

61 Wikipedia-Artikel „Photon (Zeitschrift)", <https://de.wikipedia.org/wiki/Photon_(Zeitschrift)> (10.5.2023).

Beginnen wir, der Chronologie folgend, mit den *Solarbriefen* des SFV; die weitaus meisten Artikel wurden über viele Jahre von dem Chefredakteur Wolf von Fabeck verfasst. Dem Namen SFV entsprechend ist Förderung ein zentrales Anliegen der *Solarbriefe*, Förderung zunächst durch die Stadt und in der Folge durch den Staat, deren Rechtfertigung gegen Subventionsvorwürfe, zugleich mit scharfen Attacken gegen jegliche Regression der Förderung. Fabeck erläuterte mir die „SFV-Idee" am 7. April 2013 in einer ausführlichen E-Mail, in der er das EEG als „das wohl erfolgreichste Förderungsgesetz aller Zeiten für die Erneuerbaren Energien" rühmte und seinen SFV als EEG-Pionier:

> „In der Anfangsphase der Solarstromeinspeisung haben die Betreiber der Stromnetze erklärt, sie brauchten den Solarstrom nicht und haben sich geweigert, für eingespeisten Solarstrom von privaten Hausdächern auch nur einen Pfennig zu zahlen. Die Solaranlagenbetreiber waren dagegen machtlos […] Es war dann unsere SFV-Idee, dass die Netzbetreiber von Staats wegen gezwungen würden, einen kostendeckenden Preis für den Solarstrom zu zahlen und die Kosten auf alle Stromverbraucher umzulegen […] Diese Idee unter der Bezeichnung Aachener Modell […] wurde erstmalig am 14.8.1989 durch den SFV telefonisch und am 4.9.89 schriftlich dem Bundeswirtschaftsministerium unterbreitet, fand dort aber keine Zustimmung. Später fand der SFV Unterstützung bei 40 Kommunen in Deutschland, die das Programm durch ihre eigenen Stadtwerke auf kommunaler Ebene umsetzten. Ab 2004 wurde die Idee der Kostendeckenden Vergütung in das EEG übernommen. […] Die Festlegung der Einspeisevergütungen […] soll den Solaranlagenbetreiber gegenüber dem Quasimonopol des Netzbetreibers schützen. Mehrmals versuchte die Stromwirtschaft vergeblich, das EEG mit der Begründung zu kippen, es handele sich um eine europarechtlich unerlaubte staatliche Beihilfe oder Subvention."[62]

Und nun wird es noch spannender, speziell im Aachener Kontext: Fabeck schloss seine E-Mail wie folgt:

> „Zu Problemen beim Ausbau der Erneuerbaren kam es erst durch eine Neidkampagne der Solar-Zeitschrift Photon, die mit falschen Zahlen den Eindruck erweckte, die Solaranlagenbetreiber würden die Stromkunden finanziell ausplündern. […] Darauf die Erwiderung des SFV: Die Angst der Umweltschüt-

62 Bernd Stoy an Verf., 7.4.2013.

> zer vor den Kosten […] fand leider in der Öffentlichkeit keinen Widerhall. […] Das weitere Wachstum der Solarenergie wurde dann mit der Einführung eines sogenannten ‚atmenden Deckels' in das EEG nachhaltig gestoppt. […] Nach meiner Meinung steht das, was die Bundesregierung […] sich da geleistet hat, bereits im Widerspruch zum Grundgesetz."[63]

Daher erfolgt im Weiteren ein vergleichender Blick auf beide Solarzeitschriften. Blickfang der *Solarbriefe* waren die Karikaturen von Gerhard Mester; besonders in die Augen sprangen die geradezu beleidigenden Karikierungen von Angela Merkel. Von Anfang an waren die *Solarbriefe* auf diese Politikerin eingeschossen, mit Blick auf deren Erklärung bereits „als frischgebackene Umweltministerin der Regierung Kohl": „Sonne, Wasser und Wind können auch langfristig nicht mehr als 4 % unseres Strombedarfs decken."[64] Vollends alarmiert zeigen sich die *Solarbriefe* 2005, nachdem Angela Merkel als Kanzlerkandidatin laut *Financial Times Deutschland* verkündete,[65] „die hohen Energiepreise seien zu einem Wachstumsrisiko für die deutsche Wirtschaft geworden", und Verständnis bekundet „für den Vorschlag der Stromversorger, die Menge des eingespeisten Ökostroms mit Quoten zu begrenzen".[66] Das Cover des Heftes zeigt diese Politikerin, mit RWE und Vattenfall in schwarzem Jackett rücklings reitend auf dem Pferd „Energiepolitik" und dieses in Gegenrichtung zum Schild „Solarzeitalter" peitschend; darauf Fabecks Leitartikel „Merkels Weg …zurück!" Zehn Jahre später erschien eine ganzseitige Karikatur mit der dümmlich blickenden Kanzlerin in einem Drehsessel vor einem Mann mit erhobenem Zeigefinger und Sprechblase: „… und wenn ich wüsste, dass morgen die Welt wegen des Klimawandels unterginge …" Über Angela Merkel die Sprechblase: „… so würde ich heute noch ein Kohlekraftwerk bauen".[67]

An dieser Stelle wird nicht erwähnt, dass Merkel die Warnung vor dem „Global Warming" bereits als Umweltministerin im Prinzip ernst nahm und dies für sie ein Grund zur Befürwortung der Kernenergie war, obwohl Fabeck 2005 davon ausging, dass der „Aufstieg Deutschlands zum Weltmeister in Erneuerbaren Energien" bereits unter der Regierung Kohl begonnen habe. Angela Merkel dann ausgerechnet 2015 wie ein blödes Faultier zu karikieren, als sie intensiv mit dem Andrang der Flüchtlinge zu tun hat und obendrein in immer neuen Gesprächen

63 Ebd.
64 Wolf von Fabeck, Merkels Weg … zurück, in: Solarbrief 2/2005, S. 6
65 Ebd.
66 Solarbrief 2/2005, S. 6–7.
67 Ebd., Cover.

mit Putin einen couragierten „Schlagabtausch"[68] führte, war nicht gerade dazu angetan, das politische Durchsetzungsvermögen der Solarenergie zu stärken. Diskussionsoffen zeigen sich die *Solarbriefe* dagegen 2005 bei der Frage, ob Solaranlagen auf dem Dach oder großflächigen Solaranlagen der Vorrang gebühre. Dazu der SFV:

> „Die Tatsache, dass Freiflächen-Solaranlagen mehr Energie ‚ernten' als jede Pflanze, wird vom SFV überhaupt nicht angezweifelt. Unser Hauptargument gegen Freiflächenanlagen ist ein anderes: Es gibt genügend ungenutzte Dach- und Fassadenflächen, auf denen Solarmodule montiert werden können. Solange nur jedes tausendste Dach eine Solaranlage trägt, ist überhaupt nicht einzusehen, warum noch Landflächen für die Solarenergie genutzt werden sollen. Wir sind aber gerne bereit, unseren Standpunkt neu zu überdenken".[69]

Auf den weiteren Seiten werden E-Mails zum Thema „Schwerer Unfall: Sicherheit bei Installation von PV-Anlagen" abgedruckt. Ein Schreiber verweist darauf, der Beruf des Dachdeckers sei „einer der gefährlichsten Berufe überhaupt", und ein anderer warnt, es werde vollends gefährlich, wenn – wie offenbar „gang und gäbe" – nicht gelernte Dachdecker Solaranlagen auf dem Dach montierten.[70]

Nun zu *Photon*, der Aachener Konkurrenz der *Solarbriefe*, obwohl auch diese Zeitschrift vom SFV herausgegeben wurde. Doch dann unterstellte ihr Fabeck eine „Neidkampagne" gegen Nutznießer solarer Subventionen. Die Sonnenzeitung stieß ins gleiche Horn und schmähte fett gedruckt die *Photon*-Chefredakteurin Anne Kreutzmann als „trojanische Stute" der Solarenergie,[71] da sie diese nur scheinbar voranbringe, in Wahrheit deren Gegnern einen Einlass öffne.

Doch die Solarszene ist eben keine von hoher Mauer umschlossene Festung, vielmehr gab und gibt es in ihr sehr unterschiedliche Positionen und Perspektiven. Dafür bietet das Neben- und Gegeneinander von den *Solarbriefen* und *Photon* das beste Beispiel. Bei der farbenfreudigen Zeitschrift *Photon*, ursprünglich eine Ausgründung der linksstehenden *taz*[72], die im Übrigen weit mehr in technische Details ging und zum Beispiel ausführlich über unterschiedliche Typen von

68 So EU-Präsident Jean-Claude Juncker, in: Neue Westfälische, 24.2.2023, Schlagzeile: „Merkel hat nie vor Putin gekuscht, es war ein Schlagabtausch".

69 Solarbrief 2/2005, S. 41.

70 Ebd., S. 42.

71 Das Photovoltaik-Archiv, Annegret Kreutzmann, <https://www.pv-archiv.de/journalismus/annegret-kreutzmann/> (10.5.2023), immerhin: „Von der erfolgreichen Gründerin zur trojanischen Stute"!

72 Ebd.

Solarzellen berichtete,[73] fällt helles Licht vor allem auf die Chancen der Solarenergie und zwar speziell der Photovoltaik. Im Unterschied zu den häufig polemischen *Solarbriefen*, die auch Windkraft-Gegner attackierten, überwog hier auch kein Grundton der Sorge über eine solare Ebbe infolge mangelnder Förderung von oben.

Die besondere Empörung des SFV erregte im Mai 2007 ein *Photon*-Artikel, der unter der Schlagzeile „Das 150-Milliarden-Euro-Ding" im Interesse gering verdienender Steuerzahler, die an keine eigene Solaranlage auf dem Dach denken könnten, eine drastische Herabsetzung der Einspeisevergütung für Solarstrom forderte. Daraufhin stellte der SFV unter dem Titel: „Die 300-Milliarden-Euro-Chance Oder Die Angst der Umweltschützer vor den Kosten" eine Gegenattacke ins Internet.[74] Diese Attacke beinhaltete auch eine besondere Empörung über den PHOTON-Karikaturisten, der mit den Panzerknackern des Comics Donald Duck, die einen Tresor ausraubten, „die Solarbranche indirekt als Abzocker-Truppe verunglimpft[e]".

Das Grundproblem stand weiterhin als offene Frage im Raum: Wie konnte der Staat die Solarbranche fördern und dabei nicht zugleich den Antrieb schwächen, die Solarenergie wirtschaftlich zu machen. Als Anne Kreutzmann 2017 den Schweizer Solarpreis bekam, war dies mit der Feststellung verbunden, mittlerweile herrsche „Einigkeit in der PV-Szene", jene Kritik an der Höhe der Einspeisevergütung sei gerechtfertigt gewesen: „Nach Anne Kreutzmanns und PHOTON'S Erkenntnis waren die PV-Kosten bereits damals viel günstiger als die von den Herstellern angegebenen Marktpreise." Mehr noch: „Heute kämpfen Stromkonzerne wie Eon und RWE tatsächlich ums Überleben, weil sie die stürmische Entwicklung der erneuerbaren Energien und der PV unterschätzten."[75]

Innerhalb der solaren Publizistik fällt bei *Photon* manche Besonderheit auf, so exemplarisch bei dem Heft 11/2011, am Ende des Fukushima-Jahres, als die japanische Reaktorkatastrophe der Solarenergie einen neuen Antrieb gab, doch eben nicht nur der deutschen, sondern weit mehr noch der chinesischen. Da verblüffte bereits das Heft-Cover: „Solarthermie vor dem Untergang – Wie Photovoltaik solarthermische Warmwassersysteme verdrängt". Nach einer derart offenen innersolaren Kontroverse muss man im solaren Schrifttum sonst weithin suchen; Spannungen bleiben in der Regel latent. Der Vorsitzende des Bundesverbandes

73 Photon 12/2009, S. 62–63.

74 Jürgen Grahl, Gravierende Fehler im PHOTO-Beitrag zur Einspeisevergütung für Solarstrom, 21.4.2008, <https://www.sfv.de/artikel/2007/gravier3> (10.5.2023).

75 Schweizer Solarpreis 2017, Die Gewinner, <https://solaragentur.ch/de/solarpreis/schweizer-solarpreis/2017> (16.05.2022).

Wärmepumpen, Karl-Heinz Stawiarski, bekannte, das „Gentlemen's Agreement" unter den Erneuerbaren-Verbänden – das gibt es also! – hindere ihn daran, die Photovoltaik-Wärmepumpen-Kombination – auch diese gibt es – offensiv gegen die Solarthermie ins Feld zu führen.[76]

Doch im gleichen *Photon*-Heft kam auch ein erfahrener Solarthermiker zu Wort.[77] Zudem publizierte das Solarmagazin erstaunlicherweise eine geradezu beleidigende Attacke auf sich selbst, von einem Autor, der anonym belassen wurde: Ein *Photon*-Editorial sei „unüberlegter Schwachsinn", ja „bodenlose Unverschämtheit" gewesen: „Gegen Photon ist die Bild-Zeitung die Frankfurter Allgemeine."[78] Weiter: *Photon* zitierte den *Kurier am Sonntag*: „Es gibt zurzeit einen brutalen Preisverfall bei Photovoltaikmodulen, denn China überschwemmt den Weltmarkt."[79] Doch in ihrem Editorial des Heftes charakterisierte Anne Kreutzmann die neuerdings so billige Photovoltaik als „Schwarzen Schwan" im Sinne des Bestsellers von Nassim Taleb und damit als verblüffende Überraschung, faszinierend, wenngleich sie ihre Tücken hat.

So oder so sah sich *Photon* triumphierend in der strikten Konzentration auf die Photovoltaik bestätigt. Dies unterschied das Blatt von den *Solarbriefen* und anderen solaren Zeitschriften. Bereits 2009 hat Anne Kreutzmann in einem Interview mit dem *Deutschlandfunk* eingeräumt, „die Massenproduktion von Solarmodulen" sei „hierzulande nicht wettbewerbsfähig". Doch: „Auf der anderen Seite besteht ein Großteil der Arbeit bis zur fertig installierten Solaranlage gerade in der Installation der Solaranlage, und das sind Arbeitsplätze, die sich absolut nicht verlagern lassen können, sondern die werden weiterhin auch natürlich in Deutschland bleiben."[80] Das kann der Bielefelder Unternehmer Michael Hüttemann, der Solaranlagen installiert, nur voll und ganz bestätigen.

Nicht nur von den *Solarbriefen* bekam *Photon* Kritik; auch das *pv magazine Deutschland* stellt 2013 unter dem Titel „Was ist nur in Aachen los?" Enthüllungen über eine Krise von *Photon* ins Internet:[81] Die Photon Europe GmbH, das die Magazine bisher produziert und herausgegeben hat, habe Ende 2012 Insolvenz angemeldet, mit der Wirkung, dass die *Photon*-Lieferung vorerst stockte. Zugleich

76 Christoph Podewils, „Ausgeheizt. Mit Photovoltaikanlagen lässt sich warmes Wasser jetzt günstiger erzeugen als mit Solarthermie, in: Photon 11/2011, S. 121.

77 Ebd., S. 124.

78 Ebd., S. 10.

79 Ebd., S. 8.

80 Stefan Heinlein, Expertin: Solarindustrie nicht in Gefahr, 18.8.2009, <https://www.deutschlandfunk.de/expertin-solarindustrie-nicht-in-gefahr-100.html> (10.5.2023).

81 Michael Fuhs, Was ist nur in Aachen los?, 4.3.2013, <https://www.pv-magazine.de/2013/03/04/was-ist-nur-in-aachen-los/> (10.5.2022).

abfällige Bemerkungen über Anne Kreutzmann, die „überall drin" sei und zudem in ihrem Unternehmen die Bildung eines Betriebsrates verhindert habe. Im *Photovoltaik-Archiv* ist zu lesen, zwischen dieser Frau und dem wortgewaltigen „Sonnengott" Hermann Scheer, ihrem einstigen Mentor, sei in dessen Todesjahr 2010 längst „Eiszeit" eingetreten.[82] All das scheint ein Licht auf ein generelles Problem der frühen solaren Kommunikation zu werfen: Das solare Pathos – die scheinbare Unendlichkeit der von der Sonne gratis auf die Erde gestrahlten Energie – konnte zu einer auftrumpfenden Rechthaberei verführen, umso mehr, als es nicht leicht war, sich in die technischen Tücken und Vor- und Nachteile diverser technischer Pfade einzuarbeiten.

3. Schlussbemerkungen

Je mehr sich der Neuling in der Solarszene nach allen Seiten umschaut, desto größer wird erst einmal der Wirrwarr verschiedener Forschergruppen, Firmen, Vereine, Pioniere, publizistischer Organe sowie technologischer Pfade. Über geraume Zeit war die Solarszene allzu sehr in kleine Firmen und voneinander abgeschottete Eigenbrödler zersplittert, dies klagten mir die erfahrenen Umweltpolitiker Klaus Töpfer und Volker Hauff. Gerd Stadermanns großes Werk „Die solare Forschungswende in Deutschland" mit seinen vielen Interviews scheint dieses Manko auch ohne Absicht gerade durch seine Vielfalt und oftmaligen Mangel an Querverbindungen zu bestätigen. Darauf ein Schlaglicht: Wolfram Wettling vom Freiburger ISE erinnert sich: „1995 hatten wir festgestellt, dass jede PV-Firma alles selbst entwickelte, und zwar unter größter Geheimhaltung auch gegenüber den Zulieferern."[83] Da gab es Gegenbestrebungen, wieweit sich diese im Laufe der Zeit durchsetzten, verdient erforscht zu werden. Ein Kapitel trägt die Überschrift „Solidarische Community"[84]; doch die bestand nur unter den Solarforschern der Universität Oldenburg.

Dennoch gibt es schon seit langem Anzeichen, dass sich diese Szene stärker in Richtung einer „Community" entwickelt. In Detlef Koenemanns „Solaren Klostergeschichten"[85] über die PV-Symposien im Kloster Banz bei Bad Staffelstein ist wiederholt von einer solaren „Gemeinde" die Rede. Alles in allem beschreibt die

82 Annegret Kreuzmann, in: Photovoltaik-Archiv, 20.3.2017, pv-archiv (https://www.pv-archiv.de/), S. 3–4 (Zwischentitel Wendejahr 2006).
83 Stadermann, Das Notwendigste (wie Anm. 1), S. 240.
84 Ebd., S. 201–202.
85 Detlef Koenemanns, Solare Klostergeschichten, Berlin 2018 (Selbstverlag).

Solargeschichte in Mitteleuropa bislang ein dramatisches Auf und Ab, dessen Ende offen ist und in dessen Hintergründen es noch viel zu entdecken gibt. Doch es gibt heute gute Gründe zu solarer Hoffnung. Dennoch wie oft in der Technikgeschichte ist Geduld vonnöten.

Solar-Enthusiasten schwelgten gerne im Gedanken daran, dass die von der Sonne auf die Erde gestrahlte Energie den Energiebedarf der gesamten Menschheit um das Zigtausendfache übertrifft. Gibt es in der solaren Ära keine „Grenzen des Wachstums" mehr? Zumal das von den Solarpanelen gebrauchte Silizium, wie man liest, in der Erdhülle nach Sauerstoff das zweithäufigste Element ist? Doch Vorsicht: Viele Solarzellen benötigen Silber; und auch die Herstellung von Solaranlagen ist wie die der meisten Produkte mit Abfall verbunden. Überdies scheint die Sonne bekanntlich nicht bei Nacht, und zudem wechselt die von der Sonne gestrahlte Energie in unseren Breiten zwischen Sommer und Winter um das Zehnfache. Daher ist sowohl die tages- wie die jahreszeitliche Speichertechnik die oberste Aufgabe, bei der weitere technische Entwicklungen geboten sind, verbunden mit offener Diskussion. Besonders spannend erscheint die Frage, wieweit der Solarenergie durch ihren Flächenverbrauch „Grenzen des Wachstums" gesetzt sind oder „Agri-PV", Ackerbau unter Solarpanelen zum Erfolg führt. Oder sind solare Dachziegel zukunftsträchtiger; behindert die Agri-PV zu sehr die landwirtschaftlichen Maschinen? Seit vierzig Jahren steht das Projekt *Agri-Photovoltaik* im Raum: Grundsätzlich ist es möglich, unter PV-Anlagen Ackerbau zu betreiben; doch dieses Projekt kommt bislang nicht so recht voran, da zwischen den Solarpanelen Agrarmaschinen hindurch sollen und die Solaranlagen dazu höher aufgeständert sein müssen. Wird das weiterhin zu teuer sein? Gibt es auch bei Solaranlagen Grenzen des Wachstums? Auch bei der Sonnenkraft gibt es offene Zukünfte; nicht zuletzt dadurch bleibt die Geschichte spannend!

Markus Köster

Zwei Wanderer zwischen vier politischen Welten

Richard Schirrmann, Wilhelm Münker und ihr Jugendherbergswerk

Die Geschichte des Jugendherbergswerks bietet unter verschiedenen Perspektiven ein ertragreiches Untersuchungsfeld. Sie lässt sich als Teil der Tourismusentwicklung beschreiben, aber auch aus organisations-, ideen- und jugendhistorischen Blickwinkeln. Mit dem 2009 von Jürgen Reulecke und Barbara Stambolis herausgegebenen Sammelband „100 Jahre Jugendherbergen" sowie der Dissertation von Eva Kraus über „Das Deutsche Jugendherbergswerk 1909–1933" von 2013 sind in jüngerer Zeit ergiebige Studien erschienen, die die ältere Erinnerungsliteratur ergänzen, differenzieren und zum Teil auch korrigieren.[1] Der vorliegende Beitrag hat daher nicht den Anspruch, dem Grundlegendes hinzuzufügen, er nimmt vielmehr die Tatsache, dass sich 2024 die Geburtstage der beiden wichtigsten Gründerfiguren des Jugendherbergswerkes zum 150. Mal jähren, zum Anlass einer doppelbiographischen Würdigung in „Geschichte im Westen". Denn beide Gründer, Richard Schirrmann wie Wilhelm Münker, und auch die Anfänge des heute weltumspannenden Netzwerks der Jugendherbergen, sind eng mit dem Westen Deutschlands, vor allem dem südlichen Westfalen verbunden.

1 Jürgen Reulecke/Barbara Stambolis (Hg.), 100 Jahre Jugendherbergen. Anfänge – Wandlungen – Rück- und Ausblicke, Essen 2009; Eva Kraus, Das deutsche Jugendherbergswerk 1909–1933. Programm – Personen – Gleichschaltung, Berlin 2013.

Geschichte im Westen (GiW) 38 (2023), S. 157–175

1. Schirrmann und Münker – Eine Wanderfreundschaft

Richard Schirrmann[2] wurde 1874 als Sohn eines Dorfschullehrers im damals ostpreußischen Grunenfeld geboren – heute heißt der Ort Grónowko und liegt im äußersten Nordosten Polens, nahe der Grenze zur russischen Exklave Kaliningrad. Die masurische Landschaft scheint ihn früh für die Natur begeistert zu haben. Sein Leben lang behielt er auch die markante Sprachmelodie seiner ostpreußischen Geburtsregion bei. Beruflich trat der Lehrersohn in die Fußstapfen seines Vaters. Er wurde zunächst ebenfalls Volksschullehrer in seiner Heimat, ließ sich aber 1901 nach Gelsenkirchen ins westfälische Ruhrgebiet versetzen. Ob ihn dazu Fernweh und „die Aussicht im stürmisch sich entwickelnden Ruhrrevier pädagogisches Neuland zu entdecken" – so Karl Hartung – oder die „sozialen Verhältnisse" und „starre Klassengesellschaft Ostpreußens", motivierte, wie Eva Kraus schreibt, ist offen, vermutlich beides.[3] Jedenfalls nahm er damit den gleichen Weg wie viele seiner Landsleute, die sich als Industriearbeiter im Ruhrgebiet verdingten. Die Begegnung mit den Lebensbedingungen junger Menschen im Industrierevier scheint für den 27-Jährigen eine Art Kulturschock gewesen zu sein. Er berichtete später, hier sei er auf Schüler getroffen, die kaum je „einen Specht hämmern und einen Bach plätschern" gehört hatten und „noch nie barfuß durchs Gras gelaufen waren."[4]

Der natur- und wanderbegeisterte Pädagoge entwickelte aus dieser Erfahrung heraus die Idee einer „wandernden Schule", die den Schülerinnen und Schülern praktische Begegnungen mit der Natur ermöglichen sollte. Weil er als „barfußwandernder Lehrer mit Schillerkragen und Rucksack"[5] auf Widerstand bei seinen schulischen Vorgesetzten stieß, wechselte Schirrmann zwei Jahre später erneut Schul- und Wohnort und zog ins sauerländische Altena, wo er schließlich in der Nette-Schule einen Rektor mit mehr Verständnis für sein Konzept des Wanderns

2 Zu Schirrmanns Biographie vgl. Kraus (wie Anm. 1), S. 20–30; Karl Hartung, Richard Schirrmann und Wilhelm Münker. Die Gründer und Gestalter der deutschen Jugendherbergen, Hagen 1953, S. 7–21; Michael Buddrus, Schirrmann, Richard Ernst Otto, in: Neue Deutsche Biographie (NDB), Band 13, Berlin 2007, S. 13–15. Online-Version <https://www.deutsche-biographie.de/pnd118755196.html#ndbcontent> (10.9.2023); zuletzt auch Duncan M. Simpson, Richard Schirrmann: The man who invented youth hostels, Derbyshire 2015.

3 Hartung (wie Anm. 2), S. 9; Kraus (wie Anm. 1), S. 23.

4 Zit. nach Jürgen Reulecke, Gegen eine „verkopfte, haus- und stadtverkäfigte Schule": Zu Richard Schirrmanns Werbekampagnen für „Volksschülerherbergen" um 1910, in: Reulecke/Stambolis (wie Anm. 1) S. 57–68, hier S. 62.

5 So Hartung (wie Anm. 2), S. 10.

Abb. 1: Richard Schirrmann mit seinen Schülern „auf Fahrt" nach Holland, 1911 (Sammlung Schirrmann/LWL-Medienzentrum für Westfalen)

als „überragendes Unterrichts- und Erziehungsmittel"[6] fand. Nun organisierte der junge Lehrer mehrtägige Wanderungen mit seinen Volksschülern,[7] die er offenbar von Beginn an auch fotografisch dokumentierte. Er scheint bereits damals ein passionierter Amateurfotograf gewesen zu sein, für den die Kamera „ein wichti-

6 Kraus (wie Anm. 1), S. 24.

7 Vgl. Richard Schirrmann, Vom Jugendwandern und welchen Sinn ich mir davon verspreche, hg. vom Jugendherbergswerk Westfalen-Lippe, Menden 1949, S. 5–12 (ursprünglich 1909).

ger und ständiger Begleiter" war.[8] Auf diese Weise entstanden zahlreiche Bilder, die ihn mit Schülerinnen und Schülern bei Ausflügen im Sauerland, im Bergischen Land, am Rhein und sogar schon an der niederländischen Nordseeküste zeigen. Der Gründungsmythos der Jugendherbergsbewegung erzählt, dass Schirrmann mit seiner Klasse bei einer dieser Wanderungen im bergischen Bröltal von einem Gewitter überrascht wurde und erst nach langem Suchen schließlich Obdach in einem leeren Schulhaus fand. Dabei sei Schirrmann die Idee zur Gründung von Herbergen für die wandernde Jugend gekommen.[9] Zuerst richtete er in seiner eigenen Schule, der Nette-Schule Altena, einen Raum als Übernachtungslager her. Wenig später gelang es dem charismatischen Pädagogen, den Landrat des Kreises Altena Friedrich Thomée für seine Vision zu begeistern. Thomée hatte 1906 aus Anlass des 300-jährigen Jubiläums der Zugehörigkeit der Grafschaft Mark zu Brandenburg-Preußen den Wiederaufbau der mittelalterlichen Burg Altena initiiert und war offenbar dankbar für Nutzungsvorschläge, die das historische Gemäuer mit Leben füllten. Die Altenaer Jugendherberge zog im Jahr 1912 auf die Burg um, mit Richard Schirrmann als Herbergsvater, der dort selbst mit Frau und Tochter eine Wohnung bezog. Offiziell eingeweiht wurde die Jugendburg allerdings erst im Juni 1914.[10]

Schirrmann wanderte nicht nur mit seinen Schülerinnen und Schülern, sondern trat privat schon bald nach seinem Wechsel nach Altena dem 1891 gegründeten Sauerländischen Gebirgsverein (SGV) bei. Fotografien aus dieser Zeit zeigen ihn im Kreise bürgerlich gekleideter Frauen und Männer bei Ausflügen in die nähere und weitere Umgebung. Er betätigte sich im SGV als „Wegewart" und lernte dabei 1906 den gleichaltrigen Fabrikanten Wilhelm Münker kennen, der wie er im Gebirgsverein aktiv war und den er rasch für seine Jugendherbergsidee begeistern konnte.

8 Anikó Scharf, Richard Schirrmanns Bilderwelt: Annäherungen an seinen Fotonachlass, in: Reulecke/Stambolis (wie Anm. 1), S. 337–356, hier S. 338. Der fotografische Nachlass Richard Schirrmanns mit rd. 3500 Fotografien ist im Bildarchiv des LWL-Medienzentrums für Westfalen überliefert und dort online einsehbar: <www.bildarchiv-westfalen.lwl.org> (11.9.2023). Aktuell bereitet das LWL-Medienzentrum eine Bildband-Publikation vor, die 2024 unter dem Titel „Wanderleben. Fotografien aus der Sammlung Richard Schirrmann" erscheinen wird.

9 Vgl. Karl Hartung, Das Jugendherbergswerk in Westfalen-Lippe. 50 Jahre DJH-Werk, Hagen 1959, S. 17f; Ulrich Seidel, Der Weg zur ersten Jugendherberge im westfälischen Altena, in: Reulecke/Stambolis (wie Anm. 1), S. 43–56, hier 45.

10 Zur Gründungsgeschichte der Jugendburg Altena vgl. ebd., S. 48–52.

Abb 2: Richard Schirrmann (links) und Wilhelm Münker (rechts) auf Burg Altena, um 1912 (Sammlung Schirrmann/LWL-Medienzentrum für Westfalen)

Münker (1874–1970)[11] war der Sohn eines Drahtstiftfabrikanten aus Hilchenbach im Siegerland und kehrte nach einer kaufmännischen Ausbildung und Lehrjahren im Rheinland und in Belgien 1897 in seinen Heimatort zurück. Dort beteiligte er sich zunächst am väterlichen Unternehmen und gründete dann eine eigene Metallfabrik. Ehrenamtlich engagierte sich der höchst bescheiden, fast asketisch lebende und auf Außenstehende deshalb gelegentlich etwas kauzig wirkende Junggeselle, der mit einem trockenen Humor und einer geschliffenen Sprache ausgestattet war, früh für den Heimat- und Naturschutz. Neben seinem Engagement im SGV kämpfte er unter anderem vehement gegen Reklametafeln im öffentlichen Raum und die „Blechpest“ auf Hausdächern, gründete angesichts der zunehmenden „Verfichtung“ der Wälder ein Komitee zur „Rettung des Laubwaldes“, brandmarkte die Suchtgefahren von Nikotin und Alkohol und bemühte sich um „Pflege und Reinhaltung der deutschen Sprache“.[12]

Gemeinsam warben Schirrmann und Münker zunächst innerhalb des Sauerländischen Gebirgsvereins hartnäckig für ihre Jugendherbergsidee und setzten 1912 die Gründung eines „Ausschusses für Jugendherbergen im S. G.V“ durch.[13] Beim Aufbau des Werkes ergänzten sich die beiden kongenial: Während Schirrmann „mehr der Ideenproduzent und idealistische Gedankenlieferant war, dem aber gelegentlich der Blick dafür fehlte, was konkret machbar war“, erwies sich Münker „als umsichtiger Organisator und Finanzplaner, hervorragender Menschenkenner und nüchtern praktischer Kaufmann mit Blick für die Grenzen des Möglichen“.[14]

11 Zu Münker vgl. Ellen Scheuner, Wilhelm Münker und sein Werk, in: Wilhelm-Münker-Stiftung (Hg.), Wilhelm Münker und sein Werk, Siegen 1983, S. 22–42; Deutsches Jugendherbergswerk (Hg.), Weg-Weiser und Wanderer. Wilhelm Münker. Ein Leben für Heimat, Umwelt und Jugend, Detmold 1989; Kraus (wie Anm. 1), S. 125–127.

12 Vgl. z. B. Wilhelm-Münker-Stiftung (Hg.), Wilhelm Münker 1874–1970. Ein Rückblick auf Leben und Werk, Siegen 2000, S. 25–48; Karl Ditt, Raum und Volkstum. Die Kulturpolitik des Provinzialverbandes Westfalen, Münster 1988, S, 223–229, 342–344; Weg-Weiser (wie Anm. 11), S. 78–107; Kraus (wie Anm. 1), S. 126 f.

13 Vgl. Hartung (wie Anm. 9), S. 18–25; Reulecke, Gegen (wie Anm. 4), S. 57–67.

14 Ebd., S. 59.

2. Jugendbewegung, Lebensreform und Kriegserfahrungen

Beide waren über gemeinsame Freunde früh mit der Jugendbewegung der Wandervögel in Berührung gekommen,[15] jenen bürgerlichen Gymnasiasten und Studenten also, die seit der Jahrhundertwende den Aufbruch „aus grauer Städte Mauern" propagierten.[16] Ihr Überdruss an den als hohl und unecht empfundenen Lebensformen des eigenen bildungsbürgerlichen Milieus fand ein Ventil in der Suche nach zivilisationsferner Einfachheit in ‚unberührter Natur'.

> „Fußmärsche und zünftige Kluft, [...] Naturerlebnis und Kameradschaft in der Gruppe mischten sich mit lebensreformerischem Verzicht auf die Zivilisationsgifte Tabak und Alkohol und mit romantischer Verklärung dessen, was man für volkstümliche Vergangenheit hielt".[17]

Ausgehend vom Städtchen Steglitz bei Berlin wurden die Wandervögel binnen weniger Jahre zu einem allseits bekannten Phänomen auf den Straßen und Wegen des Kaiserreiches. Schon 1910 hieß es in der Bielefelder Westfälischen Zeitung:

> „Wer kennt sie nicht, die fröhlichen fahrenden Schüler mit Gamaschen, Rucksack, Fasanenfeder auf dem einseitig umgestülpten Lodenhut und dem Wanderstab? Durch Berg und Tal, Wald und Flur sieht man sie wieder ziehen – die fahrenden Studenten; [...] mit frohem Sinn und heiterem Gemüt, oft die Guitarre an der Seite oder das Waldhorn, durchqueren sie in Trupps von oft 6 und 8 Scholaren Stadt und Land."[18]

Die Wanderbegeisterung der Jugendherbergsgründer wurzelte genau wie die der Jugendbewegung in einem zivilisationskritischen Weltbild. Das fand – unter dem Eindruck rasanter Industrialisierung und Urbanisierung, dem Verschwinden traditioneller Lebenswelten; gesellschaftlicher Umwälzungen sowie wachsender

15 Vgl. Hartung (wie Anm. 9), S. 35 f.; Scheuner (wie Anm. 11), S. 26 f., die auch auf die Differenzen zwischen Jugendbewegung und Jugendherbergsidee hinweist.

16 Vgl. zuletzt Barbara Stambolis, Jugendbewegungen. Aufbruch und Selbstbestimmung 1871–1918, Wiesbaden 2022, v. a. S. 52–58.

17 Detlev J. K. Peukert, „Mit uns zieht die neue Zeit...". Jugend zwischen Disziplinierung und Revolte, in: Ders./August Nitschke/ Gerhard A. Ritter/ Rüdiger vom Bruch (Hg.), Jahrhundertwende – Der Aufbruch in die Moderne 1880–1930, Bd. 1, Reinbek 1990, S. 176–202, hier S. 179.

18 Alt-Wandervogel-Stiftungsfest und Weihe des Karl Ellermann-Denkmals, in: Westfälische Zeitung, 11.8.1910.

Umweltzerstörung – im Bildungsbürgertum der Jahrhundertwende breiten Anklang. Teil der Vorstellungen war ein ganzes Arsenal zivilisationsfeindlicher Projektionen auf die Großstadt: die Diagnose gesellschaftlicher Vereinzelung, Entchristlichung und kultureller Verflachung, der Anfechtungen durch Alkohol, kommerzielle Vergnügungsangebote und politischen Radikalismus sowie einer allgemeinen seelisch-geistigen und körperlichen Verkümmerung durch die industriellen Arbeits- und Lebensbedingungen. Als Reaktion entstand eine Reihe von Gegenbewegungen: der Natur- und Heimatschutz ebenso wie Reformpädagogik, Naturheilkunde, Freikörperkultur und Vegetarismus. „Bei den meisten der Bewegungen standen Vorstellungen von einem ‚neuen Menschen' im Mittelpunkt, den es heranzuziehen gelte, um den Herausforderungen der Moderne begegnen zu können."[19] Schirrmann fühlte sich solchen lebensreformerischen Ideen eng verbunden. Gleichzeitig nahm er aber sehr flexibel und pragmatisch auch konservative und völkisch-nationalistische Ideen für sein Wander- und Herbergsprojekt in Dienst.[20] So ließen sich beispielsweise die von ihm propagierten Werte ‚Volksgesundheit' sowie ‚Heimat- und Vaterlandsliebe' mühelos mit der Idee einer Stärkung der jugendlichen Wehrkraft verbinden und auf diese Weise bereits 1912 die Unterstützung des einflussreichen rechtsnationalen „Jungdeutschlandbundes" für den Jugendherbergsgedanken gewinnen.[21] Eva Kraus kann in ihrer Dissertation belegen, dass Schirrmann selbst einer Reihe von völkischen Ideen anhing, beispielsweise der „Reinigung" der deutschen Sprache, pantheistischen Vorstellungen sowie der Sicherung angeblich germanischer Relikte und Bräuche, und dass er sich vor allem in der NS-Zeit auch rassistischer und antisemitischer Floskeln bediente.[22] Der Praktiker Münker dagegen stand völkischen Ideen distanziert gegenüber und machte sich gelegentlich sogar lustig über Schirrmanns Neigungen in diese Richtung.[23]

Mit bemerkenswert raschem Erfolg gelang es den rührigen Werbetrommlern Münker und Schirrmann, die Förderung öffentlicher Stellen und Honoratioren für ihr Werk zu gewinnen. Im Ergebnis gab es 1914 bereits 535 Jugendherbergen –

19 Reulecke, Gegen (wie Anm. 4), S. 61.
20 Vgl. Kraus (wie Anm. 1), S. 73–105.
21 Kraus (wie Anm. 1), S. 35, Reulecke, Gegen (wie Anm. 4), S. 66; Hartung (wie Anm. 9), S. 34 f.
22 Allerdings waren Schirrmanns „Rasse"-Vorstellungen offenbar nicht deckungsgleich mit denen der Nationalsozialisten. So betitelte er zwar in seiner 1938 verfassten Geschichte des Jugendherbergswerks ein Kapitel mit „JH-Werk und Gattenwahl – natürliche Auslese und Rassenfrage", propagierte darin aber bemerkenswerter Weise den Wert der genetischen Vermischung. Vgl. Kraus (wie Anm. 1), S. 92.
23 Vgl. Kraus (wie Anm. 1), S. 127.

die meisten im rheinisch-westfälischen Raum – mit jährlich rund 20.000 Übernachtungen.[24]

Doch dann wurde der Ausbau des neuen Werks durch den Ersten Weltkrieg brutal unterbrochen. An ihm nahmen sowohl Schirrmann als auch Münker freiwillig als Soldaten teil: Münker an der Ostfront,[25] Schirrmann als Mitglied eines Landsturmregiments an der Westfront der Vogesen. In mehreren hundert Bildern hat der passionierte Amateurfotograf sowohl den militärischen Einsatz als auch den Alltag in der Etappe und die Begegnungen mit Land und Leuten im Elsass eindrucksvoll dokumentiert.[26] Viele Motive entsprechen dem romantischen Bildkanon der Jugendbewegung und lassen vermuten, dass der nostalgische Blick auf Naturidyllen und die vermeintlich „heile Welt" vorindustrieller Kulturen für den Soldaten auch eine Fluchtfunktion vor der rauen Realität des Krieges hatte.

Obwohl sein Kriegseinsatz für Schirrmann glimpflich verlief, scheint er für ihn ein einschneidendes Erlebnis gewesen zu sein, das ihn zu einer bemerkenswerten Erweiterung des Jugendherbergsgedankens in Richtung internationaler Begegnung und Verständigung führte. Immer wieder formulierte er seitdem die Vision eines friedlichen Zusammenlebens der Völker und propagierte das auch als Leitgedanken des Jugendherbergswerkes.[27] Für seinen Kompagnon Münker war die Kriegszeit ebenfalls einschneidend, nicht zuletzt, weil sie ihm einen irreparablen Hörschaden einbrachte, den er später durch ein großes Hörrohr auszugleichen versuchte.[28]

3. Der Ausbau des Jugendherbergswerks im Weimarer Wohlfahrtsstaat

Bereits im Frühjahr 1919 nahmen Münker und Schirrmann ihre Arbeit für den Ausbau des Herbergsnetzes wieder auf. Durch persönliche Kontaktaufnahmen und Werbemittel aller Art warben die beiden unermüdlich und höchst erfolgreich um Unterstützung für ihr Werk.[29] Vor allem Münker nutzte seine Verbindungen zur westfälischen Industrie für die Einwerbung von Geld- und Materialspenden

24 Stefanie Hanke, Die Anfänge des Jugendherbergswerks, in: Reulecke/Stambolis (wie Anm. 1), S. 69–75, hier S. 70 f.

25 Vgl. Kraus (wie Anm. 1), S. 126.

26 Zu den Kriegsfotografien Schirrmanns vgl. Markus Köster, Fotografien von Front und Heimatfront. Der Erste Weltkrieg in Bildsammlungen aus Westfalen, in: Westfälische Forschungen 63 (2013), S. 241–294, hier S. 246–259.

27 Vgl. Reulecke, Gegen (wie Anm. 4), S. 67.

28 Vgl. Scheuner, S. 41; Kraus (wie Anm. 1), S. 126.

29 Zu den ausgefeilten Werbekampagnen vgl. Hartung (wie Anm. 9), S. 116–122.

zum Ausbau der Jugendherbergen. Mit der Heeresverwaltung verhandelten beide erfolgreich, um Einrichtungsgegenstände von Feldbetten und Wolldecken bis zu Öfen und Kochtöpfen, aus nicht mehr genutzten Kasernen zu bekommen.[30] Auch organisatorisch stellten die beiden das Werk neu auf. Am 2. November 1919 entstand offiziell das Deutsche Jugendherbergswerk (DJH) mit Münker als ehrenamtlichem Hauptgeschäftsführer. Die zentrale Geschäftsstelle wurde in seinem Wohnhaus in Hilchenbach eingerichtet und dort nach und nach immer mehr Zimmer als Büroräume für die wachsende Zahl von Mitarbeitern genutzt.[31]

In geschmeidiger Anpassung an die veränderte politische Situation schrieben Schirrmann und Münker ihrem Projekt in der Weimarer Republik strikte politische und weltanschauliche Neutralität auf die Fahnen.[32] Das Jugendherbergswerk gab sich demokratische Verbandsstrukturen, nahm Frauen, Sozialdemokraten und Juden in Vorstände und Verwaltungsräte auf und öffnete die Jugendherbergen für die organisierte Arbeiterjugend. Ausdrücklich waren sie bis 1933 satzungsgemäß „allen Jugendlichen ohne Unterschied“ zugänglich und boten so Raum für die Begegnung der unterschiedlichen gesellschaftlichen Lager.[33] Gleichzeitig suchten beide Jugendherbergswerkgründer auch weiterhin den Schulterschluss mit konservativen Kräften und Ideen. Sie verwiesen auf die Bedeutung ihres Werkes für „Volksgesundheit“, „Disziplin und Ordnung“, „Erhaltung und Stärkung der Wehrkraft“ und auch die Unterstützung des „Grenz- und Auslandsdeutschtums“.[34] Neben mehreren anderen „Grenzlandjugendherbergen“ wurde 1929 eine Herberge im monumentalen Tannenberg-Denkmal eröffnet, das in Ostpreußen an die Abwehr eines russischen Invasionsversuchs durch deutsche Truppen im August 1914 erinnerte.[35]

Einer besonderen Wertschätzung und Förderung durch die administrativen und wirtschaftlichen Funktionseliten erfreute sich die Jugendherbergsbewegung in ihrem Ursprungsland Westfalen.[36] Auf persönliche Initiative Schirrmanns und Münkers hin beschloss der Westfälische Provinziallandtag schon 1920 die Errich-

30 Vgl. Weg-Weiser (wie Anm. 11), S. 16; Reulecke, Gegen (wie Anm. 4), S. 92.
31 Vgl. Scheuner (wie Anm. 11), S. 27; Weg-Weiser (wie Anm. 11), S. 30.
32 Vgl. Hartung (wie Anm. 9), S. 132 f.
33 Vgl. Jürgen Reulecke, Horizonte und Organisationen. Jugend und junge Generation in den zwanziger Jahren im Umfeld des Jugendherbergswerks, in: Reulecke/Stambolis (wie Anm. 1), S. 83–97, hier S. 89.
34 Vgl. ebd., S. 92–95.
35 Vgl. Kraus (wie Anm. 1), S. 195 f.; und die Bilder der Jugendherberge im Tannenbergdenkmal unter <www.bildarchiv-westfalen.lwl.org> (12.9.2023).
36 Vgl. Markus Köster, Jugend, Wohlfahrtsstaat und Gesellschaft im Wandel. Westfalen zwischen Kaiserreich und Bundesrepublik, Paderborn 1999, S. 137–139.

tung einer provinzeigenen Jugendherberge auf der Hohensyburg bei Dortmund. Nach Gründung des Landesjugendamtes Westfalen im Jahr 1924 erhielten die drei westfälischen Zweigausschüsse des DJH dann regelmäßig einen Großteil der Fördermittel des Amtes – übrigens sehr zum Missfallen der freien Wohlfahrtspflege, die sich gegenüber dem Jugendherbergswerk massiv benachteiligt fühlte.

Die Bewegung erlebte in Westfalen nach dem Ersten Weltkrieg einen enormen Aufschwung. Allein im „Stammgau Sauerland" stieg die Zahl der Herbergen zwischen 1919 und 1928 von 40 auf über 100, die der jährlichen Übernachtungen von 20.000 auf 186.000 an. Reichsweit überschritt sie 1929 die 3,5 Millionen-Marke.[37] Damit wurden Jugendherbergen zu einem wichtigen Bestandteil der touristischen Infrastruktur Westfalens. Parallel zum quantitativen Ausbau des Herbergsnetzes veränderte sich das Innere der Einrichtungen: Schlafsäle mit Etagenbetten ersetzten allmählich die Strohlager, „moderne" Waschanlagen die Pumpen vor dem Haus.[38] Gleichzeitig begann die kommerzielle Werbung die jugendlichen Herbergsgäste als Zielgruppe zu entdecken. Die zahllosen Produktanzeigen im Verbandsorgan „Die Jugendherberge" – für Wanderkleidung und Fertignahrung, Fahrräder und Musikinstrumente, Fotokameras und Sonnenschutzmittel – illustrieren das anschaulich.[39]

Die Popularisierung der Jugendherbergen hatte allerdings auch ihre Schattenseiten. Seit Mitte der 1920er Jahre häuften sich die Klagen über „seltsame Herbergsgäste", die mit Autobussen und Motorrädern, „Koffern und Köfferchen" anreisten, die lärmten, rauchten und Bier tranken und die Jugendherbergen offenbar ausschließlich als billige Alternativen zu Hotels betrachteten. Obwohl das DJH dieser Entwicklung schon 1927 durch das Verbot der Aufnahme von Motorradfahrern entgegenzusteuern suchte, gerieten seine Einrichtungen bei Teilen der Jugendbewegung mehr und mehr in Verruf. Sie wetterten gegen Massentourismus und „bürokratisiertes Wandern", gegen „Luxusherbergen" und „Jugendhotels" und entdeckten mehr und mehr das Zeltlager als Übernachtungsmöglichkeit und Gemeinschaftsform.[40]

37 Vgl. Hartung (wie Anm. 9), S. 265; und Jahresbericht des Reichsverbandes für Deutsche Jugendherbergen für 1929, in: Die Jugendherberge 11 (1930), S. 57–59.

38 Vgl. Hartung (wie Anm. 9), S. 92 f.; Richard Schirrmann, Die Musterjugendherberge, in: Das junge Deutschland 19 (1925), S. 80–85.

39 Vgl. Markus Köster, „Aus grauer Städte Mauern" – Jugendliche als Pioniere des Massentourismus, in: Reulecke/Stambolis (wie Anm. 1), S. 137–149, hier 142 f.

40 Vgl. ebd.

4. Das Kinderdorf Staumühle – ein reformpädagogisches Experiment

Richard Schirrmann war 1919 zunächst wieder in den Schuldienst zurückgekehrt, ließ sich aber 1921 von seinem Lehramt freistellen, um sich ganz dem Ausbau des Jugendherbergswerkes zu widmen.[41] Privat begann der damals 49-jährige Familienvater 1923 eine Liaison mit der 19-jährigen Elisabeth Borbeck, die er 1929 nach der Geburt des ersten von insgesamt sechs gemeinsamen Kindern und der Scheidung von seiner ersten Frau heiratete.[42] In Altena, wo der Pädagoge von 1919 bis 1924 als Mitglied der Deutschen Demokratischen Partei (DDP) auch Stadtverordneter war, verursachte sein unkonventionelles Privatleben erheblichen Unmut.

Vielleicht auch deshalb widmete er seit Mitte der 1920er Jahre einen größeren Teil seiner Energie einem speziellen Herzensprojekt: dem Kinderdorf Staumühle, das 1925 in einem ehemaligen Kriegsgefangenenlager am Rande des Truppenübungsplatzes Senne zwischen Bielefeld und Paderborn entstand.[43] Ursprünglich war er in den ungenutzten Baracken nur auf der Suche nach „billigem Herbergsgerät" gewesen,[44] hatte dann aber vom Standortkommandanten kostenlos große Teile des Lagers mit 25 Baracken und insgesamt 1.000 Betten übernommen,[45] um dort eine „Pflegestätte des Heimatsinnes, der Naturliebe und des Gemeinschaftsgeistes" einzurichten.[46]

Während des Schuljahrs fanden in Staumühle in erster Linie geschlossene Klassen aller Schulformen aus dem Ruhrgebiet für drei bis vier Wochen Aufnahme, in den Ferien kamen auch Kinder- und Jugendgruppen. Einen größeren Anteil der Unterbringungskosten für die acht- bis 16-jährigen Kinder übernahmen die städtischen Wohlfahrtsstellen, den Rest mussten die Eltern aufbringen.[47]

41 Vgl. Kraus (wie Anm. 1), S. 27. Das Jugendherbergswerk finanzierte dafür die Kosten eines Vertretungslehrers an Schirrmanns Schule in Altena-Nette.

42 Kraus (wie Anm. 1), S. 29.

43 Vgl. Arbeitsgemeinschaft Kinderdorf Staumühle (Hg.), Unsere Senne, Iserlohn 1928, v. a. S. 346–418; erneut gedruckt als: Kinderdorf Staumühle, hg. im Selbstverlag Kinderdorf Staumühle b. Paderborn, Iserlohn o. J.; Richard Schirrmann, Das Westfälische Kinderdorf Staumühle bei Paderborn. Eine Pflegestätte des Heimatsinnes, der Naturliebe und des Gemeinschaftsgeistes, in: Frei-Luft-Schulleben im Kinderdorf Staumühle bei Paderborn-Land, o.O 1931, S. 3–24; Klaus Minster, Das Kinderdorf Staumühle, in: Uwe Piesczek (Hg.), Truppenübungsplatz Senne. Zeitzeuge einer hundertjährigen Militärgeschichte, Paderborn 1992, S. 242–255.

44 Schirrmann, Das Westfälische Kinderdorf (wie Anm. 43), S. 4.

45 Vgl. Richard Schirrmann, Kinderdorf Staumühle, in: Unsere Senne (wie Anm. 43), S. 346–351, hier S. 346.

46 Schirrmann, Das Westfälische Kinderdorf (wie Anm. 43), S. 3.

47 Vgl. Minster (wie Anm. 43), S. 246 f.

Konzeptionell war das Kinderdorf eine Mischung aus Erholungsheim, anschauungs- und erlebnisorientierter Freiluft-Schule und straffer Gemeinschafts- und Ordnungserziehung. Das Konzept war erkennbar von lebensreformerischen, zivilisationskritischen und reformpädagogischen Ideen beeinflusst und zielte auf ein ganzheitliches Erziehungsmodell, das vor allem dem Gemeinschaftsgedanken und der Körperertüchtigung dienen sollte.[48] Schirrmann selbst beschrieb das in seiner blumigen Ausdrucksweise wie folgt:

> „Ein Land der Freude und Sonne will Staumühle für unsere Jugend ohne Unterschied und namentlich für die Kinder des rheinisch-westfälischen Industriegebiets sein, die durch Krieg, Hunger und Feindbesatzung, durch Licht- und Lufthunger in Mietskasernen unserer verräucherten Industriegroßstädte, [sic] sowie durch die Arbeitshaft der Eltern, den unverschuldeten Fluch eines stark verkümmerten und oft so liebeleeren [sic] Jugendlandes erfahren. [...] Nicht soll Staumühle eine Mastanstalt werden, wie es manches Erholungsheim ist. Neben angemessener Ausspannung soll sich die Jugend in Staumühle tüchtig in Sonne und frischer Luft tummeln. Ihr ganzes Körperhaus soll bis in die letzten Zellenkammern durchlüftet und ertüchtigt werden, sintemal [sic] frische Nerven und straffe Muskeln mehr wert sind, als dicke Fettpolster. Nicht den Angekrankten und Verseuchten, sondern den noch Gesunden und Starken will Staumühle dienen. [...] Denn Vorbeugen ist besser als Heilen!“[49]

Obwohl er sich reformpädagogisch von ihr absetzte, wies Schirrmanns Kinderdorfkonzept deutliche Parallelen zur Kinderkurbewegung auf, die sich seit den 1920er Jahren – angestoßen von einem zivilisationskritischen Blick auf Industrialisierung und Urbanisierung – überall in Deutschland mit staatlicher Förderung entwickelte. „Abseits der urbanen Lebenswelt mit ihrer schädlichen Reizüberflutung [...] sollten die verschickten Kinder den natürlichen, der Gesundheit zuträglichen Reizen von Luft, Sonne und Bewegung ausgesetzt werden“.[50] Hier

48 Vgl. v. a. Otto Freund, Unser Kinderdorf Staumühle. Was es ist und was es werden soll, in: Unsere Senne (wie Anm. 43), S. 352–374. Zur Gesundheitserziehung auch A. Hofmann, Die Bedeutung des Kinderdorfes für die Gesundheitspflege der Schuljugend, in: ebd., S. 392–405.

49 Schirrmann (wie Anm. 45), S. 348–350.

50 So beschreibt Schmuhl die Grundidee des Kinderkurwesens der 1920er Jahre, vgl. Hans-Walter Schmuhl, Kur oder Verschickung. Die Kinderkuren der DAK zwischen Anspruch und Wirklichkeit, München/Hamburg 2023, S. 50.

wie dort ging es zugleich um die pädagogische Idee, die Kinder jenseits ihrer Kleinfamilie „in der Gruppe und durch die Gruppe“ zu erziehen.[51]

Mehr als dreihundert, überwiegend von Schirrmann selbst aufgenommene Fotos geben einen anschaulichen Einblick in den Lageralltag: Die Abholung vom Bahnhof mit einem Leiterwagen und der Bezug der Baracken ist ebenso dokumentiert wie der tägliche Frühsport, das kollektive Baden im Bach, Sauberkeitskontrollen, das Essen im großen Speisesaal, die diversen Küchen- und Arbeitsdienste, aber auch naturkundlicher Unterricht, Sing- und Spielstunden, Kunstaktionen, Freilichttheater, Lagerfeste, Wanderungen und Ausflüge in die Umgebung und Gottesdienste in der „Waldkirche“. Überhaupt fanden fast alle Aktivitäten im Freien statt – eine „prächtige Abhärtungsschule für luftentwöhnte Stadtjugend“, wie Schirrmann erklärte.[52]

Als Schirrmanns Assistentin und Gefährtin in Staumühle fungierte seit 1926 seine spätere Ehefrau Elisabeth Borbeck. Immer wieder ist die jugendbewegte Mitzwanzigjährige auf Schirrmanns Fotografien als Gymnastiklehrerin und „Märchenfrau“[53] inmitten von Mädchengruppen zu sehen, die sie auf Waldlichtungen oder an der Wassermühle um sich versammelt hatte. Als weitere Turnlehrer fungierten Studenten der Deutschen Hochschule für Leibesübungen, mit der Schirrmann eine Kooperationsvereinbarung geschlossen hatte.[54]

Über reformpädagogische Ideen hinaus verfolgten Schirrmann und seine Mitstreiter mit dem Engagement in Staumühle durchaus auch gesellschaftliche und politische Visionen. So beschwor Otto Freund, Studienrat und Geschäftsführer der „Arbeitsgemeinschaft für Kinderdörfer“,[55] die Achtung vor jeder „fremden Anschauung“ als zentrales Erziehungsziel: „[D]as letzte Ideal würde doch sein, dass Hakenkreuz und Sowjetstern friedlich beieinander säßen und miteinander wetteiferten im Einander-Dienen.“[56] Schirrmann kleidete seine Zielvorstellung in

> „ein Traumgesicht: Ich sah alle Truppenübungsplätze in Deutschland, Frankreich, England, Belgien, Holland, Italien, Polen, Russland, Amerika und in der ganzen Welt abgebaut und in Kinderdörfer und Freiluftschulen verwandelt

51 Ebd.
52 Schirrmann (wie Anm. 43), S. 8.
53 Bildunterschrift in: Unsere Senne (wie Anm. 43), S. 355.
54 Vgl. Schirrmann (wie Anm. 43), S. 10 f.
55 Die „Arbeitsgemeinschaft für Kinderdörfer“ fungierte seit 1927 formal als Träger von Staumühle. Vgl. Minster (wie Anm. 43), S. 246.
56 Freund (wie Anm. 48), S. 391.

und statt mit Soldaten mit Millionen froher gesunder Kinder gefüllt. Da war Friede unter den Menschen auf der ganzen Erde."[57]

Während Staumühle in pädagogischen Kreisen große Resonanz und Anerkennung fand,[58] war das Experiment im Jugendherbergswerk selbst umstritten. Namentlich Münker kritisierte, dass Schirrmann beide Initiativen unzulässig verquicke und Ressourcen des Herbergswerkes in das Kinderdorf lenke.[59] Mit Beginn der Weltwirtschaftskrise gerieten dann sowohl das Kinderdorf als auch das gesamte Jugendherbergswerk finanziell unter Druck. In den Fördergremien, etwa dem Ausschuss des Landesjugendamtes Westfalen, mehrte sich die Kritik an der massiven Subventionierung ausgerechnet dieser Initiativen.[60] Das Jugendherbergswerk reagierte, indem es in seinen Werbekampagnen die „volksgesundheitliche und erzieherische Bedeutung des Jugendwanderns" betonte und auch vor drastischen Kostenvergleichen nicht zurückscheute. Eine Karikatur in der Verbandszeitschrift „Die Jugendherberge" hatte schon 1927 verkündet: „Für Verwahrlosten-, Irren-, Trinker- usw. Fürsorge werden jährlich viele hundert Millionen ausgegeben [...] Für vorbeugende Maßnahmen hat man Almosen".[61]

5. „Gleichschaltung" im NS-Staat

Die Nationalsozialisten, die in Deutschland 1933 die Macht übernahmen, schrieben sich unter rasseideologischen Vorzeichen die „Förderung der gesunden Jugend" und insbesondere auch deren körperliche Ertüchtigung auf die Fahnen. Das schien durchaus Anknüpfungspunkte für die Jugendherbergsidee zu bieten. Tatsächlich wurden nach der NS-Machtübernahme der Ausbau und die Modernisierung der Infrastruktur zunächst fortgesetzt.[62] Damit einher ging ein weiterer

57 Schirrmann (wie Anm. 43), S. 24.

58 Vgl. z.B. den Erlass des Preußischen Ministers für Wissenschaft, Kunst und Volksbildung vom 2.2.1927; und das Gutachten des Reformpädagogen Georg Kerschensteiner, beide abgedruckt in: Unsere Senne (wie Anm. 43), S. 406f., 412f.

59 Vgl. Kraus (wie Anm. 1), S. 217.

60 Vgl. Köster, Jugend (wie Anm. 36), S. 138f.; für Staumühle Minster (wie Anm. 43), S. 255. Das Kinderdorf wurde 1932 zugunsten eines Freiwilligen Arbeitsdienstlagers geschlossen.

61 Die Jugendherberge 8 (1927), S. 193. 1929 publizierte der Reichsverband für Deutsche Jugendherbergen auch eine Werbeschrift mit dem Titel „Vorbeugen oder Heilen". Vgl. ebd., S. 92.

62 Vgl. zum Folgenden Kraus (wie Anm. 1), S. 312–315; Jürgen Reulecke, Verengungen und Vereinnahmungen: zur Nutzung der Jugendherbergen durch das NS-Regime, in:

Anstieg der Übernachtungszahlen. Gezielt wurde das gleichgeschaltete Jugendherbergswerk auf „Massenbetrieb“ ausgerichtet.[63] An die Stelle von Einzelgästen, die nur noch geduldet waren, trat in den neuerbauten Großherbergen die Unterbringung von Schulklassen und HJ-Gruppen. Mit den ursprünglichen Ideen der Gründer des Werkes hatte das nicht mehr viel zu tun.

Die alte Funktionärsriege des DJH versuchte Anfang 1933 zunächst, ihr Werk nach jenem opportunistischen Muster durch den politischen Systemwechsel zu bringen, das sich schon 1918/19 bewährt hatte. Weder übte sie grundsätzliche Kritik an Ideologie und Terrormethoden des NS-Staates, noch verurteilte sie dessen konkrete Unrechtsmaßnahmen gegen sozialdemokratische und andere politisch nicht mehr erwünschte Funktionsträgerinnen und Funktionsträger des DJH. Stattdessen wurden sogar die Chancen einer Zentralisierung durch Gleichschaltung und eine verstärkte NS-staatliche Förderung beschworen.[64] Wie pragmatisch-opportunistisch die verbliebene Verbandsriege mit der neuen Situation umging, zeigt ein Brief eines langjährigen Mitarbeiters an Schirrmann vom Mai 1933: „Ob wir nun einstweilen Heil Hitler oder was sonst rufen, dies oder jenes flaggen, das ist doch ganz piepe, wenn wir nur unser Ziel dabei erreichen: alle Jugend in die Natur zu bringen.“[65]

Münker erkannte allerdings bald, dass eine Zusammenarbeit speziell mit der Hitlerjugend, deren großspuriges Auftreten ihm in vielerlei Hinsicht buchstäblich gegen den Strich ging, nicht möglich war.[66] Im Sommer 1933 trat er von seinem Amt als Hauptgeschäftsführer zurücktrat und konzentrierte sich in den folgenden zwölf Jahren auf seine Natur- und Heimatschutzaktivitäten.[67] Schirmann hingegen versuchte mit einem gerüttelten Maß an politischer Naivität und Selbstanpassung seinen Einfluss auf das Jugendherbergswerk zu bewahren.[68] Dafür scheute er auch vor einem fragwürdigen Deal mit der Hitlerjugend nicht zurück. Nach einem überfallartigen Absetzungsversuch am 10. April 1933 gab er seinen Vorsitz an „Reichsjugendführer“ Baldur von Schirach ab (der ihn bald darauf an Johannes Rodatz weiterreichte), stimmte der Verlegung der Geschäftsstelle von Hil-

Reulecke/Stambolis (wie Anm. 1), S. 195–206.

63 Vgl. Kraus (wie Anm. 1), S. 313.

64 Zur „Selbstgleichschaltung“ des DJH Anfang 1933 vgl. Kraus (wie Anm. 1), S. 220–254.

65 Joseph Müller-Hoyer an Schirrmann, 21.5.1933, zit. nach Kraus (wie Anm. 1), S. 279.

66 Vgl. Kraus (wie Anm. 1), S. 274–282; Hartmut Müller, „Machtergreifung“ im Deutschen Jugendherbergswerk, in: Weg-Weiser (wie Anm. 11), S. 60–77.

67 Das hielt Münker allerdings nicht davon ab, sich mit Beschwerdebriefen und 1939 einer umfangreichen kritischen Denkschrift an die Reichsjugendführung zu wenden. Vgl. Müller (wie Anm. 66), S. 74 f.

68 Vgl. Kraus (wie Anm. 1), S. 254–307.

chenbach nach Berlin zu und vereinbarte das Ausscheiden von „Marxisten" aus den DJH-Gremien sowie die Entfernung von Herbergseltern, „die sich gegen die neue Staatsform wandten".[69] Wenig später trat Schirrmann als immerhin schon 59-Jähriger selber der HJ bei und stellte in der Folge mehrfach vergebliche Aufnahmeanträge in die NSDAP, selbst noch, als ihm der nationalsozialistische Staat den Reisepass entzog. Seine Hoffnungen, durch seine Anbiederung und durch die Übernahme des Ehrenvorsitzes seinen Einfluss auf das Herbergswerk zu behalten, zerplatzten allerdings rasch, weil die HJ nicht bereit war, ihre Macht mit Repräsentanten des alten Systems zu teilen. Eine Verleumdungskampagne prangerte vor allem angebliche finanzielle Unregelmäßigkeiten sowie marxistische und internationalistische Umtriebe im Jugendherbergswerk an – letzteres gemäß nationalsozialistischer Logik vielleicht sogar mit gewissem Recht, weil sich seit den 1920er Jahren die deutschen Jugendherbergen auch zum Anziehungspunkt für viele ausländische Jugendliche und damit zu internationalen Begegnungsstätten entwickelt hatten.[70] Parallel dazu hatte Schirrmann internationale Kontakte auf- und ausgebaut, insbesondere nach Frankreich und in die USA; 1932 war er zum ersten Präsidenten der International Youth Hostel Federation (IYHF) gewählt worden.[71] Dagegen entzog der NS-Staat ihm in Deutschland Stück für Stück seine Aufgaben; 1936 schloss ihn die Hitlerjugend wegen „schwerer Disziplinlosigkeit und HJ schädigenden Verhaltens" aus ihren Reihen aus.[72]

Es dauerte allerdings bis 1937, ehe Schirrmann nach Demütigungen[73] und auch gewaltsamen Attacken auf ihn die Konsequenzen zog und vollständig aus der Arbeit für das Jugendherbergswerk ausstieg. Mit seiner zweiten Familie zog er in die kleine Taunus-Gemeinde Grävenwiesbach um und war dort während des Zweiten Weltkriegs wieder als Volksschullehrer tätig. Zur gleichen Zeit wurden überall im Reich die Jugendherbergen nach Kriegsbeginn zweckentfremdet und zu Wehrertüchtigungs- und Kinderlandverschickungslagern, Lazaretten, Wehrmachtskasernen, Kriegsgefangenen- oder Zwangsarbeiterlagern umfunktioniert, viele auch durch Bomben zerstört.[74]

69 Kösener Abkommen vom 12.4.1933, abgedruckt, in: Kraus (wie Anm. 1), S. 9.

70 Vgl. Barbara Stambolis, Jugendherbergen als Jugendbegegnungsstätten: grenzüberschreitend, in: Reulecke/Stambolis (wie Anm. 1), S. 159–167.

71 Vgl. Sinika Strube, Die internationale Arbeit des Jugendherbergswerks in der frühen Nachkriegszeit, in: Reuelecke/Stambolis (wie Anm. 1), S. 242.

72 „Warnungskarte" für Richard Schirrmanns vom 14.7.1936. Ich danke Lothar Molin für die Überlassung einer Kopie. Vgl. Buddrus (wie Anm. 2).

73 Kraus (wie Anm. 1) S. 296; vgl. ebd., S. 288–297.

74 Vgl. Reulecke (wie Anm. 62), S. 204–206.

Münker blieb während der gesamten NS-Zeit von Hilchenbach aus ein streitbarer und durchaus einflussreicher und gut vernetzter Kämpfer für Natur- und Heimatschutz.[75] Ende 1940 nahm ihn die Gestapo wegen seines lautstarken Protests gegen „Auswüchse der Außenreklame" kurzzeitig in Haft,[76] doch vier Jahre später wurde er mitten in der Endphase des Zweiten Weltkrieges zum Ehrenbürger seiner Heimatstadt ernannt.[77]

6. Mit alten Fahnen in die neue Zeit

Nach Kriegsende standen die beiden Gründungsväter des Jugendherbergswerks dann als über 70-Jährige sofort wieder bereit, um sich mit großem Sendungsbewusstsein in einem neuen politischen System an die Wiederbelebung ihres Werkes ‚im alten Geist' zu machen; diesmal unter Protektion der britischen und amerikanischen Besatzungsbehörden, die vor allem den völkerverständigenden Aspekt der Jugendherbergsidee schätzten.[78] Selbstredend verstanden es Schirrmann und Münker auch jetzt wieder, zeitgemäße Schlüsselwörter in den Dienst ihrer eigenen Idee zu stellen und so die Förderung der neuen – bzw. vielfach alten – Eliten zu gewinnen. Nun galt es „durch Wandern und Herbergen neue Menschen zu formen, die den verderblichen Materialismus bändigen und wahren Frieden sichern!"[79] Vor allem aus den USA kam Unterstützung; dorthin hatte Schirrmann noch 1935 eine Werbereise unternommen und Freundschaft mit dem Leiter des amerikanischen Jugendherbergswerks Monroe Smith geschlossen.[80] Allerdings hatte der Nestor der Jugendherbergsidee im Weltverband IYHF noch lange mit Vorbehalten zu kämpfen, offenbar waren seine Kooperation mit dem

75 Vgl. Ditt (wie Anm. 12), S. 228f., 342–344. U.a. war Münker eng mit dem Landeshauptmann des Provinzialverbandes Westfalen und Vorsitzenden des Westfälischen Heimatbundes, Karl-Friedrich Kolbow befreundet. Dieser brachte 1943 sogar seine Familie in Münkers Haus unter. Vgl. Martin Dröge, Männlichkeit und ‚Volksgemeinschaft'. Der westfälische Landeshauptmann Karl-Friedrich Kolbow (1899–1945), Biographie eines NS-Täters, Paderborn 2015, S. 354; sowie das von Kolbow privat aufgenommene Foto Münkers im Freundeskreis, in: Weg-Weiser (wie Anm. 11), S. 28.

76 Vgl. Ditt (wie Anm. 12), S. 229.

77 Weg-Weiser (wie Anm. 11), S. 22.

78 Vgl. Hartung (wie Anm. 9), S. 180, 182; Sinika Stubbe, Der Wiederbeginn des Jugendherbergswesens nach 1945, in: Reulecke/Stambolis (wie Anm. 1), S. 223–236, hier S. 224f.

79 So Schirrmann, zit. nach Hartung (wie Anm. 2), S. 21.

80 Ebd., S. 20f.

NS-Staat und seine völkischen Aussagen vielen negativ in Erinnerung geblieben.[81] Auch in Deutschland sahen manche jüngeren Jugendfunktionäre die Rolle der beiden Alten kritisch. Nachdem Münker, der 1945 erneut das Amt als Hauptgeschäftsführer des DJH übernommen hatte, zu einer Veranstaltung in Großbritannien eingeladen worden war, spöttelten die Leiter des Jugendhofs Vlotho über die Vorstellung, „wie er auf dem Kongress in sein Hörrohr hinein gefragt würde, ob die deutsche Jugend immer noch ‚abseits' stehe".[82]

Obwohl zahlreiche Jugendherbergen beschlagnahmt oder zerstört waren, entwickelten sich die Übernachtungszahlen in den Nachkriegsjahren rasant nach oben und auch organisatorisch und finanziell konsolidierte sich das Werk nach der Währungsreform rasch.[83] Münker zog sich 1949 aus der aktiven Arbeit zurück und widmete sich wieder seinen anderen Aktivitäten; 1958 gründete er zur Sicherung seines Lebenswerks die „Wilhelm-Münker-Stiftung für Volksgesundheit, Wandern, Natur- und Heimatschutz".[84] Schirrmann wurde 1949 wieder Ehrenpräsident des DJH, später auch Ehrenbürger der Stadt Altena und der Gemeinde Grävenwiesbach. Dort starb er 1961 im Alter von 87 Jahren. Zahlreiche Straßen und auch einige Schulen tragen bis heute seinen Namen. Auch nach dem 1970 95-jährig gestorbenen Münker sind in Arnsberg, Hilchenbach, Siegen, Finnentrop und Kirchhundem Straßen benannt. Völlig zu Recht, denn bei aller Zeitgebundenheit ihres Denkens und Handelns bleibt der Aufbau des Jugendherbergswerks das bleibende Verdienst der beiden. Bemerkenswert ist, wie beharrlich und konsequent Schirrmann und Münker durch vier verschiedene politische Systeme hindurch für ihre Wander- und Herbergsidee fochten und mit welchem Geschick sie für jede Zeit und jedes System Argumente fanden, um diese Idee voranzubringen.

81 Sinika Stubbe, Die internationale Arbeit des Jugendherbergswerks in der frühen Nachkriegszeit, in: Reulecke/Stambolis (wie Anm. 1), S. 241–250, hier S. 242 f.

82 Dies berichtet Klaus von Bismarck, damals Leiter des Jugendhofs Vlotho, in seinen Memoiren: Klaus von Bismarck, Aufbruch aus Pommern. Erinnerungen und Perspektiven, München 1996, S. 192.

83 Vgl. Stubbe (wie Anm. 78), S. 228 f.

84 Vgl. Scheuner (wie Anm. 11), S. 38 f. Später umbenannt in „Gemeinnützige Stiftung für Gesundheit, Wandern, Naturschutz und Heimatpflege".

Bastian Fleermann

„In Düsseldorf wird durchgegriffen“

Die städtischen Beigeordneten Gustav Reuter, Herbert Haas und Friedrich Odenkirchen und die „Säuberungen“ im Rathaus 1933

Die ersten Wochen nach der Ernennung Hitlers zum Reichskanzler standen im Zeichen eines permanenten Wahlkampfes. Zwecks Neuwahlen im März waren der Reichstag und auch die Kommunalvertretungen am 1. Februar 1933 aufgelöst worden. Am 5. März standen somit zunächst die Wahlen zum Reichstag (und in Preußen zum Landtag) an, eine Woche darauf, am 12. März, waren in Preußen die Kommunalwahlen (Gemeinderäte, Stadtverordnetenversammlungen und Kreistage) und die Wahlen zu den preußischen Provinziallandtagen angesetzt. Alle diese Wahlen und auch die Wahlkämpfe fanden nicht mehr unter demokratischen Spielregeln statt, sondern sie waren von Festnahmen, Straßenterror und aggressiven Pressekampagnen begleitet, wobei insbesondere die Parteien der Arbeiterbewegung unter starken Druck gerieten. Die Mandate der Kommunisten wurden annulliert, sofern die Inhaber nicht sowieso schon in „Schutzhaft“ genommen worden waren. Die Wahlkampfarbeit von KPD und SPD wurde behindert und praktisch unmöglich gemacht.

Die preußischen Kommunalwahlen wurden von der nationalsozialistischen Presse mit zwei Slogans begleitet: „Wir stürmen die Rathäuser“ oder ähnlich lautete der eine und „Wir säubern die Rathäuser“ hieß der andere. Der Erste meinte die Wahlen und die Stimmenanteile in den Stadtverordnetenversammlungen und das enorme Anwachsen der dortigen NSDAP-Fraktionen. Der Zweite zielte auf das Image vom „Großreinemachen“ oder „Ausmisten“ innerhalb der Verwaltung. Damit meinte die NS-Propaganda das „Aufräumen“ in den Amtsstuben und Büros. Oberbürgermeister, Bürgermeister und Landräte wurden unter fadenscheinigen Argumenten und mittels fingierter Vorwürfe aus ihren Ämtern getrieben, unliebsame Spitzenbeamte „beurlaubt“ oder mit Drohungen durch SA-Kommandos aus den Rathäusern regelrecht verjagt. Von Anfang an ging es bei diesen symbolischen „Eroberungen“ nicht nur um das Hissen der Hakenkreuzflaggen auf den Rathaustürmen oder die Einsetzung neuer (Ober-)Bürgermeister, son-

Geschichte im Westen (GiW) 38 (2023), S. 177–207

dern auch die leitenden (Wahl-)Beamten, die den demokratischen Parteien angehörten, gerieten rasch ins Visier der neuen Machthaber. Vielfach setzten die Gauleiter „Sonderbevollmächtigte" ein oder wurden selbst zu „Staatskommissaren" ernannt, die dann den großen Personalaustausch betrieben: Altgediente Verwaltungsbeamte wurden vertrieben, treue Parteigenossen, so genannte „Alte Kämpfer" und überzeugte Nazis wurden auf die nun frei gewordenen Stellen gehievt. Das mochte bei den mittleren Beamten, den Tarifangestellten und Arbeitern halbwegs funktionieren. Bei den Beigeordneten hingegen rissen die „Säuberungen" große Kompetenzlücken, die von neu eingesetzten und völlig unerfahrenen Laien kaum zu schließen waren: Promovierte Verwaltungsjuristen, die zwanzig oder mehr Dienstjahre in der gehobenen Kommunalverwaltung hinter sich hatten, konnten in der Praxis nicht einfach durch „treue" und ideologisch standfeste Nationalsozialisten ersetzt werden, die in der Sache jedoch vollkommen inkompetent und überfordert waren. Sowohl die „abgesägten" (Ober-)Bürgermeister als auch die Dezernenten hinterließen große Fußspuren. Es sollte Jahre dauern, bis dieser „brain drain" einigermaßen wieder ausgeglichen war.[1]

Der Katalog von Anschuldigungen, mit denen die Stadtoberhäupter allerorten konfrontiert wurden und die zumeist auch medial voll ausgeschlachtet wurden, war so wenig kreativ wie überschaubar: Meistens ging es um angeblich dubiose Hinterzimmergeschäfte, Fälle von aktiver oder passiver Bestechlichkeit, „Aktenbeseitigung" oder sonstigen Verfehlungen. Die Akteure wurden als „Parteibuchsoldaten" oder „Bonzen" geschmäht, die „Altparteien" als korrumpiertes Netzwerk und die bürgerliche Presse als „Lügenpresse" diffamiert. Horst Lademacher schreibt hierzu, man habe sich typischerweise „Verdächtigungen und Verleumdungen" sowie Drohungen und Einschüchterungen bedient, wobei die staatlichen Instanzen, also etwa die Polizei oder die Justiz, „keinen Finger zur Verteidigung der Bedrohten" gerührt hätten. Zu den stereotyp hervorgebrachten Vorwürfen zählten Lademacher zufolge Korruption und finanzielle Unregelmäßigkeiten. Das

1 Vgl. Thomas Schaarschmidt, „Machtergreifung" auf kommunaler Ebene, in: Michael Bienert/Lars Lüdicke (Hg.), Preußen zwischen Demokratie und Diktatur. Die Durchsetzung der NS-Herrschaft in den Zentren und der Peripherie 1932–1934, Berlin 2020, S. 31–50; Michael Wildt, „Machtergreifung" in Preußen. Historischer Überblick und offene Forschungsfragen, in: Michael C. Bienert/Lars Lüdecke (Hg.), Preußen zwischen Demokratie und Diktatur. Der Freistaat, das Ende der Weimarer Republik und die Errichtung der NS-Herrschaft 1932–1934, Berlin 2018, S. 25–50. Zu den Kommunalverwaltungen insgesamt siehe Sabine Mecking/Andreas Wiersching (Hg.), Stadtverwaltung im Nationalsozialismus. Systemstabilisierende Dimensionen kommunaler Herrschaft, Paderborn 2005; Sabine Mecking, „Immer treu". Kommunalbeamte zwischen Kaiserreich und Bundesrepublik, Essen 2003.

war neben der diskriminierenden Bloßstellung auch mit der arbeitsrechtlichen Möglichkeit verbunden, Dienststrafverfahren einzuleiten. Die Folge war, „daß von seiten der Aufsichtsbehörden, die hier voll mitspielen mußten und auch mitspielten, Beurlaubungen mit entsprechender Begründung ausgesprochen wurden.“ Während dieser Beurlaubungen traten dann Akteure aus der SS und der SA auf, besetzten die Rathäuser und ermöglichten es Kommissaren die Leitungen der Stadtverwaltung zu übernehmen. „Von Parteiseite wurden auch Untersuchungsausschüsse gebildet, die die Vorwürfe zu belegen hatten. Das zählte zur allgemeinen Verfahrenstechnik.“[2]

Und noch etwas geschah in diesen Februar- und Märztagen des Jahres 1933: Beamt:innen oder Angestellte aus den Stadtverwaltungen, aus den verschiedenen Ebenen der Administration, „outeten“ sich plötzlich als Nationalsozialist:innen, trugen offen Parteiabzeichen am Revers oder bekannten sich dazu, im privaten Ehrenamt schon jahrelang den Aufstieg der NSDAP mitgeprägt zu haben – ob als einfacher Parteigenosse, als Sympathisant:innen oder Wähler:innen oder sogar als aktiver SA-Mann im Wochenenddienst. Waren die Unterstützung oder Mitarbeit unter den demokratischen Bedingungen für Beschäftigte des öffentlichen Dienstes relativ tabu, gab es in den ersten Wochen nach der Machtübertragung keinerlei ernst zu nehmende Hindernisse mehr, sich zu bekennen. Konflikte mit Vorgesetzten, die sowieso auf den Abschusslisten standen und deren „Beurlaubung“ unmittelbar bevorstand, konnten nun in Kauf genommen werden ohne die eigene Karriere einem wirklichen Risiko auszusetzen. Im Gegenteil: Opportunisten wie überzeugte Parteianhänger hofften, auf diese Weise die eigene Karriere zu beschleunigen. Auch diese, innerhalb weniger Wochen sich vollziehende Erosion alter Hierarchien prägte den Grundcharakter des Frühlings 1933 in den Amtsstuben, Büros und Vorzimmern. Auf diesen plötzlichen Schub hat schon Walter Först hingewiesen: In den kommunalen oder staatlichen Verwaltungen ließen diejenigen Beamten und Angestellten, die „schon länger der NSDAP anhingen, jetzt offen erkennen, was ihre Gesinnung war, die ersten Uniformen tauchten auf“. Und zeitgleich begann die nationalsozialistische Presse damit, sich kritisch mit den leitenden Männern der Städte zu beschäftigen, die für sie „örtliche Repräsentanten der ‚Systemzeit‘ waren.“[3]

2 Horst Lademacher, Machtergreifung in der Rheinprovinz, in: Dietrich Bracher u. a. (Hg.), Die nationalsozialistische Machtergreifung. Der 30. Januar 1933 in Rheinland, Westfalen, Lippe, Düsseldorf 1983, S. 25–52, hier S. 46.

3 Walter Först, Rheinische Städte und ihre Oberbürgermeister während der Weimarer Zeit, in: Hugo Stehkämper (Hg.), Konrad Adenauer. Oberbürgermeister von Köln, Festgabe der Stadt Köln zum 100. Geburtstag, Köln 1976, S. 531–596, hier S. 587.

1. Das „Absetzen“ der (Ober-)Bürgermeister in der Rheinprovinz

Im Rheinland waren es vor allem die prominenten Oberbürgermeister der großen Städte, die unter lautem Pressegetöse und nach massiven Drohungen ihre Stühle räumen mussten, weil sie angeblich eben solche „korrupten“ oder „volksschädlichen“ Parteibuchsoldaten vom Zentrum, der DVP oder der SPD oder anderer Richtungen gewesen seien: so etwa in Köln Oberbürgermeister Konrad Adenauer (Zentrum) am 13. März,[4] in Essen Heinrich Schäfer (Zentrum) am 5. April[5], in Düsseldorf Robert Lehr (DNVP) am 12. April oder in Duisburg Karl Jarres (Deutsche Volkspartei) am 4./5. Mai 1933.[6] Die bekannten Oberbürgermeister der größten rheinischen Städte waren politische Schwergewichte, deren Wirkung weit über die eigenen Stadtgrenzen hinausragten: Adenauer etwa war Präsident des preußischen Staatsrats (1921 bis 1933), Lehr verfügte über exzellente Kontakte in die Reichsregierung und zu den Spitzen des Staates Preußen und Jarres war in den 1920er Jahren Vizekanzler, Innenminister und Kandidat für die Reichpräsidentenwahl gewesen. Als Gegner der aufsteigenden NSDAP hatte sich Adenauer in Köln schon lange gezeigt. Die Konfliktsituation zwischen dem Gauleiter Josef Grohé und dem Oberbürgermeister spitzte sich Anfang März derartig zu, dass sie sich in einer regelrechten Hetzjagd entlud. Der Kölner Oberbürgermeister erhielt zahlreiche Warnungen und Drohungen, vor dem Rathaus wurde „Fort mit Adenauer“ und „Adenauer an die Mauer“ skandiert. Zu seinem vermeintlichen „Schutz“ wurden SA-Wachen zu seinem Privathaus geschickt. Gleichzeitig jedoch zogen SA-Mitglieder durch die Stadt und sie sammelten Geld unter der Parole: „Jeder Groschen ein Schuss gegen Adenauer!“ Die wichtigsten Treiber bei dieser Hetzjagd waren der nationalsozialistische „Westdeutsche Beobachter“ und der Kölner Gauleiter, von denen Adenauer als „Judenknecht“, „Blutjude“ und jüdischer „Großprotz“ bezeichnet wurde. Dass er am 13. März zunächst das Rathaus, dann die Stadt verließ, verhinderte Schlimmeres – von einer öffentlichen Demü-

4 Vgl. Horst Matzerath, Köln in der Zeit des Nationalsozialismus. 1933–1945, Köln 2009, S. 76 f.; Werner Jung, Köln von Konrad Adenauer bis zur NS-Herrschaft, in: Michael C. Bienert/Lars Lüdicke (Hg.), Preußen zwischen Demokratie und Diktatur Die Durchsetzung der NS-Herrschaft in den Zentren und der Peripherie 1932–1934, Berlin 2020, S. 169–190, hier S. 182; Günther Schulz (Hg.), Konrad Adenauer 1917–1933. Dokumente aus den Kölner Jahren, Köln 2007.

5 Vgl. Klaus Wisotzky/Monika Josten (Hg.), Essen. Geschichte einer Großstadt im 20. Jahrhundert. Begleitbuch zur Dauerausstellung im Haus der Essener Geschichte, Münster 2018, S. 106, 122.

6 Vgl. Jürgen D. Kruse-Jarres, Karl Jarres. Ein bewegtes Politikerleben – vom Kaiserreich zur Bundesrepublik, München 2006.

tigung und Vorführung bis zu einer Lynchstimmung war alles möglich. Für Adenauer, der sich später in die Benediktinerabtei Maria Laach flüchtete, waren die Erfahrungen seiner Amtsenthebung in emotionaler Hinsicht ein „Sturz ins Nichts“.[7] Das dürfte so auch für die anderen Oberbürgermeister festzustellen sein.

Ebenfalls in die Reihe dieser recht früh abgesetzten Oberbürgermeister gehören Hugo Rosendahl in Koblenz (8. März 1933), Franz Wilhelm Lürken in Bonn (12./13. März 1933) und Alfred Schmidt in Mülheim an der Ruhr (30. März 1933). Rosendahl, der sich geweigert hatte, die Hakenkreuzfahne zu hissen, war bedroht und attackiert worden. Er hatte keinerlei

> „Gelegenheit [gehabt], sich anzupassen oder gar zu opponieren. Schon am 8. März zogen die Nationalsozialisten die Hakenkreuzflagge auf Schloß und Rathaus auf, drangen in das Dienstzimmer des Oberbürgermeisters ein, führten ihn auf den [Koblenzer] Rathausplatz und erklärten ihn dort vor versammelter Menschenmenge für abgesetzt.“[8]

Lürken hatte sich unter dem Eindruck einer massiven Einschüchterung durch die Bonner SA zurückgezogen. Der Solinger Oberbürgermeister Josef Brisch, der einzige sozialdemokratische Oberbürgermeister in der Rheinprovinz, wurde am 10. März 1933 abgesetzt. In einer Beschwerde an den Düsseldorfer Regierungspräsidenten schilderte Brisch, dass sich vor seinem Privathaus und seinem Büro jeweils eine Gruppe von bewaffneten SA- und SS-Männern versammelt und ihn bedroht hatte. Dann wurde Brisch von SA-Männern in seinem Büro im Rathaus „verhaftet“ und abgesetzt. Leverkusens Bürgermeister Dr. Heinrich Claes (Zentrum) gab Mitte März auf. Die Kampagne gegen ihn umfasste die Vorwürfe „Vorteilsnahme“, „Korruption“ und „Unsittlichkeit“.[9]

Lediglich die Oberbürgermeister von Krefeld, München-Gladbach-Rheydt und Neuss konnten sich etwas länger halten: Krefelds Oberbürgermeister Heinrich Hüpper (Zentrum) und das Gladbacher Stadtoberhaupt Johannes Handschumacher (Zentrum) wurden beide erst Anfang Juli beurlaubt, Wilhelm Henrichs in Neuss sogar erst zum 1. April 1934.[10] Die beiden Zentrums-Oberbür-

7 Hans-Peter Schwarz, Adenauer. Der Aufstieg 1876–1952, Stuttgart 1986, S. 343.

8 Lademacher, Machtergreifung (wie Anm. 2), S. 47. Siehe auch Först, Rheinische Städte (wie Anm. 3), S. 589.

9 KulturStadtLev – Stadtarchiv, Leverkusen. Geschichte einer Stadt am Rhein, Redaktion von Gabriele John und Stefan Ehrenpreis unter Mitarbeit von Sylvia Geburzky, Bielefeld 2005, S. 290.

10 Reinhard Feinendegen/Hans Vogt (Hg.), Krefeld – die Geschichte der Stadt, Bd. 5: Vom Ende des Ersten Weltkriegs bis zur Gegenwart (1918–2004), Krefeld 2010, S. 193 f.;

germeister Wilhelm Rombach (Aachen) und Heinrich Weitz (Trier) wurden am 12. Juli beziehungsweise Ende September abgesetzt und in den Zwangsurlaub geschickt. Rombachs Haus war schon im März handstreichartig von der SA umstellt worden, im Sommer schließlich war der Druck zu groß. Weitz, der lange versucht hatte, sich mit den Nationalsozialisten zu arrangieren, lehnte das Angebot des Regierungspräsidenten, als Beigeordneter nach Koblenz zu wechseln, als Degradierung entrüstet ab. Tief gekränkt verließ Heinrich Weitz nach seiner Absetzung umgehend Trier und arbeitete als Rechtsanwalt.

Die großen Ausnahmen in der Rheinprovinz waren Wuppertal, Remscheid und Oberhausen: Der national-konservative Julius Friedrich, 1931 zum Oberbürgermeister von Wuppertal gewählt, arrangierte sich mit der Wuppertaler Kreisleitung und blieb Oberbürgermeister – bis zum Januar 1937! Aber auch hier wurde der Verwaltungsvorstand ausgetauscht: Die Beigeordneten Dr. Wilhelm Bragard, Ernst Dröner und Prof. Geßler wurden im Frühjahr beurlaubt, während Dezernent Carl Eberle direkt nach der Wahl im März in „Schutzhaft" genommen worden war.[11] Wilhelm Heuser, der seit 1930 amtierende Oberbürgermeister von Oberhausen, schwenkte im Mai 1933 von der Zentrumspartei zur NSDAP und konnte sich damit sogar bis zum Oktober 1937 halten.[12] Ein regelrechtes Kuriosum war die Amtsdauer von Dr. Walther Hartmann, der als Oberbürgermeister die Geschicke der Stadt Remscheid 23 Jahre lang von 1914 bis zum Juni 1937 lenkte und 1933 rasch zur NSDAP gewechselt war.[13] Auch in den Klein- und Mittelstädten im direkten Umland Düsseldorfs waren die Ereignisse ähnlich verlaufen: Ratingens Bürgermeister Max Scheiff (Zentrum) wurde durch SA-Leute am Betreten seines Dienstzimmers behindert, woraufhin sich dieser beurlauben ließ (20. März 1933),[14] in Heiligenhaus wurde der parteilose *Bürgermeister* Ludwig Scheiper bedrängt und abgesetzt,[15] Hildens Bürgermeister Erich Lerch räumte

Hildegard Welfens, Geschichte der Stadt *Neuss* unter nationalsozialistischer Herrschaft (1933–1945), Neuss 1993, S. 4.

11 Detlef Vonde, Moderne Zeiten. Miniaturen Wuppertaler Geschichte, Wuppertal 2021, S. 160.

12 Horst Romeyk, Die leitenden staatlichen und kommunalen Verwaltungsbeamten der Rheinprovinz 1816–1945. Düsseldorf 1994, S. 301, 515 f.

13 Wilhelm Rees, Dr. Walther Hartmann zum 90. Geburtstag, in: Romerike Berge 13 (1963), H. 2, S. 90 f.; Urs Justus Diederichs, Die Remscheider Stadtverwaltung in der NS-Zeit, in: Michael Mahlke (Hg.), Remscheid in der Zeit des Nationalsozialismus, Remscheid 1995, S. 25–35, hier S. 27.

14 Verein für Heimatkunde und Heimatpflege Ratingen e. V. (Hg.), Ratingen. Geschichte 1780 bis 1975, Essen 2000, S. 240.

15 Thomas Lux/Hartmut Nolte/Kurt Wesoly, Heiligenhaus. Geschichte einer Stadt im Niederbergischen, Heiligenhaus 1997, S. 287.

zum 1. November 1933 seinen Schreibtisch. In Richrath-Reusrath (Langenfeld) zog am Nachmittag des 28. April 1933 „eine aufgeputschte und erregte Menschenmenge vor das Rathaus und forderte ‚Kreusch raus!‘“ Einige der Demonstranten waren in das Rathaus eingedrungen, um Bürgermeister Friedrich Kreusch zu bedrängen. Er wurde beurlaubt und zog sich zurück.[16] In Velbert blieb Dr. Leopold Tweer durch NSDAP-Beitritt Bürgermeister (1920–1945), in Haan stand der seit 1931 amtierende Oskar Adrian bis zu seinem Tod Ende 1944 der Stadt vor.[17]

Vielfach sind diese Vorgänge beschrieben worden, nicht zuletzt haben die Politiker selbst in späteren Memorien auf diese schmerzhaften Erfahrungen zurückgeblickt. Im Falle Robert Lehrs war es besonders ehrabschneidend, dass er unter Drohung des Gebrauchs von Schusswaffen aus seinem eigenen Rathaus aus einer laufenden Hauptausschusssitzung herausgeführt und verhaftet wurde.[18]

2. Das Vorgehen gegen den Düsseldorfer Verwaltungsvorstand

Entgegen dieser recht gut dokumentierten Fälle von vertriebenen oder entlassenen Oberbürgermeistern steht die zweite Reihe der Rathäuser: die städtischen Spitzenbeamten, die Beigeordneten und Dezernenten, die gemeinsam mit den Oberbürgermeistern die Verwaltungsvorstände gebildet hatten und – je nach Parteizugehörigkeit oder Aufgabenfeld – den neuen Machthabern ebenso verhasst waren. Der Düsseldorfer Verwaltungsbericht von 1936, der freilich nicht neutral war, stellte rückblickend auf das Jahr 1933 fest:

> „Zunächst mußte [sic] Ordnung und Sauberkeit innerhalb der Stadtverwaltung geschaffen werden. Es galt die Bahn frei zu machen für die Betätigung der neuen Kräfte. Dazu gehörte als erstes die Entfernung einiger leitenden Beamten der Stadtverwaltung, die sich nach den hohen Begriffen der Bewegung von der Unantastbarkeit und fachlichen Geeignetheit der Gemeindeleiter und ihrer Vertreter für die Bekleidung dieser Stellen als untragbar erwiesen hatten.“

16 Rolf Müller, Stadtgeschichte Langenfeld Rheinland, Langenfeld 1992, S. 399.

17 Horst Degen/Christoph Schotten (Hg.), Velbert – Geschichte dreier Städte, Köln 2009, S. 325; Reinhard Koll, Haan unter dem Hakenkreuz 1934–1944, Nachdruck Haan 2006, S. 9.

18 Vgl. Wilhelm Ribhegge, Preußen im Westen. Kampf um den Parlamentarismus in Rheinland und Westfalen 1789–1947, Münster 2008, S. 554. Zu den Oberbürgermeistern insgesamt vgl. Först, Rheinische Städte (wie Anm. 3), S. 531–596.

Wie auf allen Gebieten des öffentlichen Lebens habe sich „die vierzehnjährige Herrschaft der Systemparteien auch in der Beamtenschaft verderblich ausgewirkt", sodass nach der Machtübernahme

> „der NSDAP, bei der Stadtverwaltung Düsseldorf keine festgefügte, sondern eine in sich zerrissene, teilweise mit moralisch nicht einwandfreien Elementen durchsetzte Beamtenschaft vorhanden war. Von dem von dem Preußischen Ministerpräsidenten eingesetzten Staatskommissar [Friedrich Karl Florian] mußten daher gegen einzelne, besonders gegen leitende Beamte, Untersuchungen eingeleitet und sonstige Maßnahmen getroffen werden, die zu einer regelrechten Säuberungsaktion führten."[19]

Oberbürgermeister Robert Lehr standen insgesamt acht Beigeordnete, ein Verwaltungsdirektor und ein Stadtsyndikus (Justiziar) zur Seite. Sie bildeten den Verwaltungsvorstand. Jedem Beigeordneten unterstand ein Dezernat als Stabsstelle und eine unterschiedlich große Anzahl an Ämtern und Dienststellen. Nach Dienstalter gegliedert nahmen die Beigeordneten verschiedene Vertreterrollen für den Oberbürgermeister ein: Der dienstälteste Beigeordnete vertrat den Oberbürgermeister innerhalb der Verwaltung, aber auch bei repräsentativen Aufgaben an erster Stelle, der nächste an zweiter und so weiter. Der Erste Beigeordnete und direkte Vertreter des Oberbürgermeisters trug im preußischen Kommunalrecht den Titel „Bürgermeister".

2.1 Die Medienkampagne gegen Bürgermeister Gustav Reuter

Zu den ersten Düsseldorfer Spitzenpolitikern, die der „Säuberung" des Rathauses zum Opfer fielen, gehörte der Erste Beigeordnete Gustav Reuter. Dieser war am 6. August 1881 im sauerländischen Elspe zur Welt gekommen und in einer katholischen Arbeiterfamilie aufgewachsen. Nach dem Besuch der Volksschule (1887–1895) und dem Erlernen des Schneiderhandwerks (1895–1898) führten ihn mehrere „Gesellen- und Wanderjahre" durch ganz Deutschland, bis er sich schließlich 1902 in Düsseldorf niederließ und heiratete. Von 1905 an war Reuter hier Arbeitersekretär und hauptberuflicher Gewerkschaftsmitarbeiter verschiedener christlich-katholischer Gewerkschaften. Seit 1919 war er für die Zentrumspartei Stadtverordneter. Am 20. Februar 1920 schließlich wurde Gustav Reuter zum Beigeordneten der Stadt Düsseldorf gewählt.[20] Neben einem 1905 geborenen Pflege-

19 Verwaltungsbericht der Stadt Düsseldorf vom 1. April 1933 bis 31. März 1936, Düsseldorf 1936, S. 5 f.

20 STA Düsseldorf, Personalakte Reuter, 0-1-5-4680.0001, Bl. 6.

sohn Johannes folgten die leiblichen Kinder Thekla (1909), Gustav junior (1910), Else (1911) und Karl (1914).

Am 19. Juli 1927 beschloss die Stadtverordnetenversammlung, Reuter als Erstem Beigeordneten die Amtsbezeichnung „Bürgermeister“ zu verleihen und ihn damit zum ersten Stellvertreter von Oberbürgermeister Robert Lehr zu ernennen.[21] Die Wiederwahl im Herbst 1931 war bereits problematisch, da Reuter von den Stadtverordneten der DNVP nicht wiedergewählt werden sollte. Der deutschnationale Fraktionsvorsitzende wandte sich an Lehr, er sehe „keine Möglichkeit sich für die Wiederwahl der beiden Beigeordneten [Reuter und Jäker] einzusetzen“.[22] Der Wirtschaftsbund wollte sogar beide Stellen gänzlich einsparen.[23] Dementsprechend knapp wurde das Wahlergebnis, Reuter allerdings konnte die zweite Amtszeit als Bürgermeister antreten. Lehr übrigens war 1929 der DNVP beigetreten, er hielt aber dennoch weiterhin an Reuter fest.

Den Erinnerungen des jungen Stadtsyndikus Dr. Walther Hensel zufolge war Lehrs „einflußreichster Mann […] Gustav Reuter.“ Seit den 1920er Jahren oblag ihm die Ernährung der Bevölkerung und die Wohnraumbewirtschaftung. Später übernahm er das Sozial- und Wohlfahrtsdezernat, eine Aufgabe, wie Hensel schreibt,

> „die in den Notzeiten der beginnenden dreißiger Jahre fast übermenschliche Anforderungen stellte. Glücklicherweise entsprach Reuters Nervenkostüm seiner äußeren Erscheinung, nur war er leider auch recht trinkfreudig, eine Neigung, die ihn wiederholt in sehr peinliche Lagen gebracht hat. Lehr gegenüber verhielt er sich als loyaler Mitarbeiter und hat ihm oft bei dem immer maßgebenden Zentrum Rückendeckung verschafft, was dieser dankbar empfand. Mit Karl Arnold, dem jungen Kartellsekretär der christlichen Gewerkschaften in Düsseldorf seit 1924, der 1929 in die Stadtverordnetenversammlung kam und zwei Jahre später zum stellvertretenden Vorsitzenden der Zentrumsfraktion gewählt wurde, verbanden Reuter gute Beziehungen.“[24]

Das städtische Wohlfahrtswesen und sein Dezernent waren in nationalsozialistischen Kreisen, insbesondere unter den SA-Angehörigen, verhasst: Seitens der Nationalsozialisten wurde behauptet, dass sich die Stadt zu wenig um die

21 Ebd., Bl. 78.
22 Ebd., Bl. 156.
23 Ebd., Bl. 160.
24 Walther Hensel, 3 x Kommunalpolitik 1926–1964; ein Beitrag zur Zeitgeschichte, Köln 1970, S. 21 f.

Erwerbslosen aus ihren Reihen kümmere und stattdessen andere, die als „Faulenzer“ oder Linke bezeichnet wurden, bevorzuge. Dieser Vorwurf fokussierte sich auf die Person Reuters, der als „Emporkömmling“ und „Bonze“ verschrien war. Mehrfach drangen SA-Kommandos in sein Privathaus ein, demolierten die Inneneinrichtung, bedrohten den Beigeordneten und dessen Familie und „beschlagnahmten“ private Korrespondenzen und Tagebücher, um Reuter damit massiv unter Druck zu setzen. Begleitet wurde dieses Drohszenario von einer beispiellosen Pressekampagne gegen Reuter, die nicht nur vom NSDAP-Blatt „Volksparole“, sondern auch bereits von der bürgerlichen Presse vollkommen rücksichtslos betrieben wurde. Vergleichbar war Reuters Bild in der Öffentlichkeit mit dem des Zentrum-Sozialpolitikers und ehemaligen stellvertretenden preußischen Ministerpräsident Heinrich Hirtsiefer, den SA-Leute später in seiner Geburtsstadt Essen überfielen. Sie hingen ihm ein Schild mit der Aufschrift „Ich bin der Hungerleider Hirtsiefer!“ um und führten ihn zunächst zum Gespött der Öffentlichkeit durch die Innenstadt. Danach wurde Hirtsiefer in „Schutzhaft“ genommen und ins KZ Kemna bei Wuppertal verschleppt.[25] Reuter wurde am 10. März von einem Trupp von SA- und SS-Leuten in seinem Dienstzimmer überfallen und vertrieben, das Büro „versiegelt“.[26] Um weiteren brutalen Aktionen zu entgehen, ließ sich Reuter am selben Tag beurlauben und verließ Düsseldorf sofort.

Die „Volksparole“ wünschte sich, dass dieser Beurlaubung die unverzügliche Dienstentlassung nachfolgt.[27] Doch damit nicht genug: In der Nacht zum 12. März drangen abermals mehrere schwerbewaffnete SA-Leute in Reuters Wohnung ein, „wo sie ihrer Zerstörungswut freien Raum ließen. Aus einem Tresor nahmen sie zahlreiche Privatakten mit, aus denen in den folgenden Tagen Rechnungen in entstellter Form von der ‚Volksparole‘ veröffentlicht wurden, so daß der Bürgermeister belastet erschien.“ Vor dem Redaktionsgebäude der Zeitung wurden, wie Görgen berichtet, „aus Reuters Tagebuch Auszüge vorgelesen, die größtenteils belanglos waren. Sie wurden aber mit gehässigen Kommentaren wie ‚Sieh mal einer an. So lebten die Bonzen‘ versehen.“[28]

Es stellte sich also als durchaus notwendig dar, dass der Bürgermeister aus der Stadt geflohen war, um solchen Demütigungen zu entgehen. Diese Vorfälle waren auch im Rathaus aktenkundig geworden: Gustav Reuter junior, der Sohn des Beigeordneten, hatte sich Ende März an Oberbürgermeister Lehr gewandt, um noch

25 Ebd.
26 Volksparole vom 11.3.1933.
27 Volksparole vom 10.3.1933.
28 Hans Peter Görgen, Düsseldorf und der Nationalsozialismus. Studie zur Geschichte einer Großstadt im „Dritten Reich“, Düsseldorf 1969, S. 50 f.

einmal auf die zahlreichen Überfälle der SA aufmerksam zu machen und den Oberbürgermeister zum Einschreiten zu bewegen – ungeachtet der Tatsache, dass auch Lehrs Tage als Stadtoberhaupt längst gezählt und sein Einfluss inzwischen gering waren. Er berichtete dem Oberbürgermeister von „Nationalsozialisten in SA-Uniform unter Führung“, die „mit Revolvern und Karabinern bewaffnet in einer Stärke von 10 bis 15 Mann“ nächtlich ankamen und in das Wohnhaus eindrangen.

> „Sie durchsuchten das Haus nach meinem Vater und zerschlugen bei dieser Gelegenheit eine Büste sowie auch ein Bild von ihm. Im Herrenzimmer wurden Privatakten meiner Eltern aus dem Schreibtisch und dem unteren Teil des Geldschranks heraus- und mitgenommen. Im Weinkeller wurde ein Holzregal von der Wand gerissen, wobei eine beträchtliche Menge Flaschen zerbrachen. Die Jagdausrüstung meines Vaters sowie meine eigene wurden beschlagnahmt und mitgenommen. Rechnungsbelege, die meine Mutter von den letzten 5 bis 6 Jahren gesammelt und geheftet hatte, wurden am nächsten Tage in durchaus entstellter Form in der Presse wiedergegeben. Wie mir Herr Boote selbst sagt, sollte mein Vater im Hemd mitgenommen werden. Vorn auf dem Hemd sollte ein Hakenkreuz gemalt und um seinen Fuß ein Tau gelegt werden. In diesem lächerlichen Aufzuge sollte mein Vater am folgenden Morgen durch die belebtesten Straßen der Stadt sowie auch durch Lokale geführt werden.“

In der darauffolgenden Nacht, so beschreibt es der Sohn im Brief weiter,

> „erschienen wieder Nationalsozialisten, um meinen Vater zu suchen und nahmen bei dieser Gelegenheit wieder persönliches Material meines Vaters mit. In der Nacht vom 16. zum 17. März erschienen die Nationalsozialisten erneut, um meinen Vater zu suchen, ebenso in der darauf folgenden Nacht. Am Morgen des 22. März drangen die Nationalsozialisten wieder in das Haus meines Vaters ein, um einen Geldschrank abzutransportieren zwecks gewaltsamer Öffnung. Mit Rücksicht auf die schwere Krankheit meiner Mutter bitte ich, daß diesen Überfällen ein Ende bereitet wird.“[29]

29 Brief des Gustav Reuter junior an Oberbürgermeister Dr. Lehr. Hier zitiert nach Dokumentation zur Geschichte der Stadt Düsseldorf, Quellensammlung Bd. 3: Zeit der Machtergreifung 1930–1934, bearb. von Hans-Peter Görgen, Düsseldorf 1982, S. 113.

Lehr, der über das, was der Sohn hier geschildert hatte, außerordentlich schockiert war, antwortete der Familie, dass ihm diese Vorfälle leidtun würden und dass er in Berlin vorzusprechen beabsichtige, um derartige Vorkommnisse abzuwenden.

Der Fluchtweg führte Reuter zunächst in die benachbarten Niederlande, später dann zu Verwandten nach München.[30] Das „Rheinische Volksblatt“ berichtete später, Gauleiter Florian habe

> „in seiner Eigenschaft als Staatskommissar für die Stadt Düsseldorf das Gehalt des früheren 1. Bürgermeisters der Stadt Düsseldorf, Gustav Reuter, gesperrt. Nach Mitteilung des Pressedienstes der Stadt Düsseldorf erfolgte die Gehaltssperrung auf Anordnung des Regierungspräsidenten, weil auf Grund der bisherigen Untersuchungen festgestellt ist, daß die Stadt voraussichtlich Regreßansprüche gegen Bürgermeister Reuter sicherzustellen hat.“

Er habe angeblich

> „Aktenstücke, die zur Untersuchung der Milchhofangelegenheit notwendig sind, an sich genommen und nicht zurückgegeben. Aus diesen Akten wird sich ergeben, daß Bürgermeister Reuter zum Nachteil der Stadt gehandelt hat.“[31]

Die „Welt am Sonnabend“ vermeldete am 20. Mai: „Bürgermeister Gustav Reuter ist in München verhaftet worden und wird auf Anordnung der Staatsanwaltschaft nach Düsseldorf übergeführt [sic].“[32] Das „Rheinische Volksblatt“ ergänzte wenige Tage später: „Der frühere Düsseldorfer Bürgermeister Gustav Reuter, der nach seiner Absetzung spurlos verschwunden war, ist gestern in München, wo er seine Familie besuchte, verhaftet worden.“[33] Am 30. Mai wurde Reuter aus München mit einem „Sammeltransport“ nach Düsseldorf überführt und hier aufgrund eines Haftbefehls „wegen Urkundenbeseitigung“ in Untersuchungshaft genommen.[34] Zu dem Vorwurf, Akten oder Schriftstücke gestohlen zu haben, gesellten sich noch weitere Vorwürfe, die alsbald an die Öffentlichkeit durchgestoßen wurden. Reuter sei etwa korrupt und habe sich angeblich sein Privathaus

30 Ratinger Zeitung vom 23.3.1933.
31 Rheinisches Volksblatt vom 15.4.1933.
32 Welt am Sonnabend vom 20.5.1933.
33 Rheinische Volksblatt vom 26.5.1933.
34 Morgen-Zeitung vom 31.5.1933.

aus öffentlichen Mitteln renovieren lassen. Die „Welt am Sonnabend“ druckte am 3. Juni einen hämischen Bericht über Reuter ab, in dem es hieß, er sei

> „am Sonntag nach Düsseldorf zurück[gekehrt]. Auch Herrn Reuter wurden die Instandsetzungskosten seiner Wohnung in Höhe von weit über 5000 Mark auf ausdrückliche Anweisung Dr. Lehrs von der Stadt bezahlt. Auch das war schon damals bekannt und ist öffentlich kritisiert worden. Aber sowohl Dr. Lehr als auch Gustav Reuter dachten: ‚Uns kann keener!‘ Es war schon eine tolle Wirtschaft. Der fromme Gustav Reuter hat damals wohl nicht daran gedacht, daß es doch noch einmal anders kommen könnte. Man soll nichts überspannen, auch nicht die Geduld der Bevölkerung. Manche können jetzt in nächtlichen Tiefen darüber nachdenken, wie rasch Herrlichkeit und Macht vergehen. Die heutige Zeit ist eine vorzügliche Lehrmeisterin für Bescheidenheit und Selbsterkenntnis.“[35]

Die hier ausführlich zitierten Presseartikel belegen nachdrücklich, dass der Umgang mit Reuter in erster Linie ein Medienereignis war und dass sehr gezielt (und erfolgreich) versucht wurde, Reuter in jeglicher Hinsicht zu diskreditieren. Immer wieder griff die nationalsozialistische „Volksparole“ Reuter frontal an, bezeichnete ihn als „Trunkenbold“[36] oder „lächerliche Figur“.[37] Später brandmarkte ihn dieselbe Zeitung als ein Mann, dessen Aufstieg angeblich typisch sei „für die Verantwortungslosigkeit des schwarz-roten Systems“ und letztlich auch für die „korrupten, volksschädlichen Auswüchse des parlamentarisch-demokratischen Wahnsinns“.[38] Mit diesen Artikeln und Kommentaren, mit den Auslassungen über sein Privatleben und seine Familie, mit den Behauptungen, in denen es um Trinkgelage und Entgleisungen ging, war Reuters politische Karriere beendet. Die Verleumdungen, die dem „Systempolitiker“ alle möglichen Amtsverletzungen und -missbräuche vorwarfen, blieben in der Öffentlichkeit an seiner Person haften. Den Sommer über verbrachte Reuter im Untersuchungsgefängnis Düsseldorf-Derendorf. Der Termin zur Hauptverhandlung gegen ihn wurde auf den 8. August anberaumt. Die Anklage warf Reuter „Aktenbeseitigung und Untreue“ vor.[39] Doch der Prozess vor einer Sonderkammer des Landgerichts („Strafkammer für Korruptions- und Sabotage-Sachen des Düsseldorfer Land-

35 Welt am Sonnabend vom 10.6.1933.
36 Volksparole vom 11.3.1933.
37 Volksparole vom 17.3.1933.
38 Volksparole vom 8.8.1933.
39 Generalanzeiger vom 11.7.1933.

gerichtes") brachte für die massiven Vorwürfe, die erhoben wurden, nur relativ dünne Belege hervor. Weder Bestechlichkeit noch Untreue konnten ihm nachgewiesen werden. „Wer sich von diesem Prozeß eine große Sensation versprochen hatte, wurde sehr enttäuscht", musste die „Welt am Sonnabend" zugeben und stellte kleinlaut fest, Gustav Reuter sei kein

> „Betrüger und politischer Korruptionist großen Schlages [...]. Er ist der aus der vergangenen Zeit wohlbekannte Typ des politischen Parvenüs, der, durch Parteignaden auf hohen Posten gelangt, von der Großmannssucht befallen wird und ohne jedes Verantwortungsbewußtsein nach Belieben schalten und walten zu können glaubt. Das damalige parlamentarische System und in Düsseldorf die Ära Lehr boten derartigen Leutchen weitgehendste Wirkungsmöglichkeiten. Der kleine Schneidergeselle, der nicht einmal seine Meisterprüfung gemacht hat, wurde auf Grund seines Zentrums-Parteibuches für würdig erachtet, Stadtverordneter, Beigeordneter und später 1. Bürgermeister der Großstadt Düsseldorf zu werden. Mit einem Gehalt von 35.206 Mark läßt sich schon gut leben, aber Gustav Reuter glaubte die Stadtkasse außerdem noch zur Bestreitung seiner alkoholischen Genüsse in Anspruch nehmen zu können."

Dann ging der Artikel detailliert auf den angeblichen Weinkonsum des Beigeordneten ein, der gerade ihm als Dezernenten für das Wohlfahrtswesen nicht in diesem Maße zustünde: Anstatt teure Weine bei Gesprächen oder abendlichen Besprechungen zu trinken, hätte er sich lieber um das „Volksergehen" kümmern sollen.[40] Am Ende blieb nur der Vorwurf einer „Aktenbeseitigung". Gustav Reuter wurde zu zehn Monaten Haft verurteilt. Am 19. August legte das Blatt noch einmal nach und schrieb:

> „Daß man unserem Gustav Reuter eine Weinentziehungskur von 10 Monaten verordnet hat, haben Sie ja schon erfahren. Seine Freunde und Zechgenossen weinen dem dicken Gustav ganz dicke Tränen nach; sind doch mit seinem Sturz auch für sie die herrlichen Zeiten vorbei, wo sie sich im Probierstübchen auf Kosten der Bürgerschaft nach Herzenslust an 50-Marks-Weinchen beschlauchen konnten. Das nannte man zu der Zeit dienstliche Sitzungen."

40 Welt am Sonnabend vom 12.8.1933.

Häufig habe Reuter auch mit dem Polizeipräsidenten Hans Langels (Zentrum) zusammen Wein getrunken, um sich angeblich mit der Polizei gut zu stellen.[41] Den Erinnerungen von Walther Hensel zufolge war Reuter noch in München, während eine

> „Abteilung der SA am 10. Mai 1933 [in Reuters verlassenes Dienstzimmer] eindrang. Gleichzeitig wurde auch seine Privatwohnung durchsucht und drei Tage später ein Teil seiner privaten Korrespondenz und seiner Steuerakte veröffentlicht. ‚Gustavs intimste Geheimnisse wandern auf den Tisch des SA-Sturmbannes I/39' hieß es triumphierend in einer Überschrift der ‚Volksparole'. Die Untreue erblickte das Gericht in der Tatsache, daß Reuter aus der Kellerei der städtischen Tonhalle, die zu seinem Dezernat gehörte, ein paar Flaschen Wein entnommen hatte. Eine dieser Flaschen sollte bei einem Gespräch mit Regierungspräsident Kurt Bergemann verbraucht worden sein."[42]

Der Verwaltungsbericht der Stadt Düsseldorf von 1936 beschrieb rückblickend den „Fall Reuter" so:

> „Als einer der ersten wurde von dieser Säuberungsaktion der auf Grund seiner Parteizugehörigkeit zum Zentrum in sein Amt gelangte Bürgermeister Gustav Reuter betroffen. Am 10. März 1933 hatte er sich, nachdem ihm von dem damaligen Beauftragten der Partei, Pg. [Parteigenosse Horst] Ebel, das Betreten der Amtsräume untersagt war, beurlauben lassen. Wie sich später herausstellte, benutzte er diesen Urlaub, um sich der ihm drohenden Festnahme durch die Flucht zu entziehen; er wurde aber am 15. Mai 1933 in München verhaftet und in dem gegen ihn anhängig gemachten Strafverfahren durch Urteil der Strafkammer vom 8. August 1933 wegen Aktenbeseitigung und erschwerter Untreue zu einer Gesamtstrafe von 10 Monaten Gefängnis verurteilt. Außerdem wurde ihm die Fähigkeit zur Bekleidung öffentlicher Ämter auf die Dauer von fünf Jahren aberkannt. Die gegen dieses Urteil eingelegte Revision wurde durch Beschluß des Reichsgerichts vom 28. September 1933 verworfen, so daß Reuter kraft Gesetzes aus dem Beamtenverhältnis ausschied."[43]

41 Welt am Sonnabend vom 19.8.1933.
42 Hensel, Kommunalpolitik (wie Anm. 23), S. 21f.
43 Verwaltungsbericht Düsseldorf 1933–1936 (wie Anm. 18), S. 6.

Der Politiker Gustav Reuter war mit solchen Darstellungen am Ende seiner Laufbahn: vorbestraft, öffentlich bloßgestellt und als korrupter Trinker ohne soziales Gewissen diffamiert, musste er sich nach seiner Entlassung ins Privatleben zurückziehen. Zu Schulden kommen hatte er sich nichts. Er verstarb 1937.

2.2 Die Misshandlung des Beigeordneten Dr. Herbert Haas

Der Beigeordnete Dr. Herbert Haas hatte in den letzten Jahren der Weimarer Republik ähnlichen Hass bei den Stadtverordneten der NSDAP auf sich gezogen wie Reuter. Sein „Ausscheiden“ aus der Verwaltungsspitze war daher besonders drastisch und von massiver Gewalt geprägt. Haas war am 1. Januar 1888 in Düsseldorf als Sohn eines Arztes zur Welt gekommen. Nach dem Besuch des städtischen Gymnasiums Klosterstraße und dem Abiturexamen studierte er in Bonn Jura, machte sein Referendariat zunächst am Amtsgericht Grevenbroich, dann am Landgericht Düsseldorf, bei der Staatsanwaltschaft Düsseldorf und am Oberlandesgericht Düsseldorf. Nach kurzem Militärdienst (1915/16) wurde er zum Dr. jur. promoviert. Im Jahre 1916 trat er in den Dienst der Stadt Düsseldorf ein, zunächst bei der kommunalen Polizeiverwaltung.[44] Am 11. April 1919 wurde Gerichtsassessor Haas von der Stadtverordnetenversammlung für zwölf Jahre zum „besoldeten Beigeordneten der Stadt Düsseldorf“ gewählt.[45]

Haas war 1923 als Polizeidezernent für die städtische Polizei verantwortlich. Im Krisenjahr des Ruhrkampfes und der französisch-belgischen Besetzung Düsseldorfs kam es immer wieder zu Spannungen zwischen der Besatzungsmacht und der Polizei, was Haas zwischen die Fronten brachte und ihm von diversen Seiten Vorwürfe einbrachte. Am 30. September 1923 kam es zum „Düsseldorfer Blutsonntag“ mit 20.000 Demonstranten und Gewaltausbrüchen zwischen französischem Militär, „Sonderbündlern“, also rheinischen Separatisten, und deutschen Schutzpolizisten. Letztere wurden auf der Alleestraße von Separatisten misshandelt. Es kam zu Schusswechseln, bei denen etliche Menschen starben oder verletzt wurden.[46] Das französische Militär, das die Separatisten unterstützte und bei der Verfolgung der Schutzpolizisten nicht eingeschritten war, nahm die Führungsriege der Düsseldorfer Polizei in Haft. Haas als zuständiger Dezernent wurde vom 1. bis zum 8. Oktober 1923 von den Besatzungsbehörden im Gefängnis

44 STA Düsseldorf, Personalakte Haas, 0-1-5-14296-0001.

45 Ebd., Bl. 34.

46 Vgl. Angelika Schnorrenberger, Der Düsseldorfer „Blutsonntag“, 30. September 1923, in: Gerd Krumeich/Joachim Schröder (Hg.), Der Schatten des Weltkrieges. Die Ruhrbesetzung 1923, Düsseldorf 2004, S. 289–303.

Düsseldorf-Derendorf inhaftiert.[47] Weitere Inhaftierungen folgten. Im Sommer 1925 endete die Zeit der Besatzung an Rhein und Ruhr. Zum 1. Juli 1926 wurde die Düsseldorfer Polizei verstaatlicht. 1930 wurde Dr. Haas auf zwölf Jahre wiedergewählt.[48]

Der Hinweis auf die Separatisten-Unruhen ist deshalb zentral, weil die nationalistischen Rechten in der Düsseldorfer Stadtverordnetenversammlung Haas als zu milde und franzosenfreundlich in Erinnerung behielten, obwohl diese Einschätzung jeder Grundlage entbehrte. Hinzu kam das Gerücht, dass Haas jüdischer Abstammung sei. Insofern ist es kaum verwunderlich, dass der Beigeordnete sofort nach der Machtübernahme ins Visier der örtlichen Nationalsozialisten geriet.[49]

Am 10. März 1933 ereignete sich ein folgenschwerer Überfall der SA auf die Rathausspitze, bei der Oberbürgermeister Lehr und der Beigeordnete Dr. Wilhelm Thelemann bedroht und Haas schwer misshandelt wurden. Stadtsyndikus Hensel, der als persönlicher Referent des Beigeordneten im Rathaus war, erinnerte sich an die Misshandlung von Haas in einem ausführlichen Bericht, den er nach Kriegsende verfasste.[50]

> „Herr Beigeordneter Dr. Haas war wegen ‚nichtarischer‘ Abstammung eines Elternteils sogenannter ‚Jüdischer Mischling‘. Gegen ihn richtete sich daher vom ersten Tage des Auftretens des Nationalsozialismus in Düsseldorf an eine besonders feindselige Aufmerksamkeit der Nationalsozialisten.“

Im Dienstzimmer des Oberbürgermeisters Lehr befanden sich den Erinnerungen Hensels zufolge

> „vormittags gegen 10,00 Uhr zu einer Konferenz die Herren Beigeordneter Dr. Thelemann und Beigeordneter Dr. Haas. Eine Gruppe von 4 Personen, davon 3 in SA- und 1 in Polizeiuniform stürmten, den Widerstand des Vorzimmerbeamten des Oberbürgermeisters durchbrechend, in das Dienstzimmer des Oberbürgermeisters. Mit vorgehaltenen Pistolen wurden Herr Dr. Lehr und Herr Dr. Thelemann in Schach gehalten. Zwei der SA-Leute bearbeiteten daraufhin Herrn Beigeordneten Dr. Haas mit einem Ochsenziemer oder einer

47 STA Düsseldorf, Personalakte Haas, 0-1-5-14296-0001, Bl. 83.
48 STA Düsseldorf, Personalakte Haas, 0-1-5-14296-0001, Bl. 140.
49 Siehe Hensel, Kommunalpolitik (wie Anm. 23), S. 18 f.
50 STA Düsseldorf, 0-1-5-14296.0002.

> Reitpeitsche. Ich wurde von diesem Vorgang sofort unterrichtet und nahm Herrn Beigeordneten Dr. Haas mit in sein Dienstzimmer."[51]

Haas war schwer verletzt und blutete stark; zudem war er über das Geschehene vollkommen verstört. Sein Referent half ihm, aus dem Rathaus zu entkommen, mit einem Taxi flüchteten beide aus der Innenstadt. An anderer Stelle schrieb Hensel: „In der SA wurde alsbald erzählt, einer der beiden braun Uniformierten sei der Standartenführer [Hermann] Lohbeck gewesen." Aus der Wohnung Hensels „holte ihn am Abend in der Dunkelheit sein Freund, Baron Hans Schlotheim, ab, um ihn längere Zeit in dem am Rande der Stadt gelegenen Schloß Roland zu verbergen".[52]

Lehr ließ den Vorfall nicht auf sich sitzen. Noch am selben Tag telegrafierte er in die Reichskanzlei nach Berlin. Das Fernschreiben hat sich in den Akten der Reichskanzlei erhalten:

> „10.3.1933 Tel. Oberbürgermeister Dr. Lehr (Düsseldorf) an Reichskanzler Hitler. heute mittag erscheinen in meinem amtszimmer 3 herren in sa-uniform und ein schutzpolizeibeamter in uniform und muetze stop ich hatte gerade eine unterredung mit dem beigeordneten dr thelemann und dr haas stop der fuehrer wandte sich an den beigeordneten dr. haas mit der erklaerung ich fordere sie auf aus ihrem verhalten waehrend der besatzungszeit die konsequenzen zu ziehen stop auf eine kurze frage um aufklaerung des herrn dr. haas schlug ein anderer mit einer dicken lederpeitsche herrn beigeordneten dr. haas wiederholt ueber das gesicht auf den kopf und auf den ruecken stop erbitte sofortiges eingreifen stop!"[53]

Der Chef der Reichskanzlei, Staatssekretär Hans Heinrich Lammers, vermerkte auf dem Schreiben, der „Herr Reichskanzler" habe den Vorfall zur Kenntnis genommen und ließ es zu den Akten legen – ohne eine weitere Nachfrage oder Intervention. Zu dem von Lehr geforderten „Eingreifen" durch die Berliner Zentralstellen kam es also nicht.

Für Haas hatten der brutale Überfall und sein Rauswurf ein langes Nachspiel. Seine Personalakte dokumentiert die beamtenrechtlichen Spitzfindigkeiten und

51 Ebd. Der Bericht stammt aus dem Februar 1952.

52 Hensel, Kommunalpolitik (wie Anm. 23), S. 18 f.; vgl. Bastian Fleermann/Hildegard Jakobs, Herrschaft der Gewalt. Die nationalsozialistische Machtübernahme 1933 in Düsseldorf, Düsseldorf 2013, S. 19, 30, 39.

53 Bundesarchiv Berlin, Akten der Reichskanzler R 43 II Nr. 1195.

Winkelzüge, mit denen die neue Stadtverwaltung versuchte, ihn endgültig zu entlassen. Zunächst einmal wurden ihm im April seine Ruhegehaltsbezüge nach § 10 des „Gesetztes zur Wiederherstellung des Berufsbeamtentums“ gekürzt. Im Juli schaltete die Verwaltungsspitze das Rechnungsprüfungsamt ein und ließ prüfen, ob Haas in seiner Rolle als Polizeidezernent ein Dienstpferd zu einem überhöhten Preis angekauft habe. Diese Untersuchung zog sich bis Mitte September. Schließlich verlangte man Bezüge von Haas zurück, die er angeblich unrechtmäßig erhalten habe.[54] Am 5. August 1933 wurde Haas als „nicht arischer Beamter“ aufgrund des § 3 des Berufsbeamtengesetztes in den Ruhestand versetzt. Die Auseinandersetzungen um Bezüge, Ruhestandsgehalt und Rückforderungen zogen sich noch bis 1940/41. Auch die Gestapostelle Düsseldorf legte eine Akte über den ehemaligen Beigeordneten an.[55] Dem dortigen „Judenreferat“ ging es jedoch nicht um dienstrechtliche Angelegenheiten, sondern um die „rassische“ Herkunft von Haas: Hartnäckig hielt sich auch nach 1933 weiterhin das Gerücht, Haas sei „Halbjude“.

Tatsächlich war Haas leiblicher Sohn der katholischen Auguste Haas, geborene Finck, und des Sanitätsrat Dr. Josef Julius Haas. Die Herkunft des Vaters, Jahrgang 1858, blieb jedoch umstritten. Auf Druck der Behörden und der Gestapo hatte die Familie zahlreiche Geburts- und Eheurkunden, Standesamtsabschriften und Ausschnitte aus Kirchenbüchern vorzulegen. Erst recht spät kam dabei heraus, dass der Mediziner Josef Julius Haas leiblicher Sohn einer christlichen und nichtverheirateten Frau und eines ebenso christlichen Vaters gewesen war und jüdische Pflegeeltern das Kleinkind angenommen und großgezogen hatten. Der Sohn Herbert Haas war katholisch getauft. Erst jetzt akzeptierten die Behörden die „rein arische“ Herkunft des Beigeordneten und die seines Vaters. Mit einem Gutachten wurde die Familie „rehabilitiert“: Herbert Haas und seine Geschwister waren keine „Halbjuden“.[56] Der ehemalige und bedrängte Beigeordnete Haas, verwitwet, eingeschüchtert und zurückgezogen, verstarb am 1. Februar 1941 im Düsseldorfer St.-Josefs-Krankenhaus.[57]

54 STA Düsseldorf, Personalakte Haas, 0-1-5-14296-0001, Bl. 185–194.
55 Landesarchiv Nordrhein-Westfalen/Abteilung Rheinland, Duisburg [LAV-NRW, R], RW 58 Nr. 19021.
56 Sammlung der Mahn- und Gedenkstätte Düsseldorf, Konvolut Haas, 31-976-300.000.
57 STA, Düsseldorf-Ost, Urk.-Nr. 106/1941.

2.3 Die Verhaftung von Robert Lehr und Kämmerer Friedrich Odenkirchen

Obwohl die Attacken auf Gustav Reuter und die Misshandlung von Herbert Haas bereits drastische und öffentlich gewordene Schritte gewesen waren, steigerte sich der Druck auf die Verwaltungsspitze im April noch einmal deutlich. Im Fokus stand nun Robert Lehr. Die NS-Presse hatte bereits im März angefangen, ihm alle möglichen Vorwürfe anzuhängen, die von Miss- und Vetternwirtschaft über Verschwendungssucht bis Korruption und Unterschlagung reichten. Ohne hier auf die Details einzugehen, soll der Blick vor allem auf Lehrs Kämmerer gerichtet werden, der in dessen Fahrwasser ebenso in das Blickfeld des Gauleiters geriet: Dr. Friedrich Odenkirchen.[58] Dieser hatte anders als Oberbürgermeister Lehr noch an der ersten Sitzung der Stadtverordnetenversammlung teilgenommen und kam dann auch am 12. April zur Sitzung des neu gebildeten „Hauptausschusses". Sie begann um 16 Uhr und wurde von Lehr geleitet.[59] Der städtische Beamte Fritz Froemmig, der damals Protokollant des Hauptausschusses und demnach auch Augenzeuge gewesen war, schrieb später in seinen Erinnerungen:

> „Ein erschütternder Tag. Am Mittwoch, dem 12. April 1933, um 16,00 Uhr, trat im Zimmer 124 (ehemalige Rathausbücherei) der am 4.4.1933 gewählte Hauptausschuß zu seiner ersten Tagung zusammen. Von den Teilnehmern, soweit sie nicht der NSDAP angehörten, ahnte wohl keiner, was sich im Laufe der Sitzung abspielen würde. Unter dem Vorsitz des Oberbürgermeisters Dr. Lehr begann die Beratung kurz nach 16.00 Uhr [...]. Das Protokoll führte der Verfasser. Die Verhandlungen begannen und verliefen in der bisher gewohnten Art [...]. Da geschah es! – Um 18.15 Uhr wurde die Tür geöffnet; herein trat der Gauleiter Florian, umgeben von einem Pulk [von] SS- und SA-Männern, dahinter Kriminalbeamte und Polizeibeamte. Mit schneidender Stimme erklärte er: ‚In meiner Eigenschaft als Staatskommissar hebe ich die Sitzung des Hauptausschusses aus!' Fortfahrend sagte er, daß er nach Beauftragung durch den Regierungspräsidenten den Oberbürgermeister Dr. Lehr und den Stadtkämmerer Dr. Odenkirchen in Schutzhaft zu nehmen habe. Beide Herren erhoben sich, wurden von dem Aufgebot umringt und weggeführt. Oberbürgermeister Dr. Lehr bewahrte in diesen erschütternden Minuten eine vorbildliche Haltung, wie auch während der folgenden, für ihn so schwere Zeit! Die

58 Geboren am 9.6.1888 in Elberfeld, Studium der Rechtswissenschaften, Promotion zum Dr. jur., 1919–1921 Beigeordneter der Stadt Herne, seit dem 5.10.1921 Beigeordneter der Stadt Düsseldorf. Wohnhaft am Kaiser-Friedrich-Ring 61.

59 Vgl. Walter Först, Robert Lehr als Oberbürgermeister. Ein Kapitel deutscher Kommunalpolitik, Düsseldorf 1962, S. 267.

> Sitzungsteilnehmer, die diesen Gewaltakt nicht geahnt hatten, waren niedergeschmettert; sie hatten die Köpfe gesenkt und versuchten, über den Schock irgendwie hinweg zu kommen. Es herrschte eine peinvolle Stille!"

Laut Froemmings Erinnerungen habe der Beigeordneten Thelemann dann die restliche Sitzung geleitet.[60]

Die verhafteten Männer wurden unter Androhung des Schusswaffengebrauchs in das sich direkt neben dem Rathausgebäude befindliche Gruppello-Haus und in das dortige Polizeigewahrsam geführt. Das kleine Polizeirevierbüro mit Haftraum konnte über einen Zugang von der Zollstraße aus erreicht werden. Zudem wurde Sparkassendirektor Dr. Fritz Vogt verhaftet.[61] Der Eklat war für alle Anwesenden ein Schock. Zu den Mitgliedern des Ausschusses gehörte auch noch der Zentrumspolitiker Karl Arnold.[62] Bereits am späten Abend wurden dann eilig Extraausgaben der nationalsozialistischen „Volksparole" gedruckt und verteilt. Am nächsten Morgen beschrieb das Blatt diesen ungeheuerlichen Vorgang ausführlich und ließ die Leserschaft wissen: „In Düsseldorf wird durchgegriffen". Die drei Verhaftungen seien am Vorabend durchgeführt worden:

> „Wie wir gestern schon durch Extra-Blatt mitteilen konnten, wurden gestern abend gegen 6.15 Uhr Oberbürgermeister Dr. Lehr und Beigeordneter Dr. Odenkirchen durch den Staatskommissar für die Stadt Düsseldorf, Pg. [Parteigenosse] Gauleiter Florian, wegen des Verdachts der passiven Beamtenbestechung und der Untreue im Amt sowie Sparkassendirektor Dr. Vogt wegen des Verdachts der Untreue im Amt auf Grund einer Ermächtigung durch den Regierungspräsidenten in Schutzhaft genommen und ins Polizeigewahrsam gebracht."

Der Düsseldorfer „Generalanzeiger" berichtete an diesem 13. April nahezu wortgleich, wusste zudem mitzuteilen: „Die drei Herren wurden vorläufig im Polizeigewahrsam im Rathaus getrennt voneinander untergebracht." Zu den Hintergründen kommentierte das Blatt:

> „Die Meldung von der Verhaftung des Oberbürgermeisters und der beiden anderen leitenden städtischen Beamten konnte an sich nicht überraschen, da

60 STA Düsseldorf, 0-1-23-481.0000.

61 STA Düsseldorf, 0-1-5-72441 (Personalakte Dr. Fritz Vogt). Ob Vogt in der Sitzung oder an einem anderen Ort verhaftet wurde, ist nicht bekannt.

62 Vgl. Detlev Hüwel, Karl Arnold. Eine politische Biographie, Wuppertal 1980, S. 49.

man in Düsseldorf ein scharfes Durchgreifen in diesen Tagen erwartete. Dennoch horchte gestern Abend Düsseldorf auf, als bekannt wurde, daß der Staatskommissar, Gauleiter Florian, in der Sitzung des Hauptausschusses der Stadtverordneten die Verhaftung vorgenommen hatte [...]. Die beiden Herren verließen unter Bewachung den Sitzungssaal und begaben sich in ihre Dienstzimmer, von wo aus sie in Polizeigewahrsam übergeführt wurden."

Über die Gründe der Verhaftung führte der Artikel weiter aus, Dr. Lehr sei beschuldigt,

„Zuwendungen von einer Bank angenommen zu haben, ohne daß er eine Gegenleistung dafür aufzuweisen in der Lage sei. Das soll zu der Zeit geschehen sein, als Oberbürgermeister Dr. Lehr für die Stadtverwaltung den RWE-Aktienverlauf vornahm. Derselbe Vorwurf trifft Dr. Odenkirchen. Gleichzeitig wird den in Schutzhaft Genommenen vorgeworfen, daß sie zusammen mit Sparkassendirektor Dr. Vogt aus einem schwarzen Konto bei der Städtischen Sparkasse, das aus Reserven der Kasse gebildet sein soll, Spekulationen an der Börse vorgenommen haben sollen. Die Gewinne aus diesen Spekulationen sollen in die Taschen von Dr. Lehr und Dr. Vogt geflossen sein."[63]

Die in der Nachbarstadt erscheinende „Ratinger Zeitung", in der ebenfalls am 13. April über den Vorabend berichtet wurde, hielt es für

„festgestellt, daß Oberbürgermeister Dr. Lehr geldliche Zuwendungen ohne Gegenleistung von seiner Seite von einer Bank angenommen hat zu einer Zeit, in der er als Chef der Düsseldorfer Stadtverwaltung bei dieser Bank größere Käufe in Aktien tätigte. Dasselbe gilt für den Beigeordneten Odenkirchen. Ferner haben Oberbürgermeister Dr. Lehr und Sparkassendirektor Dr. Vogt über ein amtliches Konto bei der Städtischen Sparkasse, das aus stillen Reserven der Sparkasse gebildet war, Effektenspekulationen getätigt. Die Gewinne – merkwürdigerweise handelte es sich bei diesen Geschäften nur um Gewinne – sind den Herren in bar ausgezahlt worden."[64]

63 Generalanzeiger vom 13.4.1933.
64 Ratinger Zeitung vom 13.4.1933.

In einem späteren Prozess, bei dem Lehr der Hauptbeschuldigte war, fiel das Lügengerüst in sich zusammen: Die Vorwürfe vom Frühling erwiesen sich als falsch, Lehr musste freigesprochen werden.

An dem Morgen, an dem sich die Zeitungen reißerisch an der öffentlichen Hetzjagd beteiligt hatten, waren von den drei Verhafteten nur noch zwei am Leben. Der als sensibel und bisweilen als melancholisch geltende Kämmerer hatte sich am Morgen des 13. April in seinem Haftraum im Rathaus durch Erhängen das Leben genommen.[65]

Die Stadt gab den Suizid des Verhafteten bekannt, woraufhin am 14. April unzählige regionale und überregionale Zeitungen nahezu gleichlautend darüber berichteten, so etwa die „Velberter Zeitung.“[66] Der spätere Verwaltungsbericht von 1936 hielt schlicht fest: „Dr. Odenkirchen ist am Tage nach seiner Verhaftung freiwillig in den Tod gegangen.“[67]

Der Historiker Hans-Peter Görgen hat später davon geschrieben, dass Odenkirchen „nervenleidend gewesen sein und daher in einem Anfall von Depression Selbstmord begangen haben“ soll. Es erscheine daher zweifelhaft, aus der Tatsache des Suizids ein Schuldbekenntnis abzuleiten.[68] In einem Interview hat Odenkirchens Tochter Annette die sehr persönlichen Eindrücke geschildert und damit auch offenbart, was die Verhaftung und das Treiben in den Suizid mit der Familie gemacht haben: Am späten Abend des 12. April, der Kämmerer war erst kurze Zeit in seiner Zelle, wollte dessen Frau Ottilie ihn noch besuchen.

> „Und da konnte meine Mutter ihn nicht besuchen, das wollte sie unbedingt, dann hat aber mein Vater nach seinem ältesten Sohn gefragt, er sollte kommen und da hat meine Mutter gesagt, ja, ich gebe ihm Tabletten mit, zur Beruhigung, das ist das Motiv, dass sie hinging, und da haben sie ihn aber nicht vorgelassen, da hat er ihn nicht sehen können, und die Tabletten auch nicht abgeben können und dann hat meine Mutter [noch einmal gefragt, aber] dann wurde eben gesagt, er hätte sich erhängt und da konnte meine Mutter das nicht glauben und sie sagte ‚Nein, ich will auf jeden Fall meinen Mann mal sehen.‘ Dann ist ihr das entschieden verwehrt worden, das ging gar nicht, er sähe entsetzlich aus, schrecklich aus. Da hat sie gesagt, das macht mir gar nichts […].

65 STA Düsseldorf-Mitte, Urk.-Nr. 892/1933. In einigen Details anders bzw. abweichend stellt es ein Artikel in der „Volksparole“ dar, der am 16.4.1933 erschien.

66 Velberter Zeitung vom 14.4.1933.

67 Verwaltungsbericht Düsseldorf 1933–1936 (wie Anm. 18), S. 6.

68 Hans-Peter Görgen, Düsseldorf und der Nationalsozialismus, Düsseldorf 1969, S. 55.

Es ist aber nicht genehmigt worden. Das alles erfuhren wir auch so, als Kinder, dass das so gelaufen war."

Sie erklärte auch, dass ihr Vater im Frühjahr 1933 gewisse Vorahnungen und Befürchtungen gehabt habe:

„Vor allen Dingen [war] mein Vater [...], bevor er verhaftet wurde, als gerade Hitler [an die Macht kam] schon in großer Panik, und hat eines Tages uns [...] Kinder, die wir irgendwo spielten, zusammenrufen lassen. Nur mein jüngerer Bruder, der war nicht dabei. Und da hat er uns in den Arm genommen und geküsst und da strömten seine Augen weinend, und das war für mich schrecklich, der Vater, der immer so freundlich und wohlwollend [war], dass der auf einmal so schreckliche Sachen sagte: ‚Ich werde auf dem Rathausplatz baumeln.' Es war so furchtbar [die Vorstellung] dieses Baumeln des Vaters auf dem Rathausplatz, das war erschütternd."[69]

Ob diese Erinnerungen von den tatsächlichen Ereignissen überlagert waren und sich erst im Nachhinein aus der Rückschau so zusammensetzten, sei dahingestellt. Die Erinnerungen der Tochter lassen jedoch den Schluss zu, dass die persönliche und familiäre Situation des Kämmerers durch die nationalsozialistische Machtübernahme enorm belastet gewesen sein muss – schon viele Wochen vor dem 12. April. Der Familienvater und Stadtkämmerer Odenkirchen wurde auf dem Düsseldorfer Südfriedhof beigesetzt. „Seine Frau und seine drei Kinder bewahren ihm Liebe und Treue bis über den Tod hinaus", hieß es in der Sterbeanzeige der Familie.[70]

Während Lehr, der inzwischen aufgrund eines Haftbefehls vom 2. Mai in das Untersuchungsgefängnis in Düsseldorf-Derendorf gebracht worden war, im Spätsommer der Prozess gemacht wurde,[71] wurde Sparkassendirektor Vogt nach eini-

69 Sammlung der Mahn- und Gedenkstätte Düsseldorf, GED-27-001-100.088: Interview von Angela Genger mit Annette Gruenter, geb. Odenkirchen aufgenommen am 29.10.1997 in Düsseldorf. Auf Grund der Vorkommnisse 1933 stellte Familie Odenkirchen Wiedergutmachungsanträge, die sich im Stadtarchiv Düsseldorf erhalten haben: STA 0-1-32-307.0003 und 0-1-32-307.0004. Für diesen Hinweis danke ich Dr. Benedikt Mauer.

70 Sammlung der Mahn- und Gedenkstätte Düsseldorf, GED-27-302-300.001.

71 Volksparole vom 4.5.1933. Die Anklageschrift erging am 9.9.1933. Vgl. auch Bastian Fleermann: Ulmer Höh'. Das Gefängnis Düsseldof-Derendorf im Nationalsozialismus, Düsseldorf 2021, S. 107–111.

gen Wochen aus der „Schutzhaft"[72] entlassen – wohl auch, weil die „Beweislage" gegen ihn sich als außerordentlich dünn erwiesen hatte. Ähnliches ergab sich für Lehr selbst: Korruption und Misswirtschaft, wie die Nationalsozialisten im Frühjahr laut getönt hatten, waren ihm nicht nachzuweisen. Das Strafverfahren wurde im August 1934 eingestellt.[73]

In Lehrs Nachlass haben sich Schreiben des SA-Führers Hermann Lohbeck erhalten, die nicht nur über interne Streitigkeiten der SA Auskunft geben, sondern auch einen Blick auf die Motivation der örtlichen Nationalsozialisten im Frühling 1933 zulassen.[74] Für Standartenführer Lohbeck war es klar, dass

> „sich in der SA und in der nationalsozialischen [sic] Bevölkerung Düsseldorfs eine tiefgreifende Missstimmung eingefressen hatte. Es wurde darauf hingewiesen, dass die Verhältnisse in Düsseldorf im Grunde nicht anders seien als in Köln, dass hier nur der Unterschied bestände, dass der Düsseldorfer Oberbürgermeister dem Parteibuch nach Deutschnational, während der Kölner Oberbürgermeister Zentrum war. Die Korruptionsfälle, die in Köln nach der Beurlaubung Adenauers aufgedeckt wurden[,] würden in Düsseldorf nach einer Beurteilung Lehrs nach unseren Feststellungen sich genau bestätigen."

Lohbeck und seine Leute waren

> „allgemein der Meinung, dass Gauleiter Florian diese Säuberung offiziell von sich aus nicht durchführen könne […], dass wir ihm also den besten Dienst erweisen würden, wenn wir als SA und politische Leitung des Kreises Düsseldorfs von uns aus die Initiative zur Erledigung Lehrs in die Hand nehmen würden. Eine Begründung für diese Anschauung fanden wir in einer Äusserung, die Gauleiter Florian […] getan hat: ‚Das Tor ist etwas aufgemacht, es liegt jetzt an Euch es vollends zu Öffnen.'"

Für die SA stand fest, „dass [Oberbürgermeister Lehr] in seiner Kommunalpolitik und in seinen Amtshandlungen durchweg nur vom Zentrum und der S. P. D. gedeckt wurde". Dies gelte auch für Lehrs Beigeordnete, so Lohbeck in seiner rückblickenden Stellungnahme.

Was für Gauleiter Florian Mitte April hingegen alleine zählte, war die Tatsache, dass bereits wenige Wochen nach der Machtübernahme drei unliebsame Bei-

72 Kölnische Zeitung vom 29.7.1933.
73 Först, Robert Lehr (wie Anm. 58), S. 284.
74 STA Düsseldorf, 4-27-3-25.0000, Bl. 1–10.

geordnete und der verhasste Oberbürgermeister „weg“ waren und er mit dem am 13. April eingesetzten kommissarischen Oberbürgermeister Dr. Hans Wagenführ (NSDAP), der als Regierungsrat eilig vom Finanzamt Düsseldorf-Nord herbeigeholt wurde, einen Rathauschef in Düsseldorf hatte, auf den er fortan zählen konnte.[75] Noch einmal sei hier aus den Erinnerungen des städtischen Beamten Froemmig zitiert:

> „Gegen 10.00 Uhr erschien am 13. April 1933 der Regierungsrat Dr. Hans Wagenführ, der am 12.4.1933 noch als Stadtverordneter tätig gewesen war und übernahm die Geschäfte des Oberbürgermeisters, zunächst kommissarisch! [...] Am 20. April 1933 stellte der Staatskommissar Gauleiter Florian den neuen Oberbürgermeister auf dem Rathausbalkon der Bürgerschaft vor. – Züge der SS, SA und der Schutzpolizei waren mit klingendem Spiel aufmarschiert. Dr. Wagenführ hielt eine kurze Ansprache, in der er darlegte, wie er sein Amt führen wolle.“[76]

2.4 Die Beurlaubung des Beigeordneten Heinrich Jäker

Im krassen Gegensatz zu den drei Fällen Reuter, Haas und Odenkirchen stand das geradezu geräuschlose Ausscheiden des einzigen Sozialdemokraten aus dem Verwaltungsvorstand: die Beurlaubung Heinrich Jäkers. Als er Ende März beurlaubt und schließlich am 26. September 1933 aus „politischen Gründen“ nach § 4 des „Gesetzes zur Wiederherstellung des Berufsbeamtentums“ entlassen wurde, war Jäker fast 64 Jahre alt, also ohnehin beinahe im Ruhestandsalter.

Das sang- und klanglose „Verschwinden“ Jäkers erstaunt umso mehr angesichts der Tatsache, dass er alles andere als ein farbloser Verwaltungsbeamter gewesen war: Der 1869 im westfälischen Soest geborene Heinrich Jäker, Sohn eines Schneidermeisters, hatte 1883 bis 1886 das Klempnerhandwerk gelernt und von 1891 bis 1893 dem Infanterie-Regiment Nr. 87 angehört. 1896 ließ er sich in Düsseldorf nieder, wo er schnell Anschluss an die Gewerkschaftsbewegung und die SPD bekam. Nachdem er bereits seit 1898 als erster Bevollmächtigter des Deutschen Metallarbeiterverband in Düsseldorf tätig gewesen war, wurde er 1904 fester Angestellter dieser Organisation. Ab 1918 war er Stadtverordneter. Schon bald machte er auch Karriere in der Reichspolitik. Im Januar 1919 wurde Jäker in die Weimarer Nationalversammlung gewählt, in der er bis zum Juni 1920 den Wahlkreis 23 (Düsseldorf) vertrat. Von 1920 bis 1924 vertrat er als direkt gewähl-

75 Wagenführ wurde am 14.8.1933 offiziell in sein Amt „gewählt“ und eingeführt.
76 STA Düsseldorf, 0-1-23-481.0000.

ter Abgeordneter den Wahlkreises 26 (Düsseldorf-West) im Berliner Reichstag.[77] Im März 1924 wurde Jäker schließlich Dezernent und SPD-Beigeordneter der Stadt Düsseldorf.

Anders als bei seinen Amtskollegen gab es bei Jäkers Ausscheiden keine flankierende Pressekampagne, die „Westdeutsche Landeszeitung“ vermeldete am 29. März 1933 lediglich einsilbig: „Düsseldorf, 28. März. Wie wir erfahren, wurde am Montag der der Sozialdemokratischen Partei angehörende Beigeordnete Jäker auf Grund einer allgemeinen Verfügung aus Berlin beurlaubt.“[78] Auch der später aufgesetzte Verwaltungsbericht schwieg zu dieser Personalie. Die Gründe dafür, dass die Nationalsozialisten ihn als SPD-Mitglied und ehemaligen Reichstagsabgeordneten, der noch dazu als Mitglied der Nationalversammlung die den Nationalsozialisten so verhasste Weimarer Reichsverfassung mitbestimmt hatte, weder öffentlich kritisierte noch einer umfassenden Demütigung unterzog, wie es bei Reuter, Haas und Odenkirchen geschehen war, sind nicht zu ermitteln.

Seiner Personalakte[79] ist zu entnehmen, dass er am 26. September 1933 in den einstweiligen Ruhestand versetzt worden war; erst mit Vollendung des 65. Lebensjahres am 22. September 1934 war die Versetzung in den Ruhestand endgültig. Jäker erhielt lediglich 75 Prozent seines Ruhegehaltes. Ende Juli 1936 denunzierte die Gauleitung ihn beim Oberbürgermeister, weil er nicht Mitglied der Nationalsozialistischen Volkswohlfahrt (NSV) werden wollte.

> „Der frühere Beigeordnete der Stadt Düsseldorf, Heinrich Jäker, Lindenstrasse 240, soll nach Mitteilung meines Ortsgruppenleiters Düsseldorf-Flingern von der Stadt Düsseldorf Pension beziehen. Er weigert sich aber hartnäckig, der NS-Volkswohlfahrt beizutreten.“

Trotz des Drucks trat er der NSV nicht bei. Den Rest der NS-Zeit lebte er zurückgezogen. Jäker verstarb am 8. Januar 1949 in der Düsseldorfer Provinzial-Heil- und Pflegeanstalt Grafenberg, wie seine Sterbeurkunde ausweist. Warum er dort war und woran er erkrankt war, ist unbekannt.

77 Wilhelm Matull, Der Freiheit eine Gasse. Geschichte des Düsseldorfer Arbeiterbewegung, Düsseldorf 1980, S. 77; Martin Schumacher, *M. d. R.* Die Reichstagsabgeordneten der Weimarer Republik in der Zeit des Nationalsozialismus, Düsseldorf 1991, S. 308 f.

78 Westdeutsche Landeszeitung vom 29.3.1933.

79 STA Düsseldorf, 0-1-5-17319. Ein amtliches Foto hat sich in der Sammlung des Düsseldorfer Stadtmuseums erhalten (SMD.F 16012).

3. Die nationalsozialistische Verwaltungsspitze nach den „Säuberungen"

Die am 4. April 1933 zu ihrer konstituierenden Sitzung zusammengekommene Stadtverordnetenversammlung tagte an diesem Tag zum ersten und letzten Mal. Das wichtigste Düsseldorfer Gremium der kommunalen Selbstverwaltung wurde de facto aufgelöst und durch einen „Hauptausschuss" mit elf Mitgliedern ersetzt, in dem einige Wochen später nur noch Nationalsozialisten vertreten waren und der die Wünsche des Gauleiters Florian in dessen Rolle als „Staatskommissars für Düsseldorf" willfährig abnickte und ausführte. Mit der neuen Gemeindeverfassung, die am 1. Januar 1934 in Kraft trat, wurden schließlich Stadtvertretung und Hauptausschuss endgültig aufgelöst. An ihre Stelle traten 24 berufene „Stadträte" sowie verschiedene Beiräte, die keinerlei politische Bedeutung besaßen. Der Oberbürgermeister als Leiter der Verwaltung blieb in Düsseldorf bis 1945 eine ebenso blasse wie schwache Figur: Dies ist für Wagenführ, aber auch für ausnahmslos alle Nachfolger – Otto Liederley (1937), Dr. Helmut Otto (1937–1939), Carl Haidn (1939–1945) und Werner Keyßner (1945) – festzuhalten.

Dem nationalsozialistischen Oberbürgermeister Wagenführ standen aus der „alten" Stadtleitung die verbliebenen Beigeordneten Thelemann (Statistik, Standesamt, Kämmerei), laut Peter Hüttenberger „ein tüchtiger und erfahrener städtischer Beamter aus der Kaiserzeit, der im Grunde die gesamte Verwaltung zusammenhielt, denn es zeigte sich bald, daß der neue Oberbürgermeister überfordert war";[80] Prof. Dr. Theodor Herold (Schulamt); Robert Meyer (Bauverwaltung) und Dr. Wilhelm Füllenbach (Rechtsamt) zur Seite. Thelemann war zum Ersten Beigeordneten („Bürgermeister") aufgerückt. Er verstarb im Sommer 1936.[81] Füllenbach wurde im Januar 1937 Kämmerer.[82] Neu hinzugekommen waren 1933 der altgediente Nationalsozialist Horst Ebel, der die unkonventionellen Bezeichnungen „Verwaltungsdezernent" oder „Hilfs-Dezernent" erhielt und dem mit dem Haupt- und Personalamt für die weitere Durchdringung und „Säuberung" der Stadtverwaltung ein ganz entscheidender Bereich unterstand, sowie der Beigeordnete Dr. Alfred Schappacher (NSDAP), der das Wohlfahrtsamt verantwortete und der fortan als nationalsozialistischer „Hardliner" die Pflichtarbeit für Erwerbslose forcierte, Langzeitarbeitslose als „Asoziale" stigmatisierte und

80 Peter Hüttenberger, Düsseldorf. Geschichte von den Anfängen bis ins 20. Jahrhundert, Bd. 3. Die Industrie- und Verwaltungsstadt (20. Jahrhundert), Düsseldorf 1990, S. 471.

81 Bonner Generalanzeiger vom 29.6.1936.

82 Rheinisches Volksblatt vom 12.1.1937.

„Faulenzer" in Konzentrationslager deportieren ließ.[83] Beide, Ebel und Schappacher, wurden am 20. April kommissarisch bestellt.[84] Es gab im Januar 1934 noch einen Nachrücker: Der 30-jährige Hanns Windgassen, der als „Stellvertreter des Staatskommissars für Düsseldorf" und als „Leiter der Gau-Rechtsschutzabteilung" Florian bei der spektakulären Festnahme Lehrs und Odenkirchens begleitet hatte, wurde ebenfalls Dezernent und Beigeordneter der Stadtverwaltung.[85] Als im Sommer 1938 Windgassen als Erster Beigeordneter nach Osnabrück wechselte, schrieb die „Münsterländische Volkszeitung", Windgassen habe, nachdem dieser „vom Gauleiter zu seinem Sachbearbeiter und Stellvertreter bestimmt wurde, [...] in dieser Eigenschaft die in den kommunalen Kreisen Deutschlands bekannt gewordene Bereinigung des Beamtenkörpers der Stadt Düsseldorf durchgeführt".[86] Der 1905 geborene Ebel, der zudem Kulturdezernent und Leiter des Presseamtes wurde, war seit 1924 NSDAP-Mitglied und seit 1929 ehrgeiziger Stadtsekretär mit Aufstiegsambitionen. Ebel war Florians ergebene „rechte Hand" innerhalb der Verwaltung, erstattete dem Gauleiter umgehend Bericht und hatte schon im Frühjahr 1933 bei den hier beschriebenen „Säuberungen" im Verwaltungspersonal eine ganz entscheidende Rolle gespielt. Florian, Ebel und Windgassen waren im schmutzigen kommunalpolitischen Kampf um die Macht im Düsseldorfer Rathaus die eigentlichen Gewinner.

Als regelrecht peinliche Ironie der Geschichte lässt sich das lesen, was nur vier Jahre später mit den neuen „Machthabern" an der Verwaltungsspitze geschah: Oberbürgermeister Wagenführ, der 1933 als „Aufräumer" und Kämpfer gegen die angebliche Korruption angetreten war, geriet in den Strudel der großen Affäre um Stadtsteuerinspektor und SA-Sturmführer Erich Esch und dessen verschwundene Millionenbeträge. Esch und Wagenführ waren, so stellte sich im Laufe der staatsanwaltlichen Ermittlungen im Frühling 1937 heraus, gute Freunde gewesen, der eine hatte den anderen in die Stadtverwaltung geholt und als Leiter des Steueramtes installiert. Nun ermittelte die Kriminalpolizei in Privatwohnungen und Büros, Esch landete für 15 Jahre im Zuchthaus, und Wagenführs Zeit als Oberbürgermeister war vorbei. Wagenführs Strippenzieher und Protegé, Gauleiter Flo-

83 Vgl. zu Schappacher Bastian Fleermann (Hg.), Die Kommissare. Kriminalpolizei in Düsseldorf und im rheinisch-westfälischen Industriegebiet 1920–1950, Düsseldorf 2018, S. 94f. Er war im Herbst 1933 zum besoldeten Beigeordneten bestellt worden, siehe Welt am Sonnabend vom 14.10.1933.

84 Westdeutsche Landeszeitung vom 21.4.1933.

85 Windgassen wurde am 15.1.1934 zum Verwaltungsdezernenten ernannt. Die Dezernenten wurden fortan als „Stadträte" bezeichnet. Vgl. Verwaltungsbericht Düsseldorf 1933–1936 (wie Anm. 18), S. 44.

86 Münsterländische Volkszeitung vom 30.7.1938.

rian, und dessen verlängerter Arm im Rathaus, Ebel, waren stark angeschlagen. Dafür hatte eine mächtige Koalition aus Oberpräsident Josef Terboven, Regierungspräsident Carl C. Schmid, Polizeipräsident Fritz Weitzel und Akteuren aus der Reichskanzlei gesorgt. Für Florian und Ebel sollte der „Esch-Skandel“ eine „bittere Niederlage“ (Peter Hüttenberger) werden.[87] Die vorgeblichen Saubermänner hatten sich in interne Konflikte, Schmiergeldaffären und Kumpanei verklebt.

4. Schlussbemerkungen

Der Ende September 1933 aus der Haft entlassene und schwer kranke frühere Oberbürgermeister Lehr verbrachte den Rest der NS-Zeit als Privatier. Er verkehrte in katholischen und konservativen Zirkeln, die zum Teil als „Kölner Kreis“ Kontaktnetzwerke zum Widerstand knüpften oder direkt opponierten. Hier kamen auch Persönlichkeiten wie Adenauer, Hensel oder Arnold wieder zusammen. Sie alle gehörten 1946 in der Britischen Zone zum Gründungspersonal der CDU und zu wichtigen Akteuren des neuen Landes Nordrhein-Westfalen sowie der späteren Bundesrepublik. Auch Lehr begann 1945/46 ein neues politisches Leben: 1946 bis 1947 war er Landtagspräsident in Düsseldorf, 1948/49 Mitglied des Parlamentarischen Rates sowie ab 1949 Bundestagsabgeordneter. Gekrönt wurde seine zweite Karriere von der Amtszeit als Bundesinnenminister, die er von 1950 bis 1953 absolvierte und in der er als Bekämpfer der frühen Neo-Nationalsozialisten – so etwa mit seinen erbitterten Auseinandersetzungen mit dem Wehrmachtsoffizier Otto Ernst Remer oder mit der rechtsextremen Kleinpartei „Sozialistische Reichspartei“ – markante Impulse setzte.[88]

An die Ereignisse von 1933 dürfte Lehr dabei vermutlich zurückgedacht haben. Auch in unserer Rückschau erscheint es mindestens erstaunlich, sowohl wie

87 Hüttenberger (wie Anm. 81), S. 516–520.

88 Vgl. Brigitte Kaff, Robert Lehr (1883–1956). Bundesinnenminister, in: Günter Buchstab/Brigitte Kaff/Hans-Otto Kleinmann (Hg.), Christliche Demokraten gegen Hitler. Aus Verfolgung und Widerstand zur Union, Freiburg im Breisgau 2004, S. 337–343; Eleonore Sent, Dr. Robert Lehr (20.8.1883–13.10.1956). Düsseldorfer Oberbürgermeister, Oberpräsident der Nord-Rheinprovinz und Bundesinnenminister, in: Düsseldorfer Jahrbuch. Beiträge zur Geschichte des Niederrheins 78 (2008), S. 88–115. Zu Lehrs Aktivitäten als Innenminister siehe Claudia Fröhlich, Der Braunschweiger Remer-Prozess 1952. Zum Umgang mit dem Widerstand gegen den NS-Staat in der frühen Bundesrepublik, in: KZ-Gedenkstätte Neuengamme (Hg.), Schuldig. NS-Verbrechen vor deutschen Gerichten Bremen 2005, S. 17–28; Martin Will, Ephorale Verfassung. Das Parteiverbot der rechtsextremen SRP von 1952, Thomas Dehlers Rosenburg und die Konstituierung der Bundesrepublik Deutschland, Tübingen 2017.

schlicht als auch wie rasch die Verwaltung umgebaut wurde: Es waren keine verfassungsrechtlichen Finessen oder komplexe arbeitsrechtliche Winkelzüge, die hier angewandt wurden. Viel eher sorgte eine rohe Mischung aus öffentlichem Rufmord in den Presseorganen, tätliche Attacken und Misshandlungen und die verbreitete Furcht vor neuen Eskalationen dafür, dass gestandene Verwaltungsleute innerhalb weniger Wochen aus dem Weg geräumt wurden. Das dürfte auch Eindruck auf die im Verwaltungsvorstand verbliebenen Amtsträger gemacht haben: Sie waren es, die nun den Ämterbetrieb der Stadtverwaltung bis 1945 aufrechterhielten – wohlwissend, dass kleinste Anzeichen der Opposition zur sofortigen Ausschaltung hätten führen können.

Christoph Lorke

Strukturwandel auf ostwestfälisch?

Wirtschaftliche Umbrüche, Krisenwahrnehmung und Krisenmanagement in Gütersloh (1970er – 1990er Jahre)

1. Einleitung

Im Mai 1981 wurde die damals sehr beliebte und von Walter Esramy moderierte WDR-Sendung „Mittwoch in …" aus der Gütersloher Stadthalle übertragen. Darin wurde den Fernsehzuschauerinnen und -zuschauern zu Beginn ein Porträt der gastgebenden Stadt präsentiert, in der alle damals – und in Teilen bis heute noch – gängigen Klischees über die ostwestfälische Stadt Verwendung fanden: „Hier wird noch deutlich, wie sich aus einem kleinen Heidedorf langsam eine Stadt entwickelte, in der heute rund 80.000 Menschen leben. Gütersloh wirkt auf den Besucher solide, konservativ und gemütlich." Und weiter: Die Gütersloher seien Menschen, die „auf dem Eise grasen" könnten: „Vielleicht ist deshalb die Stadt abends so leer, die Gütersloher sind eben sparsam." Die Arbeitslosenzahlen waren, fuhr der einführende und kontextualisierende Beitrag fort, vergleichsweise niedrig, ebenso die Pro-Kopf-Verschuldung. Damit waren zwei hervorstechende Merkmale dieser Mittelstadt benannt, die in wirtschaftlichen Krisenzeiten wie zum Zeitpunkt der Ausstrahlung offenbar besonders erwähnenswert schienen. Das kommunal- beziehungsweise verwaltungspolitische Gesicht der Stadt, der parteilose Stadtdirektor Dr. Gerd Wixforth, versuchte sodann, die aus seiner Sicht besondere Herangehensweise seiner Stadt mit den zur Verfügung stehenden finanziellen Mitteln zu erläutern: „Nur ich gehöre nun leider Gottes – oder vielleicht Gott sei Dank – zu den Güterslohern […], die auf dem Eise grasen können. Wir sind in Gütersloh weit genug dabei gekommen mit diesem Grasen auf dem Eise, wir haben noch einige andere Verpflichtungen."[1]

1 Mittwochs in … 20.5.1981, WDR-Archiv, IDs/Produktionsnummer 0115791, Produzentin: Ursula Vossen.

Geschichte im Westen (GiW) 38 (2023), S. 209–235

Die Stadt am Flüsschen Dalke und einzelne städtische Repräsentanten (hier in der Tat ausschließlich Männer), so legen zumindest diese wenigen Auszüge aus jener zeitgenössischen Fernsehsendung samt der hier artikulierten Wachstums- und Erfolgserzählungen nahe, erlebten in jenen Jahren eine wirtschaftliche Blüte. Damit standen diese Entwicklungen ganz im Kontrast zu anderen Regionen und Städten der Bundesrepublik und allen voran Nordrhein-Westfalens, in denen sich teils grundstürzende sozioökonomische Wandlungsprozesse vollzogen. Dass diese Narrative durchaus ihre Berechtigung hatten, zeigt sich im weiteren Entwicklungsverlauf von Stadt und Landkreis Gütersloh. Während das Bundesland Nordrhein-Westfalen im Jahr 1993 eine Industriedichte (gemessen als Beschäftigte im Verarbeitenden Gewerbe pro 1.000 Einwohner) von 104,0 aufwies, lag diese Zahl im Kreis Gütersloh mit 183,4 ungleich höher. Rangierte die Realsteuerkraft im Kreis damals bei 1.315 DM pro Einwohner:in, nahmen sich die Zahlen im Regierungsbezirk Detmold (1.001 DM) und auf Landesebene (793 DM) beinahe bescheiden aus. Ähnliche Abstufungen waren seinerzeit für die Steuereinnahmekraft oder für die Einkünfte je Steuerpflichtigem zu konstatieren.[2] Angesichts dieser Unterschiede scheint es lohnenswert, diesen kursorischen Eindruck empirisch weiter zu verdichten. Indem im Folgenden städtische Entwicklungsmuster, lokalpolitische Problembewältigungs- und Handlungsräume sowie stadtinterne Krisenwahrnehmungen und Krisenreaktionen für die Stadt Gütersloh nachgezeichnet werden, erfolgt eine regionalhistorisch vertiefende Perspektive auf eine Gesellschaftsgeschichte des Wandels „nach dem Boom". Der Beitrag greift damit die Überlegungen von Matthias Frese, Thomas Küster und Malte Thießen auf, die auf mannigfache ambivalente und nicht lineare Verläufe im zeitgeschichtlichem Setting verwiesen haben. Bei der Betrachtung unterschiedlicher „Varianten des Wandels" ab den 1970er Jahren treten die „Unübersichtlichkeit, Komplexität und Offenheit dieser sozialen, politischen und ökonomischen Veränderungsprozesse" umso stärker hervor. Hierdurch erscheint diese Phase als eine „Zeit vielfältiger Übergänge", was wiederum eine „Differenzierung und Präzisierung von Makrobefunden"[3] ermöglichen würde.

2 Rolf Lindemann, Der Kreis Gütersloh – ein dynamischer Wirtschaftsraum, in: Alois Mayr Spieker/Klaus Temlitz (Hg.), Bielefeld und Nordost-Westfalen. Entwicklung, Strukturen und Planung im unteren Weserbergland, Bielefeld 1995, S. 293–300, hier S. 295.

3 Matthias Frese/Thomas Küster/Malte Thießen, Regionen in der Transformation. Warum sich der Blick auf die Varianten des Wandels lohnt, in: dies. (Hg.), Varianten des Wandels. Die Region in der jüngste Zeitgeschichte 1970–2020, Paderborn 2023, S. 4–28, hier S. 7, 14.

Dass es bundes-, europa- und weltweit ganz unterschiedliche regionale Erfahrungsgeschichten gegeben hat und ein Strukturbuch revolutionärer Qualität[4] nicht überall gleichermaßen erfolgte, haben unterschiedliche Arbeiten unlängst aufgezeigt: Dass die 1970er als „Schwellenjahrzehnt“[5] zu interpretieren sind, scheint weitgehend unstrittig, doch mahnen die verschiedenen regionalen und lokalen Abläufe zur Differenzierung. Neben krisenhaften Erscheinungen habe sich mit Konrad J. Jarausch im Zuge zahlreicher Neuerungen ein „verkannter Strukturwandel“[6] eingestellt, wobei teils widersprüchliche Umbrüche nebst allerhand Kontinuitäten zu konstatieren sind. Prozesse der Deindustrialisierung gingen mit Verschiebungen in der Beschäftigtenstruktur, einem technologischen Innovationswandel und einer wachsenden internationalen Verflechtung einher. Hierdurch hätten nationale, regionale und lokale Differenzen in Westeuropa im Untersuchungszeitraum eher zugenommen, weshalb es umso mehr geboten scheint, die von Frese, Küster und Thießen genannte Offenheit und Vielfalt von Entwicklungen ernst zu nehmen.[7] Diese Zeit seit den mittleren 1970er Jahren bis in die beginnenden 1990er Jahre rückt folglich in den Mittelpunkt dieses Artikels, in dem die regional- und vor allem lokalspezifischen Konstellationen von Ressourcen und Akteuren bei der Bewältigung des krisenhaften Strukturwandels im Zentrum stehen. Die Ausgangsüberlegung hierfür lautet, dass eine spezifische Resilienz – also Krisenfestigkeit – die Fähigkeiten zum Lernen und krisenpräven-

4 Anselm Doering-Manteuffel/Lutz Raphael, Nach dem Boom: Perspektiven auf die Zeitgeschichte seit 1970, Göttingen 2008, S. 11.

5 Philipp Sarasin, 1977. Eine kurze Geschichte der Gegenwart, Berlin 2021.

6 Konrad H. Jarausch, Verkannter Strukturwandel. Die siebziger Jahre als Vorgeschichte der Probleme der Gegenwart, in: ders. (Hg.), Das Ende der Zuversicht? Die siebziger Jahre als Geschichte, Göttingen 2008, S. 9–26. Vgl. zu den ambivalenten ökonomischen Folgen auch Werner Plumpe, „Ölkrise“ und wirtschaftlicher Strukturwandel. Die bundesdeutsche Wirtschaft im Zeichen von Normalisierung und Globalisierung während der 1970er Jahre, in: Alexander Gallus/Axel Schildt/Detlef Siegfried (Hg.), Deutsche Zeitgeschichte Transnational, Göttingen 2015, S. 101–123.

7 Siehe zudem Lutz Raphael, Jenseits von Kohle und Stahl. Eine Gesellschaftsgeschichte Westeuropas nach dem Boom, Berlin 2019. Für typische regional abweichende Verläufe vgl. auch Werner Plumpe/André Steiner, Der Mythos von der postindustriellen Welt, Göttingen 2016, hier insbesondere der Aufsatz von Ralf Ahrens, Eine alte Industrie vor neuen Herausforderungen. Aufbrüche und Niedergänge im ost- und westdeutschen Maschinenbau seit den 1960er Jahren, S. 55–119. Siehe zudem Lutz Raphael, Gewinner und Verlierer in den Transformationen industrieller Arbeitswelten Westeuropas nach dem Boom, in: Christian Marx/Morten Reitmayer (Hg.), Gewinner und Verlierer nach dem Boom: Perspektiven auf die westeuropäische Zeitgeschichte, Göttingen 2020, S. 56–81.

tiven Handeln in Gütersloh befördert haben könnte,[8] eine Art „Flexibilität des situativen Krisenverhaltens", das sich anhand lokalspezifischer Akteurskonstellationen nachvollziehen lässt.[9] Dieses Krisenverhalten allerdings kann, so die weitere Hypothese, nur unter bestimmten Voraussetzungen und in gewissen Handlungsspielräumen aktive Anpassungen ermöglichen. Möglichkeitenräume waren, wie im Folgenden zu zeigen sein wird, in der Stadt Gütersloh dank einiger Voraussetzungen besonders groß.

2. Das Beispiel Gütersloh als Abweichung von der Norm? Strukturen und Spezifika

Die Phase zwischen den ausgehenden 1970er Jahren und den 1990er Jahren gilt mit Susanne Hilger gemeinhin als die „entscheidende Phase des Niedergangs der nordrhein-westfälischen Wirtschaft", wenngleich sich dieser Niedergang keineswegs auf „die Wirtschaft", sondern vor allem auf bestimmte Bereiche (Steinkohle, Textil, Stahl) erstreckte.[10] Doch nicht nur branchenspezifisch gilt es zu differenzieren, sondern auch im Hinblick auf die regionale Verortung. Gütersloh liegt im Regierungsbezirk Detmold beziehungsweise Ostwestfalen-Lippe, einem ländlich geprägten Raum mit kleinräumiger Siedlungsstruktur und nur wenigen urbanen Ballungszentren. Nach dem Ende des Zweiten Weltkrieges knüpfte die Region zunächst an die wirtschaftliche erfolgreiche Zeit aus den Jahren vor 1945 an. Der Kreis Wiedenbrück um Gütersloh blieb nach Kriegsende der ökonomisch dominante Part innerhalb der Region. Grund hierfür war unter anderem der hohe Anteil an Facharbeiter:innen an der Industriebeschäftigung, die 1953 bei 17,1 Prozent und damit über den Landesdurchschnitt lag. Die Zahl sollte 1961 noch auf 20,7 Prozent ansteigen, wo sie bis zu den frühen 1970er Jahren verharrte und eine Sonderstellung des Kreises in puncto Wirtschaftsstruktur belegt, die mit einer hoher Diversifikation, mittelständischem Charakter, oft familiengeführte, tradi-

8 Thomas Urban, Die Krisenfestigkeit der Unternehmerfamilie – Haniel, Stumm und der „doppelte" Strukturwandel, in: Zeitschrift für Unternehmensgeschichte 63 (2018), H. 2, S. 185–219.

9 Ingo Köhler/Benjamin W. Schulze, Resilienz. Unternehmenshistorische Dimensionen der Krisenrobustheit am Beispiel deutscher Brauereien in den 1970er Jahren, in: Jahrbuch für Wirtschaftsgeschichte 57 (2016), 2, S. 455–491, S. 489.

10 Susanne Hilger, Kleine Wirtschaftsgeschichte von Nordrhein-Westfalen. Von Musterknaben und Sorgenkindern, Köln 2012, S. 57.

tionelle Unternehmen charakterisiert werden kann.[11] Doch nicht nur im Kreis Wiedenbrück, sondern im gesamten Regierungsbezirk Detmold war zumindest bis in die ausgehenden 1970er Jahre hinein eine Wachstumsdynamik zu konstatieren, begünstigt durch einen Anstieg bei der Nachfrage von Verbrauchsgütern des täglichen Bedarfs, wie Nahrungsmittel, Bekleidung, Druckerei oder in der Holzindustrie.[12]

Galt der Regierungsbezirk in dieser Zeit noch als Region ohne nennenswerte wirtschaftliche Probleme, sollte sich dies alsbald ändern. Bis zu den mittleren 1970er Jahren wurde Ostwestfalen-Lippe von unterschiedlichen Stellen zunächst noch allgemein günstige Lebens- und Arbeitsbedingungen, durchschnittliche Erwerbs- und Verdienstmöglichkeiten, durchschnittliche Infrastruktur und eine überdurchschnittliche Arbeitsmarktsituation attestiert.[13] Außerdem hatte sich der Abstand im Pro-Kopf-Einkommen zum Landesdurchschnitt in den Jahren von 1957 bis 1970 von 21 auf 9 Prozent verringert.[14] Jedoch stellte sich in den frühen 1980er Jahren ein „Umkippen" der Arbeitsmarktsituation im Vergleich zu Land und Bund ein. Lag die Arbeitslosigkeit bis auf das Krisenjahr 1974/75 in den Jahren zuvor im Vergleich meist günstig, zeigte sich dann die starke Konjunkturreagibilität der industriell geprägten Region. Bereits im Jahr 1981 lag die Arbeitslosenquote deutlich über Bundesdurchschnitt, seit 1982 über dem des Landes, wo sie Mitte der 1980er Jahren (Ostwestfalen-Lippe 11,3 Prozent, Nordrhein-Westfalen 11,0 Prozent, Bund 9,3 Prozent Arbeitslosigkeit)[15] zunächst auch konstant hoch bleiben sollte, weshalb der Deutsche Gewerkschaftsbund sogar langwierige Struk-

11 Norbert Dieste, Wirtschaft und kommunale Selbstverwaltung. Zu Bedeutungsallokation industrieller Großbetriebe im politischen Prozess der Stadt Gütersloh (1973–1990), Sinzheim 1996, S. 135.

12 Bernhard Pollmeyer/Jan Priewe/Bernd Vetter, Strukturwandel in der Region Bielefeld – Überlegungen zu einer vorausschauenden Strukturpolitik, Bielefeld 1981, S. 4 f.

13 Bundesminister für Raumordnung, Bauwesen und Städtebau, Raumordnungsprognose 1990, Bonn 1977, S. 41, vgl. bereits Raumordnungsprogramm für die großräumige Entwicklung des Bundesgebietes (Bundesraumordnungsprogramm), Bonn 1975.

14 Rolf Brune, Erfolgreiche Anpassung? Zur wirtschaftlichen Entwicklung der ländlichen Regionen Nordrhein-Westfalens, in: RWI-Mitteilungen 31 (1980), S. 111–134, hier S. 116.

15 Wolfram Elsner/Siegfried Katterle, Strukturwandel und Wirtschaftspolitik in der Region. Eine Untersuchung der Region Ostwestfalen-Lippe, Opladen 1989, S. 7; 15; 31; vgl. Stefan Goch, Strukturwandel und Strukturpolitik in Nordrhein-Westfalen: Vergleichsweise misslungen oder den Umständen entsprechend erfolgreich?, in: ders. (Hg.), Strukturwandel und Strukturpolitik in Nordrhein-Westfalen, Münster 2004, S. 11–53, hier S. 25.

turprobleme prophezeit hatte.[16] Verschiedene Medien sprachen angesichts dieser Zahlen gar von der „größten Krise" Ostwestfalens[17] und richteten ihr Augenmerk bei solchen Einschätzungen allen voran auf Städte wie Detmold, wo das Verhältnis von einer offenen Stelle auf 72 Arbeitslose besonders verheerend war.[18]

Das Auf und Ab konjunktureller Entwicklungen ging aber auch in die andere Richtung: Wiederum kurz darauf folgte ein erneuter Umschwung, ging es Ostwestfalens Wirtschaft bereits im Herbst 1986 doch „so gut wie lange nicht mehr",[19] war die heimische Ökonomie auch im darauffolgenden Jahr „von der Konjunktursonne" verwöhnt.[20] Im Jahr 1991 hatte der Arbeitsamtsbezirk Bielefeld mit 6,0 Prozent nach Solingen (5,9 Prozent) die zweitniedrigste Erwerbslosenquote in ganz Nordrhein-Westfalen aufzuweisen.[21] Diese Entwicklung kontrastierte in jenen Jahren besonders auffällig mit dem Negativtrend auf Landesebene: 1988 wurden über 750.000 Arbeitslose und damit elf Prozent aller Erwerbsfähigen in ganz Nordrhein-Westfalen registriert. Damit lagen die Zahlen um ein Drittel höher als die Bayerns und doppelt so hoch wie in Baden-Württemberg. Knapp zehn Jahre später, 1997, wurde mit zwölf Prozent Erwerbslosenquote ein neuer Höchststand erreicht, 2003 stieg diese Zahl sogar auf 13 Prozent an.[22] Für Ostwestfalen-Lippe, den Kreis und die Stadt Gütersloh allerdings sind fundamental abweichende Entwicklungen festzustellen – und auch in den vergangenen Jahren bestätigt sich jener Trend unter anderem in der Arbeitsmarktstatistik.

Um diese Entwicklungen im Einzelnen noch besser zu verstehen, bietet sich ein näherer Blick auf die Wirtschaftsstruktur und die damit verbundenen sozialen wie mentalen Prägungen in der der Industriestadt Gütersloh an – denn Industrie zeigt sich hier, wie Werner Sombart dargelegt hat, wie auch an anderen Stellen als zentraler stadtbildender Faktor.[23] Gleichwohl liegt die Frage auf der Hand, die der

16 DGB-Landesbezirk Nordrhein-Westfalen, Vorausschauende Strukturpolitik für Ostwestfalen-Lippe, Düsseldorf 1980.
17 Industrie Ostwestfalens in ihrer größten Krise. Rückläufige Auftragseingänge führen zu einer steigenden Arbeitslosigkeit, in: Westfalen-Blatt, 15.10.1982.
18 In NRW nur eine offene Stelle auf 40 Arbeitslose. „Fürchterliche Entwicklung" in Teilen Westfalens, in: Die Glocke, 17.11.1982.
19 Ostwestfalens Wirtschaft geht es so gut wie lange nicht mehr, in: Neue Westfälische, 11.10.1986.
20 Heimische Wirtschaft von Konjunktursonne verwöhnt, in: Westfalen-Blatt, 10.10.1987.
21 Rolf G. Heinze/Helmut Voelzkow/Jose Hilbert, Strukturwandel und Strukturpolitik in Nordrhein-Westfalen. Entwicklungstrends und Forschungsperspektiven, Opladen 1992, S. 23.
22 Hilger, Wirtschaftsgeschichte (wie Anm. 10), S. 61.
23 Clemens Zimmermann, Industriestädte – Krisen, Krisenwahrnehmungen und Entwicklungsalternativen in der zweiten Hälfte des 20. Jahrhunderts, in: Moderne Stadt-

Geograph Rolf Lindemann bereits Mitte der 1980er Jahre stellte, nämlich „warum, wieso und unter welchen Umständen" die Entwicklung der Stadt „so viel rascher verlief als die der Nachbarstädte".[24] Bereits weit vor den 1970er Jahren benannten einzelne Beobachter:innen die aus ihrer Sicht maßgeblichen Gründe für den wirtschaftlichen Erfolg und krisenfeste ökonomische Robustheit. Sie schufen dadurch ein Repertoire an Deutungen, die in erstaunlicher Kontinuität in Teilen bis in die heutige Zeit hinein als Gütersloher „Markenkern" und zeitspezifisches Stadtprofil reproduziert und stabilisiert werden.[25] Bereits zum 100-jährigen Stadtjubiläum 1925 wurde die Gütersloher Entwicklung als aufstrebende, fortschrittliche und unaufhaltsame Erfolgsgeschichte erzählt, wobei in den Reden anlässlich der Feierlichkeiten die Attribute Gottesfurcht und Fleiß dominierten.[26] An diesen Zusammenhang aus Arbeitsethik und Gottglaube konnte sowohl nach 1933 als auch in den Jahren 1945 beinahe nahtlos angeknüpft werden: In einer seiner ersten Reden vor dem Regierungspräsidenten lobte der damalige Bürgermeister Paul Thöne den Aufbauwillen und die Arbeitsfreude der Gütersloher Bevölkerung, allen voran deren „unendliche[n] Fleiß", mit dem diese „monatelang Steine geklopft und Baumaterialien gesammelt haben".[27]

In den folgenden Jahren und Jahrzehnten waren es dann verschiedene Forscher:innen unterschiedlicher Fachrichtungen sowie weitere Beobachter:innen, die ihrerseits die besonderen Erfolgsbedingungen städtischer Wirtschaftsstruktur zu erklären versuchten. Ausgeprägt war dabei die wiederholte Konstruktion eines Zusammenhangs zwischen (vermeintlichen) mentalitäts- beziehungsweise sozialpsychologischen Prägungen und mutmaßlichen Charakteristika der einheimi-

geschichte (2021), H. 1, S. 125–144, hier bezogen u. a. auf Jörn Eiben, Industriestädte und ihre Krisen: Wilhelmshaven und Wolfsburg in den 1970er und 1980er Jahren, Göttingen 2019; vgl. zudem Thomas Schlemmer, Industriemoderne in der Provinz. Die Region Ingolstadt zwischen Neubeginn, Boom und Krise 1945 bis 1975, München 2009.

24 Rolf Lindemann, Sozial- und Wirtschaftsstruktur der Stadt Gütersloh, in: Westfälische Forschungen 35 (1985), S. 27–39, hier S. 30 f.

25 Zu urbanen Profilzeichnungen und der damit einhergehenden klassischen Frage nach Brüchen und Kontinuitäten siehe Adelheid von Saldern, Die Stadt in der Zeitgeschichte. Überlegungen zur neueren Lokalgeschichtsforschung, in: Die Alte Stadt 18 (1991), 2, S. 127–153.

26 Katrin Minner/Heike Vieregge, Politik und Stadtgesellschaft. Bürger zwischen Liberalismus, Erweckung und Königstreue, in: Werner Freitag (Hg.), Geschichte der Stadt Gütersloh, Bielefeld 2001, S. 315–401, hier S. 368–373.

27 Rede des Gütersloher Bürgermeisters Paul Thöne vor dem Regierungspräsidenten des Regierungsbezirks Detmold Heinrich Drake (undat., vermutlich 1947), Stadtarchiv Güterlsoh, D 489.

schen Bevölkerung sowie der ökonomischen Entwicklung. Bereits in der vor der Wirtschafts- und Sozialwissenschaftlichen Fakultät der Universität zu Köln im Jahr 1952 von Wilhelm Eickholz vorgelegten Promotionsschrift hob dieser auf den „charakteristischen Sinn für Gediegenheit und Solidität" des „Westfalen" ab, die sich die Masse der Unternehmerschaft vor Ort „bis auf den heutigen Tag bewahrt" habe. Rastlose Tätigkeit, industrieller Aufstieg, eine langsame, aber stetige Entwicklung, die gezielte Ausbildungsförderung durch die Stadt, enge Verbundenheit und lange Betriebszugehörigkeit der Arbeitenden: Diese Aufzählung wurde vom Verfasser schlussendlich auf die folgende Formel gebracht: „Im Mittelpunkt des Lebens der hiesigen Menschen steht der Wille zur Arbeit. Geformt und gestaltet wird die Gütersloher Wirtschaft von der Arbeit"; hinzu kämen Fleiß und Sparsamkeit der Bevölkerung, ein ausgeglichener Aufbau der Wirtschaft als Grundlage für die vielbesungene Krisenfestigkeit, Wohlstand und Finanzkraft.[28]

Angesichts solcher und weiterer ähnlich lautender Beschreibungen überrascht es kaum, dass der Gewerbefleiß der Bevölkerung vom damaligen Stadtdirektor Hermann Diestelmeier in einem Strukturbericht an den nordrhein-westfälischen Innenminister Josef Hermann Dufhues 1962 besonders betont wurde.[29] Auch die „Mannigfaltigkeit" der Industrie und deren Widerstandskraft wurde von anderen als zentraler Erfolgsgrund für den wirtschaftlichen Erfolg der Stadt akzentuiert,[30] während der als Familien- und Heimatforscher in Erscheinung getretene Erich Pott 1965 wiederum vor allem mentalitätsbedingte beziehungsweise wirtschaftspsychologische Gründe wie Fleiß, Pflichterfüllung, protestantisch-asketische Sparsamkeit oder Bescheidenheit („der zähe mit Genügsamkeit gepaarte Fleiß der Einwohner"; „ruhig, zuverlässig und so selbstverständlich, als wäre es die natürlichste Sache der Welt") als Ursache für die krisenfeste Industrie „der fleißigen Dalkestadt" benannte. Dabei vergaß er aber auch nicht die Unternehmerschaft, „die gemeinsam mit den fleißigen und stets sparsamen Gütersloher Bürgern die Stadt zur heutigen Größe und Bedeutung geführt haben".[31] Betonte Renate Kuletzki in ihrer Staatsexamensarbeit 1973 die Rolle der vornehmlich

28 Wilhelm Eickholz, Die industrielle Entwicklung von Gütersloh, Diss. Köln 1952, S. 9, 15.

29 Hermann Diestelmeier (Stadtdirektor Güterslohs), Strukturbericht über Gütersloh am 24.4.1962, Stadtarchiv Gütersloh, ZAS 11.

30 Johannes Blotenberg, Gesunde Vielfalt in Industrie und Handel, Gütersloh 1965, S. 180.

31 Erich Pott, Können die Gütersloher auf dem Eise grasen?, in: Gütersloher Beiträge (1965), H. 1, S. 2–8, hier S. 3f.

familiengeführten Unternehmen als das „Geheimnis für [...] Krisenfestigkeit",[32] hatte sie dabei allen voran die Firma Bertelsmann im Visier. Im Gegensatz dazu unterstrich Bürgermeister Heinz Kollmeyer (CDU) zum 150-jährigen Jahrestag der Stadtwerdung wiederum vor allem den Fleiß der Bevölkerung.[33] Das städtische Presseamt, das wenige Jahre später den „Fuhrmann" als Werbe- und Symbolfigur Güterslohs ins Leben rief, hob weitere Tugenden hervor: Indem sie Beharrlichkeit, Fleiß und Tüchtigkeit als Gründe für Güterslohs Wohlstand anführten, griffen sie auf gängige Narrative zurück.

Diese Einstellung kam auch zur 800-Jahr-Feier der urkundlichen Erwähnung im Jahr 1984 zum Ausdruck, als abermals auf Bewährtes bei der Kategorisierung gebaut wurde: Gütersloher:innen, die „auf dem Eise" zu grasen vermögen oder die Umschreibung als „Nazareth, die Stadt auf dem Berge", um die vermeintliche Genügsamkeit, Zähigkeit und Frömmigkeit zu betonen, dominierten die Selbst- und Fremdzuschreibungen damals in der Öffentlichkeit.[34] Das starke konfessionelle Bekenntnis der Bevölkerung und die Wirtschafts- und Arbeitsethik wird auch in jüngeren Studien angeführt, etwa als die „signifikantesten Charakteristika der Stadtgeschichte im 19. und 20. Jahrhundert".[35] Damit wird auch hier das Narrativ des anscheinend strukturprägenden „Gütersloher Geistes" aufgegriffen. Folglich wird die Reihung wirkmächtiger Imaginierungen der Stadt, die um noch zahlreiche weitere Beispiele erweitert werden könnte und eine erstaunliche Prägekraft aufwiesen, bis in die Gegenwart fortgesetzt.

Doch wie gestaltete sich die sozioökonomische Entwicklung Güterslohs jenseits jener zeitgenössischen und nachhallenden Selbst-Imaginierungen, Einordnungen und Zuschreibungen? In der Tat lässt sich für die Stadt eine zwar langsame, aber stetige, organische Industrialisierung feststellen, woraufhin sich eine konjunkturresistente und diversifizierte Branchenstruktur mit den vier Hauptsäulen Holz, Metall, Nahrung und Textil herausbildete. Bereits nach dem Ersten Weltkrieg, in dessen Folge anderswo Inflation und Wirtschaftskrisen herrschten,

32 Renate Kuletzki, Bertelsmann und Gütersloh – eine Untersuchung über die Einflüsse des Konzerns auf die Stadt und ihre wirtschaftsgeographische Situation. Schriftliche Arbeit für die Erste Staatsprüfung für das Lehramt an Grund- und Hauptschulen, Geographisches Seminar der Pädagogischen Hochschule Westfalen-Lippe, Abt. Bielefeld, 1973, Stadtarchiv Paderborn S 2/969, S. 64.

33 Vom Dorf Nazareth zur Kreisstadt. Der Fleiß der Bürger brachte den Aufstieg, in: Die Glocke, 27.9.1975; Bürgerfleiß und Sparsamkeit haben Aufstieg der Stadt Gütersloh gesichert. Von „Nazareth" zur Kreisstadt / Einigkeit: Hier läßt es sich leben!, in: Neue Westfälische, 29.9.1975.

34 Lindemann, Sozial- und Wirtschaftsstruktur (wie Anm. 27), S. 30 f.

35 Dieste, Wirtschaft (wie Anm. 12), S. 143.

ging es der Stadt überdurchschnittlich gut, ja war die Entwicklung im Vergleich „manchmal geradezu antizyklisch".[36] Das dynamische Wachstum verdankte die Stadt nicht zuletzt der verkehrsgünstigen Lage an der Köln-Mindener Bahnstrecke, was den Zuzug von weiteren Firmen – Miele verlegte im Jahr 1907 den Sitz von Herzebrock nach Gütersloh – sowie Transport- und Handelsmöglichkeiten ungemein beförderte. Trotz großflächiger Zerstörungen infolge der Bombardierungen im Zweiten Weltkrieg – Gütersloh wies nach Bielefeld und Paderborn den dritthöchsten Schadensgrad im Regierungsbezirk auf – stellte sich eine rasche wirtschaftliche Erholung der Stadt ein, die sich unter anderem in der Zahl an Firmen und Arbeitsplätzen manifestierte. Die Zahl ansässiger Firmen steigerte sich kontinuierlich von 231 (im Jahr 1938) auf 342 (1948), 542 (1958) und 645 (1969); mehrheitlich waren diese Groß- und Einzelhandelsfirmen (337), Industriefirmen (165) sowie Handwerkerbetriebe (42).[37]

Für die Firma Miele mit ihrem hochinternationalisierten Vertriebsnetzwerk arbeiteten in den 1950er Jahren bereits 2.000 Beschäftigte. Wirus, die damals größte Sperrholzfabrik der Bundesrepublik, zählte über 1.000 Arbeiter:innen, während das Textilunternehmen Vossen seine Beschäftigtenzahlen innerhalb von einem Jahrzehnt nach Kriegsende von 40 auf 1.500 steigern konnte. Auch für das Verlagshaus Bertelsmann waren Anfang der 1950er Jahre mehr als 1.000 Männer und Frauen tätig. Abgesehen von diesen Quantitäten war nicht zuletzt die Art von Arbeitsplätzen durchaus bemerkenswert, waren doch etwa bei Miele, Vossen und Bertelsmann größere Betriebsabteilungen für Forschung und Entwicklung in der Stadt selbst lagen, wodurch zahlreiche Arbeitsplätze auch für Fachkräfte und Akademiker:innen geschaffen wurden.[38] Arbeitslosigkeit jedenfalls spielte in der Stadt bereits Ende der 1948er Jahre praktisch keine nennenswerte Rolle mehr, im Gegenteil begann man Anfang der 1960er Jahre mit dem Anwerben ausländischer Arbeitskräfte. So wuchs die Stadt sukzessive: Zählte die Stadt zum Kriegsende gut 35.000 Einwohner:innen, waren es 15 Jahre später bereits 18.000 mehr. Die Beschäftigtenzahlen lagen mit 60.000 im Jahr 1960 nochmals deutlich höher, während die Zahl von 177 Arbeitslosen als Quantité négligeable zu bezeichnen ist. Bereits im Jahr 1949 wurden in Gütersloh die höchsten Gewerbesteuerbeiträge pro Kopf im gesamten Bundesland vermerkt – und bei der Gesamtsteuerkraft wurde Gütersloh nur von Neuss und Herford übertroffen. Dank Gütersloh lag der Kreis Wiedenbrück bei der Gewerbesteuerkraft mit 26,90 DM je Kopf der Bevölkerung vor Düsseldorf-Mettmann (24,6) auf Platz eins, bei der Gesamtsteuerkraft

36 Dieste, Wirtschaft (wie Anm. 11), S. 149.
37 Kuletzki, Bertelsmann (wie Anm. 34), S. 60.
38 Lindemann, Sozial- und Wirtschaftsstruktur (wie Anm. 27), S. 32.

auf Rang drei. Zwei Jahre später lag Gütersloh bei der Wirtschaftsleistung je Bürger:in unter 37 kreisfreien Städten auf Rang sechs; und auch bei anderen Parametern rangierte die Stadt im obersten Quintil oder Dezil.[39]

Diese Entwicklungen und der damit verbundene Zugewinn städtischen Stolzes legitimierte nicht nur die oben eingeführten städtischen Selbstbeschreibungsformeln im Sinne einer selbsterfüllenden Prophezeiung. Hieraus entwickelte sich auch ein gravierendes Spannungsverhältnis zwischen Stadt und Kreis. Dieses mündete in einen Auskreisungsantrag im Jahr 1953, der die Reihe von Bemühungen seit 1870 fortführte, Kreisstadt zu werden. Die Stadt sei, folgerte eine damalige Einschätzung, schlichtweg aus dem Landkreis „hinausgewachsen bezw. von ihm abgesondert", eine „Einzwängung der Stadt" wäre auf Dauer „nicht haltbar", weshalb die Auskreisung in dieser zeitgenössischen Studie „als einzige Lösung der kulturellen, verwaltungsmäßigen und wirtschaftlichen Gegebenheiten" angesehen wurde. Begründet wurde dieses Vorhaben von Stadtdirektor Diestelmeier mit dem immensen Einwohner:innenzuwachs und darüber hinaus mit den enormen Pendler:innenströmen (die damals auf 10.500 beziffert wurden), der Tatsache, dass die Stadt „Sitz führender und zum Teil weltbekannter Unternehmen"[40] war und sich durch die Vielfalt der Industrien eine besondere Krisenfestigkeit ergeben hatte. Weil die Finanzkraft weit über den Durchschnitt der kreisangehörigen wie auch der kreisfreien Städte des Landes lag, würde ein Verbleiben im Landkreis Wiedenbrück die wirtschaftliche Entwicklung Güterslohs hemmen, folgerte der Antrag, der jedoch letztendlich von der Landesregierung abgelehnt wurde.[41]

Mit der Ablehnung war der Wunsch allerdings nicht ad acta gelegt. Vielmehr erfolgte die Auskreisung gut anderthalb Jahrzehnte später im Jahr 1970 durch das „Bielefeld-Gesetz", denn Gütersloh war auch in den darauffolgenden Jahren weiter gewachsen. Mit den Eingemeindungen wuchs die Stadt gewissermaßen über Nacht um etwa 20.000 Einwohner:innen. Gerade die Zeit seit den frühen 1970er

39 Friedrich Adolf Heydenreich, Das Auskreisungsproblem in Nordrhein-Westfalen. Seine Entwicklung, Bedeutung und Lösung. Eine vergleichende Analyse der historischen und bevölkerungsmäßigen, ökonomischen und finanziellen Strukturelemente der Landkreise sowie der kreisfreien und kreisangehörigen Städte des Landes, Gütersloh 1952, S. 67 f.; vgl. Dieste, Wirtschaft (wie Anm. 11), S. 173; sowie die einzelnen Jahrgänge der Statistischen Jahrbücher der Stadt.

40 Heydenreich, Auskreisungsproblem (wie Anm. 39), S. 121, 131 f.

41 Stadt Gütersloh/Der Stadtdirektor, Amtliche und parlamentarische Begründung zum Gesetz über die Ausgliederung der Stadt Leverkusen aus dem Rhein-Wupper-Kreis im Vergleich zu dem Antrage der Stadt Gütersloh auf Ausgliederung aus dem Kreis Wiedenbrück, 23.3.1955, Stadtarchiv Gütersloh, D 602. Die Hintergründe können an dieser Stelle nicht näher erläutert werden.

bis zu den beginnenden 1990er Jahren, um die es hier in erster Linie gehen soll, war zudem von stetem wirtschaftlichen Wachstum begleitet. Die Steuern und Zuweisungen verdoppelten sich von 68,4 Millionen DM 1973 über 100,5 Mio. DM 1983 auf 134 Mio. DM 1990. Für dieselben Jahre erhöhten sich die Grundsteuer (3,3 Milliarden DM, 8,8 Milliarden DM, 11,5 Milliarden DM) sowie die Gewerbesteuern (31,2 Milliarden DM, 41,0 Milliarden DM, 51,0 Milliarden DM) in erheblichem Umfang.[42] Bezogen auf das verfügbare Durchschnittseinkommen erlebte auch der Kreis Gütersloh einen Aufschwung: 1975 10.000 Mark verfügbares Einkommen je Einwohner:in entsprachen 94 Prozent des Landes- und 92 Prozent des Bundesdurchschnitts; 1980 lag das Bruttoerwerbseinkommen je Einwohner:in bei 17.584 DM, was 99,8 Prozent des Landes- und 96,0 Prozent des Bundesdurchschnitts bedeutete; 1985 war dieser Anteil mit 24.025 DM bereits auf 107,3 Prozent des Landes- und 107,5 Prozent des Bundeswertes gestiegen, wiederum fünf Jahre später mit 30.257 DM noch einmal auf 108,5 Prozent des Landeswertes gestiegen (106,1 Prozent des Bundeswertes). Im Jahr 1995 – die Zahlen sind wegen der Wiedervereinigung, Gebietsreformen, der Währungsreform und Änderungen in der Rechenmethodik nicht uneingeschränkt miteinander vergleichbar – bedeutete ein Durchschnittseinkommen von 31.980 DM immerhin 107,8 Prozent des Landes- und 114,5 Prozent des Bundesdurchschnitts.[43]

Auf dem örtlichen und regionalen Arbeitsmarkt ist diese dynamische Entwicklung ebenso zu beobachten, wie die oben angeführten Zahlen bereits nahegelegt haben. Die bundesweit und auch in Ostwestfalen-Lippe beziehungsweise im Kreis Gütersloh festzustellenden teils massiven und Strukturwandel bedingten Beschäftigtenverluste in den Bereichen Holz und Textil[44] konnten durch Zuwächse bei Maschinenbau, Elektrotechnik oder im Dienstleistungssektor aufgefangen werden.[45] Anfang der 1990er Jahre wies Gütersloh die geringste Erwerbslosen-

42 Dieste, Wirtschaft (wie Anm. 11), S. 499 f.

43 Die Zahlen entstammen den einzelnen Ausgaben der Statistischen Berichte des Landesamtes für Datenverarbeitung und Statistik Nordrhein-Westfalen.

44 Vgl. neben Elsner/Katterle, Strukturwandel zum Bedeutungsverlust und Strukturanpassungsdruck (wie Anm. 15) auch Günter Steinau, Strukturwandel und Konjunktur in der Textilindustrie 1960–1978, Opladen 1981; sowie Karl Ditt, „Passive Sanierung". Der Niedergang der bundesdeutschen Textilindustrie und die Reaktionen von Staat und Unternehmern am Beispiel von Bayern, Baden-Württemberg und Nordrhein-Westfalen, in: Stefan Grüner/Sabine Mecking (Hg.), Wirtschaftsräume und Lebenschancen: Wahrnehmung und Steuerung von sozialökonomischem Wandel in Deutschland 1945–2000, Berlin/Boston 2017, S. 133–147.

45 Siehe Ralf Ahrens/André Steiner, Wirtschaftskrisen, Strukturwandel und internationale Verflechtung, in: Frank Bösch (Hg.), Geteilte Geschichte. Ost- und Westdeutschland 1970–2000, Göttingen 2015, S. 79–115, hier S. 97.

quote im gesamten Bundesland sowie einen fast doppelt so raschen Beschäftigtenzuwachs auf. Damals fand jede:r dritte Gütersloher:in einen Arbeitsplatz bei den Unternehmen Bertelsmann und Miele.[46] Dieser Umstand und die Bedeutung der beiden entscheidenden Wachstumsträger prägten die Modi von Krisenwahrnehmung und schufen spürbare Folgen in Form von Abhängigkeiten, die im Folgenden genauer beleuchtet werden. Zunächst werden hierfür die beiden Unternehmen in gebotener Kürze vorgestellt, ehe die politisch-wirtschaftlichen Beziehungen nach Krisenperzeptionen und Handlungsräumen befragt werden.

3. Kommunale Akteurskonstellationen, Krisenwahrnehmungen und Handlungspotentiale

Der 1835 gegründete Verlag Bertelsmann erlebte nach dem Ende des Zweiten Weltkrieges einen steilen Anstieg der Mitarbeiterzahlen. In den 60 Jahren zwischen 1950 und 2010 erhöhte sich deren Zahl von 400 auf über 100.000, wobei zwei Drittel hiervon außerhalb Deutschlands gezählt wurden. Allein unter der Ägide Reinhard Mohns[47] verhundertfachte sich die Zahl der Arbeitnehmer:innen von 300 (1947) auf 30.000 (1981). Im Geschäftsjahr 1990/91 waren von den 45.110 Mitarbeiter:innen weltweit 9.800 am Standort Gütersloh beschäftigt. Meilensteine der Verlagsgeschichte nach dem Ende des Zweiten Weltkrieges waren die Etablierung des Leserings 1950 sowie des Schallplattenrings acht Jahre später. Im Zuge des sättigungsbedingten Abflauens des bundesdeutschen Marktes führte die zunehmende Internationalisierung (Westeuropa, Lateinamerika, USA usw.) zu weiterem Wachstum. Lag der Umsatz 1972/73 bei 953 Millionen Mark, wuchs dieser zehn Jahre später auf 6,2 Milliarden und erreichte 1990/91 knapp 14,5 Milliarden DM.[48]

Auch nach seinem Ausscheiden im Jahr 1981 aus dem Amt des Vorstandsvorsitzenden der Bertelsmann AG blieb Reinhard Mohn in strategische und unternehmenspolitische Entscheidungsprozesse über seinen Posten im Aufsichtsrat involviert. Mohn personifizierte die Identifizierung des Familienunternehmens

46 Dieste, Wirtschaft (wie Anm. 11), S. 198, 211.

47 An dieser Stelle ist nicht der Ort für ausführliche Darlegungen zur Biographie Reinhard Mohns, vgl. hierfür Joachim Scholtyseck, Reinhard Mohn. Ein Jahrhundertunternehmer, Bertelsmann, München 2021, Hartmut Berghoff, Vom Gütersloher Kleinverlag zum globalen Medien- und Dienstleistungskonzern: Grundzüge der Unternehmensgeschichte des Hauses Bertelsmann 1835 bis 2010, in: Bertelsmann AG (Hg.), 175 Jahre Bertelsmann: eine Zukunftsgeschichte, Gütersloh 2010, S. 6–83.

48 Dieste, Wirtschaft (wie Anm. 11), S. 494.

mit der Stadt wie kaum ein anderer.[49] Die stets öffentlichkeitswirksame Materialisierung unternehmerischer Einflüsse im Kultur- und Bildungsleben der Stadt sowie im Stadtbild selbst – zu nennen wären das 1983 eröffnete Parkhotel, die 1984 eingeweihte Stadtbibliothek oder die im selben Jahr ins Leben gerufene Mediothek des Evangelisch Stiftischen Gymnasiums – spiegelt die Omnipotenz des Medienkonzerns und der 1977 gegründeten Bertelsmann Stiftung beispielhaft wieder. Dieser Einfluss schlug sich des Weiteren in anderen Projekten im Untersuchungszeitraum nieder, wie der Anfertigung einer Studie zur Integration Nichtdeutscher, die Etablierung zweier „Leseclubs" oder einer anvisierten Umgestaltung bürokratischer Prozesse nach dem Vorbild betriebswirtschaftlicher Steuerungsformen („Grundlagen einer leistungsfähigen Kommunalverwaltung"). Somit fungierte die Stadt Gütersloh in Zeiten der Krise öffentlicher Haushalte und gewandelter Anforderungen an Verwaltungen[50] im Sinne einer Public Private Partnership beizeiten als eine Art „Laboratorium" unterschiedlicher gesellschaftlicher Reformprojekte, die mit Schlagworten wie Fortschritt, Effizienz und Modernität weit über die Gütersloher Stadtgrenzen hinaus ausstrahlen sollten.[51]

Der Haushaltsgerätehersteller im Premium-Segment Miele erlebte just in jenen Jahren, als auch für Bertelsmann ein enormes Wachstum zu konstatieren war, ähnlich erfolgreiche Jahre. Der Personalbestand umfasste im Jahr 1972 erstmals mehr als 10.000 Mitarbeiter:innen und hatte sich demnach innerhalb von nur zwei Jahrzehnten verdreifacht. 1990 wurden knapp 15.000 Beschäftigte gezählt, während der Umsatz in diesem Jahr bei etwa 3 Milliarden DM lag; 1973 betrug dieser noch 865 Millionen DM.[52] In jenen Jahren begann just auch der Sprung nach Übersee, wurden Verkaufsgesellschaften unter anderem in Australien, Südafrika, den USA, Kanada und Japan eingerichtet; ein neu erschlossenes Absatzgebiet nach der deutschen Einheit sorgte für einen weiteren Schub bei den Verkaufszahlen.[53] Spezifisch für das Unternehmen sind neben der Produktqualität

49 Hartmut Berghoff, Blending Personal and Managerial Capitalism: Bertelsmann's Rise from Medium-Sized Publisher to Global Media Corporation and Service Provider, 1950–2010, in: Business History 55 (2013), H. 6, S. 855–874.

50 Vgl. Gerd Ambrosius, Public Private Partnership, in: Matthias Frese/Burkhard Zeppenfeld, Kommunen und Unternehmen im 20. Jahrhundert. Wechselwirkungen zwischen öffentlicher und privater Wirtschaft, Essen 2000, S. 99–214.

51 Vgl. Christoph Lorke, Verbindungen, Verflechtungen und Verwicklungen: Kommunale Verwaltung und Unternehmensführung in Gütersloh seit den 1970er Jahren, in: Westfalen/Lippe historisch, https://hiko.hypotheses.org/2955 (07.09.2023) sowie Dieste, Wirtschaft (wie Anm. 11), S. 356.

52 Dieste, Wirtschaft (wie Anm. 11), S. 495.

53 Miele & Cie. (Hg.), 1899–1999: 100 Jahre Miele im Spiegel der Zeit, Gütersloh 1999, S. 204, 243.

die enge Mitarbeiter:innenbindung, umfassende betriebliche Sozialleistungen sowie eine hohe personalpolitische Kontinuität. Ob angesichts des Bekanntheitsgrades der Firma über Miele noch von einem „Hidden Champion" gesprochen werden kann, ließe sich diskutieren;[54] im Gegensatz zu Bertelsmann aber kann zweifellos von einer ungleich weniger ausgeprägten Sichtbarkeit gesprochen werden – zumindest über die Gütersloher Stadtgrenzen hinaus. Dazu passt, dass sich die 1974 ins Leben gerufene Miele-Stiftung ausschließlich für wohltätige Zwecke vor Ort, vor allem im Erziehungs- und Bildungswesen und im kulturellen Bereich, einsetzt.

Für Miele und Bertelsmann ist der unternehmerische Einfluss auf die städtische Entwicklung kaum zu unterschätzen. Auffällig sind die engen Beziehungen zwischen Stadt- und Unternehmensführungen, wobei – das belegt das Wirken des Stadtdirektors Wixforth[55] – eine frappierende Personalisierung der Beziehungen zwischen Stadt und lokaler Wirtschaft zu beobachten ist. Diese korrespondierten mit einer verbreiteten Akzeptanzhaltung dieser existierenden Abhängigkeit im Rat. Die hohe Stabilität im politisch-administrativen System und die engen Verflechtungen und Berührungen zwischen der wirtschaftlichen Führung und der Kommunalpolitik, allen voran dem bereits erwähnten, in Gütersloh geborenen Stadtdirektor Gerd Wixforth, der dieses Amt beinahe drei Jahrzehnten und bis zum Ende der 1990er ausübte, lassen sich aber durchaus anhand langjähriger Kommunikationsstrukturen nachweisen.[56] Dieses Beziehungsgeflecht beförderte eine tendenzielle Parallelisierung und einen Gleichklang städtischer und ökonomischer Interessen, die auf konsensorientierter Affirmation, vorausschauender Konfliktvermeidung und Harmonieorienterung fußten.

Die gemeinsame Konsensorientierung, wozu die Sicherung von Arbeitsplätzen und der Erhalt von Wohlstand gehörten, bekräftigte dann auch eine spezifisch Gütersloher Art des Wahrnehmens oder Antizipierens von krisenhaften Entwick-

54 Wolfgang Pott (Hg.), Heimliche Weltmeister in Nordrhein-Westfalen. 74 Unternehmen und ihr Weg an die Weltspitze, Essen 2006; siehe daneben auch Susanne Hilger, Strukturkonservativ und globalisierungsuntauglich? Mittelständische Unternehmen in Baden-Württemberg, Bayern und Nordrhein-Westfalen im interregionalen Vergleich, in: Grüner/Mecking, Wirtschaftsräume (wie Anm. 45), S. 305–319; siehe zu Fragen der Globalisierung in landesspezifischer Perspektivierung zeitgenössisch Manfred Zachial/Jürgen Galonska/Hans-Heinz Kreuter u. a., Die nordrheinwestfälische Wirtschaft im weltwirtschaftlichen Strukturwandel. Strukturanalyse und Anpassungserfordernisse, Opladen 1979.

55 Siehe dazu ausführlicher Lorke, Verbindungen (wie Anm. 52).

56 Dieste, Wirtschaft (wie Anm. 11), S. 251; 262. Für weitere biographische Hintergründe, etwa zur Rolle des Vaters, der langjährige Kämmerer der Stadt, siehe Lorke, Verbindungen (wie Anm. 52).

lungen und daraus folgenden Handlungen.[57] Diese spiegeln allesamt einen anderen Modus im Beobachten des krisenhaften Strukturwandels, wie er sich anderswo abspielte. Dieser Umstand soll nun anhand einiger Beispiele vertieft werden. Diese belegen Krisenkommunikation und die Auslotung von Handlungsoptionen, wobei die Rückgriffe auf die Kontinuität städtischer Selbstbeschreibungen besonders auffällig sind. Im Jahr 1974, um ein erstes Beispiel anzuführen, wurde im Rathaus als Rückblick auf ein Vierteljahrhundert nicht nur der Umstand hervorgehoben, die Stadt sei dank der krisenfesten, vielseitigen Wirtschaft besonders gut durch die Rezession 1966/67 sowie die vergangenen Monate – gemeint war die beginnende „Ölkrise" – gekommen. Zugleich wurde auf die wesentliche Zukunftsaufgabe städtischen Handelns verwiesen, nämlich die unbedingte Förderung der Wirtschaft, etwa durch „grundstücksmäßige Expansion".[58] In einer Stadt, die Ende der 1970er praktisch schuldenfrei war, waren der konkurrenzlos niedrige Gewerbesteuerhebesatz (1973–1979 240, 1980–1982 268, 1983–1987 320, danach 340 v. H.), der zu den zehn niedrigsten bundesweit gehörte, sowie die deutlich unterdurchschnittlichen Personalausgaben[59] immer wieder angeführte Argumente für den Standort Gütersloh, um Effizienz, Solidität und Sparsamkeit und somit kommunalpolitische Verlässlichkeit und Planungssicherheit gegenüber der Unternehmerseite zu signalisieren. Betrug die Pro-Kopf-Verschuldung in Nordrhein-Westfalen im Jahr 1977 806 DM je Einwohner:in, lag sie in Gütersloh bei gerade einmal 204 DM je Einwohner:in. Zehn Jahre später war diese zwar auf gut 450 DM je Einwohner:in angestiegen, doch nahm sich das im Vergleich zum Landesschnitt (1.243 DM) immer noch deutlich geringer aus.[60] Gleichwohl machte sich in den frühen 1980er Jahren eine spürbare Krisenstimmung im Rathaus breit, die von bundes- beziehungsweise landesweiten Diskussionen nach Gütersloh ausstrahlte.[61]

57 Siehe dazu das zeitgenössische Porträt und die entsprechenden Aussagen von Wixforth oder dem ersten Beigeordneten Bernhard Cordes, der dieses Amt seit 1970 ausfüllte, in: Ostwestfälische Wirtschaft 8 (1984). Vgl. rückblickend auch die Einordnung und die Hinweise auf „einvernehmliche Problemlösungen" im kommunalpolitischen Kontext bei Hans Hilbk, 25 Jahre Gebietsreform in Gütersloh. Aspekte und Perspektiven, Gütersloh 1995, S. 16.

58 Gütersloh – Entwicklung in einem Vierteljahrhundert (1949–1974), 1974, Stadtarchiv Gütersloh, E 7975. Der genaue Urheber wird nicht benannt, es deutet jedoch einiges auf den Stadtdirektor Gerd Wixforth hin.

59 Dieste, Wirtschaft (wie Anm. 11), S. 217, 499.

60 Schulden-Zeitreihe, jahresweise, Nordrhein-Westfalen (IT.NRW), Statistisches Landesamt. Ich danke Richard Bündgens für die Erstellung der Übersicht.

61 Siehe nur Städtetag Nordrhein-Westfalen 1984, Die Städte im Strukturwandel unseres Landes, Köln 1984 sowie bereits ein Jahr zuvor Arbeitsgemeinschaft für Rationalisie-

Als die Einschnitte bei der Gewerbesteuer und der Sozialhilfe zu einer ungeahnten Veränderung der städtischen Finanzlage führte, breiteten sich Unsicherheit und Unbehagen unter den städtischen Vertreter:innen aus. Abzulesen ist das beispielsweise bei Richtfest für ein neues Bertelsmann-Rechenzentrum im November 1980. Darin betonte der damalige Bürgermeister Adolf Gräwe (CDU) den Rang der Firma für das Wirtschaftsleben der Stadt, erinnerte an die Industrie und Gewerbestruktur („um die uns viele beneiden") und an die Rolle des Konzerns als „kräftiger Steuerzahler". Zwar seien die Arbeitsplätze in Gütersloh in der Vergangenheit äußerst krisenfest gewesen, doch sähen die Vorhersagen nicht gut aus, die „Wolken am Konjunkturhimmel" würden den „Mut und Unternehmungsgeist" der Gütersloher herausfordern.[62] Noch deutlicher vorgetragen wurden diese Bedenken und die daraus abgeleitete Handlungsaufforderungen angesichts wirtschaftlicher Entwicklungen im Rahmen der Verleihung der Ehrenbürgerrechte an Reinhard Mohn im Mai 1981 – und somit auf dem Höhepunkt der „zweiten Ölkrise". Mohns Werk und Leistung hätten, so führte wiederum Gräwe in seiner Rede an, „maßgeblichen Anteil daran, daß sich die Stadt Gütersloh in der Nachkriegszeit zu ihrer heutigen Größe und Bedeutung entwickeln konnte". Noch expliziter wurde die Relevanz des Medienunternehmens für das städtische Wohl im nächsten Abschnitt konturiert: „Die wirtschaftliche Stärke Güterslohs, der vergleichsweise überdurchschnittliche Wohlstand dieser Stadt und ihrer Bürger, hängen in erheblichem Maße mit der Entwicklung des Hauses Bertelsmann zusammen." Die seinerzeit 5.000 Arbeitsplätze allein in Gütersloh und das Wirken des Unternehmens habe sich im „Konjunktur-Auf und -Ab als sehr krisenfest erwiesen", Mohn und Bertelsmann hätten an dieser „guten Gesamtentwicklung für Stadt und Unternehmen einen bestimmenden Anteil" und dafür, dass der Konzern trotz Verlagerung einzelner Bereiche weiterhin am Standort Gütersloh festhalten wolle, sei „sehr zu danken". Den Dankesworten folgten Ausführungen hinsichtlich der Zukunft: „Es ist unser Wunsch und unsere Hoffnung, daß die guten Beziehungen, wie sie zwischen Ihnen und uns in den vergangenen Jahren entstanden sind, auch künftig bestehen bleiben werden."[63]

Neben der Beziehungs- sollte sich die hier implizit benannte Standortfrage als wiederkehrendes Motiv von Verlautbarungen durch städtische oder unternehmerischer Vertreter:innen herausstellen, denn dies war eine Frage, die regelmäßig aufkam, von städtischer Seite sorgenvoll beäugt und ebenso regelmäßig von

rung des Landes Nordrhein-Westfalen/Hans Schwier u. a. (Hg.), Strukturwandel und Strukturprobleme in Nordrhein-Westfalen, Dortmund 1983.

62 Rede Adolf Gräwe, 11.11.1980, Stadtarchiv Gütersloh, E 7971.

63 Ebd.

Unternehmensseite zurückgewiesen wurde. Ob diese „permanente Aktualisierung des Abwanderungsgedankens“ als funktionales Instrumentarium zu einer „Institutionalisierung der Angst“[64] bei der Stadtverwaltung Güterslohs geführt haben mag, wie der Politikwissenschaftler Norbert Dieste interpretiert, wäre Gegenstand einer gesonderten Betrachtung. Die Artikulation jener konjunkturellen Abhängigkeit beziehungsweise die Zusicherung der Standorttreue jedenfalls taucht zu unterschiedlichen Zeiten unterschiedlich implizit auf. Im Februar 1986 differenzierte der damalige Vorstandsvorsitzende der Bertelsmann AG Mark Wössner in einer Pressemitteilung, die bezeichnenderweise mit „Wir fühlen uns wohl in Gütersloh“ überschrieben wurde, in Vor- und Nachteile der Stadt Gütersloh: Die Stadt habe sich seit dem Ende des

> „Krieges zu einer attraktiven Stadt mit hoher Lebensqualität entwickelt. […] Das Flair von Paris, München oder anderen Städten haben wir zwar nicht zu bieten, aber wer hochkonzentriert arbeiten, sich mit Kollegen austauschen und auch noch das Familienleben pflegen will, ist hier am richtigen Platz. Wir fühlen uns hier wohl. In dieser Stadt läßt es sich gut arbeiten.“

Zumindest implizit an neue Führungskräfte und Neubürger:innen gerichtet, warben diese Zeilen für einen Umzug in die ostwestfälische Mittelstadt, wenngleich es aus Sicht des Managers „längst kein Problem mehr“ sei, Mitarbeiter:innen in die Stadt zu holen – ein zumindest indirekter Hinweis auf erfolgte Defizite in den vorherigen Jahren. Die hier artikulierten Verbesserungen dürften nicht zuletzt die Verantwortlichen städtischer Infrastrukturpolitik wohlwollend registriert haben. Mit Blick auf die Verlagerung bestimmter Unternehmensbereiche nach Hamburg oder München („regionale Dezentralisierung also dort, wo es sinnvoll ist, Standorttreue dort, wo es Vorteile bietet“) wurden sodann die aus Wössners beziehungsweise Unternehmenssicht weiterhin bestehenden Nachteile Güterslohs aufgezählt – Passagen, die Stadtdirektor und lokale und überregionale Politik gewiss ebenso aufmerksam zur Kenntnis genommen haben dürften: Die ausbaufähige Anbindung an die Bahn und der fehlende Flughafen würden „nicht zu unterschätzende Probleme, Zeitverluste und Zusatzkosten“ verursachen, „die den Wettbewerb schwieriger“ machten. Und weiter, nochmals deutlicher werdend, damit einen Problemdruck aufbauend und in die nahe Zukunft blickend:

64 Dieste, Wirtschaft (wie Anm. 11), S. 348 f.

> „Wenn diese Region sich weiter entwickeln und wirtschaftlich stark bleiben soll, dann muß hier bald etwas geschehen. Dies ist eine Aufgabe, die noch viel Überzeugungsarbeit bei den verantwortlichen Politikern erfordert. Zeit haben wir nicht mehr viel, wie die Abwanderungspläne zumindest eines großen Industrieunternehmens aus unserer Region zeigen."[65]

Angesichts solcher Verlautbarungen nimmt es kaum Wunder, dass die Stadt den Unternehmen auch weiterhin größtmögliches Entgegenkommen zusicherte; mit der bewussten Erinnerung an die Stadt, dass der Standort nicht derselbe bleiben muss, wurde Handlungsdruck auf die Stadtverwaltung aufgebaut. Im Zuge der Feierlichkeiten zu 800 Jahre Gütersloh im Jahr 1984 hob Gräwe vor der Industrie- und Handelskammer Bielefeld die Verpflichtung der Kommunalpolitik für Wirtschaft und Arbeitnehmer:innen ebenso hervor wie die Wichtigkeit, eine Infrastruktur bereitzustellen, die diesen Formen „gute Voraussetzungen für eine Weiterentwicklung eröffnete". Die Orientierung der städtischen Haushaltswirtschaft an „Sparsamkeit und Wirtschaftlichkeit angelegt", die Reduzierung von Personalausgaben und Schulden, um die Steuerzahler zu schonen, eine weit unterdurchschnittliche Gewerbesteuer („in einem für die Wirtschaft erträglichen Bereich") und die explizit an die Wirtschaftsvertreter:innen adressierten Zukunftsaufgaben (Wirtschaftsförderung und Sicherung von Arbeitsplätzen als vorrangige Aufgaben der örtlichen Politik) dienten abermals dazu, kommunalpolitische Stabilität und Planungssicherheit für die Unternehmen zu transportieren: Die Stadt und ihre Verwaltung würden alles Mögliche tun, Güterslohs „Bedeutung als Mittelzentrum und Wirtschaftsstandort auszubauen",[66] lautete die Zusicherung des Bürgermeisters. Im selben Jahr, dieses Mal allerdings im Hauptgebäude der Bertelsmann-AG, wiederholte Gräwe die Priorität der Gütersloher Stadtverwaltung und des Rates, die Wirtschaftskraft zu erhalten, denn: „Gütersloh verdankt seine Stellung allein der Industrie und dem Gewerbe". Weil diese Entwicklung nach seinem Dafürhalten ohne das ökonomische Rückgrat nicht denkbar sei, werde die Stadt alles tun, um „günstige Voraussetzungen zu schaffen und zu erhalten". Dies hieß: „Betrieben muss genügend Entfaltungsmöglichkeiten geboten werden", also Raum für Erweiterungen und Modernisierungen. Und: „Abwanderungen dürfen in keinem Falle durch Unzulänglichkeiten kommunaler Politik begründet oder auch nur begünstigt werden". Dabei galt es, die begonnenen Bemühungen zu ver-

65 Bertelsmann AG, Wir fühlen uns wohl in Gütersloh, Pressemitteilung 6.2.1986, Archiv der Bertelsmann AG.

66 Rede Adolf Gräwes vor der Industrie- und Handelskammer Bielefeld, ohne Datum (1984), Stadtarchiv Gütersloh, E 7975.

stärken, wenngleich sich der Bürgermeister darüber im Klaren war, dass für das „Leben und Wohnen hier etwas höhere Maßstäbe anzulegen" waren „als sie gewöhnlich für Städte unserer Größenordnung gelten". Die seit den 1970er Jahren unternommenen „erhebliche[n] Anstrengungen", wie der Bau von Stadthalle oder Bibliothek, seien aus seiner Sicht Beispiele für eine herausgehobene Stellung der Stadt im Vergleich zu anderen Städten vergleichbarer Größe. Diese Stellung auszubauen, so endete Gräwes beschwörende Ausführung im Modus einer Selbst-Legitimation oder auch Selbst-Bewerbung städtischen Agierens, „wird unsere große Aufgabe der kommenden Jahre sein".[67]

Die Sorge um den Weggang von Unternehmen, die Zusicherung größtmöglicher kommunaler Unterstützung, adaptives administratives Agieren und die unbedingte Ausrichtung auf unternehmerische Interessen bildeten in diesen Jahren einen wichtigen Handlungsrahmen in der Stadt. Blicken wir hinter die Kulissen dieser offiziellen Verlautbarungen, so ergibt sich ein ähnlicher und zugleich viel persönlicherer Modus des Wahrnehmens von Krisen. Besonders aufschlussreich, um etwas über lokale Krisenwahrnehmungen, präventives administratives Beobachten und Agieren sowie darauffolgende Reaktionen zu erfahren, sind die Briefwechsel zwischen Stadtdirektor Wixforth und den Unternehmensleitungen, die jeweils für das Weihnachtsfest beziehungsweise den Jahreswechsel einzelner Jahre überliefert sind. Ende 1982 etwa dankte Reinhard Mohn dem Stadtdirektor für das „bestehende gute Verhältnis einer konstruktiven und freundschaftlichen Kooperation", die ihn „sehr" befriedigte. Das Verhältnis sei von gegenseitigem Respekt geprägt, wobei der Unternehmer die „unternehmerische und kreative Art, die Geschicke der Stadt zu leiten", begrüßte, gleich einem Manager in der Verwaltung, „der die Mittel des Staates sparsam und sachgerecht einsetzt. In dieser Hinsicht bin ich froh und stolz, ein Bürger dieser Stadt zu sein". Das neue Jahr werde mit Zuversicht begonnen („natürlich sind die Zeitumstände nicht erfreulich"), endete Mohn, und blickte trotz der Wirtschaftskrise positiv nach vorn („Unsere Zeit bewegt sich und bietet neue Chancen. Wir sollten sie realisieren"!);[68] möglicherweise nicht zuletzt, weil er um den städtischen Beistand bei der Umsetzung unternehmerischen Zielen wusste. Auch Mark Wössner formulierte in seinem Brief an Wixforth angesichts „ernster wirtschaftlicher Probleme" („das Jahr 82 hat es wirklich in sich") seine Sorgen, befestigte aber zumindest in seinem Schreiben die enge Bindung an die Verwaltung („es ist gut, in solch turbulenten Zeiten Freunde zu wissen, die gelegentlich mit kritischem oder auch

67 Rede Adolf Gräwe vor der IHK-Vollversammlung am 4.6.1984 in Gütersloh, Hauptgebäude Bertelsmann, Stadtarchiv Gütersloh, E. 7975.

68 Reinhard Mohn an Gerd Wixforth, 22.12.1982, Stadtarchiv Gütersloh, E 6391.

Abb. 1: Die enge Zusammenarbeit zwischen der Stadtverwaltung, der Bertelsmann AG und der Bertelsmann Stiftung war kennzeichnend für Gütersloh. Im Bild steht Stadtdirektor Dr. Gerd Wixforth hinter Konrad Teckentrup (Bertelsmann Stiftung), Günter Ochs (Kulturdezernent der Stadt Gütersloh), Reinhard Mohn und Heinz Kollmeyer (CDU, Bürgermeister der Stadt Gütersloh), Gütersloh, vermutlich 1979 (Stadtarchiv Gütersloh, Nachlass Dr. Gerd Wixforth, BB 38855).

freundschaftlichem Rat Hilfestellung geben“) und schloss mit einem Wunsch: „Laß uns auch in Zukunft diesen schönen freundschaftlichen Kontakt pflegen“.[69] Diese Freundschaftsbekundungen und Zementierung persönlicher Beziehungen hatten für beide Seiten einen Nutzen und bildeten den Hintergrund für kommunalpolitische Entscheidungen.

In der Tat standen im Jahr 1983, wie von Mohn und Wössner prognostiziert, auch in Gütersloh Einsparungen an, wurde der Gewerbesteuerhebesatz auf 320 v. H. erhöht.[70] Die damit verbundenen Rechtfertigungen sind anhand der oben

69 Mark Wössner an Gerd Wixforth, Weihnachten 1982, Stadtarchiv Gütersloh, E 6391.
70 Haushaltsplanentwurf 1983 liegt auf dem Tisch. Gütersloh baut keine Leistung ab. Finanzen der Stadt stimmen noch. Erhöhung der Gewerbesteuer auf 320 Prozent erscheint Kämmerer unabdingbar, in: Die Glocke, 27/28.11.1982; Ein letzter Halt vor

zitierten Reden Gräwes greifbar. 18 Monate später hatte sich die städtische Vorsicht in einen neuen Optimismus verwandelt, wie ein Brief Wixforths an Rudolf Miele verdeutlicht, der als Anlage eine Stellungnahme des Bundes der Steuerzahler Nordrhein-Westfalens zur (stabilen) Haushaltswirtschaft der Stadt Gütersloh enthielt. Das Schreiben enthielt den Hinweis, dass diese Solidität städtischer Finanzen Ergebnis von Ausgabendisziplin und Kostenbewusstsein, niedrige Verschuldung, die sehr gute Eigenkapitalquote sowie der niedrigste Gewerbesteuersatz aller Städte Nordrhein-Westfalens zwischen 75.000 und 100.000 Einwohner sei. Zugleich diagnostizierte der Stadtdirektor, um in den „finanzwirtschaftlich schwierigen 1980er Jahren keine drastischen und schmerzlichen Einsparungsmaßnahmen" vornehmen zu müssen, das Folgende: „Wir werden uns weiterhin bemühen, durch wirtschaftliche Haushaltsführung Bürger und Unternehmen der Stadt nicht allzu sehr zu belasten".[71] Ein beinahe identisches Schreiben verschickte Wixforth am selben Tag an Reinhard Mohn, nicht jedoch ohne einen entscheidenden Zusatz: „Für die Zukunft sehe ich nicht allzu schwarz. Ich hoffe, daß wir weiterhin die notwendigen Investitionen finanzieren können, die zur Weiterentwicklung unserer Stadt erforderlich sind. Etwas traurig stimmt mich allerdings immer noch, daß die Stadt Gütersloh an den hervorragenden Ergebnissen des Bertelsmann-Konzerns gewerbesteuermäßig nicht in entsprechendem Maße partizipiert." Die Grußformel („Mit freundlichen Grüßen verbleibe ich W.") entsprach bezeichnenderweise nicht den üblichen kommunikativen Gepflogenheiten (die beiden waren zu diesem Zeitpunkt bereits „per Du"), sie markiert eine überwunden geglaubte Distanz und den selten artikulierten Missmut des Stadtdirektors.[72]

Rückblickend klangen die Einschätzungen des Stadtdirektors dann etwas versöhnlicher – und zu offenen Konflikten über diese Fragen ließen es die Beteiligten ohnehin nicht kommen; zu stark ausgeprägt war das Wissen um die Abhängigkeit wirtschaftlichen Erfolgs. In einem Kurzreferat vor der IHK-Vollversammlung Ostwestfalen-Lippe/Bielefeld prononcierte Wixforth im Frühjahr 1987 die Wichtigkeit, dass Verwaltungsspitze und Rat der Stadt „stets ein offenes Ohr für Wünsche und Anliegen der Betriebe der Stadt" hätten. In Gütersloh seien die Kontakte zwischen Verwaltung und Wirtschaft „gut bis sehr gut" gewesen. Für die Stadtverwaltung hieße Wirtschaftsförderung zu allererst, „den Betrieben unnötige Steuerbelastung zu ersparen". Die von Stadtseite angestellten jahrelangen „außer-

dem Marsch durch Talsohle. Großes Streichkonzert blieb aus, in: Westfalen-Blatt, 27.11.1982.

71 Gerd Wixforth an Rudolf Miele, 6.8.1984, Stadtarchiv Gütersloh, E 6391.

72 Ebd.

ordentliche[n] Anstrengungen, um den Bedarf an Industrie- und Gewerbeland abzudecken" (seit 1970 seien neue Gewerbeflächen von rund 270 Hektar neu ausgewiesen worden) hätten dazu geführt, „bis heute [...] ziemlich alle Anforderungen aus Industrie, Handel und Gewerbe" zu erfüllen. Zum „Interesse der örtlichen Wirtschaft" gehörten nach seinem Dafürhalten außerdem ein angemessenes Engagement im Kulturbereich, um der hochqualifizierten Mitarbeiter:innenschaft ein attraktives Kultur- und Freizeitangebot zu garantieren – vor allem aber, so der altbekannte, beinahe schon ritualisiert erfolgende Zusatz, eine sparsame Verwaltung, niedrige Steuern und eine solide Haushaltspolitik, um auch in Krisenzeiten ein hohes Investitionsvolumen aufweisen zu können und Beschäftigung und Einkommen zu sichern. Diese Basis guter Haushaltsdisziplin wurde von Wixforth als Alleinstellungsmerkmal Güterslohs ausgemacht. Denn im Gegensatz zu vielen anderen Städten, die vor allem in den frühen 1980er Jahren einschneidende Reduzierungen vornehmen mussten, sei es in Gütersloh gelungen, den „hohen Stand" zu halten.[73] Diese Reflexionen und wiederkehrenden Topoi in puncto Wirtschaftsnähe und Handlungsspielräume werfen ein aufschlussreiches Licht auf städtische Selbstverortungen. Diese Elemente der Kommunikation hielten auch im Zuge temporär nachlassender Gewerbesteuereinnahmen Ausgang der 1980er Jahre sowie in den 1990er Jahren an, was hier allerdings nur ausblickhaft berührt werden kann.[74]

Bezeichnend ist zweifellos und vor dem Hintergrund eines politischen Wechsels im Rathaus – 1994 errang mit Maria Unger erstmals seit über 40 Jahren die SPD das Amt der Bürgermeisterin – ein Schreiben Wixforths an Wössner, möglichen atmosphärisch-politischen Stimmungsumschwüngen zuvorkommen zu wollen und somit Stabilität, Verlässlichkeit und Vertrauen zu äußern. So habe der Stadtdirektor der neuen Mehrheit im Rat deutlich zu machen versucht, dass in Gütersloh nicht Rat und Verwaltung, sondern die Wirtschaft „den Karren zieht" und außerdem betont: „Die weitere positive Entwicklung der Stadt hänge wesentlich davon ab, daß sich die Unternehmen weiterhin in Gütersloh wohlfühlten. Dazu gehöre auch Glaubwürdigkeit, Kontinuität und Berechenbarkeit der kommunalen Entscheidungen". In gewohnter Manier gab der Stadtdirektor aller-

73 Gerd Wixforth, Was Gütersloh für seine Wirtschaft tut. Kurzreferat vor IHK-Vollversammlung (OWL/Bielefeld), 4.6.1987, Stadtarchiv Gütersloh, E 6391. Zu Hintergründen dieser Ausgaben siehe Joana Gelhart/Christoph Lorke/Tim Zumloh, Zwischen Provinztradition und Großstadtsehnsucht. (Selbst-)Verortungen Güterslohs in den 1970er und 1980er Jahren, Berliner Debatte Initial 33: 3 (2022), S. 63–75.

74 Gleich eine Million weniger im Stadtsäckel. Die Gewerbesteuer-Quelle sprudelt immer schwächer, in: Westfalen-Blatt, 1.10.1986; Die „freie Spitze" wird immer kleiner. Etat '87: Ängste um Verlust des Handlungsspielraums, in: Westfalen-Blatt, 27.9.1987.

dings auch den Mahner, verwies auf die schwierigen Jahre ab 1995 und freute sich darüber, dass das Unternehmen „Bertelsmann – offenbar nachhaltig – wieder Gewerbesteuern zahlt. Das wird uns sicher helfen, mit den Schwierigkeiten besser fertig zu werden als andere Städte".[75] Den Dank für „beträchtliche, in dieser Höhe nicht erwartete Gewerbesteuer(nach)zahlungen" verknüpfte Wixforth zwei Jahre später, als es in der Stadt bei einigen mittelständischen Betrieben kriselte, mit dem Hinweis, dass dies der Stadt Gütersloh helfen würde, „im Gegensatz zu vielen anderen Städten unsere Leistungen nicht ausweiten, aber aufrechterhalten" zu können. Zugleich sei aber die Maßgabe „um eine schlanke, effiziente und kundenorientierte Verwaltung" nicht anzutasten.[76] Diese von ihm kaum zufällig angeführte zunehmende Drucksituation beschrieb er auch in einem Brief an Reinhard Mohn im selben Jahr, nicht ohne dessen Unternehmen als „Arbeitgeber Nr. 1" und „erstmals seit einer Reihe von Jahren auch der Gewerbesteuerzahler Nr. 1" besonders zu danken. Der angespannten finanzwirtschaftlichen Situation und dem anhaltenden finanziellen Druck versuchte der Stadtdirektor noch etwas Gutes abzugewinnen, können diese doch notwendig sein, so der Hinweis auf das gemeinsame Projekt mit der Bertelsmann Stiftung, „um kreativ die weitere Verwaltungsmodernisierung anzugehen".[77] Die Bemerkung eines Berliner Rundfunkreporters, ob man Gütersloh nicht besser als „Bertelsloh" oder „Gütersmann" bezeichnen müsse und ob Gerd Wixforth nichts Negatives zu den Beziehungen zwischen Unternehmen und Stadt zu bemerken hätte, habe er verneint, schrieb er Ende 1998 an Mohn. Resümierend sei indes die Entwicklung der Stadt ohne Bertelsmann in seinem mehr als 30 Dienstjahren undenkbar, habe das Unternehmen auch anderweitig Einfluss ausgeübt:

> „Ich selbst hatte das große Glück und die Möglichkeit – nicht zuletzt auf Grund enger persönlicher Kontakte – bei Dir und Deinen Mitarbeitern ‚abgucken' zu dürfen, wie man führt. Unternehmenskultur, Mitarbeiterführung, Delegation waren auch für mich Leitlinien und haben mein Verhalten im Amt des Stadtdirektors geprägt."[78]

Mit diesen Worten des Dankes und der retrospektiven Parallelisierung städtischer und unternehmerischer Handlungsmacht endete nicht nur der briefliche Austausch des kurz vor dem Ausscheiden als Stadtdirektor stehenden Wixforth; sie

75 Gerd Wixforth an Mark Wössner, 21.12.1994, Stadtarchiv Gütersloh, NL WX 25.
76 Gerd Wixforth an Mark Wössner, 22.12.1997, Stadtarchiv Gütersloh, NL WX 25.
77 Ebd.
78 Gerd Wixforth an Reinhard Mohn, 22.12.1998, Stadtarchiv Gütersloh, NL WX 25.

bündeln noch einmal besonders anschaulich die jahrzehntelangen Kommunikationsprozesse, die Nähe und Personalisierung an Beziehungen und transportieren nicht zuletzt eine selbstreflexive Dimension.

4. Fazit

Im Januar 2009 wurde Gerd Wixforth zum Gütersloher Ehrenbürger ernannt. In seiner Dankesrede reflektierte er rückblickend unter anderem die Frage, ob Veränderungsprozesse steuerbar sein könnten, zudem die Rolle der beiden Großunternehmen in der Stadt und die damit verbundenen Folgen für die Abhängigkeit für die Stadt. Die Rahmenbedingungen, als er die Arbeit als Stadtdirektor aufgenommen hatte, seien günstig gewesen, das weitgehende Wegbrechen der Textilindustrie vor Ort sowie das Ende kleiner und mittlerer Möbelunternehmen hätte sich „nicht besonders negativ bemerkbar gemacht", da zugleich Miele und Bertelsmann einen „enormen Aufschwung" erfahren hätten. Die daraus resultierende Abhängigkeit – konkret bezog sich Wixforth auf das Beschaffen von Gewerbeflächen, damit Firmen nicht abwanderten – „bestand und besteht weiterhin", was „allgemein nicht unproblematisch" sei.[79] Ohne diese Einschätzung näher zu qualifizieren, weisen diese Aussagen in die späteren Jahrzehnte. Mit dem Abschied Gerd Wixforths von der Verwaltungsspitze, der bereits zehn Jahre zuvor erfolgt war, waren die Beziehungen der Großunternehmen zur Kommunalverwaltung keineswegs zu Ende – auch das Wahrnehmen von Krisen und darauf fußendes adaptives kommunales Handeln geht in vielerlei Hinsicht bis heute weiter. Das Unternehmen Bertelsmann und die Abhängigkeit der Stadt und Stadtverwaltung spielten und spielen dabei zweifellos eine herausragende Bedeutung. Als es zu Beginn des neuen Jahrtausends Steuerrückforderung von Bertelsmann in Höhe von 15 Millionen DM gab, die zu Haushaltssperre, Nachtragshaushalt und Spar-Etat führten, brachte das die Stadt nicht nur in arge finanzielle Bedrängnis. In einem Kommentar in der lokalen „Neuen Westfälischen" wurde das enge und je nach Auslegung pikante oder logische Abhängigkeitsverhältnis mittels historischen Rückbezügen offen hinterfragt:

> „Nichts schien bisher den Konzern und die Stadt auseinander bringen zu können. Freilich war die Zuneigung stets etwas einseitig. So tat die Stadt alles,

79 Rede von Gerd Wixforth im Rahmen der Verleihung der Ehrenbürgerrechte, 24.1.2009, Stadtarchiv Gütersloh, NL WX 23.

> beispielsweise wenn es um Bebauungspläne ging, um ja nicht Gefahr zu laufen, dass der Medienriese seinen Stammsitz verlegt. Leise Drohungen hat es immer wieder gegeben."

Und weiter:

> „Merkwürdig mutet angesichts dieser besonderen finanziellen und immateriellen Beziehung an, dass die Stadt offenbar kaum einzuschätzen vermag, wie es wirklich bei Bertelsmann steht. Merkwürdig auch, dass der Konzern offenbar kein Interesse daran hat, die Stadt frühzeitig über die für sie enorm bedeutsame Situation in Sachen Gewerbesteuern zu informieren. So sehr hängt das Herz der Global Player anscheinend nicht an der Kreisstadt".

Diese durchaus polemischen Zeilen wurden mit der deutlichen Forderung verknüpft, das Unternehmen solle der Stadt im Lichte von Einsparungen unter die Arme helfen „und damit seine Verbundenheit mit Gütersloh demonstrieren" – eine Forderung, die provokativ wie folgt ergänzt wurde: „Aber so weit geht seine Liebe zu dieser Stadt sicher nicht".[80] Auch in den Folgejahren und zu unterschiedlichen Zeiten wurden Krisendiagnosen verhandelt, die jeweils unmittelbar mit der örtlichen Konjunktur verbunden wurden: So verkündete das „Westfalen-Blatt" im Jahr 2003 im Lichte von Kostendruck den „Weg in eine völlig andere Stadt",[81] wurde im Zuge der Finanzkrise die „Stadt am Tiefpunkt" gesehen,[82] und während der Corona-Pandemie, als die Stadt wie kaum eine andere wirtschaftlich betroffen war, da fast zwei Drittel der Gewerbesteuereinnahmen weggefallen waren, war sodann die Rede vom „Fall Gütersloh".[83]

Diese Beispiele aus der jüngeren Zeit führen die Vorgeschichte bis in die unmittelbare Gegenwart hinein. Sie spiegeln gleichzeitig die Kontingenz und Offenheit, Ungewissheit und Widersprüchlichkeit historischer Prozesse sowie abweichende Entwicklungsgeschwindigkeiten, die es gilt, für die historische Analyse ernst zu nehmen. Längst nicht alle Städte waren in den 1970er und 1980er

80 „Der Bürger wird es merken". Haushaltssperre ab 2. Mai / Bertelsmann-Steuerrückforderung verursache Defizit von 10.700.000 Euro, in: Neue Westfälische, 23.4.2002.
81 Auf dem Weg in eine völlig andere Stadt. Sparliste für Haushalt, in: Westfalen-Blatt, 26.7.2003.
82 Ein schwieriger Spagat. Größtes Haushaltsdefizit in der Geschichte. Vereinszuschüsse werden gekürzt. Trotzdem Investitionen, in: Neue Westfälische, 28./29.11.2009.
83 Gütersloh rutscht dramatisch in die Miesen. Gewerbesteuer bricht um fast zwei Drittel ein – Bürgermeister Henning Schulz spricht vom „Fall Gütersloh", in: Neue Westfälische, 13.5.2020.

Jahren vom Strukturwandel und der Deindustrialisierung betroffen. Vielmehr lassen sich regional und lokal teils erhebliche Unterschiede bei Arbeitslosigkeit, Wirtschaftskraft, Steuereinnahmen oder Einkommen konstatieren, auffällige Gegentendenzen zum Strukturbruch, der sich als überaus dynamisches Geschehen zeigt. Für den hier beschriebenen Fall zeigt sich zum einen die „wirtschaftliche Anpassungsfähigkeit dieser mittelständisch geprägten Industriedistrikte der alten Bundesrepublik".[84] Für Gütersloh wäre es zum anderen dennoch verkürzt, würde man teleologisch von heutigen Beobachtungen ausgehend eine „Erfolgsgeschichte" reproduzieren. Kommunalpolitische Beobachtungs-, Reflexions- und Entscheidungsprozesse waren bestimmend für das Handeln, das Benennen und Nutzen von Handlungsspielräumen, aber auch ihren Grenzen, die wiederum mit Unsicherheiten verbunden waren. Denn das Gros der beschriebenen Entwicklungen liegt außerhalb der Einflussnahme politischer Steuerung; sie sind mit Thomas Schlemmer vielmehr zurückzuführen auf die „längerfristigen, von der Politik nur schwer beeinflussbaren Prozessen und auf kontingenten Faktoren."[85] Dennoch entwickelte sich – im Sinne einer Versicherheitlichung des ökonomisch Ungewissen – ein besonderer Gütersloher Umgang mit Krisenerscheinungen oder Krisenbefürchtungen: Wachsende Wirtschaftskraft und massive Internationalisierung just in jenen Jahren, als anderswo der sozioökonomische Wandel deutlich zu spüren war, dynamische Wachstums- und Anpassungsprozesse aufseiten der Unternehmen wie in der Kommunalverwaltung und daraus folgend eine Wirtschaftsorientierung. Dieses Machtpotential wurde städtischerseits mitgedacht und resultierte in einer überaus eng verflochtenen, kooperativen und – soweit die Quellen diesen Schluss zulassen – kritikfreien Allianz zwischen Stadt und Wirtschaft. Diese Faktoren bilden die Voraussetzungen für eine vergleichsweise resiliente Stadt Gütersloh und ihrer Wirtschaftsstruktur. Dazu gehörte die permanente Selbstvergewisserung mittels Vertrauen auf historisch-mentale Stabilitäts- und Orientierungsanker mitsamt Re-Aktualisierungen, die mit Hinweisen auf „typische" Gütersloher Charakteristika planerische Verlässlichkeit für die Unternehmen generieren sollte. Inwiefern ein solches Agieren eine Gütersloher Besonderheit war, kann nicht beantwortet werden – hier müssten weitere komparative Forschungen vergleichbare Städte mit Gütersloh gegenübergestellt werden.

84 Raphael, Kohle (wie Anm. 7), S. 434.

85 Thomas Schlemmer, Erfolgsmodelle? Politik und Selbstdarstellung in Bayern und Baden-Württemberg zwischen „Wirtschaftswunder" und Strukturbruch „nach dem Boom", in: Grüner/Mecking, Wirtschaftsräume (wie Anm. 45), S. 171–190, hier S. 171.

Christopher Kirchberg

Was tun, wenn es brennt?

Überlegungen zu einer Geschichte der Feuerwehr in Nordrhein-Westfalen

1. Einleitung

Feuerwehr ist gut für die Quote: Im Mai 2017 startete im montäglichen Vorabendfernsehprogramm des Westdeutschen Rundfunks (WDR) die Dokumentationsreihe „Feuer und Flamme", in der zunächst Berufsfeuerwehrleute der Gelsenkirchener Wachen mit Kameras bei Einsätzen begleitet wurden. Schnell erfreute sich das Format, das aufgrund der aufwendigen Produktion unter anderem mit eigens produzierten, hitzeresistenten Body-Cams authentische Einblicke in den Einsatzalltag der Retter:innen zwischen Küchenbränden, Verkehrsunfällen oder Übungen eröffnete, großer Beliebtheit: Neben einem überdurchschnittlich großen Marktanteil im Fernsehen zählten einzelne Episoden über sieben Millionen Aufrufe auf YouTube, weshalb die Serie bis heute in Bochum und Duisburg weiterproduziert wird und mittlerweile Kultstatus besitzt.[1]

Diesem breiten gesellschaftlichen Interesse, das sich auch in anderen medialen Formaten oder einem großen Zuspruch lokaler Feuerwehrfeste widerspiegelt,[2] steht ein bemerkenswertes Desinteresse der (Zeit-)Geschichtsforschung gegenüber. Das ist umso erstaunlicher, weil das Feuerwehrwesen auf zahlreiche gesellschaftliche Spannungsfelder verweist, die auch in den einzelnen Folgen der WDR-

1 Vgl. WDR-Dokumentation, „Feuer und Flamme": So lief der Wechsel nach Duisburg ab, in: Westdeutsche Allgemeine Zeitung vom 12.6.2023.

2 Neben ähnlichen Dokumentationsformaten auf DMAX („112: Feuerwehr im Einsatz" oder die internationale Produktion „Hellfire Heroes") veröffentlichen z. B. Zeitungen regelmäßig Sonderbeilagen zum Thema Feuerwehr, so zuletzt der Westfälische Anzeiger Hamm: „Feuerwehr – mehr als ein Ehrenamt", Sonderveröffentlichung des Westfälischen Anzeigers vom 16.9.2023. Insbesondere seit dem Ende der Corona-Pandemie erfreuen sich Feuerwehrfeste eines großen gesellschaftlichen Interesses, siehe exemplarisch hierfür das Fest in Waltrop im Mai 2023: „Tag der offenen Tür lockt 5.000 Gäste", in: Waltroper Zeitung vom 19.5.2023.

Geschichte im Westen (GiW) 38 (2023), S. 237–254

Dokumentation immer wieder durchscheinen: So kreist beispielsweise die Organisationsform zwischen Ehrenamt und Profession – also Freiwilligen Feuerwehren und Berufsfeuerwehren – liegen die zu bearbeitenden Gefahren zwischen Natur und Kultur oder changiert der Umgang mit diesen Gefahren zwischen Reaktion und Prävention, also zwischen der brandbekämpfenden Nach- und der brandverhütenden Vorsorge. In einer übergreifenden Perspektive lässt sich zudem feststellen, dass das Feuerwehrwesen ein Spannungsfeld zwischen Tradition und Moderne eröffnet, also zwischen großer Kontinuität der Aufgaben und im Vorgehen sowie einem daraus erwachsenen hohen historischen Bewusstsein auf der einen Seite und dem Einsatz modernster Technik wie Kommunikationsmitteln, Gerätschaften und Fahrzeugen auf der anderen.[3]

Trotz dieser Potenziale für eine Gesellschaftsgeschichte der Moderne wurde die Feuerwehrgeschichte bisher zumeist im Sinne der Pflege des eigenen Traditionsbewusstseins vor allem von Mitgliedern der Feuerwehr selbst geschrieben. Hier stechen insbesondere zahllose, meist selbstreferentielle Festschriften zu Jubiläen der lokalen (Freiwilligen) Feuerwehren hervor.[4] Daneben haben sich zudem in unterschiedlichen Feuerwehr-Vereinigungen Referate und Ausschüsse gebildet, die sich der Geschichte feuerwehrpraktischer bzw. technischer Fragen, des Auszeichnungswesens und der Geschichte „großer" Feuerwehrmänner verschrieben haben – im Übrigen auch über den nationalen Rahmen hinaus.[5] Diese Publi-

3 Vgl. Michaela Kipp, Alarm. 150 Jahre Wettlauf gegen die Zeit. Das Buch der Bielefelder Feuerwehr, Bielefeld 2010, S. 44.

4 Allein das Archiv des Verbandes der Feuerwehren in NRW e. V. zählt über 3.000 Jubiläumsschriften von Feuerwehren auf dem Gebiet des heutigen Nordrhein-Westfalens. Dabei ist die „Invention of Tradition" bzw. die Frage nach den ältesten Feuerwehren in Deutschland innerhalb der Community Diskussionsthema, das die Vereinigung zur Förderung des Deutschen Brandschutzes 1995 bzw. 2005 mit der Herausgabe von systematischen Kriterien zur Altersbestimmung der Feuerwehren einzufangen versucht hat. Vgl. Vereinigung zur Förderung des Deutschen Brandschutzes (Hg.), Merkblatt: Existenz- und Altersbestimmung einer Feuerwehr, Altenberge 2005.

5 Siehe für die Veröffentlichungen des Referates 11 „Brandschutzgeschichte" der Vereinigung zur Förderung des deutschen Brandschutzes (vfdb) beispielhaft: Vereinigung zur Förderung des Deutschen Brandschutzes, Referat 11 Brandschutzgeschichte (Hg.), Biografisches Handbuch zur Deutschen Feuerwehrgeschichte, Köln 2014; oder die Zeitschrift „Feuerwehrchronik", die seit 2005 herausgegeben wird. In internationaler Perspektive siehe die Veröffentlichungen der Comité Technique International de prévention et d'extinction du Feu (Internationales Technisches Komitee für vorbeugenden Brandschutz und Feuerlöschwesen). Herauszuheben ist hier als positives Beispiel für eine kritische Auseinandersetzung mit der eigenen Geschichte im Nationalsozialismus ein 2012 von der vfdb veranstaltetes Symposium, dessen Ergebnisse 2013 veröffentlicht wurden: Daniel Leupold (Hg.), Zwischen Gleichschaltung und Bombenkrieg. Symposium

kationen sollen im Folgenden idealtypisch als „Feuerwehrgeschichte" subsumiert werden.

Dagegen steht eine (zeit-)historische Auseinandersetzung mit der „Geschichte der Feuerwehr" – als (nicht immer trennscharfes) Antonym zur Feuerwehrgeschichte verstanden – noch ganz am Anfang. Lediglich vereinzelte geschichtswissenschaftliche Abhandlungen haben sich bisher mit übergreifenden Fragestellungen beschäftigt.[6] Beispielsweise hat Thomas Köhler einen wichtigen Beitrag geleistet, indem er die Rolle der lokalen Feuerwehren, die im Nationalsozialismus in die Ordnungspolizei eingegliedert worden waren, bei den Novemberpogromen 1938 an unterschiedlichen Orten in Norddeutschland untersucht hat. Köhler macht hier die Feuerwehrgeschichte für breitere historiographische Perspektiven fruchtbar.[7] Dabei zeigen seine differenzierenden Ergebnisse je nach Ort ganz unterschiedliche Verhaltensweisen der lokalen Feuerwehren zwischen Mitwirkung und Resistenzversuchen während der Synagogenbrände. Diese Bandbreite verweist damit auch auf die traditionelle, kommunale Organisation des Löschwesens zwischen Freiwilligen- und Berufsfeuerwehren. Gerade in dieser kommunalen Segmentierung liegt dann auch – so eine erste These des vorliegenden Beitrags – ein Grund für die bisher weitgehend ausgebliebenen zeithistorischen Auseinandersetzungen mit der Geschichte der Feuerwehr, die sich folglich nur schwer synthetisierend bzw. übergreifend erzählen lässt.[8]

zur Geschichte der deutschen Feuerwehren im Nationalsozialismus 1933–1945. 8./9. Dezember 2012, Führungs- und Schulungszentrum der Berufsfeuerwehr Köln, Köln 2013.

6 Siehe hier vor allem Tobias Engelsing, Im Verein mit dem Feuer. Die Sozialgeschichte der Freiwilligen Feuerwehr von 1830 bis 1950, Lengwil 1999; Daniel Leupold, Die freiwilligen Feuerwehren in der Rheinprovinz bis 1918, Köln 2003. Darüber hinaus lassen sich an der Schnittstelle zwischen Feuerwehrgeschichte und Geschichte der Feuerwehr historiographisch fundierte Arbeiten nennen wie z. B. Andreas Linhardt, Feuerwehr im Luftschutz 1926–1945. Die Umstrukturierung des öffentlichen Feuerlöschwesens in Deutschland unter Gesichtspunkten des zivilen Luftschutzes, Braunschweig 2002; Christian Stichternath, Berufsfeuerwehr Hannover im Dritten Reich. Von der kommunalen Feuerwehr zur Polizei- und Luftschutztruppe, Hannover 2005.

7 Vgl. Thomas Köhler, „Mama, wieso löscht die Feuerwehr denn nicht?". Die Feuerwehren als Pogromakteure am 9. und 10. November 1938 – eine Fallstudie aus Nordwestdeutschland, in: Herbert Diercks (Hg.), Polizei, Verfolgung und Gesellschaft im Nationalsozialismus, Bremen 2013; ders., Tabuisierung der Erinnerung. Der Novemberpogrom 1938 als Blinder Fleck in der Erinnerungskultur der Feuerwehr, in: Geschichte im Westen 24 (2009), S. 73–97.

8 Als weitere Gründe für das weitgehende (zeit-)historiographische Desinteresse am Thema Feuerwehr ließen sich zudem die dominanten, traditionsbildenden Feuerwehrgeschichten oder zeitgenössische Bedrohungswahrnehmungen, die der Gefahr durch

Um dennoch die Geschichte der Feuerwehr als einen zentralen Sicherheitsproduzenten und Akteur der Gefahrenabwehr bzw. der öffentlichen Daseinsvorsorge zu untersuchen und damit Feuerwehrgeschichte und Geschichtswissenschaft produktiv miteinander zu verbinden, rückt der vorliegende Beitrag das Institut der Feuerwehr Nordrhein-Westfalen in den Fokus. Das Institut ist heute an seinem Standort Münster die zentrale Ausbildungs- und Fortbildungsstätte für das gesamte Bundesland und wird in einem vor kurzen gestarteten Kooperationsprojekt von Feuerwehrinstitut und Landschaftsverband Westfalen-Lippe (LWL) in einer zeit- bzw. regionalgeschichtlichen Perspektive aufgearbeitet.[9] Denn, so eine zweite These, ein Fokus auf das seit über 90 Jahren bestehende Institut als zentrale Schnittstelle zu den Feuerwehren im Land, Fachgremien und -ausschüssen sowie dem unterstellten Innenministerium ermöglicht Rückschlüsse auf allgemeine Entwicklungen der Organisation des Feuerwehrwesens über politische Systemwechsel hinweg. Das Institut der Feuerwehr ist damit auch eine Schnittstelle für historische Forschungen, um nach Wandlungsprozessen der Bedrohungswahrnehmung und Paradigmen der Gefahrenabwehr, sich wandelnder Aufgaben und den wechselseitigen Zusammenhang von gesellschaftlichen Entwicklungen, politischen Entscheidungen und Veränderungen des Feuerwehrwesens zu fragen.[10]

Feuer – gerade wegen der Etablierung eines schlagkräftigen Feuerwehrwesens – geringere existenzielle Bedeutung als beispielsweise neuer Gefahren wie der durch eine Nuklearkatastrophe beimessen, anführen. Dies spiegelt sich auch in der Geschichtswissenschaft wider, liegen gerade für die Frühneuzeit aufschlussreiche Arbeiten zur Versicherheitlichung von Feuergefahren dar, siehe exemplarisch hierfür Cornel Zwierlein, Der gezähmte Prometheus. Feuer und Sicherheit zwischen Früher Neuzeit und Moderne, Göttingen 2011. Für das mangelnde Interesse der Sozialwissenschaften am Feuerwehrwesen vermuten Nils Ellebrecht und Markus Jenki außerdem, dass „die „technische Funktionalität" der Feuerwehr und die „Natürlichkeit" der Gefahren, die die Feuerwehr auf den Plan rufen, bei Sozialwissenschaftlerinnen und Sozialwissenschaftlern bisher wenig Interesse aufflammen lassen" hätten. Vgl. Nils Ellebrecht/Markus Jenki, Organisationen und Experten des Notfalls: ein Forschungsüberblick, in: Markus Jenki/Nils Ellebrecht/Stefan Kaufmann (Hg.), Organisationen und Experten des Notfalls. Zum Wandel von Technik und Kultur bei Feuerwehr und Rettungsdiensten, Berlin 2014, S. 11–48, hier S. 11. Auch diese Dimension stellt eine mögliche Erklärung für das zeithistoriographische Desinteresse am Gegenstand Feuerwehr dar.

9 Das Forschungsprojekt am LWL-Institut für westfälische Regionalgeschichte läuft seit Juni 2023, weshalb in dem vorliegenden Beitrag noch keine biographischen Tiefenbohrungen vorgenommen werden können.

10 Hier kann das Projekt vor allem auf die grundlegende und detailreiche Pionierarbeit von Michael Thissen über die Geschichte des Instituts der Feuerwehr aufbauen, die zum 90-jährigen Jubiläum verfasst worden ist. Vgl. Michael Thissen, „Wir lernen für Ihr Leben gern". Von der Provinzial-Feuerwehrschule zum Institut der Feuerwehr NRW, Köln 2021.

Deshalb sollen anhand der 1930/31 zunächst als „Westfälische Feuerwehrschule" gegründeten Einrichtung und deren Vorgeschichte im Folgenden in drei chronologischen Schritten Potenziale einer (Regional-)Geschichte der Feuerwehr in Nordrhein-Westfalen mit Blick auf interne Professionalisierungstendenzen, staatliche Kriegsplanungen und wandelnde (gesellschaftliche) Bedrohungswahrnehmungen vermessen und anhand ihrer kursorischen Geschichte übergreifende historiographische Perspektiven aufgezeigt werden.

2. Technisierung und Professionalisierung: Die Gründung der Feuerwehrschule Westfalens 1931

Im Gegensatz zur jahrtausendealten Feuergefahr ist das moderne Feuerlöschwesen noch recht jung. Seine Anfänge lassen sich in der Mitte des vorvergangenen Jahrhunderts und im Kontext der beginnenden Industrialisierung sowie der 1848er Revolution verorten, als sich zunächst vor allem im badischen Raum im Milieu der Turnerbewegung nach französischem Vorbild der *sapeur-pompiers* und in demokratisch-emanzipatorischer Absicht erste freiwillige Feuerwehren gründeten.[11] Neben einer Selbstermächtigung, den bis dato von den Kommunen ungenügend organisierten Brandschutz in die eigenen, bürgerlichen Hände zu nehmen,[12] setzte damit ein Paradigmenwechsel ein. An die Stelle der vielen Zwangsverpflichteten, die bislang meist unkoordiniert zur Brandstelle geeilt waren und mit primitiven Mitteln wie Löscheimern vor allem ein Übergreifen der Flammen zu verhindern versucht hatten, traten nun die wenigen, dafür aber straff organisierten, Freiwilligen Feuerwehrmänner, die auch den Brandherd selbst bekämpften.[13]

Neben diesem organisatorischen Paradigmenwechsel setzte mit den Gründungen von Freiwilligen Feuerwehren auch eine vorsichtige Mechanisierung und Professionalisierung des Feuerlöschwesens ein. Emblematisch steht hierfür zum einen Carl Metz (1818–1877). Der umtriebige Handspritzenhersteller und

11 Innerhalb der Feuerwehrgeschichte wurde der jahrzehntealte Streit um die älteste Freiwillige mit dem Kompromiss beigelegt, sowohl die Durchlacher von 1846 als auch die Meißener von 1841 gleichrangig zu bewerten. Die erste Berufsfeuerwehr wurde 1851 in Berlin gegründet. Vgl. Linhardt, Luftschutz (wie Anm. 6), S. 25.

12 Die Gründungen der Freiwilligen Feuerwehren lassen sich somit als Ausdruck der bürgerlichen Gesellschaft verstehen, wie sie Georg Wilhelm Friedrich Hegel konzipiert hat, siehe Georg Wilhelm Friedrich Hegel, Grundlinien der Philosophie des Rechts. Naturrecht und Staatswissenschaft im Grundrisse, Berlin 2017.

13 Vgl. Engelsing, Verein (wie Anm. 6), S. 56f.

geschäftstüchtige Vertriebler aus Heidelberg stattete die neu gegründeten Wehren mit seinen Spritzen aus und schulte die Angehörigen direkt auch an seinen Geräten. Da er zudem an Orten, in denen sich noch keine modernen Feuerwehren gegründet hatten – sicherlich nicht ganz uneigennützig – für eine entsprechende Gründung warb, gilt er in der Feuerwehrgeschichtsschreibung als „Vater der deutschen Feuerwehren".[14]

Der Paradigmenwechsel in der Feuerbekämpfung und deren beginnende Technisierung beförderte innerhalb des jungen Feuerwehrwesens früh den Drang zur Vernetzung. Hierfür steht zum anderen Conrad Dietrich Magirus (1824–1895), Kommandant der Ulmer Feuerwehr und späterer Erfinder und Hersteller von fahrbaren Feuerwehrleitern, der wiederum als „Organisator des deutschen Feuerwehrwesens"[15] in die Feuerwehrgeschichtsbücher eingegangen ist. Neben der Abfassung erster deutschsprachiger Feuerwehrliteratur initiierte er auch die Gründung eines übergreifenden Feuerwehrverbandes mit, die auf das Jahr 1853 datiert wird.[16] Die seitdem jährlich als „Feuerwehrtag" bezeichneten Verbandstreffen avancierten schnell zu einem zentralen Ort des Erfahrungsaustausches über die Organisation der Brandbekämpfung und von Übungen sowie zu einer Wissensplattform moderner Feuerwehrtechnik. In der Folge bildeten sich rasch regionale Pendants des deutschen Feuerwehrverbandes, um das dort gesammelte Wissen in die Regionen zu transportieren. Turner in Duisburg gründeten beispielsweise 1862 den Rheinisch-Westfälischen Feuerwehrverband.[17]

Jenseits der fraglosen Bedeutung der beiden „großen" Männer für die Feuerwehrgeschichte, deren persistentes Wirken sich bis heute in den von ihnen begründeten Feuerwehrgerätefirmen Metz (heute Rosenbauer) und dem Löschfahrzeughersteller Magirus GmbH niederschlägt, verweist die Gründungsphase des modernen Feuerwehrwesens in Deutschland auf deren doppelte Adaptionsfähigkeit. Zum einen verstanden es die gerade noch der Revolution verschriebenen jungen Feuerwehren, sich nach 1848/49 schnell den politischen Zeichen der Zeit in der Reaktionsära durch eine Militarisierung ihrer Organisation anzupassen. Zum anderen entwickelten sie im Zusammenspiel von straffer Organisation und dem Einsatz moderner, wenngleich noch manueller technischer Gerätschaf-

14 Rolf Schamberger, Der Deutsche Feuerwehrverband. Die Gründung und ersten Feuerwehrtage, in: Verband der Feuerwehren in NRW (Hg.), 150 Jahre Feuerwehrverbände auf dem heutigen Gebiet von Nordrhein-Westfalen. 1862–2012, Sankt Augustin 2012, S. 44–57, hier S. 44.

15 Ebd.

16 Vgl. ebd.; Thissen, Provinzial-Feuerwehrschule (wie Anm. 10), S. 17.

17 Vgl. Leupold, Freiwillige Feuerwehren (wie Anm. 6), S. 35.

ten wie Pumpen und flexiblen Leitern anerkannt wirkungsvolle Umgangsformen im Kampf gegen das Feuer, das im Kontext der zunehmenden Industrialisierung und Urbanisierung vor allem in den Städten im rheinisch-westfälischen Industriegebiet eine große Bedrohung darstellte.

Hinter der straffen Organisation der Brandbekämpfung und dem Einsatz moderner Technik stand die Notwendigkeit regelmäßiger Übungen und einer adäquaten Ausbildung der Feuerwehrangehörigen, die sich aufgrund fehlender Ausstattungen wie beispielsweise Schlauchtürmen, die gleichermaßen der Trocknung von Feuerwehrschläuchen und dem Üben des Leitersteigens dien(t)en, und mangels Modellen und Lehrmitteln nur bedingt vor Ort durchführen ließen. Deshalb lassen sich überregionale Lehrgänge, die von den Feuerwehrverbänden organisiert wurden, bereits an der Schwelle vom 19. zum 20. Jahrhundert ausmachen. Die Lehrgänge sollten vor allem einer Vereinheitlichung des Übungswesens dienen. Der erste Unterrichtskurs mit Teilnehmern von 95 Feuerwehren fand beispielsweise 1894 in Köln statt und umfasste Vorträge über feuertechnische Gerätschaften und Exerzier-Reglements ebenso wie praktische Übungen.[18]

Der Erste Weltkrieg hatte für die weitere Entwicklung des Feuerwehrlehrwesens ambivalente Folgen. Auf der einen Seite unterbrach er abrupt die vorsichtigen Versuche, Schulungskurse zu verstetigen und diese in regelmäßigen Abständen an verschiedenen Orten durchzuführen. Zudem wurden viele gut ausgebildete Angehörige der Feuerwehren ins Heer berufen, von denen nicht wenige ihr Leben auf den unzähligen Schlachtfeldern ließen. Auf der anderen Seite setze aber gerade nach Ende des Ersten Weltkrieges ein regelrechter Boom der Freiwilligen Feuerwehren ein, die einen großen Mitgliederzuwachs verzeichneten. Neben Schützenvereinen waren die Feuerwehren nach der Niederlage des Deutschen Reiches und dem Versailler Friedensvertrag zu Orten geworden, in denen militaristische Umgangsformen und soldatische Traditionen relativ offen kultiviert werden konnten und die damit eine Kompensation für militärische Organisation darstellten.[19] Daneben hatte durch den Kriegseinsatz das motorisierte Lastkraftwesen einen Schub erfahren, das in den 1920er Jahren auch das Feuerlöschwesen zu erobern begann. In vielen größeren Kommunen berichten die Lokalzeitungen voller Stolz von der Anschaffung erster sogenannter Motorspritzen, also Kraftfahrzeugen mit motorisierten Spritzen, die die Brandbekämpfung revolutionierten, auch weil sie oftmals über eingebaute Wassertanks verfügten.[20]

18 Vgl. Thissen, Provinzial-Feuerwehrschule (wie Anm. 10), S. 30.
19 Vgl. Engelsing, Verein (wie Anm. 6), S. 114.
20 Vgl. Westfälischer Anzeiger Hamm aus dem Jahr 1923, in: Stadtarchiv Hamm, Bestand Fotoalben, Nr. 10012.

Beide Entwicklungen, Mitgliederzuwachs der (Freiwilligen) Feuerwehren und deren Motorisierung, ließen die Frage nach einheitlichen und vor allem regelmäßigen Schulungen der Führungskräfte wie den Kreisbrandmeistern, die die Aufsicht über die Freiwilligen Feuerwehren innehatten und deren Mitglieder vor Ort ausbildeten, aber auch der nun benötigten Spezialisten wie Fahrern und Maschinisten für den Betrieb der motorisierten Spritzen virulent werden. Behalfen sich die Feuerwehrverbände Mitte der 1920er Jahre im Gebiet des heutigen Nordrhein-Westfalens mit unzähligen Schulungskursen an verschiedenen Orten, ging der brandenburgische Feuerwehrverband einen anderen Weg und eröffnete unter großer öffentlicher wie medialer Beachtung die erste Feuerwehrschule Deutschlands in Beeskow.[21] Diese Entwicklung blieb auch den Verbandsoberen im Westen nicht verborgen, wo es bereits 1891 zu einer organisatorisch begründeten Trennung des rheinisch-westfälischen Feuerwehrverbandes gekommen war: Sowohl der Feuerwehrverband der Rheinprovinz als auch der Westfälische Feuerwehrverband hegten den dringenden Wunsch, jeweils eine eigene Feuerwehrschule zu eröffnen, um Qualität und Quantität der angebotenen Schulungskurse gerade für die Freiwilligen Feuerwehren zu verstetigen und zu professionalisieren. Mit der Eröffnung ihrer Schule in der Rheinanschlusskaserne in Koblenz im Jahr 1930 legte die damals noch bis an die Mosel reichende Rheinprovinz vor. In Westfalen fiel 1931 die Entscheidung um den ersten Standort auf die neugebaute Münsteraner Feuerwache am Stadthafen. Hierbei schien neben dem Entgegenkommen der Stadt die Westfälische Provinzial-Feuersozietät (heute Provinzialversicherung) eine Rolle bei der Entscheidung für Münster gespielt zu haben, hatte sie bereits zuvor zahlreiche Schulungskurse finanziell großzügig unterstützt.[22] Dahinter stand das Kalkül, durch besser ausgebildete Feuerwehrangehörige geringere Brandschäden und damit auch Schadenssummen verzeichnen zu müssen. 1931 fand dann auch in der Feuerwehrschule Westfalens in Münster ein erster Lehrgang statt.[23]

Die Gründung der ersten Feuerwehrschulen – sowohl in Koblenz als auch in Münster – ging somit von den Verbänden selbst und ohne staatliche Einfluss-

21 Vgl. Thissen, Provinzial-Feuerwehrschule (wie Anm. 10), S. 35. Der Verfasser spricht von 1000 Besuchern der Eröffnungsfeier.

22 In der Sitzung des Westfälischen Feuerwehrverbandes, in der die Gründung der Schule beschlossen wurde, wird etwas nebulös der Feuersozietät für deren Hilfe für die Errichtung der Schule in Münster gedankt. Siehe dazu ebd., S. 45.

23 Nicht zuletzt aufgrund der engen personellen Verbindungen der Schulen in Koblenz und Münster spricht sich Michael Thissen dafür aus, die Eröffnung der Schule der Rheinprovinz als Gründungsdatum für das Institut der Feuerwehr zu veranschlagen. Das Institut der Feuerwehr rechnet selbst mit dem Jahr 1931.

nahme aus und steht damit paradigmatisch für die Architektur der Gefahrenabwehr, die sich seit der Mitte des 19. Jahrhunderts kommunal von unten und – bis auf wenige Ausnahmen – von den Gemeinden nur finanziell unterstützend verfestigt hatte und stattdessen eher eng mit den Versicherungen verzahnt war.

Somit ist auch die Gründung der Feuerwehrschule in Münster als eine Antwort auf Professionalisierungstendenzen im Feuerwehrwesen zu sehen. Diese verweisen auf eine doppelte Rolle der Technisierung in diesem Prozess: Zum einen wurden die Feuergefahren im Zuge der technisch evozierten Industrialisierung als größer wahrgenommen, zum anderen forderte die Antwort auf diese Veränderungen der Gefahrenwahrnehmung, die Motorisierung des Löschwesens, neue Formen der Mensch-Maschine-Interaktion: Beides ließ den Schulbau notwendig erscheinen, der wiederum um 1930 die kommunale Ordnung und zentrale Rolle der zumeist bürgerschaftlich organisierten Feuerwehren manifestierte.

3. Vereinheitlichung und Politisierung: Die Provinzialfeuerwehrschule zur Zeit des Nationalsozialismus

Zum Zeitpunkt der Eröffnung der Feuerwehrschule Westfalen in Münster war das Feuerwehrwesen in der Region vornehmlich durch Freiwillige Feuerwehren, wenige Berufsfeuerwehren in den Großstädten im Rheinland und in Westfalen sowie Werksfeuerwehren geprägt. Bis zur Eröffnung der Schule waren die Angehörigen der Freiwilligen Feuerwehren oftmals auf den Wachen nahe gelegener Berufsfeuerwehren ausgebildet worden. Doch da sich das lokal organisierte Feuerwehrwesen auf eine höchst heterogene Ausstattung mit unterschiedlichen Schlauchsystemen, Leitern und Motorspritzen ausgewirkt hatte, die je nach lokalen Anforderungen und finanzieller Ausstattung stark differierten, war die Schule zunächst für die Ausbildung der Angehörigen der Freiwilligen Feuerwehren gedacht, stand aber auch den Werkswehren offen.[24]

Gerade diese Heterogenität und fehlende Einheitlichkeit der Ausbildung und Ausrüstung war den Nationalsozialisten nach 1933 ein Dorn im Auge, den die neuen Machthaber umgehend beseitigen wollten. Ziel des 1934 in Kraft getretenen preußischen „Gesetzes über das Feuerlöschwesen“ war deshalb zum einen die Normierung und Zentralisierung der Gefahrenabwehr, die auch von einzelnen Feuerwehrorganen unterstützt wurde.[25] Dahinter standen weniger ideologisch

24 Vgl. Thissen, Provinzial-Feuerwehrschule (wie Anm. 10), S. 85.

25 Vgl. Engelsing, Verein (wie Anm. 6), S. 131. Engelsing verweist hier vor allem auf die Arbeits- und Interessensgemeinschaft Deutscher Feuerwehrorgane, die im Mai 1933

motivierte Homogenisierungsvorstellungen als praktische Überlegungen. Schon früh mit einem zukünftigen Krieg kalkulierend maßen die Nationalsozialist:innen der Feuerwehr eine zentrale Rolle beim zivilen Luftschutz zu. Dieser Luftschutz ließ nicht nur eine effektive lokale Brandbekämpfung, sondern nötigenfalls auch eine gute Zusammenarbeit der Feuerwehren über kommunale Grenzen hinweg notwendig erscheinen.[26] Ganz im Sinne der Gleichschaltungs- und Zentralisierungsbestrebungen des Nationalsozialismus wurde das Feuerwehrwesen zudem „entbürgerlicht" und verstaatlicht. Das betraf die Verbände, die 1934 zunächst ihrer Eigenständigkeit beraubt und als staatliche Stellen neu gegründet wurden. Das galt auch für den rheinischen und den westfälischen Feuerwehrverband, die beide zunächst als Körperschaft des öffentlichen Rechts weitergeführt wurden, ehe alle Verbände 1939 ganz aufgelöst wurden.[27] Dem derweil „Provinzial-Feuerwehrverband Westfalen" genannten Nachfolger oblag es nun die damit auch verstaatlichte Schule weiterzuführen, die entsprechend fortan den Namen „Provinzial-Feuerwehrschule Westfalen" trug und 1936 in einem großen Neubau am Inselbogen in Münster eine neue Heimat fand. Unter nun besten Bedingungen an Geräten, Lehrmaterialien und Unterbringung stieg die Anzahl der Grundkurse, Brandmeister- und Fortbildungslehrgänge, die nun fast wöchentlich stattfanden, deutlich an.[28]

Zum anderen unterstellten die Nationalsozialisten 1938 mit dem „Reichsfeuerlöschgesetz", das unmittelbar nach den Novemberpogromen erlassen worden war, reichsweit die Feuerwehren der Ordnungspolizei, die fortan als Feuerlöschpolizei firmierte.[29] Welche Veränderungen damit für die Feuerwehren einhergingen, lässt sich am Schulwesen, das ebenfalls durch die Eröffnung der Reichsfeuerwehrschule für die höheren Dienstgrade 1938 in Eberswalde weiter zentralisiert wurde, konkret ablesen: Neben einer Veränderung der Ausbildungsinhalte, in denen das

ein entsprechend Gesetzesgesuch an Hermann Göring gerichtet hatten. Die Zentralisierung der Ausbildung der Freiwilligen Feuerwehren erfolgte per Ministererlass vom 12.12.1935, vgl. Thissen, Provinzial-Feuerwehrschule (wie Anm. 10), S. 69.

26 Siehe hierfür die bis heute gebräuchlichen Überlegungen von Walter Schnell, Die Dreiteilung des Löschangriffs, Celle 1934.

27 Vgl. Bernd Klaedtke, Umwandlung in den Rheinischen Provinzialfeuerwehrverband und die Überführung in die reichseinheitliche Organisation im Jahre 1938/1939, in: Verband der Feuerwehren in NRW (Hg.), 150 Jahre Feuerwehrverbände auf dem heutigen Gebiet von Nordrhein-Westfalen. 1862–2012, Sankt Augustin 2012, S. 16–24, hier S. 21; Michael Thissen, Der Westfälische Feuerwehrverband, in: Verband der Feuerwehren in NRW (Hg.), 150 Jahre Feuerwehrverbände auf dem heutigen Gebiet von Nordrhein-Westfalen. 1862–2012, Sankt Augustin 2012, S. 25–31, hier S. 30.

28 Vgl. Thissen, Provinzial-Feuerwehrschule (wie Anm. 10), S. 95.

29 Vgl. Engelsing, Verein (wie Anm. 6), S. 132.

Abb. 1: Schlaglicht auf die wechselvolle Geschichte des Instituts der Feuerwehr: 1934 wurde die Schule in Provinzial-Feuerwehrschule umbenannt und zog 1936 in einen zeitgemäßen Neubau an den Inselbogen in Münster um (Stadtarchiv Hamm, Bestand 10012).

Marschieren ebenso wie das Schießen auf die Stundenpläne rückte und die sich verstärkt Fragen des zivilen Luftschutzes zuwandten,[30] fanden nun auch „weltanschauliche Schulungen" für die sich selbst als unpolitisch verstehenden Angehörigen der Feuerwehr statt.[31]

30 Der Wandel der Ausbildungsinhalte lässt sich sehr gut an Filmen, die als Lehrmaterial in der Feuerwehrschule gezeigt wurden, ablesen. Handelten diese bis zum Kriegsbeginn von Fragen der Ersten Hilfe oder Ausbildungsvorschriften, drehten sich diese seit 1939 vermehrt um Fragen des Luftschutzes wie z. B. dem Umgang mit britischen Brandbomben. Siehe hierzu die Bestände der Landesfeuerwehrschule im LWL-Medienzentrum Münster.

31 Vgl. Der Chef der Ordnungspolizei, Betr.: Dienstbesprechung der Leiter der Feuerwehrschulen, 14.8.1944, in: LWL-Archivamt, Münster, Bestand 205, Nr. 475.

Der Beginn und Verlauf des Zweiten Weltkrieges brachte ambivalente Folgen für die Feuerwehrschule in Münster mit sich. Durch Einziehungen von Feuerwehrmännern zur Wehrmacht und die beginnenden Luftangriffe auf deutsche Städte wurde die Ausbildung junger Löschmannschaften oder der HJ, zunehmend aber auch von Feuerwehrfrauen, immer wichtiger – zumal sich die Aufgaben gleichzeitig vergrößerten. Viele Feuerwehren aus ländlichen Gebieten oder kleineren Städten wurden nun vermehrt zu Einsätzen in die großen Industriestädte gerufen, um nach Bombenangriffen die örtlichen Feuerwehren zu unterstützen. Und auch durch Heinrich Himmlers Aufstellung von Feuerschutzpolizei-Regimentern, die in den von der deutschen Wehrmacht besetzten Gebieten hinter der Front Aufgaben des Brand- und Luftschutzes übernehmen sollten, verstärkte sich das Problem fehlender Feuerwehrkräfte. Im Kriegsverlauf wurde aber auch die Aufrechterhaltung des Lehrbetriebs immer schwieriger. Im Herbst 1944 trafen alliierte Bomben das Schulgebäude in Münster und machten einen Weiterbetrieb der Schule unmöglich. Eine kurzfristige Verlegung in das nahegelegene Mettingen ging mit einem tragischen Ereignis einher: Bei einem neuerlichen Luftangriff im Februar 1945 kamen während einer Fahrschulstunde fünf Feuerwehrhelferinnen und der Fahrlehrer ums Leben.[32]

Wurde die Schule aus internen Bedürfnissen des Feuerwehrwesens heraus aufgebaut, hatte sie zur Zeit des Nationalsozialismus also eine umfassende Transformation erlebt: Zum einen hatte sie die Eigenständigkeit verloren und war verstaatlicht worden, zum anderen waren die dort vermittelten Inhalte umfassend politisiert und den ideologischen Vorstellungen der nationalsozialistischen Machthabenden angepasst worden. Dahinter stand nichts weniger als das Wegbrechen zentraler Säulen der Feuerwehr: Ihr Selbstverständnis als eigenständiges, „bürgerschaftliches Sicherheitsinstrument“[33] und ihre unpolitischen Aufgaben. Gleichzeitig hatte sich das Feuerwehrwesen erneut als äußerst anpassungsfähig erwiesen und damit einen nicht unwesentlichen wie machtstabilisierenden Beitrag zum NS-System geleistet.[34]

32 Vgl. Thissen, Provinzial-Feuerwehrschule (wie Anm. 10), S. 109.

33 Engelsing, Verein (wie Anm. 6), S. 45.

34 Ähnlich argumentiert auch Köhler, der die systematische Einbeziehung der Feuerwehr in den Polizeiapparat mit Blick auf die Novemberpogrome 1938 „als erfolgreich im Sinne der Nationalsozialisten“ bewertet. Siehe Köhler, Feuerwehr (wie Anm. 7), S. 59.

4. Anpassungen und Prüfungen: Von der Landesfeuerwehrschule zum Institut der Feuerwehr NRW

Obwohl das Feuerwehrschulwesen damit auch Teil und Stütze des NS-Machtapparates gewesen war, sah die britische Militärregierung nach der Kapitulation des Deutschen Reiches die Notwendigkeit einer Wiederaufnahme des schulischen Lehrbetriebes. Auch an der Frage der staatlichen Verfasstheit der Schule wurde nach dem Krieg nicht wieder gerüttelt, sodass nach kurzen Gastspielen in Nottuln (für Westfalen) und Hilden (für das Rheinland) im Dezember 1946 die „Landesfeuerwehrschule" des neugegründeten Bundeslandes Nordrhein-Westfalen in Warendorf eröffnete. Die Ausbildungsstätte war nun auch für höhere Führungslehrgänge der Berufsfeuerwehren verantwortlich. Dennoch war die Schule ein Politikum. Aufgrund der schlechten Anbindung Warendorfs begannen bereits 1948 Diskussionen über einen neuen Standort in einer größeren Stadt, die – auch zwischen den bis in die 1970er Jahre getrennten Feuerwehrverbänden Nordrhein und Westfalen-Lippe – über Jahre zwischen Düsseldorf und Münster kreisten. 1960 setzte sich Münster mit dem bis heute bestehenden Standort an der Wolbecker Straße durch.

Der Persistenz auf der organisatorischen Ebene, also der staatlichen Verantwortung der Ausbildungsstätte durch das Land Nordrhein-Westfalen, stand eine Umstrukturierung des Lösch- und Rettungswesens gegenüber, das entpolizeilicht und durch die Übertragung des Rettungswesens auf die Berufsfeuerwehren stärker zivil ausgerichtet wurde.[35] Wurde das Feuerwehr- und Rettungswesen damit auf Ebene der Bundesländer organisiert, war nach Gründung der Bundesrepublik der Luft- bzw. Zivilschutz, für den im „Dritten Reich" auch die Feuerwehren zuständig gewesen waren, in Form des Luftschutzhilfsdienst in die Hände des Bundes gelegt worden.[36] Mit abnehmender (akuter) Kriegsgefahr verschob sich bis Ende der 1960er Jahre die Bedrohung vom Luft- zum Katastrophenschutz, also von kriegerischen hin zu natürlichen, aber auch atomaren Gefahren. Dieser Wandel der Bedrohungswahrnehmung setzte eine Umstrukturierung in Gang, die die

35 Vgl. Der Oberpräsident der Provinz Westfalen, Sonderrundschreiben Nr. 3/1946, 1.3.1946, Betr.: Krankentransport und Rettungsdienst, in: Landesarchiv Nordrhein-Westfalen/Abteilung Rheinland, Duisburg (LA NRW R), NW 106, Nr. 764. Zur Entwicklung des Rettungswesens siehe auch die medizinhistorische Dissertation zur Geschichte des Rettungswesens in Deutschland: Nils Kessel, Geschichte des Rettungsdienstes 1945–1990. Vom „Volk von Lebensrettern" zum Berufsbild „Rettungsassistent/in", Frankfurt a. M. u. a. 2008.

36 Vgl. Martin Diebel, Atomkrieg und andere Katastrophen. Zivil- und Katastrophenschutz in der Bundesrepublik und Großbritannien nach 1945, Paderborn 2017, S. 41.

bis heute gültige Arbeitsteilung des nun „Katastrophenschutz" genannten Zivilschutzes zwischen Bund, der finanziert, und Ländern, die organisieren, hervorbrachte. Damit gingen neben neuen Aufgaben für die damit betreuten (freiwilligen) Hilfsorganisationen wie dem Roten Kreuz oder dem Technischen Hilfswerk, für deren Ausbildung das Land Nordrhein-Westfalen eine Katastrophenschutzschule in Wesel errichtete, auch für die Feuerwehr neue Einsatzpflichten der Gefahrenabwehr hervor. Diese spiegelten sich seit Ende der 1960er Jahre ebenso in der Ausbildung an der Feuerwehrschule in Münster wider wie damit einhergehende Fragen des Umgangs mit atomaren, biologischen und chemischen (ABC) Gefahren.[37] Wie sehr Katastrophenschutz dennoch weiterhin in den Kategorien des Krieges gedacht wurde und welchen (politischen) Konstruktionen Bedrohungswahrnehmungen und Versicherheitlichungen unterliegen, zeigte sich nach dem Ende des Kalten Krieges um 1990, als auch außerhalb Nordrhein-Westfalens die Katastrophenschutzschulen der Länder aufgelöst und deren Ausbildungsinhalte in die bestehenden Feuerwehrschulen übertragen wurden.[38]

Neben politischen Entscheidungen prägten aber auch gesellschaftliche Entwicklungen die Feuerwehrschule und umgekehrt. So lässt sich in den 1970er Jahren die erste Teilnahme von weiblichen Feuerwehrangehörigen an Lehrgängen an der Feuerwehrschule ausmachen, was auf eine schleppende Öffnung des strukturkonservativen Feuerwehrwesens für Frauen verweist, die bis heute andauert.[39] Schneller passten sich dagegen die Wehren an eine andere Entwicklung an, denn mit der einsetzenden Massenmotorisierung der deutschen Gesellschaft in den 1950er Jahren begannen sich die Einsätze der Feuerwehren zu wandeln. Neben klassische Brandbekämpfungen traten zunehmend technische Hilfeleistungen, die heute den Großteil der Feuerwehreinsätze ausmachen und entsprechend auch in die Lehrpläne der Schule integriert wurden.[40] Nicht zuletzt durch diese Adaption neuer Aufgaben haben sich die Feuerwehren einen durchaus guten Ruf als

37 Siehe z. B. Landesfeuerwehrschule Nordrhein-Westfalen, Lehrgänge erweiterter Katastrophenschutz, 1968, in: LA NRW R, NW 1294, Nr. 41, Bd. 2/3; Ergebnisprotokoll über die 1. Sitzung des Arbeitskreises „Ausbildung im Brandschutz" am 10.3.1972 im Innenministerium, in: ebd.

38 Vgl. Michael Thissen, Entwicklung der Feuerwehrausbildung. Ein kurzer Überblick, in: Feuerwehrchronik 11 (2015), H. 5, S. 120–158, hier S. 154.

39 Zeitzeugengespräch des Verf. mit Dr. Klaus Schneider am 14.9.2023.

40 Beispielhaft sei auf die Entwicklung in der Mittelstadt Gütersloh hingewiesen, wo seit den 1960er Jahren eine merkliche Verschiebung der Einsätze von Brandbekämpfung zu technischer Hilfeleistung einsetzte. Siehe Stadtarchiv Gütersloh, Zeitungsausschnittsammlung ZAS A-Z, Band 116.

„Mädchen für alles"[41] erarbeitet, auf dem sich ihre Unverzichtbarkeit bis heute gründet.

Dahinter steckt vor allem das große technische Know-how, das in der Landesfeuerwehrschule nicht nur vermittelt, sondern auch produziert wurde. Seit Anfang des 20. Jahrhunderts gab es unterschiedliche staatliche Stellen und Kommissionen, die für die Prüfung von Feuerlöschmitteln und -geräten und deren Zertifizierung verantwortlich waren. Seit den späten 1930er Jahren übernahm die Feuerwehrschule die Aufgaben als amtliche Prüfstelle sowohl von Löschgeräten als auch von Löschfahrzeugen, deren Abnahme und Kontrolle der Technische Überwachungsdienst (heute: Technisches Kompetenzzentrum) der Feuerwehrschule bis heute übernimmt.[42] Somit bestanden und bestehen nicht nur in Ausbildungsfragen, sondern auch auf dem Gebiet der technischen Gerätschaften enge wechselseitige Beziehungen zwischen Schule und den kommunalen Feuerwehren, die sich in den letzten Jahren verstärkt haben. Heutzutage ist die 1998 in Institut der Feuerwehr umbenannte Feuerwehrschule nicht nur für die Ausbildung und Prüfung von Angehörigen der Feuerwehren und technischen Geräten zuständig, sondern auch als Forschungseinrichtung mit zentralen Feuerwehrgremien verbunden und federführend bei der „Erstellung und Fortentwicklung von Feuerwehrdienstvorschriften und Einsatzstandards"[43] tätig.

5. Ausblick: Die Geschichte der Feuerwehr als Gesellschaftsgeschichte

Obgleich sich die wechselvolle Geschichte des Feuerwehrschulwesens auf dem Gebiet des heutigen Landes Nordrhein-Westfalen in einer heterogenen und bisweilen sehr lückenhaften Überlieferung widerspiegelt,[44] hat der vorgenommene kursorische Blick gezeigt, dass diese aufs Engste mit gesellschaftlichen, politi-

41 Nils Beneke/Andreas Bräutigam/Johannes Feyrer/Alexander Blasczyk/Ralf Fischer/Sebastian Fischer/Manfred Fiß/Uwe Himmelreich/Karsten Homrighausen/Frank Hüsch, Das Feuerwehr-Lehrbuch. Grundlagen – Technik – Einsatz, Stuttgart ⁷2021, S. 13.

42 Vgl. Thissen, „Wir lernen" (wie Anm. 10), S. 169–193.

43 Tobias Dyrks/Leonardo Ramirez/Berthold Penkert/Volker Ruster/Volker Wulf, Endnutzerintegration bei der Erforschung neuer Sicherheitstechnologien. Erfahrungen und Empfehlungen für praxisrelevante Forschung, in: Markus Jenki/Nils Ellebrecht/Stefan Kaufmann (Hg.), Organisationen und Experten des Notfalls. Zum Wandel von Technik und Kultur bei Feuerwehr und Rettungsdiensten, Berlin 2014, S. 233–250, hier S. 237.

44 Zwar liegen einzelne Aktenbestände in den Landesarchiven oder dem LWL-Archivamt, es fehlen aber fast gänzlich Generalakten oder auch Dokumente zur Zeit der Schule in Warendorf.

schen, aber auch kulturellen Entwicklungen verwoben ist. Deshalb, so die dritte These, kann eine Gesellschaftsgeschichte der Feuerwehr am Beispiel der nordrhein-westfälischen Schule als Schnittstellenthema eine Reihe interessanter und neuer Erkenntnisse hervorbringen, die anhand von drei Dimensionen abschließend skizziert werden sollen.[45]

Zunächst verweist die Geschichte der Feuerwehr auf Wandlungsprozesse der Sicherheitsproduktion. Konkret lassen sich anhand der Geschichte der Ausbildung im Feuerwehrwesen Veränderungen der Organisationsformen der Gefahrenabwehr und Daseinsvorsorge zwischen bürgerschaftlichem Engagement, kommunaler Verantwortung und staatlichen Ansprüchen nachvollziehen. Dabei können Fragen nach sich wandelnden Bedrohungswahrnehmungen und Tendenzen der Versicherheitlichung oder der Verwissenschaftlichung an einem Akteur über einen langen Zeitraum seit Ende des 19. Jahrhunderts bis in die jüngere Gegenwart untersucht werden.[46] Hier rücken politische Systemwechsel zwischen Demokratie und Diktatur sowie politische Großwetterlagen zwischen Weltkrieg und Kaltem Krieg ebenso ins Zentrum wie gesellschaftliche Entwicklungen wie der Motorisierung und Technisierung, Paradigmen der Planbarkeit und Professionalisierung oder zeitgenössische Deutungen wie beispielsweise die der „Risikogesellschaft".[47] Gerade der Blick auf den Sicherheitsakteur Feuerwehr kann somit die Sicherheitsgeschichte über „klassische" Fragen der Versicherheitlichung (außen-)politscher wie gesellschaftlicher Gefahren für die innere Sicherheit um „natürliche" Gefahren erweitern und damit neue Perspektiven auf sicherheitspolitische Konzepte von Reaktion, Vorsorge und Prävention bereiten. Dieses Potenzial ist umso größer wegen des Zwitterstatus der Feuerwehr zwischen „bürgerschaftlichen Freiwilligen" und Angehörigen der Berufsfeuerwehr, die Fragen der Bedrohungswahrnehmung und der Sicherheitsproduktion „von oben" und „von unten" gleichermaßen fokussieren lassen.[48]

45 Hier ergeben sich vor allem Anknüpfungspunkte an neue Forschungen der Polizeigeschichte als Gesellschaftsgeschichte, siehe insbesondere Sabine Mecking, Mehr als Knüppel und Knöllchen: Polizeigeschichte als Gesellschaftsgeschichte, in: dies. (Hg.), Polizei und Protest in der Bundesrepublik Deutschland, Wiesbaden 2020, S. 1–25.

46 Zur Sicherheitsgeschichte siehe die aktuelle Bestandsaufnahme von Eckard Conze, Geschichte der Sicherheit. Entwicklung – Themen – Perspektiven, Göttingen 2018.

47 Ulrich Beck, Risikogesellschaft. Auf dem Weg in eine andere Moderne, Frankfurt a. M. 1986.

48 Damit ließe sich vor allem zu Arbeiten des Katastrophenschutzes, aber auch der Vorsorge anschließen, so z. B. Martina Heßler/Christian Kehrt (Hg.), Die Hamburger Sturmflut von 1962. Risikobewusstsein und Katastrophenschutz aus zeit-, technik- und umweltgeschichtlicher Perspektive, Göttingen 2014; siehe auch Nicolai Hannig, Kalkulierte Gefahr. Naturkatastrophen und Vorsorge seit 1800, Göttingen 2019.

Zweitens erlaubt eine historiographische Auseinandersetzung mit dem Institut der Feuerwehr eine Geschichte der Institution Feuerwehr – insbesondere in kulturhistorischer Erweiterung – zu schreiben.[49] Die Geschichte der Institution verweist zunächst einmal auf zentrale Merkmale des Feuerwehrwesens wie der Bedeutung von Organisationsformen, des Technikeinsatzes und des Wissenstransfers für das moderne Feuerwehrwesen. Es geht aber ebenso um eine Geschichte des Ehrenamtes bei der Übernahme staatlicher Aufgaben bis hin zur Frage dominierender Menschenbilder vom „Feuerwehrmann", die idealtypisch zwischen den Paradigmen des „Einheitsfeuermanns" und des Spezialisten changierten. Zudem verweist eine Institutionengeschichte der Feuerwehr darauf, wie diese als strukturkonservative Einrichtung auf gesellschaftliche Wandlungsprozesse reagierte und sich Feuerwehrkulturen – aufgrund der Vielzahl lokal gewachsener Feuerwehren bewusst im Plural – zwischen Tradition und Moderne im Laufe der Jahrzehnte wandelten. Dabei bieten auch klassische Fragen der Aufarbeitung nach personellen Kontinuitäten über die politischen Zäsuren 1933 und 1945 hinweg ein ebenso spannendes Untersuchungsfeld wie die Frage nach der Konstruktion des vermeintlich unpolitischen Selbstverständnisses, das bis heute gepflegt wird. Und nicht zuletzt zeigt sich an einer Institutionengeschichte, wie wiederum die Feuerwehr selbst als „Experte des Notfalls"[50] politische Wandlungsprozesse initiierte und die Feuerwehren damit paradoxerweise bei abnehmender Brandanzahl durch eine Anpassung ihrer Aufgaben nichts von ihrer gesellschaftlichen Akzeptanz einbüßten bzw. sogar an gesellschaftlicher Relevanz zunahmen.[51]

49 Ebenso ließe sich über einen organisationsgeschichtlichen Zugriff auf den Gegenstand Feuerwehr nachdenken, siehe Marcus Böick/Marcel Schmeer, Im Kreuzfeuer der Kritik. Umstrittene Organisationen im 20. Jahrhundert, Frankfurt u.a. 2020. Aufgrund der Bedeutung persistenter sozialer Strukturen scheint der Begriff der Institution aber heuristisch gewinnbringender. Zur Unterscheidung von Organisation und Institution siehe Wolfgang Seibel, Verwaltung verstehen. Eine theoriegeschichtliche Einführung, Berlin 2017, S. 32. Siehe auch den instruktiven Beitrag einer kulturhistorischen Erweiterung der Institutionengeschichte von Bernhard Löffler, Moderne Institutionengeschichte in kulturhistorischer Erweiterung. Thesen und Beispiele aus der Geschichte der Bundesrepublik Deutschland, in: Hans-Christof Kraus/Thomas Nicklas (Hg.), Geschichte der Politik. Alte und neue Wege, München/Wien 2007, S. 155–180.

50 So der Titel eines Sammelbandes zur aktuellen Situation des Lösch- und Rettungswesens: Markus Jenki/Nils Ellebrecht/Stefan Kaufmann (Hg.), Organisationen und Experten des Notfalls. Zum Wandel von Technik und Kultur bei Feuerwehr und Rettungsdiensten, Berlin 2014.

51 Nach der Studie „Trust in Professions 2018" der Nürnberger Gesellschaft für Konsumforschung (GfK) halten 96 Prozent der Befragten Feuerwehrleute und Sanitäter für

Schließlich, drittens, eröffnet eine Geschichte der Feuerwehr neue Perspektiven auf die Lokal- und Regionalgeschichte. Am Beispiel der Geschichte des Feuerwehrschulwesens werden nicht nur Fragen von staatlichem Steuerungsanspruch und kommunaler Organisation zwischen Zentralisierung und Dezentralisierung und damit des Wandels von Staatlichkeit in unterschiedlichen politischen Kontexten offenkundig. Vielmehr zeigen sich hieran auch Aushandlungsprozesse der Zuständigkeit und Finanzierung zwischen Kommune, Land und Staat. Außerdem erlaubt eine Fokussierung auf die Feuerwehr praktische Auswirkungen politischer Entscheidungen wie etwa die der Gründung des Bundeslandes Nordrhein-Westfalen 1946 oder der Kommunalgebietsreformen der 1970er Jahre, die die Gründung von Berufsfeuerwehren in einigen Städten zur Folge hatte, in neuer Perspektive zu untersuchen.[52] Es lässt sich hieran zudem erfragen, wie Sicherheit in der Fläche produziert bzw. gewährleistet wird und in welchen Formen – zwischen Versicherungen, bürgerschaftlichen Wehren und öffentlichen Kommunen – sie finanziert und organisiert wurde und wird. Kurz gesagt erzählt die Geschichte der Feuerwehrschule vom Umgang mit Risiken und Sicherheitsbedürfnissen, von der Auseinandersetzung mit entfesselten Naturgewalten und verdichteten Lebensräumen, vom Spannungsverhältnis zwischen Mensch und Technik, zwischen staatlichem Steuerungsanspruch und kommunalem Ehrenamt, die es zu erforschen lohnt.

vertrauenswürdig, siehe Image von Berufen: Deutsche schenken Rettungskräften das größte Vertrauen, in: Frankfurter Allgemeine Zeitung (FAZ) vom 22.3.2018.

52 Im Zuge der Gebietsreform in den 1970er Jahren musste z. B. im nun als Großstadt firmierenden Hamm eine Berufsfeuerwehr gegründet werden, die dort als „Hammer Modell“ bis heute eng mit den traditionellen Freiwilligen Feuerwehren verzahnt ist.

Fabian Köster

„Energieland Nordrhein-Westfalen – Historische Entwicklungen und Perspektiven“

Wissenschaftliche Jahrestagung des Brauweiler Kreises für Landes- und Zeitgeschichte e. V., Gelsenkirchen 2. und 3. März 2023

Gerade vor dem Hintergrund gegenwärtiger Debatten zum Thema „Energie“ in den unterschiedlichsten Ausprägungen, nicht selten aber mit dem Begriff „Krise“ verbunden, wurde der Aktualitätsbezug der diesjährigen Jahrestagung des Brauweiler Kreises für Landes- und Zeitgeschichte e. V. im Wissenschaftspark Gelsenkirchen deutlich. Im Fokus standen die historischen Entwicklungen und Perspektiven des Energielands Nordrhein-Westfalen. Zur wieder in Präsenz durchgeführten Tagung begrüßte die Vorsitzende des Brauweiler Kreises *Sabine Mecking* (Marburg) und identifizierte das Tagungsthema der Energie als zentrales Feld für Gesellschaft, Politik und Wirtschaft. Während tagesaktuell die Störanfälligkeit des Sektors zu Tage trete, zeige sich in der geschichtlichen Entwicklung ein enormer Bedeutungszuwachs der Energiepolitik und -wirtschaft; begleitet von Fragen: Welche Energieträger stehen zur Verfügung und wie sind sie zu nutzen? Inwieweit ist bei der Stromerzeugung auf fossile oder regenerative Quellen zu setzen? Sie verwies auf die damit verbundenen heftigen Kontroversen und emotionalen Diskussionen in der Vergangenheit und Gegenwart. Diese waren auch Teil des anschließenden Abendvortrags von *Frank Uekötter* (Birmingham), der einen synthetisierenden Überblick der Atomenergiegeschichte aus dem ungewohnten Blickwinkel des Ruhrgebiets lieferte. Denn ebendort waren fast keine Atomkraftwerke ansässig, dafür aber das zentrale Unternehmen des bundesdeutschen Reaktormarktes KWU in Mülheim an der Ruhr. Ebenso sei die Region als Standort wesentlicher Gebietsmonopolisten finanzstarker Entscheidungsort der Boomjahre gewesen. Der Vortragende konstatierte einen nuklearen Tribalismus, in dem er den RWE-Vorstand Heinrich Mandel in Essen als zentrale Figur identifizierte.

Geschichte im Westen (GiW) 38 (2023), S. 255–260

Im Kontext von Protestwellen und falschen Energieprognosen der Atomwirtschaft in den 1970er Jahren bezog sich *Uekötter* auf den „Jahrhundertvertrag" oder den sogenannten Kohlepfennig, der wiederum zu einem Schulterschluss zwischen Atomenergie und Gewerkschaften im Ruhrgebiet geführt habe. Er bilanzierte in seinem diskursanalytischen Ansatz eine Konsensgeschichte, eine Lernerfahrung: Das Ergebnis sei ein genuines Produkt der bundesdeutschen Verhandlungskultur. In der anschließenden Diskussion wurden einerseits die Proteste als wichtiger Faktor unterstrichen, als ständiger Anschub der nuklearen Kontroverse, die jedoch auch auf eine schwächelnde Industrie trafen. Andererseits wurde die Rolle des Ruhrgebiets diskutiert, die Frage gestellt, ob hier über die Brückenressource Steinkohle nicht das Potenzial eines Profiteurs der Krise gelegen haben könnte? Gegen diese Planspiele hätte der „Jahrhundertvertrag" jedoch eine klare Grenze gezogen.

Zum zweiten Tagungstag begrüßte *Daniel Schmidt* (Gelsenkirchen) die Anwesenden und führte in die erste Sektion ein, die sich mit Kohleabbau und (Umwelt-)Folgen auseinandersetzte. Dabei unterstrich er die energiehistorische Bedeutung Gelsenkirchens und verwies nicht nur auf die montanindustrielle Prägung, sondern auch auf umweltpolitische Zukunftsvisionen: Neben Kohle-, Stahl- und Glasindustrie habe sich die Stadt im Zuge des Strukturwandels auch als Solarstandort versucht. Das neue Zukunftsversprechen erwies sich allerdings als wenig nachhaltig – die Gründe hierfür sollten in der zweiten Sektion nochmals intensiv diskutiert werden. Zunächst widmeten sich allerdings *Juliane Czierpka* (Bochum) und *Jana Lena Jünger* (Bochum) der Steinkohle, ihrem Abbau, den Umweltfolgen und den Pfadabhängigkeiten. Nachdem der extensive Steinkohleabbau Nordrhein-Westfalen lange geprägt hat, stelle sich nun die Frage: Was bleibt von der Steinkohle? Bei der Suche nach Antworten nutzten die beiden Referentinnen das Konzept der Pfadabhängigkeiten, die Entwicklung historischer gewachsener Pfade. Kraftwerke tragen in Nordrhein-Westfalen dominant zur Bruttostromerzeugung bei, während wenig erneuerbare Energie und keine Atomkraftwerke existieren. Exemplifiziert am Beispiel des Lüner Kohlekraftwerks von 2013 beziehungsweise dem dortigen „Trianel" zeigten sich die Pfadabhängigkeiten der Kohle: Standortvorteile, Anknüpfungspunkte an ein historisches Kraftwerk der 1930er Jahre sowie eine Anpassungsfähigkeit im Bereich des Energieträgerimports. Die Umweltfolgen des Bergbaus arbeiteten *Czierpka* und *Jünger* wiederum an den miteinander verbundenen Beispielen der Bergsenkungen, dem Grubenwasser sowie den entstandenen Schadstoffen heraus – begleitet von der perspektivischen Unterscheidung zwischen Veränderung und Zerstörung. Letztere sei im Kontext der Umwelt eine Ewigkeitslast für das Ruhrgebiet.

Eine „Landschaft in Not" war auch Teil des anschließenden Vortrags von *Christian Möller* (Bielefeld), der sich dem Braunkohletagebau, den damit verbundenen Umweltfolgen sowie dem demokratischen Wandel im Rheinischen Revier widmete. Sein Ausgangsbefund war das Scheitern etablierter Aushandlungsprozesse in der Bewältigung des Braunkohletagebaus: Häufig würden Fragen nach Partizipation gestellt, er suche nach dem Ursprung des Aushandlungsmodells. Die drei großen Entwicklungslinien nach 1945 – Braunkohleverstromung, große Tagebaue und betriebliche Konzentration – verknüpfte *Möller* mit dem zentralen Begriff des Korporatismus. Die Aushandlungen im Braunkohleausschuss (BKA) wurden als Zwangskonsens identifiziert: Über das Prinzip der Einstimmigkeit sollte Akzeptanz für den Tagebau geschaffen werden, ohne das Energieregime zu hinterfragen. Bilanzierend wurden die Bedingungen der unmittelbaren Nachkriegszeit als förderlich für eine besondere Konsensbereitschaft unterstrichen. Der zugrundeliegende demokratische Korporatismus habe dem Braunkohletagebau zu neuer Legitimation verholfen, jedoch hätten sich diese Mechanismen schließlich als unflexibel erwiesen und die Erosion der Akzeptanz des braunkohlebasierten Energieregimes begünstigt.

Nachfolgend wurden die Vorträge der ersten Sektion diskutiert: Der Beantwortung der Frage nach den Gründen für die Dominanz der Ruhrkohle näherten sich die Diskutierenden ebenfalls mit dem Begriff des Korporatismus an: Wenn alle beteiligt sind, ist zunächst niemand außerhalb eines (scheinbaren) Konsenses, was beispielsweise in England über die Akteure Unternehmen versus Arbeitnehmer anders funktioniert habe. Im Kontext von Pfadabhängigkeiten stellte sich weiterhin die Frage nach einer möglichen „kontaminierten" Ruhrgebietsmentalität, begleitet vom Narrativ des „weißen Bergmanns". Jenem gelte es über eine Perspektiverweiterung der Forschung, über die Betrachtung anderer Akteure entgegenzuwirken.

„Alarmsignal, die Sonne brennt." Peter Schillings „Die Wüste lebt" zitierend führte *Martin Schlemmer* (Duisburg) in die zweite Sektion ein und verwies so auf das dominante Thema des folgenden Vortrags: Solarenergie. Dieser attestierte *Joachim Radkau* (Bielefeld) titelgebend ein deutsches Drama zwischen Triumph und Tragödie. Bezugnehmend auf den Tagungsort erörterte er zunächst den Versuch Gelsenkirchens, sich in den 1990er Jahren als Solarstadt zu etablieren. Sonnenenergie sollte dabei helfen, die Strukturkrise zu überwinden. Die Wurzeln des Engagements lägen in der florierenden Glasindustrie der Nachkriegszeit. Verbunden mit einer geplanten Solarsiedlung im Stadtteil Gelsenkirchen-Bismarck sollte der Wissenschaftspark als Zukunftsprojekt ein solares Zentrum darstellen. In den Debatten zu dem im Jahr 2014 erfolgten „Sonnenuntergang" findet sich der Vorwurf einer reinen Imagepolitik, den *Radkau* jedoch nicht teilte: Vielmehr habe es an Schlüsseltechnologien gefehlt, während der chinesische Konkurrenzmarkt nicht nur Gelsenkirchen, sondern den gesamten deutschen Markt unter Druck gesetzt habe. Dies sei nicht mit einem umfassenden Niedergang der Solarindustrie gleichzusetzen, die entgegen einer Niedergangserzählung vielmehr zwischen Triumph und Niederlage zu verorten sei. Nach abschließenden Ausführungen zum Solarpionier Bernd Stoy (RWE), der solaren Wende in Jülich sowie dem Aachener Solarstreit betonte der Referent noch einmal die Ambivalenz der solaren Szene – wissenschaftlich wie wirtschaftlich.

Anschließend setzten *Alexandra v. Künsberg* (Mannheim) und *Philipp Wunderlich* (Mannheim) einen wirtschaftsgeschichtlichen Schwerpunkt. An den Befund historischer Unwuchten schlossen sie die Frage an, wie alte Konflikte der Stromwirtschaft in Nordrhein-Westfalen die Gegenwart prägen. Seit den 1930er Jahren sei zunächst die Abwesenheit von Wettbewerb prägend gewesen, ein nach außen natürliches Monopol, das stabile Erträge zur Folge hatte, indes Regulierung auch als Konflikttreiber entlang der Demarkationsgrenzen fungierte. Die Liberalisierung der späten 1990er Jahre etablierte dann neue Marktteilnehmer, Deregulierung habe zu Konsolidierungen geführt und den Konflikt der großen Konkurrenten RWE und VWE vermeintlich gelöst. Für die Zeit seit Mitte der 2000er Jahre identifizierten *Künsberg* und *Wunderlich* energiepolitische Umwälzungen und einen echten, konflikthaften Wettbewerb. Die Auflösung dieser Konflikte sei wiederum über eine Differenzierung der Wertschöpfungskette gelungen. Dabei sei der Geschäftsbereich der Stromerzeugung gegenüber dem des Vertriebs mit der Bereitstellung von Netzen finanziell deutlich attraktiver.

In der nachfolgenden Diskussion der beiden Vorträge stellte sich die Frage, ob die stromwirtschaftlichen Maßnahmen aktuell dafür geeignet seien, den Status Nordrhein-Westfalens als „Energieland Nr. 1" aufrechtzuerhalten. Das führte zur Gegenfrage: Kann das Bundesland seine Chancen nutzen? Nordrhein-Westfalen beherberge zweifelsfrei die größte Anzahl relevanter Akteure, doch liege der Schlüssel zum Erfolg in der Zukunftsaufstellung im Bereich Ingenieurskompetenz und Energiespeicherung. Auf die Frage, ob die dargestellten stromwirtschaftlichen Strategien seit den 2000er Jahren nicht eigentlich den Wettbewerb reduziert hätten, erfolgte eine ambivalente Antwort: Wettbewerb sei besser als Nicht-Wettbewerb, volkswirtschaftlich würden weitere Player jedoch keinen Sinn ergeben, während die Beschränkung auf ein Kerngeschäft entlang der Wertschöpfungskette effektiv sei. Bei Überlegungen zum Vorwurf der Solarbewegung Richtung Landes- und Bundespolitik, eine Chance vertan zu haben, wurde einerseits die Belastung durch parallele Krisen benannt, andererseits sei lange Zeit Kernenergie als Lösungsstrategie zur Kohlendioxid-Reduktion favorisiert worden.

Sabine Mecking (Marburg) führte in die dritte und letzte Sektion des Tages ein, die sich mit der deutschen und internationalen Energiepolitik auseinandersetzte. Hierfür nahm zuerst *Rüdiger Graf* (Potsdam) den Aufstieg der bundesrepublikanischen Energiepolitik in den Blick, zu der er die These aufstellte, diese habe ihren Ursprung in den Krisen von Kohle, Öl und Atomenergie. Über die Betrachtung der Frequenz des Begriffs „Energie" im politischen Diskurs der Weimarer Republik leitete er eine relative politische Bedeutungslosigkeit in dieser Zeit ab, während nach 1945 ein ökonomischer Nachkriegsboom verbunden mit wachsendem Energieverbrauch den Terminus „Energiepolitik" hervorgebracht habe. Für die Zeit nach dem Überfluss konstatierte *Graf* eine Defensivposition der Kohle, aber auch eine Verknappungsangst im Ölsektor in den 1970er Jahren. Das Versprechen der Kernenergie mündete zum einen im Trilemma aus Umweltschutz, Sicherheit und Finanzierung, beförderte aber auch einen Energiediskurs, in den Konsumenten miteinbezogen wurden. Der Klimawandel habe schließlich die Koordinaten nochmals verschoben – Energie sei das zentrale politische Handlungsfeld unserer Zeit.

Daran anschließend fragte *Henning Türk* (Bonn) im letzten Vortrag des Tages zum nordrhein-westfälischen Steinkohlebergbau in der internationalen Energiepolitik nach der ersten Ölkrise nach neuen Chancen für die Kohle. Denn ebenjene Krise habe eine (vermeintliche) internationale Kohlerenaissance zur Folge gehabt. Hieran anknüpfend stellte sich die Frage, wie sich der Ruhrgebietsbergbau auf dieser internationalen Ebene eingebracht hat. Neben der Gründung der Internationalen Energieagentur (IEA), dem Ausbau von Atomkraft, Kohlenutzung und -welthandel identifizierte der Vortragende in internationaler Forschung und Entwicklung den Schlüssel zur Wiederbelebung der Kohle. Am Beispiel der „Wirbelschichtfeuerung" wurde die Bedeutung der technisch-wissenschaftlichen Forschungsarbeit des nordrhein-westfälischen Akteurs Bergbau-Forschung GmbH deutlich. Die Mitarbeit am Aufbau von Datenbanken sollte einen Wissenstransfer erleichtern. *Türk* bilanzierte schließlich, dass die Zukunftsaussichten der Kohle durch die Ölkrisen zwar gestiegen seien, der Abstieg der deutschen Steinkohleförderung aber nur verzögert und nicht aufgehalten worden sei.

In der folgenden Diskussion der Vorträge wurde zunächst nach den Einflussmöglichkeiten der IEA gefragt. Diese habe zwar einerseits nur eine beratende Funktion ausgeübt, andererseits aber auch Akteure dazu veranlasst, ihre Politik auf internationaler Ebene zu rechtfertigen. Auf die Frage, ob man im Ruhrgebiet zu lange an der Kohleförderung festgehalten habe, wurde erwidert, dass dies eine junge Diagnose sei. In den 1980er Jahren habe viel dafürgesprochen, weiterhin auf die Kohle zu setzen. Zudem sei es schwierig, sich in die Zukunftserwartungen einer Zeit hineinzuversetzen, im Vergleich dazu sei es heute einfach, aus der Retrospektive zu argumentieren. Interessant sei, wie sich die Wahrnehmung verschiedener Energieträger verändert habe und Wandel häufig über Krisen funktioniere. Dieser Punkt lenkte die Diskussion abschließend wieder auf den Aktualitätsbezug der Tagung: Energiesicherheitsdiskurse im Kontext des Kalten Krieges hätten Beschlüsse hervorgebracht, die beispielsweise Gas- oder Kohleimporte reglementierten und Einfuhren aus einem einzelnen Land auf ein Drittel beschränkten. Die aktuelle Problematik der Abhängigkeit Deutschlands von russischem Gas unterstreiche noch einmal die Wichtigkeit historischer Arbeit – eine erhöhte Wahrnehmung dieser Arbeit und ihrer Befunde in Wirtschaft und Politik wäre wünschenswert.

Autorinnen und Autoren

Juliane Czierpka (*1980), Jun.-Prof. Dr., ist Juniorprofessorin für Montangeschichte an der Ruhr-Universität Bochum.

Bastian Fleermann (*1978), Dr. phil., ist Leiter der Mahn- und Gedenkstätte der Landeshauptstadt Düsseldorf.

Jana Lena Jünger (*1996), B. A., ist Studentin im Master of Public History und im Master of Arts Geschichte an der Ruhr-Universität Bochum.

Christopher Kirchberg (*1988), M. A., ist Wissenschaftlicher Mitarbeiter am LWL-Institut für westfälische Regionalgeschichte in Münster.

Fabian Köster (*1990), M. A., ist Doktorand der Neueren und Neuesten Geschichte an der Universität Münster.

Markus Köster (*1966), Prof. Dr. phil., ist Leiter des LWL-Medienzentrums für Westfalen in Münster und Honorarprofessor am Historischen Seminar der Universität Münster.

Alexandra v. Künsberg (*1979), Dr., arbeitet in der Unternehmensberatung PWC, Frankfurt, mit Fokus auf der Beratung von Energieunternehmen bei deren strategischer Ausrichtung im Zusammenhang mit Fusionen und Übernahmen.

Christoph Lorke (*1984), PD. Dr. phil., ist Wissenschaftlicher Referent am LWL-Institut für westfälische Regionalgeschichte in Münster und Privatdozent am Historischen Seminar der Universität Münster.

Sabine Mecking (*1967), Prof. Dr. phil., ist Professorin für Landesgeschichte an der Philipps-Universität Marburg und Direktorin des außeruniversitären Instituts für Landesgeschichte (HIL) in Marburg.

Geschichte im Westen (GiW) 38 (2023), S. 261–262

Christian Möller (*1984), Dr. phil., ist Wissenschaftlicher Mitarbeiter und Stellvertretender Institutsleiter des Historischen Museums Bielefeld.

Joachim Radkau (1943), Prof. Dr., lehrte von 1980 bis 2009 Neuere Geschichte mit Schwerpunkt Technik- und Umweltgeschichte an der Universität Bielefeld.

Martin Schlemmer (*1975), Dr. phil., ist Oberstaatsarchivrat am Landesarchiv Nordrhein-Westfalen, Fachbereich Grundsätze, Duisburg.

Henning Türk (*1974), PD. Dr., ist wissenschaftlicher Mitarbeiter am Leibniz-Zentrum für Zeithistorische Forschung in Potsdam (ZZF) und Privatdozent an der Universität Duisburg-Essen.

Philipp Wunderlich (*1998), MSc., arbeitet in der Unternehmensberatung PWC, Frankfurt, mit Fokus auf der Beratung von Energieunternehmen bei deren strategischer Ausrichtung im Zusammenhang mit Fusionen und Übernahmen.